浙江文化研究工程（24WH30ZD）成果

国家出版基金项目
NATIONAL PUBLICATION FOUNDATION

浙江省越文化傳承與創新研究中心成果

浙學未刊稿叢編　第三、四輯

書志

李聖華　陳開勇　魏俊傑
方俞明　曹海花　著

國家圖書館出版社

圖書在版編目（CIP）數據

浙學未刊稿叢編．第三、四輯．書志：/ 李聖華，陳開勇，魏俊傑等著．—
北京：國家圖書館出版社，2024.11

ISBN 978-7-5013-8041-1

Ⅰ．①浙… Ⅱ．①李… ②陳… ③魏… Ⅲ．①地方叢書—浙江
Ⅳ．① Z122.55

中國國家版本館 CIP 數據核字（2024）第 037818 號

書　　名　浙學未刊稿叢編・第三、四輯・書志
著　　者　李聖華　陳開勇　魏俊傑等　著
项目統筹　殷梦霞
責任編輯　張愛芳　靳　諾　黄　静
封面設計　黄曉飛

出版發行　國家圖書館出版社（北京市西城區文津街 7 號　100034）
　　　　　（原書目文獻出版社　北京圖書館出版社）
　　　　　010-66114536　63802249　nlcpress@nlc.cn（郵購）
網　　址　http://www.nlcpress.com
排　　版　北京九章文化有限公司
印　　裝　北京科信印刷有限公司
版次印次　2024 年 11 月第 1 版　2024 年 11 月第 1 次印刷

開　　本　787×1092　1/16
印　　張　29
字　　數　406 千字
書　　號　ISBN 978-7-5013-8041-1
定　　價　128.00 圓

浙江省文化研究工程指導委員會

主　任： 易煉紅

副主任： 劉　捷　彭佳學　邱啓文　趙　承　胡　偉　任少波

成　員： 高浩傑　朱衛江　梁　群　來穎傑　陳柳裕　杜旭亮　尹學群　吴偉斌
陳廣勝　王四清　郭華巍　盛世豪　程爲民　高世名　蔡袁强　蔣雲良
陳　浩　陳　偉　温　暖　朱重烈　高　屹　何中偉　李躍旗　吴舜澤

《浙學未刊稿叢編》學術指導委員會

《浙學未刊稿叢編》編輯委員會

主　編：
徐曉軍（浙江圖書館）
李聖華（紹興文理學院）

副主編：
童聖江（浙江圖書館）
陳開勇（浙江師範大學）
杜惠芳（浙江圖書館）
劉　冬（杭州圖書館）
廖曉飛（紹興圖書館）
莊立臻（寧波市天一閣博物院）
徐立望（浙江省社會科學院）

《浙江文化研究工程成果文庫》總序

習近平

有人將文化比作一條來自老祖宗而又流向未來的河，這是説文化的傳統，通過縱向傳承和橫向傳遞，生生不息地影響和引領着人們的生存與發展；有人説文化是人類的思想、智慧、信仰、情感和生活的載體、方式和方法，這是將文化作爲人們代代相傳的生活方式的整體。我們説，文化爲群體生活提供規範、方式與環境，文化通過傳承爲社會進步發揮基礎作用，文化會促進或制約經濟乃至整個社會的發展。文化的力量，已經深深熔鑄在民族的生命力、創造力和凝聚力之中。

在人類文化演化的進程中，各種文化都在其内部生成衆多的元素、層次與類型，由此決定了文化的多樣性與複雜性。

中國文化的博大精深，來源於其内部生成的多姿多彩；中國文化的歷久彌新，取決於其變遷過程中各種元素、層次、類型在内容和結構上通過碰撞、解構、融合而産生的革故鼎新的强大動力。

中國土地廣袤、疆域遼闊，不同區域間因自然環境、經濟環境、社會環境等諸多方面的差異，建構了不同的區域文化。區域文化如同百川歸海，共同匯聚成中國文化的大傳統，這種大傳統如同春風化雨，滲透於各種區域文化之中。在這個過程中，區域文化如同清溪山泉潺潺不息，在中國文化的共同價值取向下，以自己的獨特個性支撑着、引領着本地經濟社會的發展。

從區域文化入手，對一地文化的歷史與現狀展開全面、系統、扎實、有序的研究，一方面可以藉此梳理和弘揚當地的歷史傳統和文化資源，繁榮和豐富當代的先進文化建設活動，規劃和指導未來的文化發展藍圖，增强文化軟實力，爲全面建設小康社會、加快推進社會主義現代化提供思想保證、精神動力、智力支持和輿論力量；另一方面，這也是深入瞭解中國文化、研究中國文化、發展中國文化、創新中國文化的重要途徑之一。如今，區域文化研究日益受到各地重視，成爲我國文化研究走向深入的一個重要標志。我們今天實施浙江文化研究工程，其目的和意義也在於此。

千百年來，浙江人民積澱和傳承了底蘊深厚的文化傳統。這種文化傳統的獨特性，正在於它令人驚歎的富於創造力的智慧和力量。

浙江文化中富於創造力的基因，早早地出現在其歷史的源頭。在浙江新石器時代最爲著名的跨湖橋、河姆渡、馬家浜和良渚的考古文化中，浙江先民們都以不同凡響的作爲，在中華民族的文明之源留下了創造和進步的印記。

浙江人民在與時俱進的歷史軌迹上一路走來，秉承富於創造力的文化傳統，這深深地融匯在一代代浙江人民的血液中，體現在浙江人民的行爲上，也在浙江歷史上衆多杰出人物身上得到充分展示。從大禹的因勢利導、敬業治水，到勾踐的卧薪嘗膽、勵精圖治；從錢氏的保境安民、納土歸宋，到胡則的爲官一任、造福一方；從岳飛、于謙的精忠報國、清白一生，到方孝孺、張蒼水的剛正不阿、以身殉國；從沈括的博學多識、精研深究，到竺可楨的科學救國、求是一生；無論是陳亮、葉適的經世致用，還是黄宗羲的工商皆本；無論是王充、王陽明的批判、自覺，還是龔自珍、蔡元培的開明、開放，等等，都展示了浙江深厚的文化底藴，凝聚了浙江人民求真務實的創造精神。

代代相傳的文化創造的作爲和精神，從觀念、態度、行爲方式和價值取向上，孕育、形成和發展了淵源有自的浙江地域文化傳統和與時俱進的浙江文化精神，她滋育着浙江的生命力、催生着浙江的凝聚力、激發着浙江的創造力、培植着浙江的競争力，激勵着浙江人民永不自滿、永不停息，在各個不同的歷史時期不斷地超越自我、創業奮進。

悠久深厚、意韵豐富的浙江文化傳統，是歷史賜予我們的寶貴財富，也是我們開拓未來的豐富資源和不竭動力。黨的十六大以來推進浙江新發展的實踐，使我們越來越深刻地認識到，與國家實施改革開放大政方針相伴隨的浙江經濟社會持續快速健康發展的深層原因，就在於浙江深厚的文化底藴和文化傳統與當今時代精神的有機結合，就在於發展先進生産力與發展先進文化的有機結合。今後一個時期浙江能否在全面建設小康社會、加快社會主義現代化建設進程中繼續走在前列，很大程度上取決於我們對文化力量的深刻認識、對發展先進文化的高度自覺和對加快建設文化大省的工作力度。我們應該看到，文化的力量最終可以轉化爲物質的力量，文化的軟實力最終可以轉化爲經濟的硬實力。文化要素是綜合競争力的核心要素，文化資源是經濟社會發展的重要資源，文化素質是領導者和勞動者的首要素質。因此，研究浙江文化的歷史與現狀，增强文化軟實力，爲浙江的現代化建設服務，是浙江人民的共同事業，也是浙江各級黨委、政府的重要使命和責任。

二〇〇五年七月召開的中共浙江省委十一届八次全會，作出《關於加快建設文化大省的決定》，提出要從增强先進文化凝聚力、解放和發展生産力、增强社會公共服務能力入手，大力實施文明素質工程、文化精品工程、文化研究工程、文化保護工程、文化産業促進工程、文化陣地工程、文化傳播工程、文化人才工程等『八項工程』，實施科教興國和人才强國戰略，加快建設教育、科技、衛生、體育等『四個强省』。作爲文化建設『八項工程』之一的文化研究工程，其任務就是系統研究浙江文化的歷史成就和當代發展，深入挖掘浙江文化底蘊、研究浙江現象、總結浙江經驗、指導浙江未來的發展。

浙江文化研究工程將重點研究『今、古、人、文』四個方面，即圍繞浙江當代發展問題研究、浙江歷史文化專題研究、浙江名人研究、浙江歷史文獻整理四大板塊，開展系統研究，出版系列叢書。在研究内容上，深入挖掘浙江文化底蘊，系統梳理和分析浙江歷史文化的内部結構、變化規律和地域特色，堅持和發展浙江精神；研究浙江文化與其他地域文化的異同，釐清浙江文化在中國文化中的地位和相互影響的關係；圍繞浙江生動的當代實踐，深入解讀浙江現象，總結浙江經驗，指導浙江發展。在研究力量上，通過課題組織、出版資助、重點研究基地建設、加强省内外大院名校合作、整合各地各部門力量等途徑，形成上下聯動、學界互動的整體合力。在成果運用上，注重研究成果的學術價值和應用價值，充分發揮其認識世界、傳承文明、創新理論、咨政育人、服務社會的重要作用。

我們希望通過實施浙江文化研究工程，努力用浙江歷史教育浙江人民、用浙江文化熏陶浙江人民、用浙江精神鼓舞浙江人民、用浙江經驗引領浙江人民，進一步激發浙江人民的無窮智慧和偉大創造能力，推動浙江實現又快又好發展。

今天，我們踏着來自歷史的河流，受着一方百姓的期許，理應負起使命，至誠奉獻，讓我們的文化綿延不絶，讓我們的創造生生不息。

二〇〇六年五月三十日於杭州

《浙江文化研究工程成果文庫》序言

易煉紅

國風浩蕩、文脉不絶，錢江潮涌、奔騰不息。浙江是中國古代文明的發祥地之一，是中國革命紅船啓航的地方。從萬年上山、五千年良渚到千年宋韵、百年紅船，歷史文化的風骨神韵、革命精神的剛健激越與現代文明的繁榮興盛，在這裏交相輝映、融爲一體，浙江成爲了揭示中華文明起源的『一把鑰匙』，展現偉大民族精神的『一方重鎮』。

習近平總書記在浙江工作期間作出『八八戰略』這一省域發展全面規劃和頂層設計，把加快建設文化大省作爲『八八戰略』的重要内容，親自推動實施文化建設『八項工程』，構築起了浙江文化建設的『四梁八柱』，推動浙江從文化大省向文化强省跨越發展，率先找到了一條放大人文優勢、推進省域現代化先行的科學路徑。習近平總書記還親自宣導設立『文化研究工程』并擔任指導委員會主任，親自定方嚮、出題目、提要求、作總序，彰顯了深沉的文化情懷和强烈的歷史擔當。這些年來，浙江始終牢記習近平總書記殷殷囑托，以守護『文獻大邦』、賡續文化根脉的高度自覺，持續推進浙江文化研究工程，接續描繪更加雄渾壯闊、精美絶倫的浙江文化畫卷。堅持激發精神動力，圍繞『今、古、人、文』四大板塊，系統梳理浙江歷史的傳承脉絡，挖掘浙江文化的深厚底藴，研究浙江現象、總結浙江經驗、豐富浙江精神，實施『「八八戰略」理論與實踐研究』等專題，爲浙江幹在實處、走在前列、勇立潮頭提供源源不斷的價值引導力、文化凝聚力、精神推動力。堅持打造精品力作，目前一期、二期工程已經完結，三期工程正在進行中，出版學術著作超過一千七百部，推出了『中國歷代繪畫大系』等一大批有重大影響的成果，持續擦亮陽明文化、和合文化、宋韵文化等金名片，豐富了中華文化寶庫。堅持礪煉精兵强將，鍛造了一支老中青梯次配備、傳承有序、學養深厚的哲學社會科學人才隊伍，培養了一批高水準學科帶頭人，爲擦亮新時代浙江學術品牌提供了堅實智力人才支撑。

文化是民族的靈魂，是維繫國家統一和民族團結的精神紐帶，是民族生命力、創造力和凝聚力的集中體現。在以中國式現代化全面推進强國建設、民族復興偉業的新征程上，習近平文化思想在堅持『兩個結合』中，以『體用貫通、明體達用』的鮮明特質，茹古涵今明大道、博大精深言大義、萃菁取華集大成，鮮明提出我們黨在新時代新的文化使命，推動中華文脉綿延繁盛、中華文明曆久彌新，推動全黨全國各族人民文化自信明顯增强、精神面貌更加奮發昂揚。特别是今年9月，習近平總書記親臨浙江考察，賦予我們『中國式現代化的先行者』的新定位和『奮力譜寫中國式現代化浙江新篇章』的新使命，提出『在建設中華民族現代文明上積極探索』的重要要求，進一步明確了浙江文化建設的時代方位和發展定位。

文明薪火在我們手中傳承，自信力量在我們心中升騰。縱深推進文化研究工程，持續打造一批反映時代特徵、體現浙江特色的精品佳作和扛鼎力作，是浙江學習貫徹習近平文化思想和習近平總書記考察浙江重要講話精神的題中之義，也是浙江一張藍圖繪到底、積極探索闖新路、守正創新强擔當的具體行動。我們將在加快建設高水準文化强省、奮力打造新時代文化高地中，以文化研究工程爲牽引抓手，深耕浙江文化沃土、厚植浙江創新活力，爲創造屬於我們這個時代的新文化貢獻浙江力量。要在循迹溯源中打造鑄魂工程，充分發揮習近平新時代中國特色社會主義思想重要萌發地的資源優勢，深入研究闡釋『八八戰略』的理論意義、實踐意義和時代價值，助力夯實堅定擁護『兩個確立』、堅決做到『兩個維護』的思想根基。要在賡續厚積中打造傳世工程，深入系統梳理浙江文脉的歷史淵源、發展脉絡和基本走向，扎實做好保護傳承利用工作，持續推動優秀傳統文化創造性轉化、創新性發展，讓悠久深厚的文化傳統、源頭活水暢流於當代浙江文化建設實踐。要在開放融通中打造品牌工程，進一步凝煉提升『浙學』品牌，放大杭州亞運會和亞殘運會、世界互聯網大會烏鎮峰會、良渚論壇等溢出效應，以更有影響力、感染力、傳播力的文化標識，展示『詩畫江南、活力浙江』的獨特韵味和萬千氣象。要在引領風尚中打造育德工程，秉持浙江文化精神中藴含的澄懷觀道、現實關切的審美情操，加快培育現代文明素養，讓陽光的、美好的、高尚的思想和行爲在浙江大地化風成俗、蔚然成風。

我們堅信，文化研究工程的縱深推進，必將更好傳承悠久深厚、意藴豐富的浙江文化傳統，進一步弘揚特色鮮明、與時俱進的浙江文化精神，不斷滋育浙江的生命力、催生浙江的凝聚力、激發浙江的創造力、培植浙江的競争力，真正讓文化成爲中國式現代化浙江新篇章中最富魅力、最吸引人、最具辨識度的閃亮標識，在鑄就社會主義文化新輝煌中展現浙江擔當，爲建設中華民族現代文明作出浙江貢獻！

二〇二三年十二月

《浙學未刊稿叢編》前言一

徐曉軍

浙學是淵源於古越、興盛於宋元明清而綿延於當代的學術傳統與人文精神傳統，是浙江寶貴的人文優勢。浙江歷史悠久、英才輩出、人文薈萃，爲我們留下了豐富的歷史文獻資源。這些歷史文獻是浙學的主要載體，亟須系統保護和整理、充分挖掘和揭示，『讓書寫在古籍中的文字活起來』，這對於推動和繁榮浙學研究，展示浙江與時俱進的歷史軌迹，傳承富於創造的文化傳統，具有基礎的、積極的重要意義。

中華人民共和國成立以來，特別是改革開放四十年來，以《中華再造善本》《四庫全書存目叢書》《續修四庫全書》爲代表的一批文獻基礎項目的完成，以及浙江省内《重修金華叢書》《衢州文獻集成》等區域叢書出版，大量的中華典籍影印出版，宋、元、明、清刻本大多被影印出版。然而，省内外藏書機構還有相當數量的清至近代的稿抄校本未影印發布，社會利用仍存在很大障礙。據浙江省古籍普查報告統計，浙江近百家單位藏有稿本五千七百多部、抄本一萬七千多部，其中許多是普查中新發現的、未被各種目録著録，更未曾發布。向社會充分揭示這些祖輩留下的寶貴財產，仍然是古籍保護、整理的重要任務。二〇一二年，由浙江省文化廳等十二個廳局組成的浙江省古籍保護聯席會議，發布《浙江省『中華古籍保護計劃』實施方案》，提出實施『浙江未刊古籍影印工程』。二〇一七年七月，浙江省委、省政府發布《浙江省實施中華優秀傳統文化傳承發展工程工作方案》，提出『整理浙江館藏未刊本（手稿），選輯浙江歷代文人所撰或館藏稿本中主要内容涉及浙江而未出版刊行的文獻資料，發揮其重要的學術價值和藝術價值』。

二〇一五年，浙江省建立了《珍貴古籍名録》保護制度，入選國家和省級《珍貴古籍名録》古籍一千四百八十部（其中入選《國家珍貴古籍名録》八百七十一部）；通過古籍重點保護單位評選，百分之九十一的古籍處於達標庫房保護狀態；建立以浙江圖書館和寧波市天一閣博物院兩家國家級修復中心、四家省級修復中心和十八家修復站組成的浙江省古籍修復網絡；完成全省二百五十萬册古籍普查，建立全省三十三萬部古籍統一的信息數據庫。在浙江古籍保護體系基本建立以後，浙江古籍保護的工作重心就自然轉移到促推古籍的合理利用上來。二〇一六年，浙江省未刊古籍影印項目正式啓動，『兩浙文叢』（浙江未刊古籍整理研究）入選浙江省社科規劃優勢學科重大委託項目（17WH20022ZD）。二〇一七年八月，以『浙江文化研究工程』立項，開展未刊古籍整理工作。二〇一八年，浙江師範大學浙學傳承與地方治理現代化協同創新中心李聖華研究團隊加入項目組，浙江省哲學規劃辦公室加强經費支持，并增設三個子課題。經綜合考慮，出版成果定名爲《浙學未刊稿叢編》（以下簡稱《叢編》）。

《叢編》主要收録範圍爲：浙籍人士著作以及外省人士有關浙學的撰述；一九五〇年後未刊印的稿抄本及價值較高的孤本印本。選目主要原則爲：一、國家和省級珍貴古籍優先選入原則，將第一批至第五批《國家珍貴古籍名録》中浙江圖書館藏未刊印過的稿抄本全部選入，解決珍貴古籍看書難的問題，完善珍貴古籍名録保護制度；二、優先選入《國家珍貴古籍名録》所收人物的其他著述，以方便學界研究，如祁彪佳三種稿本《祁忠敏公稿五種》五卷、《贍族約》不分卷、《贍族簿》附《贍村簿》不分卷，毛奇齡三種稿本《誥授奉直大夫都察院湖廣道監察御史何公墓碑銘》一卷、《何母陳宜人榮壽序》一卷、《越州西山以揆道禪師塔誌銘》一卷、《蕭山三江閘議》一卷。對入選的殘本，儘可能收集完整，如姚燮《復莊今樂府選》，存世稿本分藏於浙江圖書館（一百一十册）、寧波市天一閣博物院（五十六册）、國家圖書館（二册），此次都收集齊全。又如晚清外交官、學者德清傅雲龍的稿本《養喜廬文初集》十八卷、二集十卷、三集四卷，浙江圖書館藏初集和三集，杭州圖書館藏二集，此次也完璧出版。

《叢編》共收録一百三十餘人著述約四百一十三部，計一千八百一十册，分五輯影印出版。其中稿本三百一十二部一千四百七十八册（分别占總收録量的百分之七十七點四二和百分之八十三點六），原創性著述三百四十三部一千一百三十四册（分别占收録總量的百分之八十五和百分之六十四點一）。爲了便於社會使用，配套編纂出版《浙學未刊稿叢編·書志》和《浙學未刊稿叢編·圖録》等成果。

《叢編》是浙江圖書館聯合十一家館藏單位，與浙江師範大學等單位合作編輯成書，前期選目工作始於二〇一三年，由浙江省社會科學院歷史所徐立望先生（時任浙江大學歷史系教授）和浙江圖書館吴志堅博士承擔，二〇一六年後，由童聖江、杜惠芳和童正倫等進行審核及底本複製，二〇一八年，項目組補充選目，最終確定全書收書目録，同時確定浙江圖書館周聿丹、杜惠芳、盧繼雯、周會會、曹海花，浙江大學徐立望，紹興王陽明研究會方俞明，分别負責來集之、朱駿聲、管庭芬、王繼香、姚燮、平步青、陶方琦和陶濬宣等專集編輯工作。項目得到國家圖書館、中國科學院文獻情報中心、上海圖書館、雲南省圖書館、天津圖書館、浙江圖書館、浙江省博物館、浙江大學圖書館、浙江師範大學圖書館、寧波市天一閣博物院、西泠印社管委會、杭州圖書館、杭州博物館、温州市圖書館、紹興圖書館、嘉興市圖書館、餘姚市文物保護管理所、海寧市圖書館、嘉善縣圖書館等單位和紹興市王德軒先生的大力支持。項目又得到浙江省社科聯和國家古籍保護中心領導大力支持和關心，浙江師範大學黄靈庚教授、復旦大學吴格教授、浙江大學張涌泉教授、山東大學杜澤遜教授、國家圖書館張志清研究館員等專家爲項目提供了非常有價值的寶貴意見，國家圖書館出版社殷夢霞總編輯和張愛芳主任等編輯爲項目成果的出版提供了專業支持，浙江圖書館原館長朱海閔女士、應長興先生對項目策劃和前期工作提供了强有力領導保障。在此一并表示衷心的感謝。

二〇二〇年五月二十日於浙江圖書館孤山館舍

《浙學未刊稿叢編》前言二

李聖華

浙學興於南宋，乃儒學的一次新變。崛起雖晚，却很快成爲傳統學術的重要源流，明代一度標建高幟，蔚爲『顯學』。作爲具有兩浙地域特色的『非地域性』學術，千餘年來，浙學對中華文化産生了廣泛深遠的影響。從生成上看，興於南宋，東萊之學、永康之學、永嘉之學爲其標志，浙東乃其『祖庭』，故後世稱『浙東之學』。從淵源上看，近接北宋周程之學，遠接漢學，上溯孔孟。朱熹理學、陸九淵心學盛傳兩浙，與東萊之學、永嘉之學合流，并爲浙學源頭。從傳播上看，自南宋至明初，婺州爲中心，明中葉而後，中心移至紹興、寧波。然播傳不限兩浙，影響及於天下，無論東萊之學，還是陽明之學、梨洲之學，海内宗之。從特質上看，雖源出周程，但獨具特質：經史并重，乃至『經史不分』；重經世，强調實學事功；重文獻，并采漢、宋，博收廣蓄；綜會兼容，不避『博雜』。從流派上看，自南宋至晚近成一大學脉，學脉内又有學派之分，如東萊中原道統、永康事功、永嘉經制，又如北山、深寧、東發、陽明、蕺山、梨洲諸學派，各自在中國學術思想史上樹立里程碑。

晚近以來，西學興而舊學衰，學者習新黜故，積久而成傳統學術斷層。百餘年間，浙學血脉若斷若續。新世紀以來，賴吴光、黄靈庚、董平諸先生倡導，浙學研討復興。興復古學，道合日衆，我們進而倡議編纂《浙學文獻集成》，惜艱於施行。浙江圖書館從事《兩浙文叢》之役，首編擬作《兩浙未刊稿叢編》。浙江省社科聯邵清先生提議冠名『浙學』，乃删剔叢雜，輯存專門文獻，成《浙學未刊稿叢編》（以下簡稱《叢編》）。凡數百册，收明清稿抄本四百餘種，分爲五輯，陸續影印刊行。兹編以專題文獻、專人文獻彙輯方式收録珍稀古籍，限於當前條件，所收範圍暫止於浙人著述，未盡合浙學廣大之義。其間作者或非浙學傳人，然著述涉言浙學，庶幾有裨於浙學發覆，仍録不遺。所收珍稀之本，如入寶山，觸手可珍。於宋、元、明浙學大家名家著述已影印或整理出版者，則力避重複，故收清人著述爲多。兹編爲浙學傳播，深入發掘浙學歷史源流、思想内藴、成就得失提供基礎文獻，雖不足稱浙學復興基石，然『椎輪爲大輅之始』，其價值自當可觀。

一、浙學淵源流變

關於浙學的源流，近人何炳松《浙東學派溯源》略及之。朱、陸、吕三家共爲浙學源頭，長期以來如何交叉融合？從金華一派到姚江一派，再到樸學浙派，發生了怎樣的變化？史學、經學如何互相影響，結果如何？浙學與樸學是一種怎樣的關係？諸如此類問題，皆有待探討。《叢編》爲深入發覆浙學源流提供了重要的材料。

浙學源流的梳理，明清已有不少著述。專門之論，有明人陳雲渠撰《浙學譜》一卷、明末劉鱗長輯《浙學宗傳》不分卷、清人許汝稷輯《浙學傳是編》六卷、清末張廷琛撰《浙學淵源述要》不分卷。專論浙學一脉，有明人金賁亨撰《台學源流》七卷、董遵撰《金華淵源録》二卷，清人沈復粲輯《霞西過眼録》八卷。

其合浙學與宋元之學及明學、清學并論，有黄宗羲撰《明儒學案》及其發凡起例、黄百家與全祖望等纂輯補修《宋元學案》、徐世昌等纂輯《清儒學案》等。《宋元學案》《明儒學案》述浙學源流皆詳。《清儒學案》述《南雷學案》《楊園學案》《三魚學案》《西河學案》《竹垞學案》《鄞縣二萬學案》《餘山學案》《堇浦學案》《息園學案》《謝山學案》《抱經學案》《耕崖學案》《實齋學案》《南江學案》《錢塘二梁學案》《鶴泉學案》《秋農學案》《南陔學案》《鐵橋學案》《丹邨學案》《嘉興二錢學案》《柳東學案》《儆居學案》《定盦學案》《壬叔學案》《曲園學案》《越縵學案》《籀廎學案》諸學案，亦云富矣，惜構畫不成體系，源流終有未明。如《南雷學案》僅列梨洲甬上、越中弟子數人，遺查慎行等海昌門人；以爲杜煦、姜炳璋無可歸屬，列入《諸儒學案》；平步青爲一時名家，竟遺其人，實可别立『景蓀學案』；《謝山學案》末附王梓材，而遺并稱之馮雲濠；邵瑛、沈冰壺、黄璋、查揆等人皆有學，《清儒學案》未言及之。

其合浙學與儒學源流并論，有周汝登撰《聖學宗傳》十八卷、黄宗羲撰《理學録》不分卷、姜希轍撰《理學録》九卷、萬斯同撰《儒林宗派》十六卷等。

以上諸書，《浙學譜》《浙學傳是編》不傳；黄宗羲《理學録》傳世有稿本，姜希轍《理學録》傳世有清抄本，沈復粲《霞西過眼録》傳世有稿本，皆未刊，其他數種各有刻本。《宋元學案》除刻本、抄本外，更有稿本數種。《叢編》未能輯得黄宗羲《理學録》稿本，但收録姜希轍《理學録》、沈復粲《霞西過眼録》、黄璋等校補《宋元學案》。《宋元學案》自清康熙間黄宗羲發凡起例，至道光二十六年（1846）何紹基刻成百卷，成書歷時一百七十餘年，黄宗羲、黄百家、全祖望、黄璋、黄徵乂、王梓材、馮雲濠等十餘人各有功績。所構畫宋元學術史體系，久爲學者問學津筏和學術史撰著依據。黄百家底稿、全祖望底稿大都散佚，黄璋等校補本久鑰藏室，今人習見爲何氏刻本百卷，即王梓材、馮雲濠校補本。黄宗羲、黄百家父子，黄璋、黄徵乂父子，全祖望及王、馮諸子各有何貢獻，纂修思想前後發生怎樣變化，其間得失如何？《叢編》所收餘姚市文物保護管理所藏《宋元學案》稿本二十册，爲認識這類問題提供了有力的材料。王、馮校補《學案》，未見黄百家原稿，主要采用全祖望歿後散出底稿（大都藏於門人盧鎬家，部分殘稿藏於門人蔣學鏞家），即《宋元學案考略》所説『月船盧氏所藏底稿本』『樗菴蔣氏所藏底稿殘本』，間用黄璋父子校補本，即『餘姚黄氏校補本』[二]。今盧氏、蔣氏藏本罕傳，傳者有黄氏校補本《宋元儒學案》八十六卷（清抄本），其中《宋儒學案》藏中國臺灣傅斯年圖書館，《元儒學案》藏國家圖書館。《宋元儒學案》抄自黄璋等校補稿本《宋元學案》。稿本有全祖望、黄璋、黄徵乂等人手迹，校補以全氏、黄璋爲主，徵乂批校多爲校訂及注明抄寫格式。今詳作考證，知第三本《關中學案》後半部爲全氏底稿，修補於黄百家原本録副上；第五本《道南學案》爲全氏底稿，百家原本録副；第七本《豫章學案》《延平學案》，黄百家、全祖望原未分二案，其《朱松傳》以前爲全氏底稿，《朱松傳》以後爲全氏底稿，百家原本録副；第七本接下《横浦學案》有兩本，前一種爲黄璋重抄，後一種爲全氏底稿，百家原本録副。第十本《潛菴學案》《雙峰學案》《四明朱門學案》爲全氏底稿，百家原本録副；第十三本《新安學案》《木鐘學案》《鶴山學案》爲全氏底稿，百家原本録副；第十四本《西山學案》爲全氏底稿，百家原本録副；第十九本《鳴道學案》爲全氏底稿。黄氏、全氏底稿，學界久覓不得，不意於此本得見。對讀黄氏校補本、道光刊本，用文獻還原之法，析骨還肉，可以辨析諸家在《宋元學案》成書中思想異同、貢獻得失。如黄百家未立《東萊學案》《深寧學案》《麗澤諸儒學案》；全祖望別立《東萊學案》《深寧學案》；《麗澤諸儒學案》，全氏底稿未見，王、馮采黄璋父子校補，析《東萊學案》部分内容，復自作增補，成《麗澤諸儒學案》。黄百家討論宋元之學，以朱、陸爲綱，全祖望重拈朱、陸、吕并立以變化之，從黄璋到王、馮，大抵用全氏構畫體系，而皆修改未盡。

黄宗羲、姜希轍爲劉宗周高弟子，各撰《理學録》，堪稱《宋元學案》《明儒學案》之嚆矢。黄氏《理學録》，學界久以爲散佚。今人彭國翔先生披閲古籍，發現稿本尚存。是書共録濂溪學派、康節學派、河南學派、關中學派、浙學派、道南學派、湖南學派、金華學派、輔氏學派、江右學派、北方學派、明初學派、河東學派、崇仁學派、白沙學派、甘泉學派等十六學派。專立『浙學派』之目，開篇爲袁溉，注云『程氏門人，已見』。其後録門人薛季宣及後傳五十一人：薛季宣、陳傅良、蔡幼學、曹叔遠、呂大亨、章用中、陳端己、陳説、林淵叔、沈昌、洪霖、朱黼、胡時、周行己、鄭伯熊、吴表臣、葉適、周南、孫之宏、林居安、趙汝鐸、王植、丁希亮、滕宬、孟猷、孟導、厲詳、邵持正、陳昂、趙汝讜、陳耆卿、吴子良、舒岳祥、陳亮、喻侃、喻南强、陳頤、錢廓、郎景明、方坦、陳檜、金潚、凌堅、何大猷、劉範、胡括、章椿、徐碩、劉淵、孫貫、吴思齊。河南學派注云『程氏門人』，録二程門人五十二人，楊時、呂大均、呂大臨、呂希哲、袁溉皆在内[二]。書頗可貴，惜難徵集，本編未收。黄氏《理學録》至甘泉學派止，姜氏《理學録》則始於陽明學派。第一册收陽明及門人錢德洪諸人文録、語録。第二册爲《東林學派》《蕺山學派》。《東林學派》前有《東林學派表》，始歐陽德，下爲歐陽氏傳人李春芳、萬虞愷、王宗沐、何祥、張棨、薛應旂，接爲薛門再傳顧憲成、顧允成、薛敷教，再爲顧憲成門人高攀龍。歐陽德前標『王氏門人』，顧憲成前標『薛氏門人，陽明三傳』，高攀龍前標『顧氏門人，陽明四傳』。按所述，東林學派係出陽明。萬斯同《儒林宗派》卷十五『王氏學派』，述歐陽德一支，下接胡直、薛應旂、何祥、貢安國、沈寵、王宗沐、敖銑、卓邦清；後接薛氏門人薛敷教、顧憲成、顧允成，胡直門人鄒元標；再接顧憲成門人丁元薦、史孟麟，鄒元標門人馮應京[三]。所述與姜多合，然未列高攀龍。《明儒學案》立《東林學派》，首標顧、高。顧憲成傳言及其曾問學於薛應旂，應旂授以《考亭淵源録》，曰：『洙泗以下，姚江以上，萃於是矣。』[四]傳又言『先生深慮近世學者，樂趨便易，冒認自然』，『而於陽明無善無惡一語，辨難不遺餘力，以爲壞天下教法，自斯言始』，『今錯會陽明之立論』，『當時之議陽明者，以此爲大節目，豈知與陽明絶無干涉。嗚呼！天泉證道，龍谿之累陽明多矣』[五]。蓋以爲東林已逸出，故不標陽明後派。由此可見，黄、姜見解不盡合，萬氏之見與乃師亦不同。後世論東林學派，多不歸於陽明後學。就淵源論，東林雖爲陽明别調，亦可稱浙學流亞。《蕺山學派》

前有《蕺山學派表》，首列唐樞，下接唐樞傳人許孚遠、錢鎮，再接許孚遠傳人劉宗周、馮從吾。唐樞下標『甘泉門人』，許孚遠前標『唐氏門人，甘泉再傳』，劉宗周前標『許氏門人，甘泉三傳』。《明儒學案》卷六十二《蕺山學案》未專强調『甘泉三傳』。《儒林宗派》卷十五述『王氏門人』，末附劉宗周與『劉氏學派』。『劉氏學派』列吴麟徵、葉廷秀、王毓蓍、祝淵、祁彪佳、何弘仁、傅日炯、劉汋、陳確、章正宸、金鉉、惲日初十二人。王梓材增注本按云：『日初下，當有闕文。』[六]第三册爲《錢緒山學派》《龍溪學派》《鄒氏學派》《劉氏學派》，《明儒學案》分列錢德洪、王畿入《浙中王學》，鄒守益、劉文敏入《江右王學》[七]。第四册爲《白沙學派》《甘泉學派》，《明儒學案》分歸入《白沙學案》《甘泉學案》。姜氏《理學録》六派前各有學派表，述師承統緒。《明儒學案》所述師承則略，於姜氏所載傳人有未言及者。《儒林宗傳》卷十四歸甘泉一派入『陳氏學派』，湛若水傳唐樞，唐樞傳許孚遠，許孚遠傳馮從吾、劉宗周，卷十五别立『劉氏學派』，所述統緒大抵與姜合。卷十五『王氏學派』，與姜氏所列學派表復多相合，然不標『錢緒山學派』『龍溪學派』『鄒氏學派』『劉氏學派』『東林學派』之名。

黄、姜皆蕺山親炙弟子，交往甚密，萬斯同爲梨洲高足，蕺山再傳，三人論學脉各有側重，乃有此異。諸家之論正可參看，以辨浙學源流。沈復粲《霞西過眼録》八卷，抄撮史部諸書，專録姚江一派，編次叢雜，價值遜於《宋元學案》《理學録》，然用力爬梳搜羅，亦可備鑒觀浙學源流。

二、關於『由經入史』

何炳松論浙學興衰，概括爲『由經入史』『由史入文』八字，云：『初闢浙東史學之蠶叢者，實以程頤爲先導』，『傳其學者多爲浙東人。故程氏雖非浙人，而浙學實淵源於程氏。浙東人之傳程學者有永嘉周行己、鄭伯熊，及金華之吕祖謙、陳亮等，實創浙東永嘉、金華兩派之史學，即朱熹所目爲「功利之學」者也』，『唯浙學之初興也蓋由經入史，及其衰也又往往由史入文。故浙東史學自南宋以至明初，即因經史文之轉變而日就衰落。此爲浙東史學發展之第一個時期』，『迨明代末年，浙東紹興又有劉宗周其人者出』，『其學説一以慎獨爲宗，實遠紹程氏之無妄，遂開浙東史學中興之新局』，『其門人黄宗羲承其衣鉢而加以發揮，遂蔚成清代寧波萬斯同、全祖望及紹興邵廷采、章學誠等之兩大史學系。前者有學術史之創作，後者有新通史之主張』，『此爲浙東史學發展之第二個時期』，『唯浙東史學第一期之初盛也，其途徑乃由經而史，及其衰也，乃由史而文。第二期演化之經過亦復如是』[八]。『由經入史』，指由治經而好史；『由史入文』，指由治史而好文。『由史入文』未造成明清浙學之衰，何炳松判斷可疑，但所説浙學之興乃在『由經入史』，則爲確論。不過，浙學學者『經史不分』，不欲使二者相割裂，『史』也終未置於『經』上。且史學一脉發展流變遠較何氏所説複雜，非僅所謂第一時期、第二時期所能概括。

浙學之史學成就，有目共睹，《叢編》收明清稿抄本，也呈現了明清浙學經史繁榮的情況及『經史不分』的特質。

浙學史上號通儒者，首推吕祖謙，次爲王應麟、宋濂、黄宗羲。就經學言，學者長於治《易》《春秋》，《詩》《禮》之學稍可觀，《尚書》罕見專家。因傳朱學，又多擅《四書》學，如金履祥、許謙等。《叢編》收録經解，未如史著富有，亦自不少。如《易》學著作：黄璋《周易象述》不分卷，朱駿聲《易學三種》(《易鄭氏爻辰廣義》《易經傳互卦卮言》《易章句異同》)、《易消息升降圖》、《學易札記》、《六十四卦經解》，陶方琦《鄭易小學》，黄式三《易傳通解初稿》，柯汝霖《平湖柯春塘先生易説》。《春秋》學著作：董守諭《春秋簡秀集》、朱駿聲《春秋左傳識小録》《春秋闕文考》《春秋平識》《春秋三家異文覈》《春秋亂賊考》、陶方琦《春秋左氏古經漢義補證》、王紹蘭《春秋説》。《詩》學著作：沈近思《學詩隅見録》、沈冰壺《沈氏詩醒八牋》、姚燮《詩問稿》、陶方琦《韓詩遺説補》。《禮》學著作：王紹蘭《周人禮説》《儀禮圖》等。此外，經説尚有黄以恭《愛經居經説》，《四書》學著述有方桑如《四書考典》。以上大都清人之作。當然，這并不意味宋、元、明浙學經解少，乃《叢編》專收『未刊稿抄本』使然。總體以觀，清人經解一方面承緒浙學『經史不分』傳統，另一方面深受清代樸學風氣影響，并以小學考據見長。

《叢編》收史著數量、卷帙遠超過經解。由於立意『未刊』，僅收稿抄本，故吕祖謙《大事記》《十七史詳節》、王益之《西漢年紀》、黄震《古今紀要》、王應麟《通鑑地理通釋》、胡三省《資治通鑑音注》《通鑑釋文辯誤》、王禕《大事記續編》、黄宗羲《明儒學案》等經典之作，因有刻本，甚乃宋元珍槧，不復采録。黄宗羲史著多種，整理本《黄宗羲全集》已收，《叢編》不重複收録。清初浙學三部史學名著，即張岱《石匱書》、談遷《國榷》、萬斯同《明史》，未刻行。《石匱書》存稿本（殘）、清抄本（殘）。《國榷》傳清初抄本（殘）、清抄本、清胡蕉窗抄本（殘）等。萬氏《明史》存清抄本四百十六卷，又有清抄本《明史紀傳》三百十三卷（殘），稿本《明史列傳稿》二十二卷，清抄本《明史列傳稿》二百六十七卷。今以《石匱書》《明史稿》已影印，《國榷》已整理，捨而弗録。《叢編》所收稀見文獻，史部諸類幾盡涵蓋，而傳記最多，其次爲政書、地理、金石考、雜史。收録情況如下：

紀傳之史，如杭世駿《金史補》、平步青《宋史叙録》。編年之史，如沈德符《歷代正閏考》。紀事本末，如陶濬宣《通鑑長編紀事本末補佚》。雜史，如朱駿聲《秦漢軍國考》《孔子紀年》、陶濬宣《官階古稱考》《國朝掌故瑣記》。史表，如俞汝言《崇禎大臣年表》。史鈔，如沈赤然《後漢搴英》、傅以禮《史鈔》。史評，如孫德祖《讀鑑述聞》、馬青《史繩》。譜牒，如向洪上等修《向氏家乘》、孫峻《孫氏家乘》。政書，如平步青《星軺便覽》《國朝館選爵里謚法考》、傅以禮《明謚考》《明謚考略》。詔令奏議，如何熠《兩漢制詔》、閔鶚元《奏稿》、王文韶《退圃老人直督丙申奏議》《直督奏議》、林啓《奏議公文遺稿》、吴慶坻《奏稿録要》。地理類，如鄭元慶《湖録》、沈復粲《大善寺志稿》、孫峻《天竺續志備稿》《六和塔志》、許良模《花溪志補遺》、祝定國《花溪備忘録》、丁丙《杭城坊巷志》、金明全《紹興風俗志》、杭世駿《武林覽勝記》、陶濬宣《東湖記》、管庭芬《越遊小録》。金石考，如吴東發《金石文跋尾》《吴侃叔吉金跋》、管庭芬《錢譜》、傅雲龍《簑喜廬訪金石録》、洪頤煊《倦舫碑目》、陶濬宣《金石隨筆》《稷山所見金石目》。目録，如管庭芬《海昌經籍志略》、陶濬宣《國朝史學叢書目録》。

傳記又以總傳、日記、年譜、職官類爲多。如屠本畯《三史統》、項聖謨《歷代畫家姓氏考》、萬言《明女史》、沈冰壺《勝國遺獻諸人傳》《勝國傳略》《本朝諸公傳》、朱駿聲《吴中朱氏史傳》、平步青《國朝文録小傳》《燃藜餘照》《唐文粹補小傳》《南書房入直諸臣考略》、陶濬宣《國朝紹興詩録小傳》、傅以禮《明史續編》《傅氏先世事實編》、沈景修《禾郡項氏事略》、吴慶坻《辛亥殉難記》、平步青《國子監進士題名碑録》《唐科目考》《五代宋元科目考》、孫德祖《兩朝會狀録》、王繼香《王孝子事略》、查慎行《壬申紀遊》、姚祖同《南歸紀程》《金陵行紀》、管庭芬《日譜》、平步青《南輶紀程》、陶濬宣《海州病中日記》《入剡日記》、王繼香《日記》、沈景修《蒙廬日記》、吴慶坻《使滇紀程》《入蜀紀程》、平步青《西漢宰相考》《東漢宰相考》《五代宰相考》《宋宰輔考》《明宰輔考》《明列輔起家考》《復社姓氏録》《殘明百官簿》、葉嘉棆《葉文定公年譜》、孫衣言《葉文定公年譜》、韓系同《毛西河先生年譜殘稿》、陶方琦《許君年表稿》、嚴烺《自撰年譜》、朱蘭《黄梨洲先生年譜稿》《補讀室自訂年譜》《舜水先生年譜稿》、黄雲眉《南江先生年譜初稿》。

以上史著，稿本居多。《歷代正閏考》《明女史》《湖録》《崇禎大臣年表》《金史補》《武林覽勝記》等皆知名於世。鄭元慶《湖録》一百二十卷，大都散佚，《叢編》收初稿本五卷殘帙，計一百十六葉，另題跋六葉。元慶字子餘，號芷畦，歸安人。沉酣載籍，肆力著述。應聘纂修《湖州府志》，書成未刻。自嘆數十年心力，不忍弃之，遂别成《湖録》[九]，當時僅刻傳二卷。覽者服其精博，全祖望《鄭芷畦窆石志》稱其『苕中文獻之職志』[一〇]。乾隆初年，胡承謀修《湖州府志》，援以爲據。周中孚《鄭堂讀書記》卷三十二云：『其原稿即爲胡《志》所取材，止有初稿在吾鄉楊拙因處，并原稿爲胡氏取去。』[一一]《[雍正]浙江通志》、阮元《兩浙金石志》、陶元藻《全浙詩話》、丁丙《善本書室藏書志》、陸心源《三續疑年録》《吴興金石記》及汪曰楨《湖蠶述》，頗徵述《湖録》。杭世駿《武林覽勝記》未刻，吴慶坻《蕉廊脞録》卷五云：『堇浦先生著《武林覽勝記》四十二卷，無刻本。友石山房高氏藏鈔本，題「仁和杭世駿大宗輯，東里盧文弨召弓校」。』[一二]《叢編》所收即此本。《兩浙經籍志》稱是書『乃攟拾浙中舊志，增益舊聞，而補采搜討之功，獨爲詳備』，『今存此一書，猶見當時典章文物也』。[一三] 世駿研治諸史，著《史記考證》七卷、《後漢書百官志》五卷、《漢爵考》一卷、《漢書蒙拾》三卷、《後漢書蒙拾》二卷、《三國志補注》六卷、《晉書補傳贊》一卷、《諸史然疑》一卷等。《叢編》收其《金史補》不分卷，民國二十六年影抄本，封題『影録仁和瞿氏清吟閣原鈔稿本』，共九册。《中國古籍總目》未著録此本。是書與厲鶚《遼史拾遺》二十四卷，皆效劉昭、裴松之注史之法，補正史之闕，爲研治宋、金、遼三史需備舊籍。

有清一代，浙學史學大盛，乃清代史學最重要的一支。其統緒有自，研治明史頗爲顯著，近源可追溯至明末私撰史著風氣，真正發軔則是張岱作《石匱書》，談遷撰《國榷》，查繼佐作《罪惟録》，黄宗羲與門人萬斯同、邵廷采等爲存明史，撰著私史。浙學傳人接緒黄、萬，推轂探研明史之盛。《叢編》所收乏宏製，但可觀者不少。如俞汝言《崇禎大臣年表》、萬言《明女史》、沈冰壺《勝國遺獻諸人傳》《勝國傳略》、傅以禮《明史續編》、平步青校補《殘明百官簿》等，可見浙派史學旨趣所在。俞汝言爲明遺民，其《崇禎大臣年表》稿本一卷，記一朝殿閣、部院大臣，末附弘光南都即位大臣表。《自序》云：『論者以明而過察，信任不專，以致群臣畏罪，相爲欺蔽。然不思人臣委身事主，惟所任使，位卑職輕，則曰非我任也。及都右職，則曰委任不專也。又曰好疑用察，救過不暇也。是則無一之可爲歟？迨至君呼籲而求助，臣邅迴而不前，壞不可支，歸之氣數』，『爲是説者，是左聖明，長奸佞，設辭以助惡也。即無論其他，五十輔臣中，力排衆議、任相十年者有之，起自外僚、特簡政地者有之，奪情召用、出入將相者有之，釋褐三載、即首端揆者有之。任非不專也，察非過用也，而效忠殫職，何鮮聞也？』反思明亡之由、崇禎政亂之故，駁斥時人將亡明歸於崇禎『明而過察，信任不專』。崇禎亡國，實録未作。俞氏此作存史，簡明而確，便於觀覽，可與《國榷》及民間私撰《崇禎實録》《崇禎長編》相發明。浙學傳人好談明史事，自清初迄晚近胥然。乾嘉間，山陰沈冰壺字玉心，號梅史，熟精於史，尤諳明人物軼事，與同時全祖望等人關注前明舊史，致力存一代文獻。《叢編》收其《勝國遺獻諸人傳》不分卷，黄璋抄本，即《勝國傳略》卷六録出單行者。傳録蔣德璟、張鏡心、李清、姜埰、姜垓、徐復儀、王正中、董守諭、劉汋、柴紹炳、侯玄汸、侯玄涵、傅山、來集之、吴繁昌、吴謙牧、蔣平階、李世熊、梁以樟、林古度、閻爾梅、王弘撰、杜濬、張杉、徐柏齡、李標、范路、來蕃、葉名振、萬泰、徐鼎、陳恭尹、屈大均、文點等五十一人，各有史評。末附清人王復禮、陳廷會、孫治、毛先舒四人傳。其書表彰奇節忠直，所謂『勝國遺獻諸人傳』，即『明遺民傳』，類於黄宗羲、邵廷采記東南遺民，非簡單抄撮舊籍。且多捃摭兩浙遺民，有裨明季史乘。今人謝正光、范金民二先生編纂《明遺民録彙輯》，收邵廷采《明遺民所知傳》、黄容《明遺民録》、佚名《皇明遺民傳》、陳去病《明遺民録》、孫鏡菴《明遺民録》、陳伯陶《勝朝粤東遺民録》、秦光玉《明季滇南遺民録》等七種[一四]，頗具史料價值。今天看來，尚可補葺。沈冰壺《勝國遺獻諸人傳》、侯登岸《勝國遺民録》、張其淦《明代千遺民詩詠》等皆可補録。由於文獻難徵，南明史研治不易，其中甚難的一點即南明職官考録。平步青校補《殘明百官簿》四卷，值得稱道。是書輯者未詳，平氏以卷第殘損、波磔脱落，校而補之，卷一爲《弘光百官簿》，卷二爲《魯監國百官簿》，卷三爲《唐王百官簿》，卷四爲《桂王百官簿》。全祖望嘗見《庚寅桂林百官簿》，考之知寧士仕嶺外者三人：鄞縣余鷗起、任斗墟，奉化陳純來。《題庚寅桂林百官簿》嘆其事難考，鷗起事迹『近始得其始末』[一一五]。由此可覘《殘明百官簿》價值。傅以禮輯《明史續編》，從家譜、别集、總集、方志中爬梳大量明季人物傳記，偶收請疏、墓誌銘、墓表等，以補《明史》所未詳，亦可見浙派重文獻的傳統。

《叢編》收清人日記稿抄本十餘種、清人撰年譜近十種。日記别有紀年價值，年譜對學術史研究大有補益。年譜之作興於宋，盛於明清。浙學傳人喜作學者年譜，如吕祖儉爲吕祖謙撰《年譜》，喬行簡爲宗澤作《忠簡公年譜》，袁燮爲陸九淵作《象山陸先生年譜》，錢德洪爲王陽明作《陽明先生年譜》，盧演爲方孝孺作《方正學先生年譜》。《叢編》所收略可見浙學這一風氣。

三、樸學之浙派

中國傳統經學有漢學、宋學之分，略言之，漢學重考據訓詁，宋學重性理詮釋。至於清代，學者各有取徑、師承、好尚，尚漢學者有之，好宋學者有之，兼采漢、宋者有之，更有不分漢、宋者。這與清代詩壇分野相類，或宗唐，或宗宋，或兼學唐、宋，或不分唐、宋。清代學風屢生變革，皮錫瑞《經學歷史》述曰：『國朝經學凡三變。國初，漢學方萌芽，皆以宋學爲根柢，不分門户，各取所長，是爲漢、宋兼采之學。乾隆以後，許、鄭之學大明，治宋學者已尟，説經皆主實證，不空談義理，是爲專門漢學。嘉道以後，又由許、鄭之學導源而上，《易》宗虞氏以求孟義，《書》宗伏生、歐陽、夏侯，《詩》宗魯、齊、韓三家，《春秋》宗《公》《穀》二傳。漢十四博士今文説，自魏、晉淪亡千餘年，至今日而復明。實能述伏、董之遺文，尋武、宣之絶軌，是爲西漢今文之學。學愈進而愈古，義愈推而愈高，屢遷而返其初，一變而至於道，學者不特知漢、宋之别，且皆知今、古文之分，門徑大開，榛蕪盡闢。』[一六]總括大抵可信。清儒取捨好尚不同，有清學術遂區分諸派。清初，黄宗羲講學東南，讀書窮經，兼好治史，并采漢、宋，是爲梨洲一派；孫奇逢講學於北，著《理學宗傳》，主於宋學，是爲夏峰一派。南黄北孫，爲一時顯學。此外，顧炎武、汪琬、徐乾學等傳吴中學統，兼采漢、宋；李顒、李因篤等傳關中學統，主於宋學；閻若璩倡導漢學，重於考據。自乾隆以後，漢、宋之争熾，有吴派、皖派之分，又有今文、古文之訟。學者論清學，喜談吴派、皖派，輕於拈説浙派，即使談之，亦多將其歸爲史學一派。事實上，浙學亦清學一大源頭，浙派堪與吴派、皖派相鼎立。

關於吴、皖之分，學者所論多矣。章炳麟云：『其成學著系統者，自乾隆朝始。一自吴，一自皖南。吴始惠棟，其學好博而尊聞；皖南始戴震，綜形名，任裁斷。此其所異也。』[一七]梁啓超有『惠、戴兩家中分乾嘉學派』之説[一八]，謂：『但漢學派中也可以分出兩個支派，一曰吴派，二曰皖派。吴派以惠定宇（棟）爲中心，以信古爲標幟，我們叫他做「純漢學」。皖派以戴東原（震）爲中心，以求是爲標幟，我們叫他做「考證學」。』[一九]錢穆談論稍異：『今考惠學淵源與戴學不同者，戴學從尊宋述朱起脚，而惠學則自反宋復古而來』，『徽學以地僻風淳，大體仍襲東林遺緒，初志尚在闡宋，尚在述朱，并不如吴學高瞻遠矚，劃分漢、宋，若冀、越之不同道也』。又謂『東原論學之尊漢抑宋，則實有聞於蘇州惠氏之風而起也』，贊同王鳴盛所説『惠君之治經求其古，戴君求其是，究之舍古亦無以爲是』，以爲惠、戴非異趨，吴、皖非分幟[二〇]。今人陳祖武先生進而指出吴、皖分派不盡合理，治乾嘉學術，但按地域劃分學派還可商量，不宜以吴、皖兩派或惠、戴二家來概括整個乾嘉學派，其時南北學者争奇門妍，『互爲師友，相得益彰，其間本無派别之可言。强分門户，或吴或皖，實有違歷史實際』[二一]。筆者基本贊同這一説法，乾嘉非僅有吴派、皖派，强分門户，有違實際。梁啓超也承認所舉派别『不過從個人學風上，以地域略事區分。其實各派共同之點甚多，許多著名學者，也不能説他們專屬哪一派』[二二]。不過筆者仍略有不同之議：緣師承取法、學術旨趣之異，學者各成一隊，門户亦客觀存在，不必盡黜之。皖派、吴派以地域命名，但皖派非皖人之學，吴派非吴人之説，均超越地域所限，與浙學非浙人之學同理，不必諱疾忌醫。

章、梁論吴、皖之學，也關注到浙學一脉。章炳麟《訄書・清儒》曰：『然自明末有浙東之學，萬斯大、斯同兄弟皆鄞人，師事餘姚黄宗羲，稱説《禮經》，雜陳漢、宋，而斯同獨尊史法。其後餘姚邵晉涵、鄞全祖望繼之，尤善言明末遺事。會稽章學誠爲《文史》《校讎》諸通義，以復歆、固之學，其卓約過《史通》。而説禮者羈縻不絶，定海黄式三傳浙東學，始與皖南交通。其子以周作《禮書通故》，三代度制大定。唯浙江上下諸學説，亦至是完集云。』從史學、《禮》學總述清代浙東之學。梁啓超《中國近三百年學術史》云：『此外尚有揚州一派，領袖人物是焦里堂（循）、汪容甫（中）。他們研究的範圍，比較的廣博。有浙東一派，領袖人物是全謝山（祖望）、章實齋（學誠），他們最大的貢獻在史學。』[二三]章氏不言學派，梁氏明言之，以吴、皖爲主流，以揚、浙爲支流。章氏并談經史，梁氏獨拈一史。

學者關注皖、吴，無可非議，但不應輕視浙派成就和影響。應該説，浙學亦乾嘉之學近源，浙派爲清代樸學重要一支。梁啓超以爲乾嘉『自成一種學風』，稱之『科學的古典學派』[二四]，學者習用説法是清代樸學。清初漢、宋兼采，爲樸學發軔。嘉道而後，沿許、鄭之學導源而上，爲樸學變化。就發軔言，黄宗羲、顧炎武、徐乾學、汪琬、閻若璩、萬斯同皆重要人物。錢穆不贊同近人率推顧炎武爲『漢學開山』：『而亭林漫游河、淮，於江左文史夙習，滌弃若盡，要其辨經學、理學，分漢、宋疆界，則終亦不能遠異於其鄉先生之緒論耳。近人既推亭林爲漢學開山，以其力斥陽明良知之説，遂謂清初漢學之興，全出明末王學反動，夫豈盡然？』[二五]『其語要非亭林所樂聞也。』[二六] 駁斥夸大清初漢學，不贊同梁啓超等人以顧炎武爲『漢學開山』。清初學者研習漢學，與乾嘉學者立意、路徑頗異，簡單將顧炎武認作『漢學開山』，未妥。不過研治漢學乃清初學風轉變一大關捩，學者兼采漢、宋或漢、宋不分，是學術史客觀存在，追溯乾嘉之學近源，可推至黄宗羲、萬斯同、顧炎武、汪琬、徐乾學、閻若璩等人。

黄、萬之學源出姚江一脉而自爲變化，閻若璩則自稱梨洲私淑弟子。梁啓超稱『大抵清代經學之祖推炎武，其史學之祖當推宗羲』，還指出宗羲『又好治天算，著書八種。全祖望謂「梅文鼎本《周髀》言天文，世驚爲不傳之秘，而不知宗羲實開之」。其《律吕新義》，開樂律研究之緒。其《易學象數論》，與胡渭《易圖明辨》互相發明』，『故閻、胡之學，皆受宗羲影響。其他學亦稱是』[二七]。樸學發軔，不離吴越。浙學盛於兩浙，并傳吴中。黄、顧商證學問，各有助益。惠棟標榜專門之漢學，自稱四世漢學，實則惠氏家學源出汪琬等吴中學者。以淵源論，樸學與浙學大有關係。統觀南宋之學，諸儒未嘗專詮義理而不事訓詁考據。吕學與朱學一大不同，即吕學兼采漢學、北宋之學，重於訓詁、文獻。『東萊文獻』『經史不分』，奠立浙學基調。陽明一派崛起，浙學新變，訓詁考據非所長，爲談説性理所掩。至梨洲一派，風氣一變，讀書重於經解，經史側於文獻，遥接東萊之緒，兼事義理、考據。非僅浙派繼之，吴、皖二派究未逾於此外。漢、宋之争日熾，惠、戴傳人各標門户，方東樹作《漢學商兑》爲宋學護法，江藩作《國朝漢學師承記》爲漢學護法。有調和漢、宋者，更有跳出漢、宋而標『清學』者，龔自珍即其人。《與江子屏箋》云：『大著曰《國朝漢學師承記》，名目有十不安焉。改爲《國朝經學師承記》，敢貢其説』，『實事求是，千古同之』，『非漢人所能專』，『本朝自有學，非漢學。有漢人稍開門徑而近加邃密者，有漢人未開之門徑，謂之漢學，不甚甘心』，『瑣碎餖飣，不可謂非學，不得謂漢學』，『漢人與漢人不同，家各一經，經各一師，孰爲漢學乎』，『若以漢與宋爲對峙，尤非大方之言。漢人何嘗不談性道』，『宋人何嘗不談名物訓詁』，『本朝別有絶特之士，涵泳白文，創獲於經，非漢非宋，亦惟其是』，『國初之學，與乾隆初年以來之學不同。國初人即不專立漢學門户，大旨欠區別』[二八]。龔氏立論即『漢宋不分』，非兼采漢、宋。其既厭弃藉漢、宋立門户，又不喜將清儒之學比爲漢、宋附庸，故昌言『清學』。按所説，乾嘉專立漢學門户，并不比清初學者高明。這一觀點與其傳承浙學不無關聯。浙學『經史不分』，并重義理、考據，乃至『漢宋不分』。龔氏跳出漢、宋門户之訟，重新審視古今之變，發抒己見，欲重開兼容并蓄、經史不分、經世致用之學[二九]。錢穆推尊龔氏開風氣之功，以爲清儒因政治威劫鮮談政治，乾嘉經學一趨於訓詁考索，嘉、道以還乃稍稍發爲政論，『而定菴則爲開風氣之一人』[三〇]。又謂：『常州之學，起於莊氏，立於劉、宋，而變於龔、魏，然言夫常學之精神，則必以龔氏爲眉目焉。何者？常州言學，既主微言大義，而通於天道、人事，則其歸必轉而趨於論政。否則何治乎《春秋》？何貴乎《公羊》？亦何異於章句訓詁之考索？故以言夫常州學之精神，其極必趨於輕古經而重時政，則定菴其眉目也。』[三一]復謂：『然則定菴之爲學，其先主治史通今，其卒不免於治經媚古；其治經也，其先主大義通治道，其卒又不免耗於瑣而抱其小焉。自浙東之《六經》皆史，一轉而爲常州《公羊》之大義微言；又自常州之大義微言，再折而卒深契乎金壇、高郵之小學訓詁，此則定菴之學也。以定菴之才，遇定菴之時，而遂以成其爲定菴之學。』[三二]其説頗具隻眼，惜忘龔氏乃浙學傳人，融貫諸家，變化常州之學，亦自有故，且治經非爲媚古，蓋以『經史不分』也。

抛開純粹門户諍訟不論，乾嘉時期吴派、皖派、浙派可稱三足鼎立，揚州一派聲勢稍遜。浙學之興貫穿清學終始。清學始興，黄宗羲啓其端緒，清學之告一段落，章炳麟爲重要人物，被梁啓超推爲清學正統派『殿軍』。

樸學浙派源出梨洲一派，又爲吴、皖二派風氣鼓動，在嘉道後也因時發生相應的變化。

今以樸學浙派專指乾嘉樸學興起後，浙學發生新變一脉。代表人物爲全祖望、章學誠、邵晉涵、杭世駿、厲鶚、盧文弨、齊召南、嚴可均、姚文田、龔自珍、俞樾、李慈銘、朱一新、洪頤煊、黄式三、黄以周、孫詒讓、章炳麟等。重要人物有董秉純、盧鎬、蔣學鏞、沈冰壺、吴騫、陳鱣、黄璋、黄徵乂、馮登府、吴東發、王梓材、馮雲濠、管庭芬、姚燮、戚學標、平步青、陶方琦、陶濬宣、沈曾植、張作楠、王紹蘭、朱蘭、孫衣言、丁丙、孫鳴鏘、傅以禮、王棻、龔橙等。其中全祖望、章學誠、邵晉涵爲開啓風氣者，儼然宗主。浙派雖以浙人爲主，但非僅浙人之學，一時霑溉甚廣。

浙學凡經數變，浙派之興爲清代浙學的一次重要變化。其在經學、史學、小學、金石學、校勘學、輯佚學等方面都取得很高的成就。梁啓超《清代學術概論》談樸學成就，舉隅屢及浙學傳人。『經史考證』方面，例舉孫詒讓《周禮正義》、邵晉涵《爾雅正義》；其研究之書，例舉金鶚《求古録禮説》、黄以周《禮書通故》。清儒以小學爲治經途徑，蔚爲大觀，俞樾《古書疑義舉例》稱精鑿，章炳麟《小學答問》多新解。音韻學爲小學附庸，清代特盛，例舉姚文田《説文聲系》、嚴可均《説文聲類》、章炳麟《國故論衡》。典章制度一科，號爲絶學，例舉洪頤煊《禮經宫室答問》，又謂晚清黄以周《禮書通故》『最博贍精審，蓋清代禮學之後勁矣』。史學方面，黄宗羲、萬斯同以一代文獻自任，乾隆以後，傳此派者，全祖望最著。考證之學及於史，有洪頤煊《諸史考異》；專考證一史，有梁玉繩《史記志疑》《漢書人表考》、杭世駿《三國志補注》。自萬斯同力言表志重要，著《歷代史表》，此後表志專書可觀者多，例舉齊召南《歷代帝王年表》，考證古史又舉錢儀吉《補晉兵志》。其專研究史法，有章學誠《文史通義》，價值可比劉知幾《史通》。私撰之史，萬斯同《明史稿》『最稱巨製』。學術史，則以《宋元學案》爲著。『水地與天算』方面，清代地理學偏於考古一途，著者有全祖望《水經注校正》、趙一清《水經注釋》，齊召南《水道提綱》《漢志水道疏證》，以水道治地理。外國地理，丁謙博爲考證，成書二十餘種。天文算學，例舉張作楠、李善蘭，作楠有《翠微山房算學叢書》，善蘭有《則古昔齋算學》。『金石學、校勘學和輯佚學』方面，金石學甚盛，例舉洪頤煊《平津館讀碑記》、嚴可均《鐵橋金石跋》，『考證精徹』。梨洲一派以金石研究文史義例，宗羲著《金石要例》，其後梁玉繩、馮登府各有續作（梁玉繩有《誌銘廣例》二卷，馮登府有《金石綜例》四卷）。『自金文學興，而小學起一革命』，例舉孫詒讓《古籀拾遺》，以爲與莊述祖《説文古籀疏證》并著。『最近復有龜甲文之學』，例舉孫詒讓《名原》。清儒校勘學成專門之學，成績可紀者，例舉盧文弨校《逸周書》《春秋繁露》，全祖望校《水經注》，孫詒讓校《墨子》，梁玉繩校《吕氏春秋》，嚴可均校《慎子》《商君書》，洪頤煊校《竹書紀年》《穆天子傳》，丁謙校《穆天子傳》，浙派人物占據所列諸家三分之一。研究諸子學，例舉俞樾《諸子平議》、洪頤煊《管子義證》、孫詒讓《墨子閒詁》[三三]。梁氏分類以述，例舉著者，雖甚簡略，大體不誤，浙派成就由此可概見。惜梁氏側重吴、皖二派，述及浙派往往『側鋒』出之，可爲一憾。

《叢編》所收稿抄本以清人著述爲多，清人又以樸學浙派之作爲多。其作者爲《清儒學案》采入者亦自不少。如陶方琦、陶濬宣、王繼香、朱一新，《清儒學案》卷一百八十五列入『越縵學案』；杭世駿，《清儒學案》卷六十五立『堇浦學案』，厲鶚以交游附焉；王紹蘭，《清儒學案》卷一百十六立『南陔學案』；錢儀吉，《清儒學案》卷一百四十三立『嘉興二錢學案』，管庭芬附焉；黄式三，《清儒學案》卷一百五十三立『儆居學案』，黄以恭附焉；吴東發、洪頤煊，《清儒學案》列入阮元『儀徵學案』；吴慶坻，《清儒學案》卷一百九十列入王先謙『葵園學案』；俞汝言，《清儒學案》卷二百一列入『諸儒學案七』；杜煦，《清儒學案》卷二百二列入『諸儒學案八』。《清儒學案》所未及言者，平步青可立『景蓀學案』；葉嘉倫傳盧鎬之學，可入『謝山學案』；龔橙可附龔自珍

『定盦學案』。邵瑛、沈冰壺、查揆、黄璋等人，可載入諸案，或附入諸儒學案。

浙派經史考證之書，以孫詒讓《周禮正義》、邵晉涵《爾雅正義》、黄以周《禮書通故》等名著刻本、整理本已多，茲編僅收罕見者，如黄璋、沈冰壺、姚燮、王紹蘭、陶方琦、黄式三、柯汝霖、黄以恭著述，已臚列於前。《説文》成就，朱駿聲甚著，其《説文通訓定聲》乃常見之書，茲編不録，而收《説文段注拈誤》一卷。又收邵瑛《説文經訓偶箋》《説文解字羣經正字》、姚覲元校補《説文解字攷異》、李宗蓮《説文經字録》、汪厚昌《説文引經録》。其以訓詁家會通群書，俞樾《古書疑義舉例》、章炳麟《小學答問》已廣傳，茲收洪頤煊《平津筆記》。文字學專門之作，收平步青《古字發微》、陶方琦《埤蒼考異》《廣倉》等。音韻學之作，收陶方琦《説文古讀考》、朱一新《同音集釋要》《浙垣同音千字文》，其價值固難比姚文田《説文聲系》、嚴可均《説文聲類》。

史學爲浙派大宗，以全祖望、邵晉涵、章學誠諸家著述習見，茲編不録，亦未收洪頤煊《諸史考異》、梁玉繩《史記志疑》《漢書人表考》、杭世駿《三國志補注》、齊召南《歷代帝王年表》。其專考證一史，收杭世駿《金史補》、王紹蘭《袁宏後漢紀補證》。學術史，如梁啓超所説，以《宋元學案》爲最著，《叢編》收黄璋等校補稿本。

水地與天算之學，乃浙派所長。《叢編》收録不多，全祖望《水經注校正》、趙一清《水經注釋》、齊召南《水道提綱》、洪頤煊《漢志水道疏證》等不收録。張作楠《翠微山房算學叢書》，以《重修金華叢書》已采録，此編不重複收録。

金石學之書，茲編收録稍富。梁氏所舉洪頤煊《平津館讀碑記》、嚴可均《鐵橋金石跋》，未收。如梁氏所説『自金文學興，而小學起一革命』。《叢編》所收龔橙《古金石文字叢著》，最可爲代表。

清儒校勘學，浙派功績亦著。茲編收陶方琦《淮南許高二注異同考》《淮南許注異同詁續補》《淮南參正殘草》、陶濬宣《校讎之學》。朱一新批校《漢書》《魏書》，《重修金華叢書》已收，不重複收録。梁氏例舉盧文弨校《逸周書》、全祖望校《水經注》、孫詒讓校《墨子》、梁玉繩校《吕氏春秋》、嚴可均校《慎子》《商君書》、洪頤煊校《竹書紀年》《穆天子傳》，以及俞樾《諸子平議》、洪頤煊《管子義證》、孫詒讓《墨子閒詁》，以其多有印本、整理本，不收録。

《叢編》彙輯浙派文獻，初具規模，且於數家著述搜羅較賅備，如朱駿聲、平步青、陶方琦、陶濬宣著述，接近竭澤而漁。儘管梁啓超例舉諸名作罕録，但此編絶非『邊角料』。除杭世駿著述外，他如王紹蘭、陶方琦、黄式三、龔橙之作，皆不當輕覷。陶方琦從學李慈銘，通經學，邃於訓詁，所著《鄭易小學》《韓詩遺説補》《爾雅漢學證義》《淮南許、高二注異同考》《淮南許注異同詁》及《續補》俱可稱道。龔橙爲龔自珍長子，湛深經術，精小學。纂著《古金石文字叢著》，收《器銘文録》《六典理董許書》《古俗一覽象義》《秦漢金石録文》《秦漢金石篆隸記誤》《漢隸記誤》《漢石録文補遺》《魏晉南北隋唐石刻録文》《漢碑用經傳異字》《石刻字録》《金石文字録》《石刻文録》《金石文録識餘》《詩三百五篇》《六經傳記逸詩周書韻表》《鄭典》《論語諸子韻》諸書，由金石而入小學，考證多有發明。略可遺憾的是，本編以徵訪不易，浙派著述尚多可補輯，如齊召南、戚學標、張廷琛、喻長霖、王棻、王舟瑶諸家稿抄本，可進而采録。

皮錫瑞《經學歷史》謂輯佚書、精校勘、通小學爲『國朝經師有功於後學者有三事』[三四]。舉隅諸家，浙派人物僅列盧文弨精校勘、嚴可均通小學。綜觀之，浙派輯佚、校勘、小學三方面的成就足媲美吴、皖二派。還應看到浙派自成風氣：一是循『經史不分』之統，『《六經》皆史』，經史互證，史學成就卓著。二是重訓詁考證，同時不廢性理詮釋。正由主於『漢宋不分』，不喜參與漢、宋門户之爭。三是重用實，考證史實，明於治亂，既爲學問一途，又存治世之意。錢穆嘆説：『蓋亭林論學，本懸二的：一曰明道，一曰救世』，『後儒乃打歸一路，專守其「經學即理學」之議，以經術爲明道，餘力所匯，則及博聞。至於研治道，講救世，則時異世易，繼響無人，而終於消沉焉。若論亭林本意，則顯然以講治道救世爲主。故後之學亭林者，忘其「行己」之教，而師其「博文」之訓，已爲得半而失半。又於其所以爲博文者，弃其研治道、論救世，而專趨於講經術、務博聞，則半之中又失其半焉。』[三五]乾嘉學者一趨於訓詁考索，有着社會政治的因素。浙派不離此大勢，但由治史而通於世用，故與吴派、皖派有所不同。章學誠《文史通義·浙東學術》云：『或問：「事功、氣節果可與著述相提并論乎？」曰：「史學所以經世，固非空言著述也。且如《六經》同出於孔子，先儒以爲其功莫大於《春秋》，正以切合當時人事耳。後之言著述者，捨今而求古，捨人事而言性天，則吾不得而知之矣。學者不知斯義，不足言史學也。」』『求古』尊漢，『言性天』尊宋，章氏以爲若『捨今』『捨人事』，皆有未當。錢穆《中國近三百年學術史》第九章《章實齋》列『經學與史學』條目，評云：『實齋《文史通義》唱「《六經》皆史」之説，蓋所以救當時經學家以訓詁考覈求道之流弊。』[三六]四是遥接東萊、深寧，近承黄、萬，重視文獻搜輯、網羅、編輯。五是綜會博采，往往一人兼長諸學，經學訓詁、史學考據、小學音韻、金石文字、校勘輯佚、天文曆算，多所涉獵，平步青等皆是，不似吴派、皖派多專門之家。

當然，樸學浙派存在較明顯的地域性，以兩浙爲中心，傳播未如陽明學派、蕺山學派廣泛。自清初始，浙西之學興，浙東爲主流的格局已發生變化。至浙派興起，浙東、浙西并盛，成就相埒。

在學術史上，樸學浙派未受到足够重視。江藩《國朝漢學師承記》僅論及盧文弨、邵晉涵，謂盧文弨『官京師，與東原交善，始潛心漢學，精於讎校。歸田後二十餘年，勤事丹鉛，垂老不衰』[三七]，以爲盧氏爲戴震所轉，『潛心漢學』，竟忘其傳浙學一脉。而戴震在浙講學，受浙學影響也頗深。謂邵晉涵聞錢大昕談宋史，乃撰《南都事畧》，『以續王偁之書，詞簡事增，正史不及也』。後稍言及『君少從山陰劉文蔚豹君、童君二樹游，習聞蕺山、南雷之説。於明季黨禍緣起，奄寺亂政，及唐、魯二王本末，從容談論，往往出於正史之外。自君謝世，而南江之文獻亡矣』[三八]。晉涵傳浙東史學一脉，江藩未審之。章炳麟、梁啓超、錢穆對浙派的認識雖未全面，但無疑遠超江藩。

四、關於『由史入文』

黄宗羲《理學録》列十六學派，浙學派與金華學派、明初學派相并立。黄百家纂輯《宋元學案》，立《金華學案》，全祖望改題《北山四先生學案》。黄百家《金華學案》以宋濂爲金華嫡傳，案語云：『金華之學，自白雲一輩而下，多流而爲文人。夫文與道不相離，文顯而道薄耳。雖然，道之不亡也，猶幸有斯。』[三九]所謂自許謙而下『多流而爲文人』，後世學者多襲其説。何炳松論浙學興衰，以南宋至明初爲第一期，明末至清中葉爲第二期，於其前後衰落之由總曰『由史入文』。事實上，『由史入文』未造成浙學之衰。何氏又説：『金華本支則曾因由史入文，現中衰之象；至明初宋濂、王禕、方孝孺諸人出，一時乃爲之復振。』[四〇]由於偏重史學，論金華一脉衰而復振，竟忘宋濂、王禕、方孝孺皆文章名家，被後世推許爲『明文正宗』。

浙東文章興於南宋，與浙學并起。理學家好薄文章爲『小道』，詩爲『小技』，壯夫不爲。浙學初興，吕祖謙、陳亮、葉適未鄙弃詩文，吕祖謙好三蘇，有《標注三蘇文選》五十九卷，又編《皇朝文鑑》一百五十卷、《古文關鍵》二卷。陳亮編有《歐陽先生文粹》二十卷、《蘇門六君子文粹》七十卷，態度與邵雍不同。三人頗工文章，陳亮更擅詩詞。宋末元初，王應麟、黄震、胡三省、舒岳祥俱能文，舒岳祥更工詩。南宋學者開啓浙學尚文風氣，此爲浙東文派初興。總體以觀，浙學傳人工文者多，擅詩詞者少。『四先生』傳朱、吕學脉，詩文詞非其所長。如金履祥好詩文，難稱名家。元中葉至明初，黄溍、柳貫、吴萊、楊維楨、宋濂、王禕、蘇伯衡、劉基、戴良、貝瓊、方孝孺爲名家，浙東文派再興。宋濂爲明開國文臣之首，與門人方孝孺并稱『宋方』。其時以文鳴世者多，能詩者猶少，僅楊維楨、劉基、戴良、貝瓊等數人號名家。陽明傳人衆多，不乏能文工詩輩，此爲浙東文派三興。當然，陽明一派詩大都不脱理學之氣。明末清初，兩浙詩文大盛，浙西詞派崛興，稱浙東文派四興。黄宗羲爲文章祭酒，朱彝尊爲詞壇領袖，查慎行爲詩壇大家。乾嘉間，全祖望、厲鶚、杭世駿爲一代文學之士，繼有龔自珍領袖文壇。此爲浙東文派五興。

陽明學派、梨洲學派、樸學浙派之興，足見學者好文未造成浙學之衰。好文對浙學變革還是産生一定的影響，黄百家所説『文顯而道薄』有其道理，但不必誇大之。且在浙學傳人看來，文不離學之根本。宋濂作《文原》，王禕作《文訓》，蘇伯衡作《空同子瞽説》，述明文章本原《六經》，經史并重。如《文訓》稱文必『主之以氣』『一本於道』[四一]。至於詩，則以爲關乎世運，乃追踪風雅，提出詩爲『文之精』，欲合詩、文、道爲一。蘇伯衡《雁山樵唱詩集序》云：『言之精者之謂文，詩又文之精者也。』[四二]胡翰《缶鳴集序》云：『物生而形具矣，形具而聲發矣。因其聲而名之，則有言矣。因其言而名之，則有文矣。故文者，言之精也，而詩又文之精者。』[四三]劉基《蘇平仲文集序》云：『文以理爲主，而以氣攄之。理不明，爲虚文；氣不足，則理無所駕。文之盛衰，實關時之泰否。是故先王以詩觀民風，而知其國之興廢，豈苟然哉！文與詩，同生於人心，體製雖殊，而其造意出辭，規矩繩墨，固無異也。』[四四]所謂『文之精』，重於詩文同源。宋濂《題許先生古詩後序》稱詩文『本出於一原』，『沿及後世，其道愈降，至有儒者、詩人之分』[四五]，不滿於詩人自别於儒者，儒者自别於詩人。學者又强調『文章正宗』。如宋濂門人鄭柏編《文章正原》，方孝孺門人王稌纂《續文章正宗》，黄宗羲纂輯《明文案》，選録《明文授讀》，皆重『文章正宗』。黄氏《明文案序下》論明文正宗始自宋濂、方孝孺，繼爲楊士奇、解縉，而後李東陽、吴寬、王鏊雄起南北，王陽明、羅玘追配前賢，歸有光、唐順之、王慎中稱大纛，趙貞吉、趙時春不愧作者，郭正域、葉向高、焦竑、王錫爵不失矩矱，婁堅、唐時升、錢謙益、顧大韶、張大復能拾歸有光『墜緒』。復古四子、公安三袁、竟陵鍾譚不在其列。《明文案序上》提出『明文三盛』：一盛於明初，宋、方等爲表率，無意功名，埋身讀書；再盛於嘉靖，歸、唐、王振頽起衰，不爲擬古及科舉功名牢籠；三盛於崇禎，婁、唐、錢等爲表率，『通經學古』[四六]。世人關注陽明心學及事功，疏於談説文章，即使論之，多歸於『末技』。黄宗羲不然，并推陽明學問與文章。《李杲堂文鈔序》云：『余嘗謂文非學者所務，學者固未有不能文者。今見其脱略門面，與歐、曾、《史》《漢》不相似，便謂之不文，此正不可與於斯文者也。濂溪、洛下、紫陽、象山、江門、姚江諸君子之文，方可與歐、曾、《史》《漢》并垂天壤耳。蓋不以文爲學，而後其文始至焉。當何、李爲詞章之學，姚江與之更唱叠和，既而弃去。何、李而下，嘆惜其不成，即知之者亦謂其不欲以文人自命耳，豈知姚江之深於爲文者乎？使其逐何、李而學，充其所至，不過如何、李之文而止。今姚江之文果何如，豈何、李之所敢望耶？』[四七]以學衡文，黄氏得出『餘姚之醇正，南城之精煉，掩絶前作』的結論。於南宋以後文章，其歷推朱熹、陸九淵、吕祖謙、真德秀、黄榦、王柏、何基、金履祥、姚燧、虞集、黄溍、柳貫、吴師道、宋濂、王禕、方孝孺、王陽明，學統一望即知。與宋濂一樣，宗羲力斥學者、文人相割裂之説，海昌講學告誡門人：『夫一儒也，裂而爲文苑，爲儒林，爲理學，爲心學』，其弊甚重，學者當求『歸一』[四八]。

《叢編》收明别集甚少，不足概觀明代浙學學者之文學成就。清代大家之集又避出版重複，故所收亦不足觀清代浙學學者之文學成就。雖然如此，猶可據以見其文學好尚與創作風氣，且以多收珍稀之本，别具認識價值。如第一輯收陳選《恭愍公遺稿》清抄本，豐坊《南禺外史詩》稿本，屠勳《太保東湖屠公遺稿》清抄本，王石如《兀壺集》稿本二種，吴農祥《梧園詩文集》稿本，孫在豐《孫閣部詩集》稿本，祝定國《南山堂近草》稿本，趙昱《小山乙稿》稿本，杭世駿《全韻梅花詩》稿本，陳兆崙《陳太僕詩草》稿本，羅繼章《惜陰書屋詩艸》稿本，沈冰壺《古調自彈集》清抄本，金德輿《金鄂巖詩稿》稿本，曹大經《襟上酒痕集》稿本、《么絃獨語》稿本、《唧蕢集》稿本、《後咏懷》稿本，查揆《菽原堂初集》稿本、《菽原堂詩》稿本、《江行小集》稿本，王樹英《古槐書屋詩文稿》稿本，王衍梅《笠舫詩文集》稿本，杜煦《蘇甘廊手翰》稿本、《蘇甘廊先生詩稿》稿本、《蘇甘廊詞集》稿本，錢儀吉《衎石齋遺牘》稿本、《旅逸續稾》清抄本、《定廬集》清抄本，章鋆《章鋆詩文稿》稿本，吴仰賢《小匏庵詩草》稿本，鮑存曉《癡蟲吟稿》稿本，嚴辰《達叟文稿》稿本，楊象濟《白鶴峰詩屋初稿》稿本、《欲寡過齋存稿》稿本，陶在銘《寄槃詩稿》稿本，戴穗孫《春到廬詩鈔》稿本，都屬首次公布印行。第二輯至第五輯重在網羅諸家著述，合而編之。如第二輯收來集之《來集之先生詩話稿》《倘湖手稿》《倘湖遺稿》，朱駿聲《臨嘯閣文集補遺》《臨嘯閣詞》《庚午女史百詠》，皆稿本。平步青、陶方琦、陶濬宣、王繼香之集，網羅幾於殆盡。這些珍稀之集，也是撰著《兩浙詩史》《兩浙文史》《兩浙詞史》的基本材料，可藉以發覆作者文心、詩境、詞藝，補文學史載述所未備，并與浙學經史之學相發明。以下試舉數例以觀：

臨海陳選以精《小學》著聞，金賁亨撰《台學源流》，自宋徐中行迄明陳選，凡得三十八人，有明傳及郭樌、方孝孺、陳選三人，稱『三先生』[四九]。陳選字士賢，號克菴，與父員韜并從陳璲學。天順四年（1460）成進士。授監察御史，巡按江西，貪殘吏屏斥殆盡。時人語曰：『前有韓雍，後有陳選。』督學南畿，患士習浮誇，範以古禮。纍遷廣東左布政使，以剛直忤市舶中官韋眷，誣奏朋比貪墨。被徵，病歿於道。正德中，謚恭愍。著有《小學集注》六卷、《孝經集注》一卷、《冠祭禮儀》一卷。海瑞《題尊鄉録贊》云：『克菴之學，屹爲儒宗。』詩文有《丹崖集》，未刻傳。《叢編》收浙江圖書館藏清初抄本《恭愍公遺稿》不分卷。臨海市博物館又藏清光緒十八年（1892）張廷琛輯抄本《陳恭愍公遺集》一卷、《外集》一卷。《〔民國〕台州府志》著録《丹崖集》：『舊省、府、縣志俱不著録，蓋佚已久。今天台張廷琛搜其詩文，輯爲《陳恭愍公遺集》一卷，冠以《明史》本傳，又附録表、記、序、跋、論、贊，爲《外集》一卷。』張廷琛《叙》云：『第念藏書鮮渺，遺集之篇數既稀，集外之搜羅未備，將毋貽疎漏之譏乎！然考當日羅東川太守最好先生文，僅僅以三稿見示；張楊園先生寄凌渝安書，屬訪求《陳恭愍集》而無從，則此編亦正無容見少也。詩文雖不及《遜志集》之富，而先生秉性之剛正，持己之端方，事君之忠慤，教人之精詳，愛民之慈惠，以及安貧樂道之實，陟明黜幽之公，亦大略可見矣。』《遺集》一卷收文九篇，詩十五首。所輯多録自方志、宗譜及《三台詩録》。廷琛用力雖勤，惜未見清初抄本《遺稿》，故得詩僅隻鱗片羽。《遺稿》爲劉承幹舊藏，存《自省》《寫真有作》《姑蘇校文示諸生》《詠古》等一百三十八題一百五十六首。詩後佚名《跋》：『右稿以公卒於官，多亡失者。今所輯或以人所記憶，或以別集互見。其家藏者往往雜以他作，雖加删校，猶疑未盡，觀者幸得之。』張廷琛輯本《除夕》《遊金鰲山》二詩不見於《遺稿》。《遺稿》較《遺集》多出一百四十餘首。《遺稿》收文七篇，題作《克菴遺稿》。《遺集》輯文十一篇，對勘二集，《遺稿》所收《結黨害民疏》爲《遺集》所無，《遺集》所收《請止狻猊入貢疏》《陳氏宗譜序》《逸像自贊》《對鏡》《修譜諭》不見於《遺稿》。合二集，存陳選文十二篇。《遺集》不足論定陳選詩，《遺稿》則可矣。合二集，又略可論定其文。盛明多士，陳選與羅倫、張元楨、吴寬、黄孔昭、謝鐸相率砥礪名節，時稱『硬漢子』。幼受陳璲『文必關於世教』之教，《小學集注自序》云：『夫爲學而不嚴諸己，不踐其事，誦説雖多，辭章雖工，皆空文也，於吾身何益哉，於國家天下何補哉，於聖人之道何所似哉！』謝鐸《廣東左布政使陳君墓誌銘》云：『君學博而深於經，詞章非其所好。』陳選自謙不善爲文，然所作善養氣，明道言志，遠勝虚飾空文。其詩亦然。如《註小學有感》：『早年弄筆作虚文，贏得虚名悟却身。底事如今不知悔，又傳文筆誤他人。』《對鏡》：『方圓長短各形模，鼓鑄元從一大爐。但使行藏皆順理，謾從色相話榮枯。』《三台詩録》云：『克菴深心理境，爲文明白純正，而七古壯激排宕，造句奇特，出入杜蘇。安必直白迂腐，然後爲儒者之詩耶！』

鄞縣豐坊與臨海王宗沐俱浙學中人，詩文染習復古。豐坊字存禮，號南禺。舉鄉試第一，嘉靖二年（1523）成進士。授禮部主事，從父豐熙爭大禮，下獄。後出爲南京吏部考功主事，謫通州同知，免歸。博學工文，摛詞藻麗，并擅書法。詩文生前未經編次，多散佚。《［雍正］浙江通志》著録《南禺集》二卷，《［雍正］寧波府志》著録《萬卷樓集》《南禺摘稿》，皆不標卷數。今傳世有二本，一爲萬曆四十五年刻《萬卷樓遺集》六卷，一爲浙江圖書館藏《南禺外史詩》手稿一卷。刻本前二卷爲文，後四卷爲賦、諸體詩，按體編排。《南禺外史詩》存詩二十五首，前二首詩題殘闕，以下爲五律《宿清道觀》《春晚感懷二首》《登清凉山絶頂》《夏日即事》《納凉》《山菴》《月下有懷》《湖遊》，七律《觀音閣餞公次次韻》《辟支洞次公次韻》《續夢中句》《焦山》《元夕鎮海樓》《雲居喜雨》《夢吕純陽聯句》《松花》《陳道復粉團花墨戲》《度育王嶺》《碧沚納凉》《紫陽菴》《星宿閣》《城隍廟》《肅愍墓》《僧樓避暑》。末爲豐坊嘉靖二十七年長至日跋：『約山董子可遠，前少宰中峯先生冢嗣也，美質好學，自齠齔已識其偉器，别來二十五年矣。兹過會稽，因留款叙，而以此卷索書。爲録舊作如右，固詞札陋劣，皆由衷之言，可爲知己者道爾。』《宿清道觀》《觀音閣餞公次次韻》《陳道復粉團花墨戲》《肅愍墓》等四首，俱見《萬卷樓遺集》卷五，分題作《蓬萊軒》《餞高侯於觀音閣，次宗伯昭韻》《陳道復畫粉團花》《謁于公少保祠》，字句時異。其他諸詩，未見《萬卷樓遺集》收録。蓋温陵蔡獻臣選録《萬卷樓遺集》，屠本畯校之，未見此手卷。豐坊録舊作贈友，擇其得意者，手書有自選之意。其嘗輯李夢陽《空同精華集》三卷，又從陽明門人季本遊，與唐順之諸子交好，詩恃於才氣，既染習復古，復得陽明一派沾熏，雖不獨自成家，但論明詩不當遺之。

有明一代，浙西多才子，浙東多學者。浙西學者好詩，浙東學者尚文。清代不盡然，浙東學者尚文如故，而能詩者衆；浙西學者好詩不減，而長於詞，且學問不下浙東。兩浙學者傳承浙學，因其『土風』，各禀其氣，同枝而才情有異。清初朱彝尊、查慎行號詩壇大家，朱彝尊又儼然一時詞宗，浙西詞派延綿二百餘年，彬彬稱盛。查慎行師事黃宗羲，爲梨洲高弟子，論詩『不分唐宋』，自成『初白體』。同時浙西文士知名者不少，《叢編》所收毛奇齡、吴農祥皆其人。吴農祥字慶百，號星叟，又號大滌山樵，錢塘諸生。薦試博學鴻儒，大學士馮溥延之館舍，與陳維崧、毛奇齡、吴任臣、王嗣槐、徐林鴻并稱『佳山堂六子』。博鴻不第，入李之芳幕府。黄士珣《北隅掌録》稱其著作五百六卷，藏蕭山王小穀家。同治間，丁丙從三元坊包氏得集二十九册。《叢編》所收浙江圖書館藏《梧園詩文集》，即丁丙舊藏。農祥文章最優，詞勝於詩。詩作甚富，袁枚《隨園詩話》卷十六云：『古人詩集之多，以香山、放翁爲最。本朝則未有多如吾鄉吴慶伯先生者，所著古今體詩一百三十四卷，他文稱是，現藏吴氏瓶花齋。』[五〇]蓋貪多而不精，與朱彝尊同病。朱氏詩稱大家，農祥遠不及，時有可觀。如五律《問庭梅》二首，其一云：『昨夜東風裏，枝枝到地生。爲嫌經尾礫，不敢問簷楹。壁上留花影，窗中悟雪聲。冰絲與水色，爲爾一含情。』[五一]海寧查慎行、查嗣瑮、查容、查昇皆能詩，查氏後人頗傳慎行家法，查揆即其一。查揆字伯葵，號梅史，海寧人。嘉慶九年（1804）舉人，纍官灤州知州。通經史。《叢編》收其稿本《菽原堂初集》一卷、《菽原堂詩》一卷、《江行小集》一卷。所作有初白餘風，如《慨予》四首，其一云：『慨予家中落，蓬蒿三徑生。愁多銷意氣，貧亦損才名。賦罷病梨樹，餐餘秋菊英。窮年聊落感，不獨爲商聲。』[五二]《吕城次頻伽韻》：『擊汰吴波并兩船，風流二老白漚然。心如隄水多縈帶，詩逼禪機欲豎拳。烏鵲依枝猶永夜，白衣摇艣定何年。江湖一種閑懷抱，除却窮愁我亦仙。』[五三]其《和淵明飲酒二十首》《兔牀先生摹家初白老人蘆塘放鴨圖屬題，即用橘社集自題原韻四首》，憑弔查繼佐故居所作《黄泥潭訪家伊璜先生故居，同胡秋白元杲作》《是日感舊》，及與郭麐唱和詩，俱可誦讀。沈濤《匏廬詩話》云：『梅史《落葉》詩云：「低頭一笑渾相識，見汝春風緑上時。」此意爲前人所未道。』[五四]吴衡照曰：『梅史得初白之雄健而加警，得樊榭之清峭而加動，是謂能轉法華，不爲法華轉者。』[五五]查慎行身後，浙學傳人厲鶚、龔自珍詩號大家，皆浙西産。杭世駿與厲鶚同時，詩亦不俗，與全祖望并不愧名家。《叢編》收世駿《全韻梅花詩》一卷，已見刻本《道古堂全集》之《外詩》，但此本係手稿，末題：『全韻詩成，書奉玉几詞丈郢正。堇浦杭世駿脱稿。』全韻詩録爲單册，可見舊貌，且書法精美，與詩境相發。元、明作者百韻梅花詩纍纍，幾已極其窮工。《全韻梅花詩》猶能獨出心裁，如上平十灰韻一首：『豐姿綽約絶塵埃，世眼誰憐閬苑才。莫道東風渾美意，不催花謝衹催開。』下平三肴韻一首：『爲訪名花出近郊，攜笻踏遍水雲坳。眼前冰雪都知己，莫衹東風説舊交。』境韻横生，不讓前人。

學術『流而爲文人』，『由史入文』，未致浙學之衰。元末以後學者好文辭，乃風尚變化，不關涉浙學興衰。綜觀浙學文學一脉，因時而變，非盡株守一端，其變化終不離於學問本根。以文章言，名家輩出，重浙學統緒，乾嘉而後變化始著。以詩言，重風雅之遺，詩文合道，自宋至明末，理學氣甚濃，入清以後，因朱、查之倡，詩風一變，遂成清詩浙派。以詞言，始有陳亮稱大家，後數百年鮮杰出作者，迄於清初，朱彝尊爲首『浙西六家』崛起詞壇，開清詞浙派。

《叢編》所收稿抄本内容豐富，不啻浙學百科圖景呈現，具有巨大的學術與文獻價值，也有很高的文物與藝術價值，同時又是古代歷史、學術、文化、社會研究的重要資料。稿抄本作爲書法史文獻，藝術價值顯而易見，不必多言，這裏略及其文獻整理價值。兹編所收相當數量的稿抄本，乃真正意義上的孤本，未曾刊印，即使有印本，也多散佚。如陳選《恭愍公遺稿》、祁彪佳《祁忠敏公稿五種》、姜希轍《理學録》、吴農祥《梧園詩文集》、查慎行《壬申紀遊》、萬言《明女史》等。浙學著述不亡，實多賴之。在古籍整理中，孤本是唯一可據底本，具有不可替代性。即使偶有其他寫本或印本，《叢編》所收者也是整理校勘不可或缺的資料。他本或未盡良善，仍當以《叢編》收者爲底本。他本或可爲底本，《叢編》收者往往是主要校本。《叢編》還爲整理名家全集或全書提供了豐富的資料，尤其是第二輯、第三輯，徵輯一家著述，儘量網羅全面，可藉此整理平步青、陶方琦、陶濬宣、王繼香等人全書。第四輯擬專收姚燮輯《復莊今樂府選》稿本，第五輯擬專收黄澄量輯《明文類體》稿本，部帙繁富，可作專門整理。這些文獻大都散藏各地圖書館，資料分散，珍貴難獲，合璧不易，《叢編》力求完善，以成專題。整理者利用此次專題彙輯，難成之事轉爲易成。

浙學束置高閣時也已久，如今傳承浙學非易事，需要一個漸進的過程。就當前來説，浙學研究還處在起步階段，有必要展開廣泛深入的研究。兹編纂輯不易，賴諸同仁竭力從事數年，方有成效，今陸續刊行，以饗學者，嘉惠士林。是編列入第二期『浙江文化研究工程』，得到邵清先生和浙江省社科聯的大力支持，黄靈庚先生亦多贊襄之功。筆者得與其事，幸莫大焉。千里之行，始於足下，唯冀兹編能推轂浙學復興。至於補輯續編，則俟來日，然亦將有望矣。

二〇二〇年五月校定

【注釋】

［一］（清）黄宗羲、黄百家撰，（清）全祖望等補編《宋元學案》，中華書局，1986年，第15—20頁。

［二］參見彭國翔《黄宗羲佚著〈理學録〉考論》，《中共寧波市委黨校學報》2011年第4期。

［三］（清）萬斯同《萬斯同全集》第五册，方祖猷主編，寧波出版社，2013年，第169頁。

［四］（清）黄宗羲《明儒學案》卷五十八，沈芝盈點校，中華書局，1985年，第1376頁。

［五］（清）黄宗羲《明儒學案》卷五十八，第1379頁。朱熹撰有《伊洛淵源録》。《四庫全書總目》著録明宋端儀撰、薛

應旂重修《考亭淵源録》二十四卷。

[六]（清）萬斯同《萬斯同全集》第五册，第173—174頁。

[七]《錢緒山學派》，《明儒學案》歸錢德洪入卷十一《浙中一》。《龍溪學派》，《明儒學案》歸王畿入卷十二《浙中二》。

[八]何炳松《浙東學派溯源・自序》，上海古籍出版社，2012年，第3頁。

[九]（清）翁方綱《補録鄭芷畦窆石志》，《復初齋文集》卷十四，清李彦章校刻本。

[一〇]（清）全祖望《鮚埼亭集》卷十九，《全祖望集彙校集注》，朱鑄禹彙校集注，上海古籍出版社，2000年，第239—240頁。

[一一]（清）周中孚《鄭堂讀書記》，民國《吴興叢書》本。

[一二]（清）吴慶坻《蕉廊脞録》，民國《求恕齋叢書》本。

[一三]（清）杭世駿《武林覽勝記》集前題識，清抄本。

[一四]謝正光、范金民編《明遺民録彙輯》，南京大學出版社，1995年。

[一五]（清）全祖望《鮚埼亭集外編》卷二十九，《全祖望集彙校集注》，第1346頁。

[一六]（清）皮錫瑞《經學歷史》，中華書局，2008年，第341頁。

[一七]章炳麟《訄書・清儒》，清光緒三年重訂本。

[一八]梁啓超《中國近三百年學術史》卷十三《清代學者整理舊學之總成績（一）》，中國書店，1985年，第186頁。

[一九]梁啓超《中國近三百年學術史》卷三《清代學術變遷與政治的影響（中）》，第22頁。

[二〇]錢穆《中國近三百年學術史》第八章《戴東原》，《錢賓四先生全集》第十六册，聯經出版事業股份有限公司，1998年，第403—408頁。

[二一]陳祖武《關於乾嘉學派的幾點思考》，《清儒學術拾零》，湖南人民出版社，1999年，第167—169頁。

[二二]梁啓超《中國近三百年學術史》卷三《清代學術變遷與政治的影響（中）》，第22頁。

[二三]梁啓超《中國近三百年學術史》卷三《清代學術變遷與政治的影響（中）》，第22頁。

[二四]梁啓超《中國近三百年學術史》卷三《清代學術變遷與政治的影響（中）》，第22頁。

[二五]錢穆《中國近三百年學術史》第四章《顧亭林》，《錢賓四先生全集》第十六册，第171頁。

[二六]錢穆《中國近三百年學術史》第四章《顧亭林》，《錢賓四先生全集》第十六册，第179頁。

[二七]梁啓超《清代學術概論》，上海古籍出版社，1998年，第17頁。

[二八]錢穆《中國近三百年學術史》第十一章《龔定菴》，《錢賓四先生全集》第十七册，第695頁。

[二九]（清）龔自珍有《賓賓》之説，謂：『孔子述《六經》，則本之史也。史也，獻也，逸民也，皆於周爲賓也，異名而同實者也。』見錢穆《中國近三百年學術史》第十一章《龔定菴》，《錢賓四先生全集》第十七册，第704—705頁。

[三〇]錢穆《中國近三百年學術史》第十一章《龔定菴》，《錢賓四先生全集》第十七册，第691頁。

[三一]錢穆《中國近三百年學術史》第十一章《龔定菴》，《錢賓四先生全集》第十七册，第689頁。

[三二]錢穆《中國近三百年學術史》第十一章《龔定菴》，《錢賓四先生全集》第十七册，第714頁。

[三三]梁啓超《清代學術概論》，第55—61頁。

[三四]（清）皮錫瑞《經學歷史》，第330—331頁。

[三五]錢穆《中國近三百年學術史》第四章《顧亭林》，《錢賓四先生全集》第十七册，第177—178頁。

[三六]錢穆《中國近三百年學術史》第九章《章實齋》，《錢賓四先生全集》第十七册，第499頁。

[三七]（清）江藩《國朝漢學師承記》，中華書局，1983年，第91頁。

[三八]（清）江藩《國朝漢學師承記》，第95—96頁。
[三九]（清）黄璋等校補《宋元學案》第十七册，稿本。
[四〇]何炳松《浙東學派溯源·自序》，第3頁。
[四一]（明）王禕《王忠文公集》卷十九，明刻本。
[四二]（明）蘇伯衡《蘇平仲文集》卷五，明正統七年刻本。
[四三]（明）胡翰《胡仲子集》卷四，明洪武十四年王懋温刻、明重修本。
[四四]（明）劉基《太師誠意伯劉文成公集》卷五，明刻本。
[四五]（明）宋濂《宋學士先生文集》卷十三，明天順五年刻本。
[四六]（清）黄宗羲《明文案序上》，《黄宗羲全集》第十册，平慧善校點，浙江古籍出版社，1993年，第18—20頁。
[四七]（清）黄宗羲《李杲堂文鈔序》，《黄宗羲全集》第十册，第26—27頁。
[四八]（清）黄宗羲《留別海昌同學序》，《黄宗羲全集》第十册，第627—628頁。
[四九]（明）金賁亨《台學源流》，清金文煒刻、光緒八年陳樹桐補修本。
[五〇]（清）袁枚《隨園詩話》，清乾隆間刻本。
[五一]（清）吳農祥《星叟心蘇集》，《梧園詩文集》第二十三册，稿本。
[五二]（清）查揆《菽原堂初集》，稿本。
[五三]（清）查揆《江行小集》，稿本。
[五四]（清）潘衍桐編《兩浙輶軒續録》卷二十二，清光緒間刻本。
[五五]（清）潘衍桐編《兩浙輶軒續録》卷二十二。

凡例

一、本書志爲《浙學未刊稿叢編·第三、四輯》（以下簡稱《叢編》）所撰書志，書名、次第等與之相一致。

二、本書志著録内容有：

（一）題名、卷數、著者、版本、册數、行款。

（二）著者小傳：學界已有較爲充分研究者略述之，未有研究或研究不充分者稍詳述之。側重介紹撰者與《叢編》所收書相關聯之内容，以便讀者閲讀參照。

（三）稿抄本内容構成：描述稿抄本的主要内容及其編排布置情况，按照《四庫全書總目》之分類確定其内容性質，并進行述評。

（四）鈐印：一些稿抄本鈐印極夥，書志有所選擇。選擇著録的原則是：優先著録原作者的，次抄寫整理者，次收藏者。若已著録原作者的，則整理者之印一般不再著録；對於收藏者或閲鑒者，擇名家著録。若無鈐印從略。圖書館等公立機構之印一概不予著録。

（五）《叢編》所收稿抄本現藏地。

三、古人書籍，其中尤其是稿抄本，由於遞經修補，形態極其複雜。書衣、書名葉、扉葉或者顛倒錯亂，或者新舊粘貼爲一。書志一律針對現今所見之本予以描述。儘管從紙色、筆迹可明顯見出原封與新封之别，但一律不作區分。

四、古人用字，正俗混雜，稿抄本尤盛。引用時一般徑録原文，不作改動。然個别地方，稍事調整。非引用者，一律使用通行正字。

五、原文脱漏，用『□』表示。

六、古籍篇名一般遵循今日古籍著録規則，不加標點，然對於一些題名較長、文意曲折且需要其中信息以爲考據佐證者，適當施加標點，以便利用。

七、書志引用古籍居多，由於無法注明具體葉碼，加之地方志和一些别集在内容安排上層次極其複雜，倘若僅僅注明卷次，讀者很難檢核原文，故一概著録到所引篇章名。

目録

第三輯 書志

五石居詩二卷（明）陳紹英撰　明末清初抄本……三
史繩三十卷（清）馬青撰　抄本……六
周人禮説八卷（清）王紹蘭撰　稿本　存三卷（卷二至四）……八
禮堂集義四十卷（清）王紹蘭撰　稿本……一二
春秋説不分卷（清）王紹蘭撰　稿本……二〇
袁宏後漢紀補證三十卷（清）王紹蘭撰　稿本　存一卷（卷七）……二五
越中文獻輯録不分卷（清）王紹蘭輯　稿本……二八
王南陔先生雜記不分卷（清）王紹蘭撰　稿本……三六
南陔雜記□卷（清）王紹蘭撰　稿本　存一卷（卷四）……四二
蕭山王氏十萬卷樓輯逸七種九卷（清）王紹蘭輯　稿本……四四
易説三十九卷（清）柯汝霖撰　稿本……四七
黄梨洲先生年譜稿一卷（清）朱蘭撰　抄本……五三

補讀室自訂年譜不分卷（清）朱蘭撰（清）朱朗然等修訂　稿抄本兼有……五五
南江先生年譜初稿一卷附南江文佚（清）朱蘭撰　稿本……五八
仰白山房公餘草一卷（清）鄭以介撰　清末賽竹樓抄本……六〇
投瓢草一卷（清）鄭霞撰　清末賽竹樓抄本……六三
游燕詩抄一卷詩餘一卷（清）鄭雲林撰　清末賽竹樓抄本……六五
甆餘吟四卷（清）陸以湉撰　清抄本……六八
蘆舫校訂六種（清）陸以湉　嚴辰　嚴錫康等撰　抄本……七〇
小蓬萊閣畫鑒一卷小蓬萊閣詩存一卷（清）李修易撰　抄本……七三
史抄不分卷（清）傅以禮撰　稿本……七六
明史續編不分卷（清）傅以禮撰　稿本……七八
傅氏先世事實編不分卷（清）傅以禮撰　稿本……八〇
明謚考不分卷（清）傅以禮撰　稿本……八三
明謚考略不分卷（清）傅以禮撰　稿本……八五
長恩閣叢抄不分卷（清）傅以禮撰　稿本……八七
扁舟子自記履歷不分卷（清）范寅撰　稿本……九〇
行程筆記不分卷（清）范寅撰　稿本……九二
扁舟子事言日記不分卷（清）范寅撰　稿本……九四
記事珠不分卷（清）范寅撰　稿本……九七
壬英閑吟六卷（清）范寅撰　稿本……九九

扁舟子雜稿不分卷 （清）范寅撰 稿本……一〇一
寫作俱記不分卷 （清）范寅撰 稿本……一〇三
餘姚竹枝詞百咏一卷 （清）宋夢良撰 清末賽竹樓抄本……一〇五
易傳通解不分卷易疏不分卷 （清）成懷嶠撰 稿本……一〇八
退圃老人直督丙申奏議十二卷 （清）王文韶撰 稿本 存三卷（卷一、四、八）……一一三
直督奏議不分卷 （清）王文韶撰 稿本……一一六
賸馥吟草不分卷［第一種］附升科記事一卷［第一種］賽竹樓詞抄不分卷［第一種］臨證心得醫案不分卷吊脚痧方不分卷 （清）胡傑人撰 稿本……一一九
賸馥吟二卷［第二種］附賽竹樓聯句一卷［第一種］賽竹樓試帖一卷 （清）胡傑人撰 稿本……一二四
賸馥吟續編二卷［第一種］附論事絶句不分卷［第一種］ （清）胡傑人撰 稿本……一二七
賸馥吟續編二卷［第二種］附論事絶句不分卷［第二種］紫光閣功臣頌不分卷［第一種］ （清）胡傑人撰 稿本……一三〇
賸馥吟續編二卷［第三種］附論事絶句不分卷［第三種］賽竹樓詞抄一卷［第二種］ （清）胡傑人撰 稿本……一三三
賸馥吟續編不分卷［第四種］附論事絶句不分卷［第四種］紫光閣中興功臣頌不分卷［第二種］ （清）胡傑人撰 稿本……一三五
賸馥吟續編不分卷［第五種］紫光閣中興功臣頌不分卷［第三種］ （清）胡傑人撰 稿本……一三八
賸馥吟續編不分卷［第六種］附論事絶句不分卷［第五種］ （清）胡傑人撰 稿本……一四一
賸馥續吟不分卷［第七種］ （清）胡傑人撰 稿本……一四三
賸馥續吟不分卷［第八種］ （清）胡傑人撰 稿本……一四五
賸馥續吟不分卷［第九種］ （清）胡傑人撰 稿本……一四七

賸馥吟功臣詩不分卷［第四種］（清）胡傑人撰　稿本……一四九
紫光閣功臣詩不分卷［第五種］（清）胡傑人撰　稿本……一五一
招友七絶不分卷［第一種］（清）胡傑人撰　稿本……一五四
招友七絶不分卷［第二種］（清）胡傑人撰　稿本……一五六
招友七絶不分卷［第三種］（清）胡傑人撰　稿本……一五八
招友絶句不分卷［第四種］（清）胡傑人撰　稿本……一五九
招友七絶二卷［第五種］（清）胡傑人撰　稿本　存一卷（卷下）……一六一
招友七絶續咏不分卷［第一種］（清）胡傑人撰　稿本……一六三
招友三百律不分卷［第一種］（清）胡傑人撰　稿本……一六五
招友三百律不分卷［第二種］（清）胡傑人撰　稿本……一七〇
招友三百律不分卷［第三種］（清）胡傑人撰　稿本……一七二
招友三百律不分卷［第四種］（清）胡傑人撰　稿本……一七三
招友七律三百咏不分卷［第五種］（清）胡傑人撰　稿本……一七四
招友七律三百咏［第六種］（清）胡傑人撰　稿本……一七六
招友續咏不分卷［第一種］（清）胡傑人撰　稿本……一七八
招友續咏不分卷［第二種］（清）胡傑人撰　稿本……一八三
招友續咏不分卷［第三種］（清）胡傑人撰　稿本……一八六
招友續咏不分卷［第四種］（清）胡傑人撰　稿本……一八九
招友續咏不分卷［第五種］（清）胡傑人撰　稿本……一九二

招友續咏不分卷［第六種］（清）胡傑人撰　稿本……一九三
招友續咏不分卷［第七種］（清）胡傑人撰　稿本……一九五
招友續咏不分卷［第八種］（清）胡傑人撰　稿本……一九八
賸馥吟館招友七律續咏不分卷［第九種］（清）胡傑人撰　稿本……二〇〇
賸馥吟館招友七律詩略不分卷［第十種］附姚海壽人六秩壽聯彙登一卷（清）胡傑人撰　稿本……二〇二
賸馥吟館招友七律續咏［第十一種］（清）胡傑人撰　稿本……二〇五
賸馥續吟招友續咏一卷［第十二種］賸馥雜咏一卷（論事絶句第六種）賸馥吟餘一卷（賽竹樓詞抄第三種）對聯一卷［第二種］（清）胡傑人撰　稿本……二〇七
賽竹樓賸馥續吟不分卷［第九種］昭代中興功臣詩續咏不分卷［第六種］賸馥吟館招友七絶續咏不分卷［第二種］
附雜著不分卷（清）胡傑人撰　稿本……二一〇
二老書畫鳳壽册一卷三韓紀事詩一卷［第一種］（清）胡傑人撰　稿本……二一三
三韓紀事詩一卷［第二種］賽竹樓蒿目詞一卷（清）胡傑人撰　稿本……二一六
三韓紀事詩一卷［第三種］（清）胡傑人撰　稿本……二一八
田臾頌一卷（清）胡傑人撰　稿本……二二〇
賽竹樓駢文不分卷（清）胡傑人撰　稿本……二二一
賽竹樓駢體文存四卷（清）胡傑人撰　稿本　存二卷（卷三至四）……二二五
賽竹樓雜文不分卷（清）胡傑人撰　稿本……二二七
賽竹樓雜俎不分卷附賽竹樓駢體文不分卷（清）胡傑人撰　稿本……二二九
升科記事一卷［第二種］（清）胡傑人撰　稿本……二三二

大雅題襟不分卷［第一種］附六十贈聯彙登一卷［第三種］（清）胡傑人輯　稿本……二三四
大雅題襟不分卷［第二種］附賸馥詩叟六旬贈聯彙登一卷［第四種］（清）胡傑人輯　稿本……二三六
大雅題襟不分卷［第三種］附賸馥詩叟六旬贈聯彙登一卷［第五種］（清）胡傑人輯　稿本……二三八
大雅題襟三卷［第四種］（清）胡傑人輯　稿本……二三九
大雅題襟三卷［第五種］（清）胡傑人輯　稿本……二四一
大雅題襟三卷［第六種］（清）胡傑人輯　稿本……二四三
大雅題襟四卷［第七種］（清）胡傑人輯　稿本……二四五
大雅題襟不分卷［第八種］附姚海壽人六十贈聯一卷［第六種］（清）胡傑人輯　稿本……二四八
大雅題襟不分卷［第九種］（清）胡傑人輯　稿本……二四九
大雅題襟詩略一卷［第十種］（清）胡傑人撰　稿本……二五〇
大雅題襟不分卷［第十一種］（清）胡傑人輯　稿本……二五一
賽竹樓叢書不分卷（清）胡傑人纂輯　清末抄本……二五二
杭城坊巷志不分卷（清）丁丙輯　孫峻編　稿本……二五九
江干雜咏不分卷（清）丁丙撰　稿本……二六三
松夢寮删餘詩稿一卷（清）丁丙撰　清末民國間抄本……二六五
歷朝杭郡詩輯四十卷（清）丁丙輯　稿本……二六八
蒙廬日記不分卷（清光緒九年一月至光緒十年二月）（清）沈景修撰　稿本……二七〇
禾郡項氏事略一卷附天籟閣秘藏書畫碑帖殘目一卷（清）沈景修輯　天籟閣秘藏書畫碑帖殘目（明）項元汴編
（明）項聖謨重編（清）沈景修抄　稿本……二七二

沈景修信札一卷 （清）沈景修撰 稿本……二七四
沈景修函牘一卷 （清）沈景修撰 稿本……二七六
蒙廬雜著一卷井花館論書一卷 （清）沈景修撰 稿本……二七八
舜水先生年譜稿一卷 （清）朱衍緒撰 抄本……二八〇
林公迪臣奏議公文遺稿不分卷 （清）林啓撰 抄本 附林社二十五周年紀念徵文 民國鉛印本……二八三
琴吟軒詩文稿一卷 （清）姚景夔撰 稿本……二八五
讀鑑述聞六卷 （清）孫德祖撰 稿本……二八六
寄龕文賡一卷 （清）孫德祖撰 稿本……二八八
臯社詩文稿不分卷 （清）孫德祖撰 稿本……二九〇
簑喜廬訪金石録不分卷 （清）傅雲龍撰 稿本……二九二
簑喜廬札記不分卷 （清）傅雲龍撰 稿本……二九四
簑喜廬詩稿初集一卷附觀海贈言一卷 （清）傅雲龍撰 稿本……二九七
簑喜廬文初集十八卷二集十卷三集四卷 （清）傅雲龍撰 稿本……二九九
崇蘭堂日記兩種二卷 （清）張預撰 稿本……三〇一
虞龕詩二卷 （清）張預撰 稿本……三〇三
虞莽詩初存五卷 （清）張預撰 稿本……三〇四
崇蘭堂詩初存十卷 （清）張預撰 稿本……三〇六
崇蘭堂詩初存三卷 （清）張預撰 稿本……三〇八
崇蘭堂文存外集一卷附崇蘭堂文初存殘葉 （清）張預撰 稿本……三一〇

崇蘭堂詞一卷（清）張預撰　稿本……三一二
量月廔詞初存一卷（清）張預撰　清末抄本……三一四
説文經字録三卷（清）李宗蓮撰　稿本……三一五
同音集釋要四卷（清）朱一新撰　稿本……三一七
浙垣同音千字文四卷（清）朱一新撰　稿本……三一九
奏稿録要十卷（清）吴慶坻輯　稿本……三二一
吴氏硃卷彙存不分卷（清）吴慶坻輯　稿本……三二三
吴氏外家硃卷彙訂不分卷（清）吴慶坻輯　稿本……三二五
入蜀紀程一卷（清）吴慶坻撰　稿本……三二七
使滇紀程一卷（清）吴慶坻撰　稿本……三二九
辛亥殉難記□卷首一卷（清）吴慶坻撰　稿本　存二卷（卷首，卷一）……三三一
補松廬雜文不分卷（清）吴慶坻撰　稿本……三三三
吴子修諸子唱和詩集一卷（清）吴慶坻等撰　稿本……三三五
補松廬詩録六卷（清）吴慶坻撰　稿本……三三七
補松老人詞稿一卷（清）吴慶坻撰　清末民國間抄本……三三九
賦選一卷（清）吴慶坻輯　抄本……三四一
吴氏一家詩六卷（清）吴慶坻輯　稿本……三四三
似玉龕手稿不分卷（清）徐琪撰　稿本……三四五
纂頡齋金石雜録不分卷（清）傅栻撰　稿本……三四七

樂静詞一卷（清）俞陛雲撰　稿本……三四九
寶鄭齋雜録一卷（清）李延适撰　稿本……三五一
重泮紀聞增輯不分卷　孫峻輯　稿本……三五三
武林文獻内外編不分卷　孫峻編　稿本……三五五
孫氏家乘不分卷　孫峻編　稿本……三五七
重編名山記目一卷　孫峻編　稿本……三五九
天竺續志備稿一卷　孫峻編　稿本……三六一
六和塔志不分卷　孫峻編　稿本……三六三
醯略補四卷　孫峻撰　稿本……三六五
説文引經録不分卷　汪厚昌撰　稿本……三六七
倬盦詞稿一卷　邵章撰　稿本……三六九
清杭郡詞輯二十卷　鄭道乾輯　稿本……三七一
西泠印社志八卷　丁仁　葉銘　王壽祺輯　稿本……三七三
紹興風俗志不分卷補遺不分卷　胡維銓撰　稿本……三七五

第四輯　書志

復莊今樂府選（清）姚燮編　稿本……三八一

第三輯　書志

五石居詩二卷　（明）陳紹英撰　明末清初抄本

一册。每半葉八行，行十八字，無版框、界行。紙心上寫『五石居詩』，下標葉數。鈐『振綺堂兵燹後收臧書』『汪子用臧』諸印，曾爲汪曾唯舊藏。

陳紹英，字生甫，號瓠庵，浙江仁和人。父禹謨，字孟文，明萬曆五年（1577）進士，授中書舍人。纍遷刑部左侍郎。紹英舉鄉試，以蔭爲南京刑部郎官，崇禎十一年（1638）官平越知府。能詩善畫，山水宗米、倪，亦工折技。好風雅，交游一時名士。張岱《西湖夢尋》卷三《西湖中路·蘇公堤》云：『迨至崇禎初年，堤上樹皆合抱。太守劉夢謙與士夫陳生甫輩時至。二月，作勝會於蘇堤。』（清康熙間刻本）著有《五石居稿》。《千頃堂書目》卷二十八著録《五石居詩草》，不標卷數。《傳是樓書目》著録《五石居詩》三卷，三本。今傳日本内閣文庫、日本尊經閣文庫藏明刻本《五石居詩》五卷，收小集《麋子吟》《諧尋草》《青溪草》《隨車草》《長安稿》各一卷；國圖藏抄本《五石居詩》二卷。

此爲國圖藏抄本二卷，即《司雲草》《長安稿》各一卷。抄寫不避『玄』『丘』『弘』，察其書風，知寫於明末清初。《司雲草》卷端首行題『五石居詩』，次行題『西泠陳紹英司雲草』。集前有江元祚崇禎十六年花朝日《五石居詩叙》及《五石居集司雲草詩目》。收《題三宿岩》二首、《紀來鶴》二首、《乙亥元日紀事》等諸體詩四十二首。《長安稿》卷端首行題『五石居詩』，次行題『西泠陳紹英寓長安著』。集前有陳函煇崇禎七年撰《叙五石居詩》及《五石居集長安稿詩目》，卷尾有薛寀崇禎七年冬日《跋五石居詩》。收《再入春明志感二首》《別潘古臣》《風泊》《西山行》《戒壇》《潭柘寺尋水源》等諸體詩一百三十七首。二小集中所和詩原韵，亦附之。

紹英以『五石居』名齋，好吟咏，具雋逸之才、恬和之性，瀟灑出塵。江元祚《五石居詩叙》稱其『是誠身吏而心隱者也』。陳函煇《叙五石居詩》論云：『所譚者孤山鶴夢，江南蓴羹，與管鮑貧時交，不復知官氣。已翻案上新詩，讀而异之，瓠庵真詩人，而其意泊如，并不令知有詩人氣。在瓠庵一身，以官爲吏隱，以金馬門爲市隱，以研上池爲石隱，以二三酒人爲杯隱，而以五石之瓠爲詩隱。人知有用之用，而不知無用之用，瓠庵之謂矣。』所作縱筆自如，自寫吏隱之趣。時局動蕩，紹英又非不知者，企望太平，終不能有大作爲。按《〔乾隆〕貴州通志》卷十《營建》，平越府有陳太守祠，『在府城内西北，祀明太守陳紹英。英修城建學，有愛民實政，民建祠祀之』（清乾隆六年刻嘉慶修補本）。

崇禎間，竟陵之詩猶流行於世。紹英性情與鍾譚及劉侗、于奕正諸子相類，詩亦染竟陵之習。如《別潘古臣》云：『不堪生事久逡巡，已見緣愁白髮新。惜别漫將三叠奏，供詩剩有一囊貧。暫留餘榻安遲暮，好蓄繁花候早春。把袂不知前路迴，尚隨譁笑過前津。』《除夕》四首其一云：『短臘隨年盡，粗狂漸日磨。買花因凍減，蓄酒爲情多。舊業成陳曆，流光本擲梭。來朝復何事，丈室奉維摩。』《偶然自笑》云：『半生作計不堪論，無處求人得自尊。緣且順他隨分去，錢如厭我勿常存。閑裁短句曾侵夜，忙遞單名但到門。骨裏帶來唯有懶，每從幽夢見朝暾。』《西峰寺》云：『亂峰藏塔影，清磬落山雲。僧骨同岩瘦，林花炙袂芬。泉聲新帶雨，石徑舊生芸。幽意在存樸，無爲匠巧分。』逸氣流溢字句間。

劉侗、于奕正《帝京景物略》卷六録紹英《香山寺》一首：『古木千雲上，流泉繞碧苔。寶華飛鳥革，翠壁躍龍媒。人欲凌空去，山經駐蹕回。蒼蒼看不倦，端的送青來。』（明崇禎間刻本）詩見於抄本《長安稿》，題曰《香山》，詩爲七律：『千章古木倚雲栽，曲曲流澌漾碧苔。幾座寶華飛鳥革，一屏翠壁止龍媒。振衣衹欲凌風去，授几曾經駐蹕回。黛色遠空看不厭，天中端的送青來。』卷七録其《戒壇》一首：『古砌雲長護，松杉氣自鮮。鉢幽花雨散，谷静鼓鐘傳。龍亦馴能聽，鶴非化始還。我來探象教，誰與謝塵緣？』詩見抄本《長安稿》，文字頗异，詩云：『宗風振古鐸，法海演冥筌。爲説如來意，全憑自性禪。鉢幽花雨散，谷静鼓鐘傳。龍亦馴能聽，鶴非化始還。我來探象教，誰與謝塵緣？臺砌雲常護，山川氣特鮮。虬松鱗甲舞，蟻垤日星連。更踏青峰頂，騎驢直上天。』卷七又録《雀兒庵即事》二首，其一云：『静勝宜深息，殷雷没晚曛。樹稠長聽雨，苔濕屢沾雲。亂壑周遭湧，新晴半壁分。眼看風物异，僧笠出耕耘。』其二云：『拾枯炊便足，巢密莫樵青。熟鳥階窺飯，閑風簷動鈴。片香分佛火，一枕藉山靈。清掬前溪水，聽泉樹當亭。』（明崇禎間刻本）抄本《長安稿》則分題作《雀兒庵即事》《宿雀兒庵步顔茂齋題壁間韵》，字句頗异。殆此本文字係後來改定。

紹英文集不存，間有零篇可拾掇。《尺牘初徵》卷七首録其《復甄大司寇》《寄朱子瑕》《乞花帖致寧玉臣》《謝惠秋蘭》《答沈燦若》等五首，後又録其《答阮霞嶼吏部》《柬潘古臣》《答林若撫》《謝劉諟庵相公》《答張泠石》《答潘藻生》《謝柴延喜親家》《柬江魯陶》《柬顧定水》等九首。讀其詩若文，知不愧浙西才士之名。

現藏國家圖書館。（李聖華）

史繩三十卷 （清）馬青撰 抄本

十二册。每半葉九行，行二十二字，朱絲欄稿紙。

馬青，字太青，浙江會稽人。清康熙八年（1669）舉人。博涉群書，工詩古文辭。選授慶元學諭，除山東費縣縣令。解任歸，著書以終。事迹見《［道光］會稽縣志稿》。

是書無跋，共三十卷，各卷卷端署『會稽馬青太青著』。首卷開篇云：『準所以爲平，繩所以爲直。余讀史，偶有鄙臆，輒筆記之。視昔人評論，不强從异，不强從同，非敢謂稍得其平，庶幾斯民遺直，作《史繩》。』由此可見其書得名由來。該書爲札記體史學評論之作，其評史上起三皇，下至元末，首條爲『有開闢即有君臣』，末條爲『順帝北遁』。各卷大體按時代先後劃分，首卷評上古至春秋人事，卷二評戰國人事，卷三評秦人事，卷四、卷五評西漢人事，卷六、卷七評東漢人事，卷八評三國人事，卷九、卷十評兩晋十六國人事，卷十一至卷十四評南北朝人事，卷十五評隋人事，卷十六至卷二十評唐人事，卷二十一、卷二十二評五代十國人事，卷二十三至卷二十八評宋遼夏金人事，卷二十九、卷三十評元代人事。評宋遼夏金諸卷，側重於評兩宋人事，所評遼夏金人事極少。不標所據援引典籍，由其内容來看，大抵以歷代正史及《左傳》《資治通鑑》《續資治通鑑》爲主。

縱觀全書，側重於評論政治事件和歷史人物，較少涉及名物制度，也缺乏歷史考證。馬青評史，多守傳統觀念。如其評西晋『諸王之亂』言：『蓋由晋武帝取魏平吴，混一區宇，志氣滿溢，日就荒淫，不能端本垂教，爲正家、治天下久遠之規，子孫自相殘滅，一敗而不可復收也。』此取儒家修身、齊家、平天下之觀念以評論歷史。又如『王仙芝作亂』條評唐朝之亡曰：『失天下者失其民，失其民者失其心。』此乃傳統民本觀念。對於晋亂、唐亡背後之制度因素，馬青都没有言及。言王莽、曹操爲『篡賊』，稱黄巾、黄巢曰『盜賊』；多避帝王名諱，以謚號、廟號代之；又於『蜀漢正統』條明確提出：『《春秋》之義，莫大於誅亂討賊，操、丕窺伺漢鼎，攫而取之。昭烈志復高、光之業，其名甚正。』其正統觀昭然可見。其以傳統觀念評論人物，不免褒貶失去平允。如稱關羽曰『關侯』，言其直義『充塞宇宙，而爲萬古人倫之極』；如稱岳飛曰『武穆』，言『武穆之忠義足以撼動乎人心耳』，此并褒之過甚。又如其言曹操『懷詐用術，貽天下後世詬詈於無窮』，其言西晋張華『不爲晋社稷死，而使人目之爲賈后黨以死，死足惜乎』，此又貶之過甚。馬青之評，與他所處時代相關，其書於考察清初士大夫歷史觀有一定價值。

現藏上海圖書館。（魏俊傑）

周人禮説八卷　（清）王紹蘭撰　稿本　存三卷（卷二至四）

三册。每半葉十行，行二十三字，小字雙行同，藍絲欄，白口，單魚尾，四周雙邊。版心下鎸『知足知不足館鈔本』。

王紹蘭（1760—1835），字畹馨，號南陔、思惟居士，浙江蕭山人。乾隆五十七年（1792）中舉，次年成進士。歷官閩縣知縣、泉州知府、福建巡撫。革職家居，著述以終。學宗鄭玄、許慎。著有《周人經説》《王氏經説》《許鄭學廬存稿》《漢書地理志校注》《列女傳補注正譌》《管子地員篇注》《讀書雜記》《説文段注訂補》等。事迹詳見王端履所撰《皇清賜進士出身資政大夫兵部侍郎兼都察院右副都御史巡撫福建等處地方提督軍務兼理糧餉南陔王公墓志》。

據存稿内容及其中小題推斷，今所存者乃原稿册二、三、四。佚去原稿册一即『周人禮説一』，其内容乃《左氏説禮》。今餘三册中，册一扉葉墨筆題：『周人禮説。（據王南陔墓志，此書八卷，今存三本，不分卷。首所缺者爲《左氏説禮》。）』卷端題『周人禮説二』，内容乃《左氏説禮》之後一小部分；此後内容依次爲《公羊説禮》《穀梁説禮》《國語説禮》。册二卷端題『周人禮説三』。正文前一部分，乃册一《國語説禮》之續；其後，内容依次爲《孝經説禮》《孟子説禮》《荀子説禮》。册三卷端題『周人禮説四』；正文部分内容依次爲《老子説禮》《莊子説禮》《管子説禮》。

《左氏説禮》。僅存其後一小部分，節略《春秋左傳》傳文與杜預注，始自『昭六年，春王正月，杞文公卒』條，迄於『哀二十七年夏四月己亥，季康子卒』條，其中昭公六年四條、七年三條、八年一條、九年三條、十年一條、十一年一條、十二年四條、十三年四條、十四年二條、十五年二條、十六年二條、十七年一條、十八年二條、二十年二條、二十一年一條、二十三年一條、二十四年一條、二十五年三條、二十六年三條、三十年一條、三十一年一條，定公三年一條、四年一條、六年一條、八年一條、十年三條、十五年一條，哀公三年一條、七年一條、八年一條、十一年一條、十二年一條、十五年一條、十六年一條、二十四年二條、二十七年一條。

《公羊説禮》。卷端題『公羊説禮』。正文録經傳本文及何休注。始自『隱元年經：秋，七月，天王使宰咺來歸惠公仲子之賵』條，迄於『哀十三年經：晋魏多帥師侵衛』條，其中隱公元年一條、二年一條、三年二條，桓公二年一條、三年一條、八年一條、十五年一條，莊公元年一條、八年一條、十九年一條、二十二年一條、二十三年二條、二十四年三條、二十五年一條、二十七年一條，僖公八年一條、二十二年一條、三十一年一條，文公元年一條、五年一條、九年二條，宣公元年一條、十年一條、十二年一條，成公三年一條、六年一條、十年一條，昭公十五年一條、二十五年一條，定公元年一條、六年一條、十五年一條，哀公十三年一條。

《穀梁説禮》。卷端題『穀梁説禮』。正文録經傳本文及范甯集解。始自『隱元年經：秋，七月，天王使宰咺來歸惠公仲子之賵』條，迄於『哀十三年經：公會晋侯及吴子於黄池』條，其中隱公元年一條、二年二條、五年一條、十一年一條，桓公元年一條、二年一條、三年二條、九年一條、十五年一條，莊公元年三條、三年一條、五年一條、十五年一條、十九年一條、二十二年一條、二十三年一條、二十四年三條、二十五年一條，僖公九年一條、二十二年一條、二十八年一條、三十一年一條，文公元年二條、四年一條、五年一條、十三年一條、十六年一條，宣公八年一條，成公三年一條、八年一條，襄公七年一條、十一年一條、二十四年一條、二十五年一條、二十九年一條，昭公八年一條、十四年一條、十五年一條，定公十四年一條、十五年一條，哀公元年一條、十三年一條。然宣公八年一條原抄誤作『宣七年』。

《國語説禮》。卷端題『國語説禮』。正文録《國語》本文及韋昭注。其中録自《周語》者九條，《魯語》五條，《齊語》二條，《晋語》十六條，《鄭語》一條，《楚語》八條，《吴語》三條，《越語》四條。

《孝經説禮》。卷端題『孝經説禮』。正文録《孝經》四條。第一至三條僅録經文，并於經文後注明録自『三才章』『聖治章』『廣要道章』。第四條先録經文，其下録小注，首録正義，將三節正義聯綴成一段，次注明章題『喪親章』，末録章題正義，節録順序適與《孝經注疏》章題名、章題小注、各節經文、各節注疏相倒，節録内容亦與前三條僅節録經文有異。

《孟子説禮》。卷端題『孟子説禮』。正文録《孟子》本文及趙岐注。其中録自《梁惠王》者一條，《公孫丑》四條，《滕文公》四條，《離婁》十條，《萬章》五條，《告子》六條，《盡心》七條。

《荀子説禮》。卷端題『荀子説禮』。正文録《荀子》本文。其中録自《勸學篇》者一條，《修身篇》四條，《不荀篇》三條，《榮辱篇》二條，《非相篇》二條，《非十二子篇》二條，《儒效篇》六條，《王制篇》七條，《富國篇》七條，《王霸篇》十條，《君道篇》五條，《臣道篇》二條，《致士篇》二條，《議兵篇》五條，《强國篇》四條，《天論篇》三條，《正論篇》二條，《禮論篇》五條，《解蔽篇》一條，《正名篇》一條，《性惡篇》五條，《君子篇》一條，《成相篇》一條，《賦篇》二條，《大略篇》三十二則合爲一條，《子道篇》三條，《法行篇》一條，《哀公篇》一條，《堯問篇》一條。

《老子説禮》。卷端題『老子説禮』。正文録《老子》本文第三十一章、第三十八章，文末各注曰『偃武』『論德』。

《莊子説禮》。卷端題『莊子説禮』。正文録《莊子》本文。其中録自《大宗師》者三條，《駢拇》一條，《馬蹄》一條，《在宥》二條，《天道》一條，《田子方》一條，《知北游》一條，《庚桑楚》一條，《徐無鬼》二條，《外物》一條，《漁父》一條，《天下》二條，然《漁父》一條乃抄全篇。

《管子説禮》。卷端題『管子説禮』。其中録自《牧民》者二條，《權修》二條，《七法》一條，《幼官》三條，《幼官圖》一條，《五輔》二條，《樞言》三條，《八觀》一條，《法禁》一條，《法法》一條，《大匡》三條，《中匡》一條，《小匡》三條，《霸形》一條，《霸言》一條，《問》一條，《君臣上》一條，《君臣下》四條，《四稱》一條，《侈靡》四條，《心術上》二條，《心術下》一條，《任法》一條，《正世》一條，《内業》一條，《小問》二條，《禁藏》二條，《弟子職》一條，《形勢解》三條，《立政九敗解》一條，《版法解》二條，《事語》一條，《山至數》一條，《輕重甲》一條，《輕重戊》一條。然《弟子職》一條乃抄全篇；《幼官圖》一條内容，不僅見於《管子·幼官圖》，亦見於《管子·幼官》，王氏節抄之條雜於《幼官》第二條『一會諸侯』、第三條『九會』之間；《小問》二條中『桓公問治民於管子』一條，小注誤作『封禪』篇的内容。

綜觀王氏此稿，節録《左傳》《公羊傳》《穀梁傳》《國語》《孝經》《孟子》《荀子》《老子》《莊子》《管子》，内容皆關於春秋戰國悖禮、如禮、論禮之言、行、事，不著己見。

現藏浙江大學圖書館。（陳開勇）

禮堂集義四十卷 （清）王紹蘭撰 稿本

二百册。每半葉十行，行二十一字，小字雙行同，藍絲欄，白口，單魚尾，四周雙邊。版心下鎸『知足知不足館鈔本』。鈐『望山樓藏書』『問芻珍藏』諸印。

王紹蘭生平見前《周人禮説》。

沈文倬在《王紹蘭未刊稿〈禮堂集義〉》（《中華文史論叢》第七期）中説：『從字迹上看，書由四、五人分别抄録……書中有浮簽，批明某處當删，則是紹蘭手寫。』

稿本首爲《禮堂集義叙》，叙末署曰『道光十有四年，歲在甲午季夏下浣，蕭山王紹蘭謹叙』。次《禮堂集義目録》。次即正文。

正文四十卷。每卷之首，皆朱筆題『禮堂集義卷之幾』；次行上方題小題名，起『周禮天官上』終『曲禮十二』，下方題『蕭山王紹蘭稿本』七字。唯第十七卷僅題『卷之十七儀禮一』，缺『禮堂集義』四字。這些卷端上下題内容皆書於邊欄之外或之上。

以體例言，每卷之中，皆分别選録三禮經文。經文之上首列經文所屬三禮小題。經文之下則録鄭玄及鄭玄所引鄭衆等注，倘無鄭注則標明『鄭氏無注』，或亦以雙行小注附録賈公彦或孔穎達疏，頂格書寫。次即録他人意見，主要是清人及王氏自己之補正，除《欽定三禮義疏》外，皆退一格書寫以别之。

王氏之重點在商榷鄭注，故以一義爲一條。如《周禮》『《秋官·鄉士》「旬而職聽於朝」注：「十日，乃以職事治之於外朝，容其自反覆。」』其下即引李耜卿説辨之。或一組注列爲一條，如《周禮》『《地官·鼓人》「以雷鼓鼓神祀」注：「雷鼓，八面鼓也。神祀，祀天神也。」「以靈鼓鼓社祭」注：「靈鼓，六面鼓也。社祭，祭地祇也。」「以路鼓鼓鬼享」注：「路鼓，四面鼓也。鬼享，享宗廟也。」賈疏曰：「鄭知雷鼓八面者，雖無正文，案韗人爲皋陶，有晋鼓、鼖鼓、皋鼓，三者非祭祀之鼓，皆兩面，則路鼓祭宗廟，宜四面；靈鼓祭地祇，尊於宗廟，宜六面；雷鼓祀天神，又尊於地祇，宜八面。故知義然也。」』乃擇三則鄭注與一則賈疏合爲一條；其次即『紹蘭按』，乃王紹蘭之辭。

然亦有變例。如《禮記》『《檀弓》「人喜則斯陶」注：「陶，鬱陶也。」(《爾雅·釋詁》：「鬱陶，喜也。」)「陶斯咏」注：「咏，謳也。」「咏斯猶」注：「猶當爲摇，聲之誤也。摇謂身動摇也。秦人猶、摇聲相近。」(猶與繇通。《釋詁》：「繇，喜也。」)「猶斯舞」注：「手舞之。」「舞斯愠」注：「愠猶怒也。」「愠斯戚」注：「戚，憤恚。」「戚斯歎」注：「歎，吟息。」「歎斯辟」注：「辟，拊心。」「辟斯踊矣」注：「踊，躍。」「品節斯，斯之謂禮」注：「舞踊皆有節，乃成禮。」』下接孔疏小注『孔疏曰：舞斯愠者何？允六樂終則愠起，非始之愠相連繫也。如鄭此《禮》本云「舞斯愠」者，凡有九句，首末各四，正明哀樂相對。中央「舞斯愠」一句，是哀樂相生，故一句之中，有「舞」又「愠」也。而鄭諸本亦有無「舞斯愠」一句者，取義不同。而鄭又一本云「舞斯蹈，蹈斯愠」，益於一句，凡有十句，當是後人所加耳，亦不得對。而盧《禮》本亦有「舞斯愠」之一句。而王《禮》本又長云「人喜則斯循，循斯陶」，既與盧、鄭不同，亦當新足耳』，繼於孔疏下接以劉敞之説，合十則鄭注、一則孔疏、一則劉説爲一條；次引萬斯大説及王紹蘭己説辨證之。於全書通例觀之，此條題目中摻入《爾雅》及劉敞之説，不另見，乃特例也。

王氏所列辨證之説，或引他説，或自爲説，或先引他説而後以己意申之，不一。如『《表記》「以德報怨，則寬身之仁也；以怨報德，則刑戮之民也」注「仁亦當言民，聲之誤」』條，其下云：『按「仁」與「人」古字通（《繫辭傳》「何以守位？曰人」，王肅本作「仁」）。《論語・雍也》篇：「井有仁焉。」漢《韓敕造孔廟禮器碑》：「四方士仁，聞君風耀。」「仁」并與「人」同），人亦民也，不必改爲「民」。王伯申說。』乃直引王引之《經義述聞・寬身之仁》條之說以正之；如『《春官・序官》「司干」注「干，舞者所持，謂楯也。《春秋傳》曰：萬者何？干舞也。」』條，其下云：『紹蘭按：吕伯恭曰：萬舞者，二舞之總名。干舞者，武舞之別名。籥舞者，文舞之別名。鄭康成據《公羊傳》以萬舞爲干舞，未析。』是節引吕祖謙《吕氏家塾讀詩記・簡兮》之說。又如『《中庸》「一卷石之多」注「卷猶區也」』條，其下云：『紹蘭按：卷訓爲區，古義罕見。「卷」蓋「拳」之借字，一卷石猶言一拳石，極言其小耳。此《記》於天曰昭昭之多，於地曰一撮土之多，於水曰一勺之多，皆謂其不多也。若於山曰一區石之多，則真多矣，與上下文義不合。』是自爲新說。又如《周禮》『《天官・司裘》「中秋獻良裘」注：「中秋鳥獸毨毨，因其良時而用之。」（《釋文》：毨音毛。毨，先典反。）』其下王紹蘭首引《欽定周官義疏》之疏文，繼以『紹蘭謹按』，從文字音韵角度進行補充。

此稿内容，具體而言，有五：

其一，正誤，即認爲鄭注以及賈公彥、孔穎達沿襲鄭注而誤者，皆正之。如『《士昏禮記》「祖廟未毁，教於公宫，三月。若祖廟已毁，則教於宗室」注』條，王氏首引方體生說辨之，繼申之曰：『則此注及昏義注之誤可知也，方說爲允。』然倘所引之說亦未盡善，則亦連帶指出之。如『《士冠禮》「葵菹、蠃醢」注』條，王氏首引吴東壁說辨之，繼辨之曰：『紹蘭按：吴說是矣，但既云蠃蜾同，而以爲蚌屬，則亦誤……鄭注蝸牛亦失之。』既辨鄭注，亦辨吴東壁說。

其二，鄭注雖不誤，而有可補充發明者。『《喪服記》「衽，二尺有五寸」注』條列鄭注、賈疏，其下王紹蘭首引《欽定儀禮義疏》，繼之按曰：『注、疏皆不誤，得《義疏》以棺衽證之，而其制益明矣。』又如『《喪服記》「改葬，緦」注』條，其下云：『紹蘭按：《穀梁春秋》莊三年「葬桓王。」《傳》：「改葬也。改葬之禮，緦，舉下緬也。」范甯注：「緦者，五服最下。言舉下緬，上從緦，皆反其故服。」此改葬所以從緦之義，可補鄭注者也。戴德曰：「制緦麻具而葬，葬而除，謂子爲父、妻妾爲夫、臣爲君、孫爲祖後也。無遣奠之禮。其餘親皆吊服。」此孫爲祖後一條，及餘親吊服，可補鄭注者也。馬融曰：「棺有弛壞，將亡尸柩，故制改葬。棺物敗者，設之如初，其奠如大斂時。不制斬者，禮已終也。從墓之墓，事已而除，不必三月。惟三年者服緦，期以下無服。」此即鄭注所本而期以下無服，可補鄭注者也。陳鑠問趙商曰：「親見尸柩，不可吉服，既虞可除，何爲乎三月？」商答曰：「經云『改葬緦』，三月一時，無他變易。今既緦，無因便除，故待三月除，以順緦之數。」此改葬有虞祭，可補鄭注者也。吴徐整問射慈曰：「改葬緦，其奠如大斂，從廟之廟，從墓之墓，禮宜同也。又此大斂，謂如始死之大斂耶？從廟謂從何廟？牲物何用？」慈答：「奠如大斂奠，士大夫斂特豚。從禰廟朝祖廟，從故墓之新墓，皆用特豚。大夫以上，其禮亡。以此推之，大夫奠用特豚，天子太牢，諸侯少牢。」此則發明馬、鄭之義，更爲詳備矣。』

其三，補鄭玄無注者。若《禮記·王制》：『方千里者，爲方百里者百。封方百里者三十國，其餘方百里者七十。又封方七十里者六十，爲方百里者二十九，方十里者四十。其餘方百里者四十，方十里者六十。又封方五十里者百二十，爲方百里者三十。其餘方百里者十，方十里者六十。名山大澤不以封，其餘以爲附庸閑田。諸侯之有功者，取於閑田以禄之。其有削地者，歸之閑田。』『天子之縣內，方千里者爲方百里者百。封方百里者九，其餘方百里者九十一；又封方七十里者二十一，爲方百里者十，方十里者二十九，其餘方百里者八十，方十里者七十一；又封方五十里者六十三，爲方百里者十五，方十里者七十五，其餘方百里者六十四，方十里者九十六。』『諸侯之下士禄食九人，中士食十八人，上士食三十六人，下大夫食七十二人，卿食二百八十八人，君食二千八百八十人。次國之卿食二百一十六人，君食二千一百六十人。小國之卿食百四十四人，君食千四百四十人。次國之卿命於其君者，如小國之卿。』『天子之大夫爲三監，監於諸侯之國者，其禄視諸侯之卿，其爵視次國之君，其禄取之於方伯之地。』連續四條，皆於經文下注明『鄭氏無注』，而其後各引《欽定禮記義疏》以補鄭玄之未注。他如《儀禮》『《喪服・緦麻章》「從母昆弟」傳曰：「何以緦也？以名服也。」（鄭氏無注）』『《喪服・緦麻章》傳曰：「甥者何也？謂吾舅者，吾謂之甥。何以緦也？報之。」（鄭氏無注）』『《喪服・緦麻章》「婿」注「女子子之夫也」。傳曰：「何以緦也？報之也。」（鄭氏無注）』『《喪服・緦麻章》「舅之子」注「内兄弟也」。傳曰：「何以緦？從服也。」（鄭氏無注）』『《喪服・緦麻三月章》：「夫之姑姊妹之長殤。」（鄭氏無注）』諸條皆此類。

其四，推原注、説之本。『《喪服・緦麻章》「外孫」注』條，王紹蘭曰：『馬融曰：「女子子之子。」（《通典》卷九十二）注與師説同。』言鄭玄注乃采用其師馬融之説。『《士喪禮》「明衣不在算」注』條，王氏首引張稷若説，繼之按云：『敖君善曰：「不言裳者，文省耳。此乃死者親身之衣，褻，故不在數中。言之者，嫌其衣裳具，亦當成稱耳。」張説蓋本此。』用張稷若説補鄭注，又認爲張稷若借鑒敖繼公説法。

其五，偶亦考訂經文。《禮記》『《喪服小記》「齊衰，惡笄，以終喪」注：「笄所以卷髮，帶所以持身也。婦人質，於喪所以自卷持者，有除無變」』條，王紹蘭云：『紹蘭按：注義，鄭氏所據舊本，「笄」下當有「帶」字。《七經孟子考文》正作「惡笄帶」，當據以補正。』

王氏《禮堂集義叙》自述其纂述經過，云：『始取古今人説禮之書，雜陳於前而遍觀焉，然其數可陳，其義難知。每遇一義，有會於己意者，即命子曼壽、孫慜等録之，積久成帙，凡《周官》六百八十四條，分爲十六卷；《儀禮》一千二百十三條，分爲十二卷；《禮記》一千有四條，分爲十二卷。共成四十卷，名之曰《禮堂集義》。謹以《欽定三禮義疏》爲宗主，凡古今人周荀况，漢伏生勝、歐陽生和伯、夏侯勝長公、夏侯建長卿、董仲舒、孔安國子國、戴德延君、戴聖次君、韋玄成少翁、蕭望之長倩、聞人通漢子方、大鴻臚眭生、黄門侍郎臨（梁丘賀子）、焦贛延壽、桓寬次公、翟方進子威、杜欽、孔光、王舜、王莽巨君、劉歆子駿、杜子春、馬宮游卿、杜林伯山、梁松伯孫、賈逵景伯、鄭衆仲師、曹世叔妻大家班昭、馬融季長、許慎叔仲、服虔子慎、盧植子幹、吕叔玉、鄭氏康成、趙商、氾閣、陳鑠、田瓊、何休邵公、應劭仲遠、蔡邕伯喈、劉陶季冶、潁容子嚴、阮諶士信、劉熙成國、張髦、王肅子雍、李巡、孟康、譙周允南、姚信、射慈孝宗、韋昭弘嗣、徐整，晋杜預元凱、劉劭孔才、司馬彪紹統、摯虞仲洽、范甯武子、淳于睿、鄭昕、郭璞景純、戴逵安道、虞喜仲寧、干寶令升、賀循彦先、劉智子房、陳銓，宋雷次宗仲倫、庾蔚之，齊蔡仲熊、祖冲之文遠，梁賀瑒德璉、崔靈恩、皇侃、朱异彦和、許懋昭哲，北魏李業興、酈道元善長、李謐永和，北齊熊安生植之，周盧辯景宣，隋宇文愷安樂、牛弘里仁、劉炫光伯、張迪（此一人唐以前論六宗者，未詳時代）、侯果（李鼎祚《周易集解》引，未詳時代）、梁氏（《通典》引，未詳時代）、孔倫（《通典》引，未詳時代）、崇氏（《通典》引，未詳時代），唐陸元朗德明、顔籀師古、孔穎達冲遠、賈公彦、趙匡伯循、杜佑君卿、張守節、丘光庭，宋邢昺叔明、孫奭宗古、聶崇義、劉敞原父、王安石介甫、劉彝執中、張子載子厚、程子頤正叔、陸佃農師、陳祥道用之、陳暘晋之、周諝希聖、吕大臨與叔、吕希哲原明、彭汝礪器資、李覯泰伯、葉夢得少藴、慕容彦逢叔遇、胡安國康侯、胡銓邦衡、應鏞子容、程大昌泰之、王昭禹光遠、鄭樵漁仲、程迥可久、林勛、朱子熹元晦、吕祖謙伯恭、林子奇少潁、項安世平甫、薛季宣士龍、黄度文叔、葉時秀發、邵囦萬宗、王炎晦叔、黄幹直卿、輔廣漢卿、鄭鍔剛中、方慤性夫、馬晞孟彦醇、劉迎、羅泌長源、楊簡敬仲、陳汲及之、易祓彦祥、趙溥蘭江、楊復信齋、魏了翁華父、王與之次點、李心傳微之、李如圭寶之、朱申周翰、嚴粲坦叔、張虙、王十朋龜齡（《周禮詳説》）、黄震東發，元馬端臨貴與、敖繼公君善、吴澄幼清、熊朋來與可、陳澔可大、戴侗仲達、彭廉夫、彭絲魯叔，明羅欽順允昇、楊慎用修、魏校子才、姚舜牧虞佐、徐師曾伯魯、季本明德、王應電昭明、郝敬仲輿、芮城巖尹、蔣信卿實（一作君實）、王喬桂、陳深子淵、金瑶德温、何楷子、王志長平仲、劉績用熙，國朝顧炎武亭林、朱軾若瞻、李光地晋卿、李光坡耜卿、李光型、江永慎修、張爾岐稷若、汪琬苕文、徐乾學原一、閻若璩百詩、秦蕙田樹峰、蔡德晋宸錫、方觀承宜田、徐文靖位山、萬斯大充宗、萬斯同季野、方苞體生、惠士奇仲孺、吴紱方來、鍾晼勵暇、顧景范亦韓、胡渭朏明、梅鼎祚定九、梅轂成、沈彤冠雲、方道希、方道章、方萬里、李鑑（光坡子）、李鍾僑世得、朱鶴齡長孺、吴廷華東壁、惠棟定宇、姜兆錫上均、盛世佐庸三、王夫之而農、錢大昕曉徵、錢坫獻之、錢唐學淵、王鳴盛鳳喈、戴震東原、江聲叔澐、盧文弨召弓、丁希曾、劉台拱端臨、王念孫懷祖、邵晋涵與桐、謝墉金圃、梁玉繩曜北、梁履繩處素、段玉裁若膺、金榜輔之、孔廣森撝約、程瑶田易疇、孫志祖詒穀、浦鏜聲之、孫濩孫邃人、梁鴻翥、祝大昌、陳從、王翁荃、劉捷月三、徐念祖、金赤泉、蔣和醉峰、凌廷堪次仲、席世昌子侃、劉中義、龔纓、董文驥、倪思寬、林喬蔭樾庭、汪中容甫、姚鼐姬傳、阮元伯元、王引之伯申、翁宜泉、陳壽祺恭甫、汪家禧漢郊、何治運郊海二百五十九人，皆明著之曰某人説，但自集其「與義雜生」之説，而不敢襲其「密聲取敵」之名。』該《叙》亦刻入《許鄭學廬存稿》卷三，與此有小异。於此可見所涉禮學家及其説不可謂不富，然并非綜合衆説，而是以補鄭、正鄭爲主，即爲三禮鄭注正誤補缺所作。發明者固多，然故意標新立异者亦不少。

據王氏《禮堂集義叙》，本書於道光十四年（1834）夏已寫定。然考今本，其中多有浮簽，其上内容或言『删』，或言『不須寫』，或言『再考』等，行間亦有勾删批改，天頭間有批注，則寫定之後，尚繼有所修訂。又，卷前《禮堂集義目録》與正文朱筆目次名稱并不統一，卷四十《禮堂集義目録》有『冠義』而正文實缺；抄本亦偶有裝倒，如『《曾子問》「子游問曰：喪慈母如母，禮與」注』條，其第二葉裝於該條與其前一條『《曾子問》「喪之二孤，則昔者衛靈公適魯，遭季桓子之喪。衛君請吊，哀公辭不得命，公爲主，客入吊。康子立於門右，北面。公揖讓，升自東階，西鄉。客升自西階吊。公拜，興，哭。康子拜稽顙於位。有司弗辯也。今之二孤，自季康子之過也」注』條之間，當乙正。

沈文倬《王紹蘭禮堂集義》説：『《集義》是一部《三禮》歷代各家注解的選輯書……清代禮學方面彙輯各家注解的書，有《五禮通考》《讀禮通考》《三禮義疏》等，《集義》的體例是模仿此等書的。』『具體説來，《集義》重點在紹蘭所作按語，其内容可分爲三類：第一，鄭注確實謬誤，或有疏漏，紹蘭作了有力駁斥，并提出較好的新解釋。第二，鄭注可通，但紹蘭所説亦不確切。第三，鄭注本來不誤，紹蘭故意立意，説多附會。在清代治禮學著作中，此書成就自不及江永、程瑶田、姜兆錫、蔡德晋、盛世佐諸家之書和兩部《正義》。但他把敖、郝以下與鄭立异之説，彙集在一起，并以己説條貫於諸家之間，自成系統，使鄭學與非鄭學，涇渭分明，异同顯著。這對《三禮》研究，會有一定用處。』（《王紹蘭未刊稿〈禮堂集義〉》）

《中國古籍善本書目·經部·禮類》《中國古籍總目·經部·禮類·三禮總義·論説之屬》著録。

現藏上海圖書館。（陳開勇）

春秋說不分卷　（清）王紹蘭撰　稿本

二册。每半葉十行，行字不等，小字雙行同，藍絲欄，白口，單魚尾，四周雙邊。版心下鐫『知足知不足館鈔本』。

王紹蘭生平見前《周人禮説》。

稿本内封殘葉題『十四經説續編（附説文）』。

此稿有目録兩種，亦分爲前後兩大部分。

（一）册一整册與册二前一小部分。

册一卷首有目録，題『春秋説目録』，其下依次列『隱公』『桓公』『莊公』『僖公』『文公』『宣公』『成公』『襄公』『昭公』『定公』『哀公』之目，目下列具體條目，計隱公四條、桓公四條、莊公一條、僖公四條、文公六條、宣公六條、成公三條、襄公九條、昭公七條、定公二條、哀公一條，然此目所列條目與此稿本正文内容多不同，又此目録所列亦與《王氏經説》刻本卷三至卷六、《周人春秋説》稿本所載有關《春秋》條目多异，故此目録實際上既非此稿本之目録，亦非《王氏經説》《周人春秋説》之目録，當爲别一種著述之擬目；倘據此稿本册二中目録之格式，似可於『春秋説目録』下題小目曰『左氏説』。

正文依次爲『公及邾儀父盟於蔑』『蘊藻　行潦』『猶懼不蒇』『日有食之既』『天王使宰渠伯糾來聘』『臧孫達』

『高克奔陳』『昭王南征而不復』『晋里克殺其君之子奚齊』『爰田』『見被髮而祭於野者』『鄭商人弦高』『婦人暫而免諸國』『閻職』『既合而來奔』『有事於大廟』『公如齊』『使解揚如宋』『同姓媵之异姓則否』『使其祝宗祈死』『鮑莊子之知不如葵』『冠而生子』『敢問降階何由』『司馬侯』『司馬侯　女叔侯　叔侯　立當前疾』『班荆』『其季於今三之一也』『美秀而文』『子淵捷』『士伯立於乾祭而問於介衆』『萬者二人』『成子兄弟』『白公奔山而縊』『焚庫弑王』。

『爰田』與『既合而來奔』各重出一條。『爰田』二條，前者行二十三字，後者行二十一字且有點逗、修改之處，前者乃後者之謄清稿；『既合而來奔』二條，前者亦行二十三字，後者行二十一字且有修改之處，亦前者乃後者之謄清稿。又『司馬侯』『司馬侯　女叔侯　叔侯　立當前疾』二條雖然名稱不同，但是内容相同，亦當視爲重出，且『司馬侯　女叔侯　叔侯　立當前疾』是『司馬侯』的修訂稿。『其季於今三之一也』條乃抄自姚寬《西溪叢語》卷下。

又，此一部分中，在『司馬侯』與『司馬侯　女叔侯　叔侯　立當前疾』之間有二條。前一條是浮簽『有酒如澠有肉如陵寡人中此與君代興亦中之』，見《左氏春秋》召公十二年，與此一部分主題相合。後一條是『《郊特牲》「賓入大門，而奏《肆夏》，示易以敬也」注：「賓，朝聘者。」「卒爵而樂闋，孔子屢嘆之」注：「美此禮也。」』『郊特牲賓入大門而奏肆夏示易以敬』『闋孔子』數字殘泐。此條乃《禮記》之經文與鄭玄注，内容與此一部分主題不合。『公及邾儀父盟於蔑』『蕴藻　行潦』『猶懼不蔇』屬於《左傳・隱公》，『日有食之既』『天王使宰渠伯糾來聘』屬於《桓公》，『臧孫達』屬於《莊公》，『高克奔陳』屬於《閔公》，『昭王南征而不復』『晋里克殺其君之子奚齊』『爰田』『見被髮而祭於野者』『鄭商人弦高』『婦人暫而免諸國』屬於《僖公》，『閻職』『既合而來奔』『有事於大廟』『公如齊』『使解揚如宋』屬於《宣公》，『同姓媵之异姓則否』『使其祝宗祈死』『鮑莊子之知不如葵』屬於《成公》，『冠而生子』『敢問降階何由』『司馬侯』『司馬侯　女叔侯　叔侯　立當前疾』『班荆』『其季於今三之一也』『美秀而文』屬於《襄公》，『子淵捷』『士伯立於乾祭而問於介衆』『萬者二人』屬於《昭公》，『成子兄弟』『白公奔山而縊』『焚庫弑王』屬於《哀公》。繹其次序，實按照《左傳》傳文所載魯國國君世系、年代、内容爲次，則『《郊特牲》「賓入大門，而奏《肆夏》，示易以敬也」注：「賓，朝聘者。」「卒爵而樂闋，孔子屢嘆之」注：「美此禮也。」』條乃誤裝於此，浮簽『有酒如澠有肉如陵寡人中此與君代興亦中之』條當移於『子淵捷』與『士伯立於乾祭而問於介衆』之間。

（二）册二後一大部分

該部分首有目録：首題『春秋説目録』，其下依次列『公羊』『穀梁』二小目，『公羊』下列十條具體條目，『穀梁』下列五條具體條目及一條附録，這些條目中有多條包含於《王氏經説》刻本卷六之中；次題『論語説目録』，下列十二條具體條目；次題『孟子説目録』，下列十七條具體條目；次題『爾雅説目録』，下列二條具體條目。然此目非此稿正文内容之目録。

正文内容依次分屬《公羊傳》《穀梁傳》《論語》《孟子》《爾雅》《説文》《周禮》《儀禮》。其中『化我也　願諸大夫之化我也』『臨民之所漱浣也　臨國也』『君親無將』『雨螽於宋』『筍將而來也』屬於《公羊傳》；次『斬樹木壞宮室』屬於《穀梁傳》；次『放於利而行多怨』『與其進也』『臨大節而不可奪也』『沽酒　求善賈而沽諸』『德行　言語　政事　文學』『原壤夷俟』屬於《論語》；次『頒白者』『殺一不辜』『蠅蚋姑嘬之』『舜尚見帝』『然則舉烏獲之任』屬於《孟子》；次『君姑』『中陵朱滕』屬於《爾雅》；次『𦘒』『十二屬』『鮊』『□（尹）』屬於《説文》；次『贊玉幣爵之事』『凡縣鍾磬』『父之讎辟諸海外』『從父兄弟之仇不同國』『令男三十而娶女二十而嫁』『蒲筵　莞席』『以十有二風察天地之和』屬於《周禮》；次『士昏禮記鄭□（注）』屬於《儀禮》。

按，『凡縣鍾磬』所在葉有浮簽，然非本葉『凡縣鍾磬』條之内容，而是屬於前一條『贊玉幣爵之事』天頭所補内容，當綴接於前一條天頭所補内容之末。『士昏禮記鄭□（注）』殘損頗爲嚴重，然於其辨訂内容，可用閻若璩《尚書古文疏證》補足：『《尚書古文疏證》曰：初讀《尚書釋文》，見《書序》「共」字云：王，已勇反。《皋陶謨》「嚴」字云：馬，魚檢反。《益稷》「絺」字云：鄭，陟裏反。馬、鄭、王三家已俱有反語，疑不始自孫叔然。顔之推、張守節語并誤。既讀《崇文總目》云：德明以南北异區，音讀罕同，乃集諸家之讀九經、《論語》、《爾雅》、《老》、《莊》者，皆著其翻語，以增損之。是三家反語，德明代作，非三家本實然。顔、張初不誤，然《儀禮·士昏禮》記注「用昕，使者；用昏，婿也」，婿，悉計反，從士從胥，俗作婿，女之夫。鄭作反語有此一條。』

除『其季於今三之一也』外，其他各條，一般先列待考之對象：首爲《左傳》《公羊》《穀梁》《論語》《孟子》《爾雅》《周禮》《儀禮》傳注及《説文》之文，或接以漢唐、清人注疏；後列王紹蘭之考訂，考訂之首多以『紹蘭按』或『按』標識之，然如『放於利而行多怨』則不作此標識。考訂中，或藉助音韵文字之學，或以本傳前後傳文互證，或假借他經經文及其注疏以發明本文，或以史實證經傳，恪守乾嘉學風與方法。要之，皆力圖發明經傳之本義，或揭示有關諸説之异同淵源。

『贊玉幣爵之事』浮簽注『末行不必齊』。按《王氏經説》刻本卷一收有《贊玉幣爵之事》，互較之，稿本有改動者，刻本悉改，則此稿本乃刻本之底本；然稿本在正文後及天頭空白處、『凡縣鍾磬』後浮簽等處，皆有考訂文字，爲刻本所不具，蓋此條被刻入《王氏經説》後，王紹蘭又繼有增補。

内封殘葉所題『十四經説續編（附説文）』可信。明、清人所言之十四經，曰《周易》、《尚書》、《毛詩》、三《禮》、《大戴禮記》、《春秋》三傳、《孝經》、《論語》、《孟子》、《爾雅》，此稿本殘缺不完，止存《春秋説》。

《中國古籍善本書目·經部·春秋類》《中國古籍總目·經部·春秋類·春秋總義·傳説之屬》著録，書名作『春秋説不分卷』。

現藏浙江圖書館。（陳開勇）

袁宏後漢紀補證三十卷　（清）王紹蘭撰　稿本　存一卷（卷七）

一册。每半葉十行，行二十四字，小字雙行同，藍絲欄，白口，單魚尾，四周雙邊。版心下鎸『知足知不足館鈔本』八字。鈐『曾經民國二十五年浙江省文獻展覽會陳列』諸印。

王紹蘭生平見前《周人禮説》。

稿本封面雙行題『袁宏後漢紀補證』『據王南陔墓志此書三十卷今祇存第七一卷』。卷端、卷尾題『後漢光武皇帝紀卷第七』。其内容乃東晋人袁宏《後漢紀》卷七《後漢光武皇帝紀》之内容及王紹蘭所作補證。

《後漢紀》卷七所記史實，起自東漢光武帝建武十三年（37），迄於建武二十一年（45）。紹蘭是作，乃首列《後漢紀》卷七原文，頂格書寫；次即從《北堂書鈔》、《藝文類聚》、《太平御覽》、《後漢書》注、《昭明文選》注、《事類賦》注等類書、史集注疏中引用『東觀記』即劉珍《東觀漢記》、『薛瑩書』即晋人薛瑩《後漢記》、『范蔚宗書』即劉宋范曄《後漢書》、『華嶠書』即晋華嶠《後漢書》、『謝承書』即三國吴謝承《後漢書》、『司馬彪書』即晋司馬彪《續漢書》、『謝沈書』即晋謝沈《後漢書》，以及《三輔决録》《漢官儀》《風俗通》《伏侯古今注》《孝子傳》《高士傳》《廣州記》《越志》《汝南先賢傳》等文獻，對《後漢紀》原文進行考訂補充，退一格書寫，於材料之末則注明材料出處；倘王氏於《後漢紀》原文、補證材料别有所見，則以夾注書於相關文字之下。

王氏之補文，或簡或詳。如建武十四年夏四月辛巳『越巂人任貴遣使降』下僅補范曄《後漢書·光武紀》『十四年，越巂人任貴自稱太守，遣使奉計』一條。然如建武十三年五月『徙鄧禹爲高密侯，食四縣。上以禹功大，封弟寬爲明親侯，禹以特進奉朝請』條下，先後補《東觀漢記》七條、范曄《後漢書》二條。

王氏亦考訂袁宏原文。如建武十三年袁宏曰：『近魏文侯友田子，諸侯不敢入其境。高皇帝令相國奏事不拜，入殿不趨，所以寵大臣也。及新室王莽，遭漢中衰，獨操國柄，以偷天下，足己自喻，不信群臣。』王氏於『田子』下注『「子」下當有「方」字』，又於『足己』下注『「足己」，范《書》《陳元傳》作「況已」』。建武十四年『九月，莎車王賢、善王心信遣使奉獻』下注云：『據范《書》《南匈奴傳》，「善」上當有「鄯」字，「心信」作「安」，《袁紀》有脱誤。』

王氏對補文亦有考訂。如建武二十年『是時，上欲以衛尉陰興爲大司馬，興叩頭曰：「臣不敢惜身，誠恐虧損聖德。」辭讓至切，上以此聽之。乃以扶樂侯劉隆爲驃騎將軍，行大司馬事』條，其下從《藝文類聚》卷四十八引《東觀漢記》補曰：『建武二十年，左中郎將劉隆爲驃騎將軍，即日行大將軍事。』王氏於『建武二十年』下考云：『《類聚》原引作永平二十五年，考明帝建元永平，至十八年而止，安得有二十五年？其爲傳寫之誤無疑。今從官纂本更正之。』又於『左中郎將劉隆爲驃騎將軍，即日行大將軍事』下考云：『范《書》《光武紀》《劉隆傳》并云大司馬吴漢薨，隆爲驃騎將軍，行大司馬事，與《袁紀》正合。今云「大將軍」，亦是傳寫之誤。』已有他人所考者則引他人意見，如建武十五年『春二月，大司馬吴漢將馬武等徙雁門、代郡、上谷民，還中山，以避胡寇』下補范曄《後漢書·吴漢傳》：『十五年，吴漢率揚武將軍馬成、捕虜將軍馬武北擊匈奴，徙雁門、代郡、上谷吏民六萬餘口，置居庸、常關以東。』王氏於補文下云：『謹案，劉攽曰：「據《光武紀》注文及他處盡云常山關，此文『常』下當有『山』字。」』即是直引劉攽《刊誤》。

總觀全卷，王氏於校勘考補之外，多有意識地推繹著者之心及其筆法。如十五年『初，有司請封皇子，天子弗許也。固請連年，乃從之。四月戊申，封皇子輔爲右翊公，英爲楚公，陽爲東海公，康爲濟南公，延爲淮陽公，荆爲山陽公，衡爲臨淮公，焉爲左翊公，京爲琅邪公』，下引范曄《後漢書·光武紀》補，其中云：『夏四月戊申，以太牢告祠宗廟。丁巳，使大司空融告廟，封皇子輔爲右翊公，英爲楚公，陽爲東海公，康爲濟南公，蒼爲東平公，延爲淮陽公，荆爲山陽公，衡爲臨淮公，焉爲左翊公，京爲琅邪公。』王氏於補文下考云：『謹案，諸王子封日，據范《書》係四月丁巳，《袁紀》以爲戊申，是以太牢告廟之日爲封諸王子日也。』十七年『秋七月，廬江費登等反，虎賁中郎將馬援平之』條，下補《東觀漢記》，又補范曄《後漢書·光武紀》『十七年秋七月，妖巫李廣等群起據皖城，遣虎賁中郎將馬援、驃騎將軍段志討之。九月，破皖城，斬李廣等』，并於其下注云：『謹案，妖巫賊首非一，故《袁紀》稱費登，范《書》稱李廣，實則一事也。』十八年『壬午，上幸長安，祠園陵』條，下補司馬彪《續漢書》，又補范曄《後漢書·光武紀》『十八年二月甲寅，西巡狩，幸長安。三月壬午，祠高廟，遂有事十一陵』，并於其下注云：『謹案，范《書》三月壬午。《袁紀》壬午上承二月之文，蓋據幸長安在二月言之。』如此之類，極富啓迪。

現藏浙江大學圖書館。（陳開勇）

越中文獻輯録不分卷　（清）王紹蘭輯　稿本

五十八册。每半葉十三行，行二十二字，小字雙行同，雙魚尾，朱絲欄、黄絲欄等不一，白口，四周雙邊。其中數葉邊欄外左下方鎸『古博讀書堂日記』。鈐『研易樓藏書印』『沈氏粹芬閣所得善本書』諸印。

王紹蘭生平見前《周人禮説》。

稿本册一封面題『越中文獻輯録一』，并於『一』之右題『非越産』三字，册二至册六封面均題有『越中文獻輯録』二至六。

本稿卷首内容有三，皆列於册一卷首：（一）首爲『采録書目』，列『史記』『漢書』及『明史』等二十四史，并於『史記』下注『殿本』，意謂王氏此稿輯佚所用二十四史之版本乃武英殿刻本；次列『國史儒林文苑傳稿』『東南紀事、西南紀事』及『顔魯公文集』『兩般秋雨盦隨筆』等，除『全唐文』一條外，皆上列書名，下注援引出處。（二）次『越中文獻輯録采引書目』，乃此前『采録書目』之增益加詳者：既對『采録書目』順序有調整，并增列新文獻名目近兩倍，每條於書名下皆詳注撰者及版本；『越中文獻輯録采引書目』行，天頭書凡例二則，曰：『一、凡采入越紐後録者，以低一格别之。一、凡采引之書，所見本未全，他日當覓全本補抄者，又已經采輯之書，恐有遺漏，尚待覆檢者，皆以□識之。』其中『□』作朱紅色，故於『越中文獻輯録采引書目』中，在『史記』『漢書』『後漢書』『三國志』『全唐文』『浙江通志』『小小齋詩集』『金華游録注』等小注里書有『應檢過補抄』『應補抄』及此『□』朱紅符號。（三）次『會稽郡』，抄録王紹蘭所撰《漢書地理志校注》卷下『會稽郡』，内容乃考訂會稽郡之疆界屬縣。

《論語·八佾》：『子曰：「夏禮，吾能言之，杞不足徵也。殷禮，吾能言之，宋不足徵也。文獻不足故也。足，則吾能徵之矣。」』朱熹注云：『文，典籍也；獻，賢也。』文與獻并列成文。據此稿内容推斷，王紹蘭所謂『文獻』，偏重於『獻』。又，王紹蘭此稿中之『越』，即明清時期之紹興府，其時包括山陰、會稽、蕭山、諸暨、餘姚、上虞、嵊、新昌諸縣。故從正文内容言，此稿主要輯録彙編歷史上非紹興籍但與紹興府有關之人、紹興本籍賢才之傳記史料，屬於四部之史部文獻；至於所録詩文典籍，分量甚少。

綜觀之，本稿作者著録史料，於内容分爲二大類。（一）歷史上非紹興籍但與紹興府有關者之傳記史料，此即册一稿本封面右題『非越産』之義。册二至六封面雖未題『非越産』，實乃正宗『非越産』。（二）紹興本籍賢才之傳記史料，即册七至五十八，均爲越産；原籍雖非越，然改籍入越者，或死葬於越者，王紹蘭亦視之爲越産。大類之下，著録各類人物史料。人物排列通則，乃依其姓氏，按所屬詩韵上平、下平、上聲、去聲、入聲排列；姓氏之下，對於同姓之人，則略依時代爲序；對於同一人之多則史料，歸置於一處；每則史料，皆直接抄録原書，不節略，并注明出處。然對於上述體例遵守之疏嚴，各部分稍有差异。

『非越産』部分，册一最爲雜糅，册二至六則頗清晰。

册一卷首之後，首先從《全晋文》《全宋文》《南史》《浙江通志》《列朝詩集》《全浙詩話》等文獻中録有關越地文獻，偏重於民間佚名者；次録閩粤王無諸及粤東海王摇、越王、越王夫人等，次録吴越錢氏諸人；次熊、馮、龔、洪、龐、佟、江、施諸姓。大致按照民間佚名（時代先後），君王（時代先後），姓氏（音韵）爲層次，然有雜亂（或因裝倒所致）。

册二依次録于、朱、胡、吾、吴、蘇、都、齊、崔、裴、陳、秦、淳于、文、殷、元、孫、袁、韓、干、桓、潘、欒、幹等姓之人。册三依次録田、錢、蕭、姚、陶、曹、高、毛、羅、何、家、陽、楊、張、王等姓之人。册四依次録梁、黄、唐、羊、湯、汪、臧、彭、程、丁、寧、凌、應、曾、滕、留、劉、游、周、邱、婁、鄒、林、金、岑、任、譚、南等姓之人。册五依次録董、紀、史、李、吕、褚、許、宇文、庾、杜、單、趙、火魯思密、馬、賈、蔣、沈、范等姓之人。册六依次録貢、宋、魏、度、顧、傅、計、第、蔡、邁、戴、灌、燕、卞、過、謝、敬、慶、鄭、孟、定、寇、瞻思、陸、脱脱、薛、郭、郗、翟、答魯兼善、葉等姓之人。

越産部分，即册七至五十八，録紹興或越籍人物史料。王紹蘭分作六部分：一、册七至二十。二、册二十一至四十。三、册四十一至四十七。四、册四十八至五十三。五、册五十四至第五十六。六、册五十七至五十八。

册七卷首爲『越中文獻輯録姓氏均目』，列『一東均』『二冬均』『三江』『四支均』『五微』『六魚均』『七虞均』『八齊均』『九佳』『十灰均』『十一真均』『十二文均』『十三元均』『十四寒均』『十五删均』，均屬詩韵之上平聲。韵目下分作三欄，中爲姓名，其上爲該人字號及籍貫，其下爲史料出處。如『一東均』下之首條，中書『熊汝霖』，其上書『字雨殷，餘姚人』，其下爲小注『《明史》《明史稿》《東南紀事》』。『越中文獻輯録姓氏均目』之後，即正文，一一著録人物史料：册七後半著録童姓。册八著録熊、馮、豐、公孫、洪、翁、龐等姓。册九首録『銀青光禄大夫海濮饒房睦台六州刺史上柱國汲郡開國公康使君神道碑銘（顔真卿撰，見《全唐文》卷三百四十四，附會稽宗譜）』，其後著録有宗、鍾、龔、江、支、皮、施、綦毋、司馬、斯、祁等姓。册十、十一依次著録舒、車、余、徐等姓。册十二、十三、十四、十五著録虞、朱、胡、屠、吴等姓。册十六著録盧、蘇、俞等姓；其次著録齊、倪二姓，倪姓中所録倪元璐史料，有采自《全浙詩話》卷三十五之『倪元璐』條，原稿中係裝倒者，實當乙正而接綴於『倪元璐傳（明史稿列傳弟一百四十七）』條之後；其次著録陶、柴、來姓。冊十七、十八著録辛、陳、秦、淳于、甄等姓。冊十九、二十著録聞、殷等姓。

冊二十一至四十。冊二十一卷首爲『越中文獻輯録姓氏均目』，列『一先均』『二蕭均』『三肴均』『四豪均』『五歌均』『六麻』『七陽均』『八庚均』『九青均』『十蒸均』『十一尤均』『十二侵均』『十三覃均』『十四鹽均』，均屬詩韵之下平聲。韵目下人物著録與冊七卷首『越中文獻輯録姓氏均目』同。此目所賅，始自冊二十一後半『田惟祐』，終於冊四十『何兆隆妻詹氏』。

冊四十一至四十七。冊四十一卷首爲『越中文獻輯録姓氏均目』，列『一董均』『三講』『四紙均』『六語均』『七麌均』『十一軫』『十三阮均』『十四旱』『十六銑均』『十七篠均』『十八巧』『二十一馬均』『二十二養均』『二十三梗』『二十五有』『二十六寢均』『二十九豏均』，均屬詩韵之上聲。韵目下人物著録與冊七卷首『越中文獻輯録姓氏均目』同。此目所賅，始自冊四十一後半『董襲傳（吴志卷十）』，終於冊四十七『范光裕』。

冊四十八至五十三。冊四十八卷首爲『越中文獻輯録姓氏均目』，列『一送』『二宋均』『四寘均』『五未均』『七遇均』『八霽』『九泰均』『十一隊均』『十四願』『十八嘯均』『二十一箇』『二十二禡均』『二十三漾均』『二十四敬均』『二十六宥均』『三十陷均』，均屬詩韵之去聲。韵目下人物著録與冊七卷首『越中文獻輯録姓氏均目』同。此目所賅，始自冊四十八後半『貢貞晦悦』，終於冊五十三『闞澤』。

冊五十四至五十六。冊五十四卷首爲『越中文獻輯録姓氏均目』，列『一屋均』『二沃』『三覺』『六月』『七曷均』『八黠均』『九屑均』『十藥均』『十一陌均』『十二錫』『十六葉均』，均屬詩韵之入聲。韵目下人物著録與冊七卷首『越中文獻輯録姓氏均目』同。此目所賅，始自冊五十四後半『谷氏傳（明史卷三百三）』，終於冊五十六『葉森』。

册五十七至册五十八。册五十七卷首爲『越中文獻輯録姓氏均目』，僅列『釋氏』，不分韵目，其下即直接著録釋子名，分作三欄，中爲釋名，其上爲該人本姓、字號及籍貫或駐錫地，其下爲史料出處。此目所賅，始自册五十七後半『竺法深』，終於册五十八『回光』。

《越中文獻輯録》對於個人史料之著録，多寡不一，少者僅一人一條，多者至一人五條。如楊維楨，首録『楊維楨傳（《明史》卷二百八十五）』，次録『楊維楨傳（《明史稿列傳》一百六十一）』，次從《列朝詩集》甲前七抄録『鐵厓先生楊維楨』、從《浙江通志》卷一百八十《文苑三》抄録『楊維楨』、從《全浙詩話》卷二十四抄録『楊維楨』。王守仁，首録『王守仁傳（《明史》卷一百五十九）』，次録『王守仁傳（《明史稿列傳》第七十九）』，次抄《浙江通志》卷一百六十《名臣三》『王守仁』、《列朝詩集》丙四『王新建守仁』、《全浙詩話》卷三十一『王守仁』。黄宗羲，首録『國史館本傳黄宗羲（見《國朝耆獻類徵初編》卷四百四）』，次録『黄宗羲傳（弟宗炎。子百家。《國史儒林傳稿》卷上）』，次從《浙江通志》卷一百七十六《儒林中》抄録『黄宗羲』、從《全浙詩話》卷四十抄録『黄宗羲』、從《兩浙輶軒録》卷一抄録『黄宗羲』。他如汪應軫、沈鍊、魏驥、謝遷諸人亦皆多至五條。

綜合全稿言之，雖然著録頗見法度，然亦屢見自壞其體例者。舉其大者，略有數端：

（一）同姓兩屬。册十六著録『陶允嘉』『趙顯伯妻柴氏』史料。册七卷首『越中文獻輯録姓氏均目・九佳』，其前首行注明本韵所收諸姓，僅有『柴』；其後所列具體姓名中，亦僅有『柴氏趙顯伯妻』，即册十六正文柴姓部分所實收『趙顯伯妻柴氏』，皆未著録陶氏。又考册二十一卷首『越中文獻輯録姓氏均目・四豪均』，其前首行注明本韵所收諸姓中有『陶』；其後所列具體姓名中有『陶諧』『陶望齡』『陶允宜』等人，其相應之册二十三亦實收之。故若依王紹蘭《越中文獻輯録》全稿姓氏排列通則，册十六之『陶允嘉』實應歸入册二十三陶姓部分。又，册十有車姓史料。册七卷首『越中文獻輯録姓氏均目・六魚均』，其前首行注明本韵所收諸姓，有『車、余、胥、徐、閭、諸、於、屠、涂』，其中『屠』改作『茹』，『車』改作『舒』；其後所列具體姓名中，有『車仍安』『車雲鵬』『車暄』『車林』『車純』等人，即此册十正文車姓部分所實收『車仍安』等五人史料。然考册二十一卷首『越中文獻輯録姓氏均目』之『六麻』，其前首行注明本韵所收諸姓，有『華、車、巴』；雖其後所列具體姓名僅『華毋害』『華鎮』二人，其相應之册二十五正文亦實僅收此兩人史料。然若據王紹蘭《越中文獻輯録》全稿姓氏排列通則，『車』姓諸人實當移至『六麻』，與『華』姓相鄰。

（二）同文兩屬。册九首録『銀青光禄大夫海濮饒房睦台六州刺史上柱國汲郡開國公康使君神道碑銘（顔真卿撰，見《全唐文》卷三百四十四，附會稽宗譜）』一文可議。册七卷首『越中文獻輯録姓氏均目・二冬均』，其前首行注明本韵所收諸姓，有『宗、鍾、龍、松、容、封、雍、龔』，其後所列具體姓名中，有『宗譜（《全唐文》附見康使君傳）』，即此册九首録顔真卿文；又考册二十一卷首『越中文獻輯録姓氏均目・七陽均』，其前首行注明本韵所收諸姓中有『康』，其後所列具體姓名中有『（字南金，會稽人）康希銑（魯公文集）』，即册三十四所録『銀青光禄大夫海濮饒房睦台六州刺史上柱國汲郡開國公康使君神道碑銘（見《魯公文集》卷之六）』。册九、三十四顔真卿文實同，祇是版本有异，依王紹蘭《越中文獻輯録》同一人之多則史料著録規則，應置於一處。據其姓，若附於宗譜之後，則當置於册九，然册九實未收宗譜史料，故無從附麗；若以康希銑獨立爲篇，康屬唐韵，則與册七所收其餘姓氏音韵皆不合，而合於册三十四陽韵諸姓，故當依王紹蘭《越中文獻輯録》全稿姓氏排列通則，移至册三十四附於顔真卿文之後。

（三）稿本中雖同姓略依時代爲序，然多處不齊一。如『非越産』部分册三張姓收有張霸、張岱、張裕、張融、張遜、張公良、張詵、張守、張友直、張暉、張震、張遠猷、張珣、張昇、張垕、張懋、張真、張鉞、張齡、張煥、張讚、張暄、張鑑、張敦、張邦福、張三昇，後漢張霸采自《浙江通志》卷一百五十三《名宦八》，南朝劉宋張岱采自《浙江通志》卷一百五十一《名宦六》、張裕采自《浙江通志》卷一百五十三《名宦八》，南朝齊張融采自《全齊文》卷十五，唐張遜采自《浙江通志》卷一百五十三《名宦八》，宋張公良至張珣、元張昇及張垕、明張懋至張鑑皆采自《浙江通志》卷一百五十三《名宦八》，漢張敦采自《浙江通志》卷一百七十《循吏四》，清張邦福及張三昇采自《浙江通志》卷一百五十三《名宦八》。倘若撇開張敦，則張霸至張三昇皆據其時代先後排列，然張鑑與張邦福之間插入張敦，自亂其例矣。或張敦該葉爲裝倒所致。

總言之，此稿絶大部分單篇史料已經謄清，仍有少數篇章續有校訂，故有校補之語。如册四『丁復』條抄録《浙江通志》卷一百七十三《武功三》，天頭補題：『李慈銘謂「閩越之將，非越人，《史・表》作『趙將』」。』此以李慈銘《越縵堂文集》卷十二《越中先賢祠目序例》校所録《浙江通志》原文。册十一『諸重光』條抄録《兩浙輶軒録》卷三十一，天頭補題：『《湖海詩傳》無「授翰林院編修」句，又無「二如亭詩集」句。』此以王昶《湖海詩傳》卷二十二《諸重光》校所録《兩浙輶軒録》原文。册十二『虞翻傳（《吴志》卷十三）』篇名天頭補題：『孔融薦虞仲翔書又見《類聚》五十五。』文末補題：『《浙江通志・儒林中》節本傳。』同册『虞喜傳（《晋書》卷九十一）』則在篇名下補題：『《浙江通志・儒林中》節本傳。』册三十六『平聖臺』行間補題：『又見《湖海詩傳》，無「出爲金溪知縣」六字，「甲戌」作「十九年」。』其他尚有二十餘處校補，然皆不出上述情形。

又，本稿抄録史料所注出處，多置於篇名之下，或置於篇章之末，然『施邦曜』條，抄録《全浙詩話》卷三十四之文，出處『以上見會稽陶元藻《全浙詩話》卷三十四』夾於陶元藻正文與按語之間，异於他處。陶元藻史料中，有汪輝祖跋，不注出處，實抄自《全浙詩話跋》。仲休史料抄録《浙江通志》卷二百《仙釋三》，然缺題名，與其他史料著録格式异，實當補其名曰『仲休』。

此稿不管是同姓兩屬、同文兩屬，還是同姓時代排列順序有倒亂，究其致誤之因，實因稿本編纂過程中多次修訂，體例有變，未及通篇整齊，全書劃一，故尚有遺漏爾。然此稿以地域、姓氏、時代之格局，力圖全面著録越地及與越地有關之人物史料於一編，史料繁富，實有功焉。其所録文獻，如『霞西處士墓表（同里宗稷辰撰）』來自『沈氏所藏稿本』，『霞西處士家傳（蕭山王曼壽撰）』來自『沈氏所藏稿本』，『吴從義傳』『句容先生傳』『明樞輔前都諫格庵章公傳』『章壽光傳』『臨江太守王國禎傳』『姜師周傳』『侍御姜圖南傳』『奉直大夫户部清吏司郎中顧君在衡傳』皆抄自吴農祥《慶伯選學齋稿》，可用作輯校吴農祥、宗稷辰、王曼壽著作之用。

現藏上海圖書館。（陳開勇）

王南陔先生雜記不分卷　（清）王紹蘭撰　稿本

二册。每半葉十行，行字不等，小字雙行同，藍絲欄，白口，單魚尾，四周雙邊。版心下鎸『知足知不足館鈔本』。鈐『述史樓藏』『會稽徐氏鑄學齋藏書印』『卷盦六十六已後所收書』『徐維則讀書記』『杭州葉氏藏書』諸印。

王紹蘭生平見前《周人禮説》。

稿本封面分别題『王南陔先生雜記（弟一）』『王南陔先生雜記（弟二）』。

册一其内容依次爲：

《讀〈夏小正〉》。卷端題『讀夏小正』。其下依次列『五月：頒馬。分夫婦之駒也』『八月：玄校。玄也者，黑也。校也者，若緑色然』『十月：初昏，南門見。南門者，星名也，及此再見矣』『十有二月：納卵蒜。卵蒜也者，本如卵者也。納者何也？納之君也』四條，釋之。其體例，首列《大戴禮記・夏小正》原文；次列孔廣森《大戴禮記補注》，或諸錦《夏小正詁》、臧琳《經義雜記》注；次爲王紹蘭之考訂，皆以『紹蘭按』并退一格書寫標明。

《讀〈吕氏春秋〉》。卷端無小題名。依次列『《吕氏春秋・誣徒篇》「不能學者，從師苦而欲學之功也」』『《誣徒篇》「草木、雞狗、牛馬，不可譙詬遇之，譙詬遇之，則亦譙詬報人」』『《知士篇》「太子之不仁，過顚涿視，若是者倍反」』『《權勛篇》「豎陽穀操黍酒而飲之」』『《爲欲篇》「晨寤興，務耕疾庸，槼爲煩辱，不敢休矣」』『《不屈篇》「門中有斂陷」』六條，釋之。其體例，首列《呂氏春秋》原文；次列注，皆先引高誘注，次引畢沅校注；次爲王紹蘭之考訂，亦皆以『紹蘭按』并退一格書寫標明。此部分缺小題，揆之全書，可名之曰《讀〈呂氏春秋〉》。

《讀〈經學巵言〉》。共二條。第一條題『《經學巵言》：《大誥》「王害，不違卜」』云云，其後附有『《君奭》篇「在昔上帝割，申勸文王之德」』一條；第二條題曰『《巵言》：《大誥》「予曷敢不於前文人攸受休畢」』云云。此處所言《經學巵言》或《巵言》，即孔廣森所撰《經學巵言》，此兩條皆節自孔廣森《經學巵言》卷二《大誥》『王若曰：「猷！大誥爾多邦。」』條。題下即王紹蘭之考訂，亦皆以『紹蘭按』并退一格書寫標明。揆之全書，此一部分可名之曰《讀〈經學巵言〉》。

《讀〈禮學巵言〉》。僅一條，即題曰『《禮學巵言》：《喪大記》「士不虞筐」』云云，此處所言《禮學巵言》，亦爲孔廣森所撰，此條節抄自《禮學巵言》卷五《小戴禮記雜義》。題下即王紹蘭之考訂，亦皆以『紹蘭按』并退一格書寫標明。揆之全書，此一部分可名之曰《讀〈禮學巵言〉》。

《讀〈説文〉》。卷端題『讀説文』。共列『《辵部·逴》：遠也。从辵，卓聲。讀若棹苕之棹』『《丨部·中》：和也』『从口，丨，下上通也』『中，古文中』『中，籀文中』『《糸部·絑》』『《艸部·薀》』『《艸部·荷》』『《米部·竊》』『《欠部·敫》』『《欠部·歗》』『《骨部·體》』『《水部·涐》』凡十三條，其中第二至第五條實際上皆屬於『《丨部·中》』，然王紹蘭將許慎《説文解字》該字之内容分爲四條。其下皆先列許慎之解釋，次列後人之注，『《辵部·逴》：遠也。从辵，卓聲。讀若棹苕之棹』條列徐鉉、段玉裁、王煦注，『《艸部·荷》』條列段玉裁、臧琳注，『中，籀文中』條標明『段氏注失載籀文』，其他各條皆僅列段玉裁注；次王紹蘭之考訂，皆以『紹蘭按』并退一格書寫標明。

《讀〈通藝録〉》。《通藝録》乃程瑶田所撰，《讀〈通藝録〉》即讀程瑶田該作而考辨也。卷端題『讀〈通藝録〉』，其下依次爲：『棟梁本義述上』，乃抄《通藝録・釋宫小記・棟梁本義述上》中間一節；『造戈柲説』，抄《通藝録・考工創物小記・造戈柲記》開頭一節；『字林考逸書後』，抄《通藝録・解字小記・字林考逸書後》中間一節；『夾兩階阼圖説』，抄《通藝録・釋宫小記・夾兩階阼圖説》中間一節；『九穀考』，節抄《通藝録・九穀考・稻》；『禹貢三江考』，節抄《通藝録・禹貢三江考》之『東迆北會於匯匯字解』『論導江篇東迆北北字即指謂漢水之義』『奉答阮中丞寄示浙江圖考書附及水地管見就正』諸篇；『宣欘柯磬折倨句度法述』，抄《通藝録・考工創物小記・宣欘柯磬折倨句度法述》中間一節。皆首列題名，次抄程瑶田之文；次『紹蘭按』，爲王紹蘭之考訂。

上述七條之後，有『《秋官・薙氏》禁山之爲苑、澤之沉者』一條，首《周禮・秋官・薙氏》經文，次引鄭玄注，次鄭衆注，次賈公彦疏，以上皆爲題目正文，頂格書寫；次『紹蘭按』，爲王紹蘭之考訂，退一格書寫。此條非辨證《通藝録》者。考王紹蘭《禮堂集義》卷十三《周禮・秋官下》中有『《秋官・薙氏》禁山之爲苑、澤之沉者』條，與此條大同而更詳，即此稿本條乃《禮堂集義》該條之初稿，誤裝於此，當抽除；又，『《秋官・薙氏》禁山之爲苑、澤之沉者』條之後，有『□（夃）即尸』條，題名之下，僅羅列《吕氏春秋・離謂篇》《期賢篇》、《史記・秦本紀》、《漢書・酷吏傳》有『夃』字之文四條，然没有辨證，與本稿其他條目迥异，書寫格式亦不同，當爲讀書之時，偶有發現，遂隨手書於此册稿本之末空白葉上，乃未成之草稿。倘據其内容，姑可歸之於本稿第二部分《讀〈吕氏春秋〉》。

册二稿本封面題『王南陔先生雜記（弟二）』，其内容依次爲：

《易論》。包括四部分，即其卷端依次題爲『周易以易名經論』『易論一（剛柔易簡）』『易論二（用九用六）』『易論三（既濟未濟）』者。

《洪範論》。包括兩部分，即其卷端依次題爲『洪範論（上）』『洪範論（下）』者。

《詩論》。包括十六部分，即其卷端依次題爲『詩論二（二南）』『詩論三（□□〔（二南）〕得名之故）』『詩論四（邶鄘衛）』『詩論五（邶鄘衛爲風首之故）』『詩論六（鄭）』『詩論七（王鄭齊魏唐秦陳檜曹）』『詩論八（刺詩之由）』『詩論九（豳詩）』『詩論十（豳詩兼風雅頌之故）』『詩論十一（小雅）』『□□（詩論）十二（小雅大雅入樂）』『詩論十三（小雅失次）』『詩論十四（賦比興）』『□（詩）論十五（大雅）』『詩論十六（再論刺詩）』『詩論十七（周頌）』者。據題目推斷，脱『詩論一』，其内容當爲討論《詩序》者；然據其書寫，『詩論二（二南）』緊接其前『洪範論（下）』書寫，則又不容有脱。

《論語説》。此部分包括題作『管氏有三歸』『夏后氏以松殷人以柏周人以栗』『吾斯之未能信』『足恭』『智者樂水仁者樂山』『儺　裼』『鯉也死』『冠者五六人童子六七人』『鄭聲淫』『吾豈匏瓜也哉』者，共十條。其體例，題名下皆先列《論語》篇名、正文；次列注釋，有包咸、孔安國、許慎、鄭玄、皇侃等，亦有梁玉繩、孔廣林、陳壽祺等清人；次『紹蘭按』或『按』（『冠者五六人童子六七人』條脱此標識），列王紹蘭之考訂。此一部分，揆之前後，似可名之曰《論語説》。

《孟子説》。此部分包括題作『若撻之於市朝』『祖裼　襢裼』『放勛曰』『又從而振德之』『往送之門』『無後爲大』『天之高也』『有庳』『否不然也』『湯三使往聘之』『掊克在位』『君子之厄於陳蔡之間』者，共十二條。其體例，題名下皆先列《孟子》篇名、正文；次列注釋，有趙岐、閻若璩、焦循等，唯『祖裼　襢裼』『天之高也』『君子之厄於陳蔡之間』不引注，『有庳』云『趙岐無注』；次『紹蘭按』或『按』，列王紹蘭之考訂。此一部分，揆之前後，似可名之曰《孟子説》。

《爾雅説》。此部分包括題作『陽予也』『倫勞也』『謂勤也』『每有雖也』『樞達』『載轡謂之轙』『爾雅注』者，共七條，屬於《爾雅》之《釋詁》《釋訓》《釋宮》《釋器》《釋獸》之内容。其體例，題名下皆先列《爾雅》篇名、正文；次列注釋，有《爾雅》郭璞注、許慎《説文解字》、《詩經・小雅・棠棣》鄭玄箋，亦有清人邵晉涵《爾雅正義》、阮元《毛詩注疏校勘記》，僅『倫勞也』注明『郭無注』，亦不列其他注釋；次『紹蘭按』或『按』，列王紹蘭之考訂。此一部分，揆之前後，似可名之曰《爾雅説》。

從性質而言，此稿《易論》《洪範論》《詩論》與《讀〈夏小正〉》《讀〈吕氏春秋〉》《讀〈説文〉》《讀〈通藝録〉》《論語説》《孟子説》《爾雅説》明顯有異：前者乃議論，而後者乃訓詁。關於《易》《洪範》《詩》，王紹蘭有《易説》《尚書説》《詩説》（均見屈萬里、劉兆祐主編《蕭山王氏所著書》）。以三論與三説比較，『論』重議；而『説』乃考，與此稿諸『讀』『説』相同。合《易論》《洪範論》《詩論》與《易説》《尚書説》《詩説》而觀之，適可視之爲一體，理論與考訂正相得益彰焉。

此稿《讀〈夏小正〉》所收『五月：頒馬。分夫婦之駒也』見於刻本《王氏經説・分夫婦之駒也》，『十月：初昏，南門見。南門者，星名也，及此再見矣』見於刻本《王氏經説・初昏南門見》，『十有二月：納卵蒜』見於刻本《王氏經説・納卵蒜》，然其内容刻本略而稿本繁。

又，此稿《讀〈經學卮言〉》所收『《大誥》「王害，不違卜」』條亦見於《蕭山王氏所著書》所收稿本《尚書説・王害不違卜》，『《喪大記》「士不虞筐」』亦見於《蕭山王氏所著書》所收稿本《禮説・士不虞筐》，《蕭山王氏所著書》所收稿本中此兩條行間多有抹改，這些改訂在此稿本中多已得到更正，故有可能《蕭山王氏所著書》所收稿本成在前，而此稿本在其後。

又，此稿《讀〈吕氏春秋〉》所收『《誣徒篇》「草木、雞狗、牛馬，不可譙詬遇之，譙詬遇之，則亦譙詬報人」』、『《權勛篇》「豎陽穀操黍酒而飲之」』、『《不屈篇》「門中有斂陷」』三條分别見於《雪堂叢刻》本《讀書雜記》『不可譙訴遇之』、『操黍酒』、『門中有斂陷』，二者幾乎全同，僅『操黍酒』最後一句措辭小异。《雪堂叢刻》本《讀書雜記・呂氏春秋》所收《呂氏春秋》，除這三條，尚有『己亥』『鹽會』二條，而此稿本尚有『《呂氏春秋・誣徒篇》「不能學者，從師苦而欲學之功也」』『《知士篇》「太子之不仁，過顚涿視，若是者倍反」』『《爲欲篇》「晨寤興，務耕疾庸，棋爲煩辱，不敢休矣」』三條。由此而言，雖然王紹蘭《讀〈呂氏春秋〉》各條内容已頗寫定，但是王氏於其中擇取部分條目，從而組成不同之本。羅振玉記云：『宣統元年得手稿本轉寫。』羅振玉當日所得手稿本與此稿本，即因不同組合而各成一本矣。

又，此稿《讀〈説文〉》所收『《辵部・逴》』『《丨部・中》』『《艸部・蕅》』『《艸部・荷》』『《米部・竊》』『《欠部・敫》』『《欠部・歠》』『《水部・渻》』，皆見於《説文解字訂補》刻本；『《骨部・體》』既見於《説文解字訂補》刻本，又見於《春秋説》稿本，二稿本及刻本結論完全相同，唯《王南陔先生雜記・讀〈説文〉》稿本、《説文解字訂補》刻本稍繁。特别是《王南陔先生雜記・讀〈説文〉》稿本『《艸部・荷》』條於所列注釋『經義雜記』旁墨筆題『夾注』二字，意思是所列『經義雜記』内容當抄作雙行小注；又『《艸部・蕅》』條，正文中『花』字皆被圈住，旁注一『華』字，在天頭空白處寫有『皆寫華』三字，即提示抄寫時要將正文里的『花』字一律寫成『華』字：這些都是對抄寫者的提示。『《骨部・體》』條，天頭不僅有抄寫提示，曰『夾注「徒十有三」下「韓非説止此」』，而且在正文行間有墨筆修改，這些提示和修改在《説文解字訂補》刻本都相應作了改動。種種情形表明，《王南陔先生雜記・讀〈説文〉》稿本在《説文解字訂補》刻本的形成過程中曾經是非常重要的一環。

總體而言，此稿本中有原始草稿，但是絶大部分經過了謄寫，且繼續有所修訂，故并非謄清定本。

《中國古籍善本書目・子部・雜家類》《中國古籍總目・子部・雜家類・雜考之屬》著録。

現藏上海圖書館。（陳開勇）

南陔雜記□卷 （清）王紹蘭撰 稿本 存一卷（卷四）

一册。每半葉十行，行約二十一字，小字雙行同，藍絲欄，白口，單魚尾，四周雙邊。版心下鎸『知足知不足館鈔本』。版心中題卷數及當卷葉碼。鈐『上白藏書』諸印。

王紹蘭生平見前《周人禮説》。

稿本封面題『南陔雜記』，旁題『華衍人購自舊書肆時在丙申仲夏中浣』。卷端題『南陔雜記四』。其下即録王紹蘭詩作。依次有《汪雨園學使報最還都以三百三十有三士亭作繪索題書以志感（嘉慶丙子）》《道光庚寅仲春八日陳翁元達令孫完姻檢家藏福州帖贈之取令名也媵之以詩》《秦楚之際雜咏十七首》等詩，近六十題，題下多爲組詩。

稿本天頭、行間多有校改。《汪雨園學使報最還都以三百三十有三士亭作繪索題書以志感》詩中『同心幸托苔岑雅』句下有注：『雨園為己酉同年。』在此句天頭上有墨筆校：『爲（下仿此）。』意思是，此小注中的『為』當改作『爲』，且此下詩歌中凡是寫作『為』者一律改作『爲』。此類甚多。此外，《秦楚之際雜咏十七首》詩歌之末行與《齊太史北瀛奉使琉球順道歸省七律二首》詩題之間有墨筆補寫『題虬髯客歸舟圖』『題何孔昭小照』『題禹之鼎鵲華秋色圖』詩題，意即當於此處補抄此三詩，如此者尚有約十七題。在這些詩題所對應天頭空白處，多墨筆寫有『照別紙寫』『照另紙寫』字樣，意思是當另紙抄寫這些詩歌，款式一依前後之詩。故在稿本相關處，僅有詩題，并無實際内容。

稿本録詩，無甚章法。如開篇第一首《汪雨園學使報最還都以三百三十有三士亭作繪索題書以志感》嘉慶二十一年丙子（1816）所作，第二首《道光庚寅仲春八日陳翁元達令孫完姻檢家藏福州帖贈之取令名也媵之以詩》道光十年庚寅（1830）所作。其後《蘭溪見貧者》乃嘉慶十九年甲戌作，後之《嘉慶五年二月四日游武彝懷建陽諸子時紹蘭將之都門即以賦别》爲嘉慶五年庚申作，後之《道光乙未元旦試筆和盧學師贈柬詩韵》爲道光十五年乙未作，編集諸詩既不據時，又不依體。

卷端題『南陔雜記四』，《道光庚寅仲春八日陳翁元達令孫完姻檢家藏福州帖贈之取令名也媵之以詩》第一首末句『吉祥芍藥萬枝酣』下自注『末句見第一卷杭州臨平詩』，則此稿至少脱去第一至第三卷。

稿本所録詩，皆紀游、酬答、題贈之作。《許鄭學廬存稿序》云，王紹蘭『言人能熟讀《十三經》、《史記》、前後《漢書》、《文選》，則爲文不求工而自工。先生於書無所不讀，博聞强識，奚止取資十三經、三史、蕭《選》！然就其文辨其臭味，則固胚胎於群經、三史、蕭《選》也。先生好古而與之化，古心古義發爲古文，古節古音，古香古藻，悉根於經，擷經之腴，探經之賾。文字則叔重之解説也，典禮則康成之箋注也，輔以子長、孟堅、蔚宗之筆，充以漢魏晋宋齊梁之辭，淵懿潭雅，沈博絶麗。蓋經以經之，史以緯之，《選》以朱緑之玄黄之，而成此文也』（《清代詩文集彙編》第四六三册《許鄭學廬存稿》卷首）。其古文不能當『淵懿潭雅，沈博絶麗』之稱，然就其『古節古音，古香古藻』而言，不僅文如此，詩亦如是，但藝術上無甚新奇。

王紹蘭之文，有道光二十九年家刻本，曰《許鄭學廬存稿》。此稿本所收則全爲詩，雖僅殘存一卷，然於考察王紹蘭文學之全貌，此稿不可或缺。

現藏浙江圖書館。（陳開勇）

蕭山王氏十萬卷樓輯逸七種九卷 （清）王紹蘭輯 稿本

一册。每半葉十行，行二十三字，小字雙行同，藍絲欄，白口，單魚尾，四周雙邊。版心下鎸『知足知不足館鈔本』。鈐『卷盦六十六已後所收書』諸印。

王紹蘭生平見前《周人禮説》。

稿本卷首爲『蕭山王氏十萬卷樓輯逸七種目録』。正文即據目録所示次第，逐一著録七種輯佚之作。

第一種《滚書古文尚書逸文考附杜林訓故逸文》。分兩部分：其一，《滚書古文尚書逸文考》。卷端題『滚書古文尚書逸文考』。其下首先節抄《後漢書》卷二十七《杜林傳》，頂格書寫；次『紹蘭案』，退二格書寫，乃《滚書古文尚書逸文考》之主體，從《史記》張守節正義、《後漢書》卷二十七《杜林傳》、《説文解字》輯録杜林《尚書》説七條，從《史記》司馬貞索隱、《説文解字》、《集韵》等輯録衛宏《尚書》説六條。其二，《杜林訓故逸文》。卷端題『（附）杜林訓故逸文』。其下首先節抄《漢書》卷八十五《杜鄴傳》，參之《漢書・藝文志》記載，以考杜林有《蒼頡故》一書，并説明纂述緣起，性質當於小序；次即内容主體，從《漢書・高帝紀》應劭注、《漢書・地理志》、《説文解字》、玄應《衆經音義》輯録二十三條，加上所引《漢書・高帝紀》應劭注下王紹蘭小注提及《衆經音義》一條、《滚書古文尚書逸文考》王紹蘭小注中提及《衆經音義》一條，共二十五條。

第二種《漢桑欽古文尚書説桑欽地理志考逸附中文尚書》。卷端題『漢桑欽古文尚書説桑欽地理志考逸（中文尚書附）』。分兩部分：其一，《漢桑欽古文尚書説桑欽地理志考逸》。其下首先節抄《漢書・儒林傳》，以明孔安國《古文尚書》傳授源流。次『紹蘭按』，以《漢書・地理志》爲主，參《水經注》《説文解字》等，首先輯考出四條，以爲『皆傳孔安國真《古文尚書》也』；次輯考出四條，以爲是桑欽『《地理志》中説』；次辨桑欽確曾撰有《地理志》一書。其二，《中文尚書》。卷端題『（附）中文尚書』。其下首先節抄《後漢書・劉陶傳》，以明劉陶撰有《中文尚書》；次即從《後漢書・劉陶傳》中劉陶所上之疏節録其語九條，認爲關乎《堯典》《舜典》《大禹謨》《皋陶謨》《湯誓》《咸有一德》《泰誓》《洪範》《吕刑》者，定爲劉陶《中文尚書》之説。

第三種《騶氏春秋説考》。卷端題『騶氏春秋説考』。其下首先節抄《漢書・藝文志》關於《騶氏傳》之史料。次從《漢書》卷七十二《王吉傳》王吉所上疏中録『《春秋》所以大一統者，六合同風，九州共貫也』一句，定爲《騶氏春秋》之説；次與董仲舒説比較，以爲『騶氏與公羊之説頗合』。

第四種《齊論語問王知道逸文補》。卷端題『齊論語問王知道逸文補』。正文分兩部分：其一，《問王》。小題題曰『問王』。其下首先節抄《説文解字》『玉』字許慎之解釋，次即從《禮記・聘義第四十八》、《説文解字》、《初學記》卷二十七録五條。其二，《知道》。小題題曰『知道』。正文從《孟子・公孫丑章句上》《孟子・告子章句上》《禮記・鄉飲酒義第四十五》《左氏・哀公六年傳》《荀子・哀公篇第三十一》《韓非子・内儲説上》《説苑・君道篇》《説苑・臣術篇》《説苑・辨物篇》録九條。

第五種《夏大正逸文考》。卷端題『夏大正逸文考』。其下首先引録《禮記・禮運》經文及鄭注，次即『紹蘭按』，引《論語》之文，考『夏時』即《夏大正》，性質當小序，皆頂格書寫。次『紹蘭案』，退二格書寫，從《左傳・襄公十四年》《左傳・昭公十七年》《國語・周語》摘録四條，以爲《夏大正》之逸文；次考《夏大正》之内容，以爲『《夏大正》皆言大政，以别於《小正》之言小政』；末以雙行小注的形式附録《荀子・君道篇》所引《書》，以爲此處之《書》即《夏書》，《荀子》引文『蓋亦《時儆篇》中逸文』。

第六種《弟子職古本考注》。卷端首題『弟子職古本考注』。次行又題『弟子職』；下即連綴書寫第一條『志無虚邪』；下爲『案』語，乃王紹蘭之考證。其後依次列『泛拚正席』『周還而貳』『柄尺不跪』『執箕膺揲』『莫食復禮』『錯總之法』『櫛之遠近，乃承厥火』『右手執燭，左手正櫛』『有墮代燭』『問所何趾』『聲自可借所爲疋』十一條，皆先列《管子・弟子職》正文或注，次爲『案』語考之。

第七種《凡將篇逸文注》。卷端題『凡將篇逸文注』。其下首爲小序。次題『凡將篇』書名。次『紹蘭案』，以《急救篇》爲據推斷《凡將篇》形式。次爲所輯《凡將篇》逸文，從《藝文類聚》、《蜀都賦》劉逵注、《説文解字》、《茶經》、《北户録》中輯録三十五條，各條下均引經據典以爲注解。

全稿不分卷。《中國古籍善本書目・叢部・彙編叢書（三）》《中國古籍總目・叢書部・輯佚類》著録爲七種九卷，即以七種正文各爲一卷，兩種附録各爲一卷，合計九卷。《中國古籍善本書目》《中國古籍總目》著録作『漢桑欽古文尚書説地理志考逸一卷附中古文尚書一卷』，皆稱『中文尚書』爲『中古文尚書』。

現藏上海圖書館。（陳開勇）

易說三十九卷 （清）柯汝霖撰 稿本

二十四册。每半葉行數、字數皆不等，無版框、界行。鈐『東陽縣儒學之鈐記』諸印。

柯汝霖（1792—1879），字巖臣，又字子雨、子潤、潤寰，號春塘，浙江平湖人。師王引之。道光元年（1821）舉人。曾任錢塘、武義、富陽、東陽、烏程諸縣教諭，後曾主蘆川書院。著述繁富，金兆蕃《平湖柯春塘先生易説跋》云：『《柯春塘先生説〈易〉之書，縣志稱〈周易解誼〉四十四卷……先生説〈易〉之書，又有〈鄭注釋義〉〈半象説〉，闡鄭演虞，承漢經師餘緒。他著述尤富。經有〈三家詩异字通證〉〈儀禮今古文釋〉〈春秋世家備考〉〈官制考〉〈三傳异文疏證〉〈孟子趙注考〉〈群經集説〉〈傳經考〉〈説文引經异同考〉〈小爾雅參解〉〈古韵廣證〉；史有〈讀史蠡測〉〈歷代帝王廟謚年諱譜〉〈年號考〉〈東婺流芳録〉，武林、吴興〈第宅考〉，關忠義、陶靖節、韓忠獻、宗忠簡、岳忠武、于忠肅、黄忠端、李介節、范忠貞諸公年譜；子有〈鐸語〉〈閑林筆記〉〈客杭雜録〉〈澄心録〉〈衷言〉〈子雨札記〉；集有〈風鶴小草〉〈涵碧舫詩文抄〉〈餘杭竹枝詞〉〈翁洲風土詞〉，都三十九種。已刻者，唯〈鐸語〉〈武林第宅考〉，及關、范二譜。』（本稿册一浮簽）實際上，《［光緒］平湖縣志》《［民國］平湖縣續志》所載尚有《史記節本》《惜穀編》《感應篇説穎》《春水船詩稿》等，都四十餘種，其中《范忠貞年譜》《關帝年譜》《武林第宅考》《鐸語》已刻。傳見潘衍桐《兩浙輶軒續録》卷三十《柯汝霖》、《［民國］平湖縣續志》卷九《柯汝霖》、《［光緒］平湖縣志》卷十七《柯汝霖》、金兆蕃《平湖柯春塘先生易説跋》。

稿本原封多題書名、册次、卷次、葉數以及當册所包含的卦，如册五題『周易玩辭第伍册九、十卷計四十四葉』，『玩辭』旁書『晰義』二字，近訂綫處書『謙豫隨蠱』四字，意謂《周易［玩辭］（晰義）》册五、第九至十卷，内容乃對『謙』『豫』『隨』『蠱』四卦内容的分析解釋，共計有四十四個筒子葉。然册一、七、十七原封脱佚不具；册二十三、二十四則不書書名，僅分别注明『説卦輯注廿三册』『序卦雜卦輯注廿四册』及葉碼等。

稿本書名前後頗不一。册一『周易上經』前題作『易貫卷之一』；『坤』卦前題作『易義貫通卷之二』，然又改作『易貫卷之二』。册二原封題作『周易玩辭』，然於『玩辭』旁書『晰義』，即改作『周易晰義』。其中『屯』卦前之卷題作『周易義貫卷之三』，又改作『周易玩辭卷之三』；卷四之卷題徑題作『周易晰義卷之四』。册三原封題作『周易玩辭』，改作『周易晰義』，又曰『周易彙纂』；其中卷五題作『周易析義』，卷六題作『周易義貫』。册五卷十題作『周易貫』。册十原封題作『周易彙解』，又改作『周易晰義』；册内卷十九題作『周易玩辭』，然『家人』卦前卷題作『周易集證』。册十一原封題作『周易輯注』，又改作『周易晰義』；册内卷二十一題作『周易彙解』；卷二十二題作『周易彙解』，又改作『周易輯注』。册十四原封題作『讀易庸言』，又改作『周易晰義』；册内卷二十七題作『周易輯注』。

簡言之，或曰『易貫』『易義貫通』『周易貫』『周易義貫』，或曰『周易玩辭』，或曰『周易晰義』『周易析義』，或曰『讀易庸言』，或曰『周易彙纂』『周易彙解』，或曰『周易輯注』『周易集證』，全稿前後并無統一之稱呼，即使一册之内也常前後不一。金兆蕃《平湖柯春塘先生易説跋》云：『書中標題，曰，「易貫」，曰「周易玩辭」，曰「周易析義」，「析」亦作「晰」，曰「易解彙纂」，曰「周易義貫」，曰「周易輯注」，未見有題「解誼」者，蓋其寫定本時所審正也。』

是稿之内容則連貫統一。其内容釋《周易》六十四經卦與十翼。六十四經卦分爲上經、下經，即册一至八（卷一至十六）釋上經三十卦，册九至十七（卷十七至三十三）釋下經三十四卦，『彖辭』『象辭』『文言』隨各經卦爻辭而釋之。册十八至二十四釋『繫辭』『説卦』『序卦』『雜卦』四傳。其中册十八、二十一釋『繫辭』上，然各有所重，前者主要書己意，後者主要羅列其他注家之意；册十九、二十二釋『繫辭』下，前者主要書己意，後者主要羅列其他注家之意；册二十、二十三與二十四釋『説卦』『序卦』『雜卦』，册二十主要書己意，册二十三、二十四主要羅列其他注家之意。以其内容層次言之，稿本以通行之王注孔疏本爲據。

是稿之卷次前連貫而後雜亂。

前連貫者，册一至十七。册一爲卷一、二。册二爲卷三、四。册三爲卷五、六。册四爲卷七、八。册五爲卷九、十。册六爲卷十一、十二。册七爲卷十三、十四，然僅有『周易義貫卷之十三』卷題，而脱卷十四卷題。册八爲卷十五、十六。册九爲卷十七、十八。册十爲卷十九、二十，脱卷二十卷題。册十一爲卷二十一、二十二。册十二爲卷二十三、二十四。册十三爲卷二十五、二十六。册十四爲卷二十七、二十八，脱卷二十八卷題。册十五爲卷二十九、三十，脱卷二十九卷題。册十六爲卷三十一、三十二。册十七爲卷三十三，脱卷題。

後雜亂者，册十八至二十四，原封面、卷内所注卷數皆不一。如册十八原封題『繫辭上傳第拾捌册計廿七葉卷之三十四、五、六』『周易晰義第五章分一卷計十葉、第九章分二卷計八葉、第十二章分三卷計九葉』；册内僅有卷題『周易晰義卷之三十四』，其他所謂卷三十五、三十六皆闕。該册内容『繫辭』上傳實際上呈現三類分法：一是最初的分章，即分爲十二章，正文行文中有『右第一章』『右第二章』，乃至『右第十章』『右第十一章』，唯最後第十二章未注明；二是在各部分傳文第一字旁書『一卷』『二卷』『三卷』『四卷』『五卷』『六卷』字樣，意謂分爲六卷；三是在正文行間另筆注曰『以上卷之一』『以上二卷』『以上三卷』，即分爲三卷，然這種三卷之分與原封面之三卷分合并不一致。册十九至二十四類此，祇不過不如此册複雜。

金兆蕃《平湖柯春塘先生易説跋》云：『稿本二十四册。前二十二册，編三十九卷；末二册，未分卷。』不確。繹之，稿本之釋上下經文，『乾』『坤』二卦，因分量重而各自爲卷，其後乃每二卦合爲一卷，如『屯』『蒙』爲卷三，『需』『訟』爲卷四，『師』『比』爲卷五，『小畜』『履』爲卷六，『泰』『否』爲卷七，『同人』『大有』爲卷八，『謙』『豫』爲卷九，『隨』『蠱』爲卷十，『臨』『觀』爲卷十一，『噬嗑』『賁』爲卷十二，『剥』『復』爲卷十三，『無妄』『大畜』爲卷十四，『頤』『大過』爲卷十五，『坎』『離』爲卷十六，『咸』『恒』爲卷十七，『遁』『大壯』爲卷十八，『晋』『明夷』爲卷十九，『家人』『睽』爲卷二十，『蹇』『解』爲卷二十一，『損』『益』爲卷二十二，『夬』『姤』爲卷二十三，『萃』『升』爲卷二十四，『困』『井』爲卷二十五，『革』『鼎』爲卷二十六，『震』『艮』爲卷二十七，『漸』『歸妹』爲卷二十八，『豐』『旅』爲卷二十九，『巽』『兑』爲卷三十，『涣』『節』爲卷三十一，『中孚』『小過』爲卷三十二，『既濟』『未濟』爲卷三十三。其間雖卷題卷次有脱者，推而可補。至於『繫辭』『説卦』『序卦』『雜卦』部分，起初分章，其後屢有更改，然『繫辭』上、下各擬分三卷，『説卦』『序卦』『雜卦』各自爲卷，又可推而知之也。

卷内各卦釋解之體例，金兆蕃《平湖柯春塘先生易説跋》有云：『書之義例，先生於第三册首，自題凡正義、附録、存疑、存異、駁正、通誼、總論七目。書中經文下，首爲注，次集釋，注蓋先生融衆説而以己意貫串爲文，集釋則采漢唐宋以來諸家之説，王注，孔正義，朱本義，皆見甄録；存疑、存异，有則録之；諸條或綴以按語；最後爲通論。七目似亦擬而未用，或用其一二而不具。十翼則注與集釋，各自爲卷，臆度之，定本或改與經文一律，今不可知矣。』册三原封面該七目注於『周易彙纂』之下，曰『正義、附録、存疑、存异、駁正、通説、總論』。察之卷内，《周易析義》《周易義貫》《周易玩辭》《周易貫》《周易集證》《周易彙解》《周易輯注》諸題名有『解』『注』『本義』『集説』『集證』『集注』『集釋』『存疑』『存异』『按』『通論』『總説』『附録』之目，則大致按照七目而斟酌取舍。

稿本當有散佚。册一『易貫卷之一』之前有一筒子葉，自『不歸藏於其中周易者言易道周普無所不備』至『周公述而成之，其或然歟』，乃釋《周易正義卷首》之《論三代易名》《論卦辭爻辭誰作》中之内容；次書『（乾下乾上。乾爲天。八純卦。）乾：元，亨，利，貞』。此筒子葉之前當尚有數葉，專論《周易正義卷首》内容，然皆佚去。

又，卷一『乾』卦内容之中，『《文言》曰：元者善之長也，亨者嘉之會也，利者義之和也，貞者事之幹也。（注）』葉之後、『也。大人有龍象，造有飛象』葉之前，夾有一浮簽，乃金兆蕃《平湖柯春塘先生易説跋》，當移於全稿之首或之末。

又，册十二即卷二十三『姤』卦中，『九四：包無魚，起凶』之後、『注：四與初應』前有一浮簽，乃與本稿無關之詩一首，當抽去。

關於此稿之編纂傳承，《［光緒］平湖縣志》卷二十三云：『《周易解誼》四十四卷，柯汝霖，拜善堂柯氏藏稿，未刊存。是書始於咸豐辛酉避亂翁洲時作，研思玩索，閲十九年而書成。象義兼收，不宗一是，約八十餘萬言，無序，無凡例，蓋書甫成而絶筆也。』（《中國地方志集成·浙江府縣志輯二十》）金兆蕃《平湖柯春塘先生易説跋》云：『咸丰之季，先生避兵翁洲，始從事此經，輯漢以後諸家之説，薈萃要删，歷十九年之久，成書八十萬言。此爲稿本，其孫德瓊所藏。德瓊避兵上海，介陸君微昭，以示兆蕃，兆蕃初未學《易》，讀之未克通其義也……定本藏家未刻。先生次子岐甫先生，以光緒二年舉於鄉，長沙王葵園先生，其座主也。葵園嘗續阮文達《學海堂經解》，其晚年，岐甫往謁，葵園言當後刻補編，岐甫乃奉定本以應。補編未克成，葵園旋下世，定本遂不歸……諸稿本皆藏先生長子逸雲先生所。逸雲讀先生書，旁搜鄉里文獻，旦夕寢饋書叢中。既没，已有所散失。

丁丑被兵，殘餘俱燼，獨此稿以岐甫所藏，授子德瓊，得以㸂存。謂當别寫清本，俾世之説《易》家論定焉。』金兆蕃同時認爲，稿本曾被岐甫寫成定本四十四卷，而名之曰《周易解誼》。

《中國古籍善本書目・經部・易類》《中國古籍總目・經部・易類・傳説之屬》著録。

現藏浙江圖書館。（陳開勇）

黄梨洲先生年譜稿一卷 （清）朱蘭撰　抄本

一册。每半葉九行，行字不等，朱絲欄稿紙。天頭間有文字。

朱蘭，字心如，號久香，晚號耐庵，浙江餘姚人。清道光九年（1829）一甲第三名進士，授翰林院編修。歷任廣東正考官、湖北學政、工部左侍郎、安徽學政等，纍官至内閣學士。所著有《姚江事迹》《孟晋録》《師友言行記》《過庭紀聞》《海昌公行述》《日記》《黄梨洲先生年譜稿》《南江先生年譜初稿》《補讀室自訂年譜》《補讀室詩文集》《試帖律賦抄存》《餘姚文藪》《群籍摭聞》等。事迹見《[光緒]餘姚縣志》卷二十三及《補讀室詩稿》卷前《(朱蘭）行略》，詳見《補讀室自訂年譜》。

譜主黄梨洲，名宗羲，字太冲，初號南雷，晚號梨洲，浙江餘姚人。早年師從劉宗周，聞心性之學，明崇禎三年（1630）入復社。清兵入浙，梨洲起義旅，從魯王，兵敗還里，隱居不仕，講學著書。所著所編有《易學象數論》《深衣考》《孟子師説》《明儒學案》《行朝録》《思舊録》《明夷待訪録》《留書》《南雷文定》《明文海》《明文案》《明文授讀》《姚江逸詩》等百餘種。

是譜封面題『黄梨洲先生年譜稿』，譜中除黄雲眉跋，未記載撰者何人。黄氏跋語言爲久香之作，『久香』爲朱蘭號。朱蘭《補讀室詩稿》前有《(朱蘭）行略》，曰久香有『黄梨洲、邵二雲兩先生年譜各若干卷』，此《行略》末署『男朗然、迥然、衍緒』。謝寶書編《姚江詩録》載有孫德祖《朱蘭傳略》，言久香有『黄梨洲、邵二雲兩先生年譜各四卷』。《［光緒］餘姚縣志》卷二十三《朱蘭傳附子衍緒傳》，言孫德祖與朱衍緒相唱和。據此，久香曾撰《黄梨洲先生年譜》，與黄雲眉所言相合。又此譜與《南江先生年譜初稿》《補讀室自訂年譜》并藏於餘姚市文物保護管理所。邵晋涵號二雲，又號南江。『補讀室』爲久香室名。此譜與南江、久香二年譜并藏，又可旁證此譜爲久香之作。

此譜後有雜録、黄雲眉跋等。雜録凡十二條，爲年譜之補充，如『丁亥沈廷陽』條較譜中内容更詳。黄雲眉跋後有吕泰《十學薪傳序》、部分人物字號和籍貫等，這些内容與此譜有關，抑或爲日後訂補之用，抑或爲相關資料摘録。本譜所據資料，一般照録原文，并注明文獻出處。其所録梨洲及其子黄百家詩文、全祖望《梨洲先生神道碑文》相對較多，其餘爲相關人物墓志銘、神道碑、傳記、事略，以及類如全祖望《鮚埼亭集・殘明東江丙戌書跋》等，可見引證資料較豐富。然此譜所録某些内容并非記梨洲事，如録全祖望《鷗鴣先生神道表》，乃記黄宗炎事。

梨洲先生曾自撰年譜，惜後毁於火。清道光間，梨洲七世孫黄炳垕撰《黄梨洲先生年譜》，同治間重加厘定後刊行。近年，徐定寶主編有《黄宗羲年譜》，曹國慶《黄宗羲評傳》附有《黄宗羲年表》。比較而言，黄譜較朱譜内容更豐富，然黄譜不載資料來源，朱譜則一一注明。徐譜在黄譜基礎上新作，内容更爲豐富，并記當年發生大事，且注明文獻出處。曹表在黄、徐二譜基礎上删繁就簡，相對簡明。朱譜所録有些人物墓志銘、傳記等，爲以上二譜一表所未關注。故朱譜内容上雖有缺失，仍可與他譜互補。

黄雲眉跋將朱蘭此譜與黄譜相比，曰：『是譜與朱、邵二譜并爲未定稿，剪裁潤色，厥功猶賒，要其大體，可云與黄譜相伯仲。今黄譜早行世，而是譜乃塵封於坊架間者甚久，顯晦抑何殊也！』黄氏之後，學者罕知朱譜存世。至徐氏新編《年譜》，曹氏新作《年表》，仍未言及朱譜。今此譜刊行，可嘉惠學林。

現藏餘姚市文物保護管理所。（魏俊傑）

補讀室自訂年譜不分卷　（清）朱蘭撰　（清）朱朗然等修訂　稿抄本兼有

五册。五册稿紙不同。册一每半葉十二行，行字不等，朱絲欄，白口，單魚尾，四周雙邊；天頭間有增補。册二紙張無欄格，每半葉十一行或十二行，行二十餘字不等。册三『紫薇金粟老屋』專用稿紙，每半葉十二行，行字不等，小字雙行，行字不等，緑絲欄，四周雙邊；天頭間有增補。册四『洗心閣』專用稿紙，每半葉九行，行約十九字，小字雙行，行字不等，緑絲欄，白口，單魚尾，四周雙邊。册五紙張無欄格，每半葉十六行，行約三十八字，小字雙行，行字不等。

朱蘭生平見前《黃梨洲先生年譜稿》。

册一，稿本，封面書『補讀室自訂補年譜，嘉慶五年庚申公生之歲，至道光十六年丙申公三十七歲止。耐庵老人自録本』。此册年譜前有陸惲齊《勸士田記》《李氏宗譜序》、陸惲崙《書梨洲先生梭形地球圖後》等文六篇，因首葉殘缺，前三篇文題名不可知。六篇文後又有記餘姚徐氏譜之纂修一條，又録《兩浙輶軒録》中人物小傳和詩篇若干條；又有《誥贈通奉大夫詹事府少詹事加三級揀選知縣生府君傳》《容昉弟小傳》《心畬弟小傳》《象川妹小傳》，皆爲久香之作。年譜後有《梨洲公跋周端孝先生茂蘭血疏貼黃册》、詩二首（無題）、文一篇（無題），又後爲久香咸豐丙辰（六年 1856）、丁巳（七年）、戊午（八年）年譜及雜記一葉。

册二，稿本，封面書『補讀室自訂補年譜，道光十七年丁酉公三十八歲，至咸豐十年庚申公六十一年止。

耐庵老人自録本』。冊二年譜後有雜録兩則，一記祖墳遭侵占事，一記創詩社事。

冊三，抄本，封面書『補讀室自訂補年譜，詹事府君手録，計二十二葉。嘉慶五年庚申，至道光十七年丁酉。内附錢子萬書，計五葉』。内附錢子萬書，記杏村先生卒前後事。此冊注文有『朗然按』，朗然爲久香長子。《［光緒］餘姚縣志》卷二十三《朱迴然傳》載，迴然爲久香次子，曾爲詹事府詹事；同卷《朱蘭傳附子朗然傳》所載朗然事迹，未言其爲詹事。此冊封面所書『詹事府君』當是久香子迴然。冊三當是朱朗然初訂，朱迴然抄録并修訂。

冊四，抄本，封面書『補讀室自訂補年譜，未齊本』。冊四年譜，記自嘉慶二十一年（1816）丙子十七歲後半部分至二十四年己卯二十歲前半部分，以及自道光九年（1829）己丑三十歲後半部分至十六年丙申三十七歲前半部分，前後、中間都有缺葉；此冊前有半葉，似是年譜中内容，不知事在何年。比較冊三、四相同内容，冊四爲對冊三内容之謄清，但冊四仍有修訂。冊三、四中，有很多雙行夾注，據注文『朗然按』，可知此注當爲朱朗然所補，注引久香《師友言行記》《過庭紀聞》《翰苑日記》《使粤日記》《使楚日記》等，補充大量事迹。

冊五，封面書『補讀室自訂補年譜，嘉慶五年庚申公生之歲起，至道光九年己丑公三十歲止。詹事公手録本』。比較冊四、五内容，冊五大部分内容抄録冊四，并略有修訂。如嘉慶二十二年十八歲，冊四首句爲『學使李芷齡師科試先兄』，冊五則爲『學使山陽李芝齡先生宗昉科試先兄』。可見，冊五内容較冊四又稍詳細。

就五冊年譜内容可知，冊一、二爲『耐庵老人自録本』，即久香手稿本。冊三爲久香長子朗然初訂、次子迴然修訂之抄本。冊四爲再次修訂本。冊五爲最後修訂本。冊一、二作爲手稿本，修改内容隨處可見，有些内容改動很多。將五冊相同内容比較，可見各本内容有所不同。如記久香生年事，冊三首句有：『生於餘姚東門外驛下舊宅。時先君年四十一，先母陳太夫人年三十九。』冊一無。又如嘉慶二十三年十九歲，『耐庵老人自録本』

於『朱老師家教如此樸實』後爲『可敬之至』，册三、四『朱老師家教如此樸實』後爲『令我輩抱愧無地矣』，册五爲『吾師家教樸實至此，令我輩抱愧無地矣』；『耐庵老人自録本』此後又有『讀名家文』等四十字，册三、四、五皆無。

此譜記事隨年歲增長而漸詳細，其記道光後期及咸豐時事尤詳，記事不僅月份明確，且有些具體至某一日，如記道光三十年五十一歲事，約有四千五百字。此譜記久香爲學、交游及仕宦歷程等，對於瞭解當時政治、社會、文化及日常生活皆有價值。

現藏餘姚市文物保護管理所。（魏俊傑）

南江先生年譜初稿一卷附南江文佚　（清）朱蘭撰　稿本

一册。每半葉十行，行字不等，朱絲欄稿紙。天頭間有文字。

朱蘭生平見前《黄梨洲先生年譜稿》。

譜主邵晋涵，字與桐，號二雲，又號南江，浙江餘姚人。清乾隆三十六年（1771）進士。官至翰林院侍講學士，充日講起居注官，兼文淵閣直學士。曾入《四庫全書》館，主持編修《四庫全書・史部》。參與纂修《國史》《續三通》《萬壽盛典》《八旗通志》等，校勘石經《春秋三傳》，自《永樂大典》輯録《舊五代史》。著有《韓詩内傳考》《穀梁正義》《孟子述義》《爾雅正義》《舊五代史考异》《皇朝大臣謚迹録》《方輿金石目》《輶軒日記》《南江詩文抄》等。事迹見錢大昕《日講起居注翰林院侍講學士邵君墓志銘》、王昶《翰林院侍講學士國史館提調官邵君墓表》、章學誠《邵與桐别傳》、洪亮吉《邵學士家傳》及《清史稿》本傳。

是譜封面書『南江先生年譜初稿，文佚附』，未題撰者。據上文《黄梨洲先生年譜稿》所考，朱蘭有《黄梨洲先生年譜稿》《南江先生年譜初稿》。今此譜與《黄梨洲先生年譜稿》并存於餘姚市文物保護管理所。此書末有黄宗羲《跋周端孝先生茂蘭血疏貼黄册》，朱蘭《補讀室自訂年譜》也有此跋，此跋當附於《黄梨洲先生年譜稿》後。由此亦可旁證此譜撰者爲朱蘭。據譜後所附黄雲眉跋，亦可證此譜爲朱蘭之作。雲眉跋言，其購得舜水、梨洲、南江三年譜，後贈梨洲文獻館。梨洲文獻館藏書後歸屬餘姚市文物保護管理所。

此書内容大致可分兩部分，第一部分爲邵晋涵自乾隆八年出生至嘉慶元年（1796）五十四歲卒之年譜；第二部分爲《南江文佚》《南江詩佚》等。《南江文佚》依次爲《補續漢書藝文志序》《南宋事略目録》《儲封文林郎警寰朱先生六十壽序》《燔柴泰壇解》《城北捨棤記》《孝義家廟記》《蘭風五車堰沈氏重修家譜序》，《南江詩佚》僅有《芙蓉詩爲樂山學長賦》詩二首，以上詩文不見於《南江詩文抄》。年譜和《南江文佚》之間有錢大昕爲邵晋涵所撰墓志銘、黄雲眉跋。除譜後輯有《南江詩文抄》之佚文，譜中也偶録有晋涵集未收之文。如乾隆四十九年四十二歲録有《題平湖徐春田孝廉志鼎〈東湖春禊圖〉詩》，詩後注『按，此詩集中失之』。

朱蘭此邵晋涵年譜爲目前所見最早之邵氏年譜。民國間，餘姚黄雲眉撰有《邵二雲先生年譜》，刊於《金陵大學中國文化研究所叢刊》。今存朱蘭此譜有黄雲眉跋，黄氏以爲朱蘭撰有朱舜水、黄宗羲、邵晋涵三年譜，然朱舜水年譜乃朱蘭子朱衍緒所撰，詳見下文所考。黄氏跋曰：『久香先生所撰《南江年譜》，爲三譜中致力最深者。余譜可糾正之處煩多，倉卒不能一一舉，而余尤可注意者乃是譜之資料可寶也。余譜引書七十餘種，是譜所引不啻減半……至此可寶之資料，他時或酌附余譜，或另行印布。』可見，朱譜所引資料雖不如黄譜豐富，但朱氏所見資料亦有黄氏所未見者，故朱譜仍富有價值。

現藏餘姚市文物保護管理所。（魏俊傑）

仰白山房公餘草一卷 （清）鄭以介撰 清末賽竹樓抄本

與《游燕詩抄》《詩餘》《投瓢草》等合裝一册。每半葉八行，行二十一字，藍絲欄，四周單邊，胡傑人『賸馥吟』箋紙。紙心上印『賸馥唫』，欄外印『指六异人著』。卷端題『餘姚鄭以介介石甫著』。無序跋、目録。内封題『鄭以介著，仰白山房詩，賽竹樓藏』。

鄭以介（1782—？），字介石，浙江餘姚人。監生。生平載記罕見。胡傑人《詩人彙録》作小傳云：『道光間，幕游山東、安徽等省。著《仰白山房詩》。』按以介《丙戌皖游三首》其一詩注：『余乙丑由京旋里，丙寅東行，乙亥旋里，是年再賦舊游，乙酉旋里。』其於嘉慶十年（1805）自京師歸里，十一年游幕山東，二十年歸里，同年再往山東。道光五年（1825）歸里，明年游皖幕。《過趙五學韜葬處作五古以吊之》諸詩皆可佐證。以介有《辛巳八月十三日四十初度》詩，辛巳，道光元年，據知生於乾隆四十七年（1782）。《仰白山房公餘草》未見方志、書目著録，賴此清末賽竹樓抄本傳世，蓋海内外孤本也。

以介客山東，名所寓曰『仰白山房』。後游皖，名所寓曰『也是樓』。《仰白山房即事》有云：『公餘閑步了無情，獨向庭前聽鳥鳴。』《也是樓截句（二首）》其一云：『戲署齋名也是樓，不高不矮水邊浮。』其二云：『公餘靠着西窗坐，鳥語花香笛韵幽。』集名『公餘草』，謂游幕閑暇之作。是集收山東、安徽游幕詩爲多，獨名《仰白山房公餘草》，恐未妥也。疑以介詩不獨名《仰白山房詩》也。

是集收《乙亥四月到家》《黄山道院和滇南吴和軒孝廉留别元韵》《春游志感》《仰白山房即事二首》《秋日游醴泉山懷東牟高吴二廣文二首》《登醴泉寺之黄花山和孫大璞山孝廉元韵》《仰白山房遣感》《仰白山房即事》《寄胡三汀蘭》《寄懷呈古梅舅父二首》《黄山懷舊爲友人勖齋有感而作》《即景》《咏殘菊》《雪獅子》《平原道上感舊并寄郭五松堂三首》《題李春園洛神畫扇》《病起志感二首》《四月廿六日游明水村四首》《登歷下北極閣吊道士醉琴》《謁於陵城隍》《自嘲》《柬蔚亭王十一少尹》《上巳日長山道上遇雨》《曉行》《臨淄道上》《過梁鄒印台山房記事簡丁廣文毅堂二首》《移寓南北鐘樓寺街四首》《題賣油郎雪塘遇花魁圖（二首）》《前詩二首猝成之相憐之餘結悔於薄因續一絶以酬花魁》《九日》《寧陽道上送别眷屬（四首）》《回濟南舊寓（二首）》《登岱》《回馬嶺》《對松山》《天門》《無字碑》《蒲臺館中》《蒲臺館齋即景（二首）》《辛巳八月十三日四十初度》《史廉山案頭戲題喬氏小照》《驛臺官齋喜從弟以南自故鄉至》《旅舍閑興》《旅夜偶成》《秋吟》《籬菊》《閑居》《旅舍》《過趙五學韜葬處作五古以吊之》《題沈九引庵齋懸美人圖》《又題前畫》《題武陵陳浩川小照》《寄懷周二少白（三首）》《七月晦日謁闕里（二首）》《八月十三日作》《與錯山明府步月東郊》《九日登泗上南城懷吴二維嵩（二首）》《和滋陽馮集軒明府南樓留别元韵》《悼僕》《贈梁父孫大綺霞》《雲門官舍勖夏三紅珊》《答内人寄問眠食近興》《清凉寺性海僧落拓不羈酒肉自如與之談心明亮無蔬筍氣即贈補壁》《清明日集同人郊行》《甲申三月既望久旱之後甘雨乍晴錯山明府集同人登雲門山》《閏七月五日雨後宿石寨》《署後高岡閑步》《誕日偶成》《秋閨詞》《題焕若姚大兄齋懸兩瞎相争圖》《答沂州司理都次軒寄問》《沂水解館將返濟南因寄家書》《黄山店留别王二葆真蔡二儀亭（并簡吴大西明周二少白）》《途次舊邳州》《渡揚子江》《冬月抵里》《丙戌皖游（三首）》《大江行》《登皖城望江志感》《赴館廬州桐城道中作》《赴館銅陵樅陽舟次遇西蜀秦運同復官山左即以送行》《懷廬州左參軍清泉》《書懷即和同事戴約之原韵》《銅陵于廣文以賞牡丹招飲》《也是樓截句（二首）》《即事》《客况》《答邢雙橋寄章

即和原韵》《銅陵解館》《舟次池口遥望九華山》《也是樓留志》《將返皖城候阮曉瀛居停省旋不至（二首）》《也是樓墻西所見》《也是樓留别曉瀛居停》《留别同事戴十八約之姚九五峰章大雨人》《初九日開船赴省途次寄銅陵同事》《見撑篙者》《過來船》《所聞（四首）》《赴館繁昌道經舊縣小住何氏店晤塾師静波出示近作因留七截句（今按：集中僅存一首）》《仲子立城以近作書舍燈詩寄我中有玉堂事業短檠中之句因復七絶句（按：集中僅存一首）》《逢人至山左因寄吴大西明》《繁昌館齋志感》《偕候補劉少府鏡齋登金峨峒》《金陵留志（二首）》《偕王寅軒刺史張氏宅小飲即簡》《九月朔日别家之皖》《丁酉初夏日同宗子立三詣次子立城墓所》，凡一百三十七首，以五七言律絶爲多，絶句尤多。

是集大都游幕所作，客行閑吟，即景即事，不事苦吟。胡傑人不喜之，嫌其口滑，卷端批注云：『詩多絶句，殊少佳趣。子碌丙戌夏注。』集中詩《赴館繁昌道經舊縣小住何氏店晤塾師静波出示近作因留七截句》《仲子立城以近作書舍燈詩寄我中有玉堂事業短檠中之句因復七絶句》，題皆作七首，所録各僅一首，疑傑人嫌其絶句少佳趣而裁之。集中復有朱墨筆批校。《登醴泉寺之黄花山和孫大璞山孝廉元韵》一首，詩題上朱筆施兩圈，注一『選』字。《清明日集同人郊行》一首，題上朱筆注一『選』字，詩題勾删『日集同人』四字，改作《清明郊行》；第二句『雲門面面開』句下有注：『雲門，山名。』校改墨筆勾删之。批校當出傑人之手，其選以介詩，蓋爲纂輯《兩浙輶軒續録》之呈獻也。檢《輶軒續録》刻本，未收以介詩，今未詳其故。以介詩即事信口，少藴藉含蓄，乏驚人語，無大製作。其自寫性靈，雖不足名家，存之可也。

現藏浙江圖書館。（李聖華）

投瓢草一卷　（清）鄭霞撰　清末賽竹樓抄本

與《游燕詩抄》《詩餘》《仰白山房公餘草》等合裝一册。每半葉八行，行二十一字，藍絲欄，四周單邊，胡傑人『謄馥吟』箋紙。紙心上印『謄馥唫』，欄外印『指六异人著』。卷端題『餘姚鄭霞雪樵甫著』。無序跋、目録。内封題『鄭雪樵著，投瓢草，賽竹樓藏』。

鄭霞，號雪樵，浙江餘姚人，生平載記罕見。胡傑人《詩人彙録》作小傳：『嘉慶朝國學生。著《投瓢草》，僅得數葉，全稿無覓。』《投瓢草》未刻行，亦未見方志、書目著録。此爲胡傑人賽竹樓抄藏本，與鄭以介《仰白山房公餘草》、鄭雲林《游燕詩抄》皆海内外孤本也。

是集依次收《送陳蘭坨塏之令福建（二首）》《孫珍符北上索詩作此送之（二首）》《有感》《題文姬歸漢圖》《余素有吟癖自乙亥以後屢病屢廢竟至詩魔斷遣不意今春仍復破戒内人以苦吟進規作此示之》《郊游》《蜀山渡候潮》《渡曹娥江》《謁漢孝女曹娥祠》《過鹿山》《舟過釣臺引憶舊游有感》《舟次蘭溪送陳東之江西》《客中感事》《春暮》《歌鶯次蘭溪嚴晴江韵》《睡燕次蘭溪前人原韵》《大洋灘雨泊》《到家位置文房數事後作歌》《自蘭溪歸里施陽谷以書懷七絶見寄原韵答之（四首）》《愁霖嘆（四首）》《閑居自慰》《漁舟》《買書》《余年五十矣追思往事浩然成歌》《園花》《盛夏久雨奇凉氣類深秋亦一异也》《七月二廿狂風拔木大雨傾墻垂幙移牀苦無乾處作此自遣》《秋蟲》《秋宵》《見蜘蛛有感》《雲客以乘蓮圖索題口占一絶》《見流民日多有感》《五旬自述》《雪花》《題雲客乘蓮浮海照（六

首)》《癸未歲暮作》等古今體詩，凡四十九首。其墨筆校改，如《癸未歲暮作》，『癸未』原作『癸卯』，校改作『癸未』。似此未詳果出傑人手否。

鄭霞好吟咏，有詩癖，妻子以苦吟規之，不能移其性也。《余素有吟癖自乙亥以後屢病屢廢竟至詩魔斷遣不意今春仍復破戒内人以苦吟進規作此示之》有云：『生平寡嗜好，寂坐逃枯禪。文字作游戲，安計醜與妍？屢戒不能止，時還聳吟肩。譬彼嗜酒者，醉輒抱瓮眠。不知飲何好，浩浩全其天』，『人生各有寄，外物不能遷』，『斧斤伐我性，得失恐相懸。高咏復長嘯，皓月照窗前』。乙亥，嘉慶二十年（1815）。以家貧，奔走生計，客蘭溪久。集中多寒士江湖行吟之作。如《渡曹娥江》：『嗚咽潮聲日欲吞，渡頭今古暮雲屯。江流盡是尋親泪，何處更招孝女魂？』《客中感事》：『虚度韶光五十春，半肩行李走風塵。無多顔色難逢世，有限才華不潤身。芳草何緣隨處茂，好花衹取一時新。自憐未真神仙骨，羞向桃源去問津。』《自蘭溪歸里施陽谷以書懷七絶見寄原韵答之》其二云：『七里灘頭數往回，崔嵬羞見子陵臺。琴囊劍匣書箱裏，賺得風塵萬斛來。』苦吟自得，并有思致。

現藏浙江圖書館。（李聖華）

游燕詩抄一卷詩餘一卷　（清）鄭雲林撰　清末賽竹樓抄本

與《投瓢草》《仰白山房公餘草》等合裝一册。清陶濬宣批校，胡傑人批注。每半葉八行，行二十一字，藍絲欄，四周單邊。用胡傑人『賸馥吟』箋紙抄寫，紙心上印『賸馥唫』，欄外印『指六昇人著』。《詩抄》《詩餘》卷端皆題『餘姚鄭雲林月樵甫著』。封題『游燕詩抄』，内封題『鄭月樵著，游燕詩抄，詞附』。集前有清光緒四年（1878）秋胡傑人手書《題詞》一首、鄭雲林同治元年（1862）《自叙》一篇、陶濬宣手書《題記》一篇。鈐『子碌』『心雲』『陶文沖讀書記』諸印。

鄭雲林，字月巢，號月樵，又號劍川釣客，浙江餘姚人。歲貢。早穎慧，有神童之譽，道光七年（1827）入泮。著有《游燕詩抄》一卷。胡傑人《詩人彙録》作小傳：『客永清，著《游燕詩》一卷。其自序云：「凡吟咏，脱稿即弃去。」想前稿不可求矣。古節古音，足稱作家。予向有《題詞》弁其端。』

雲林著述，《［光緒］餘姚縣志》僅著録《游燕詩抄》一種，不標卷數。其集未刻行。光緒十六年，陶濬宣襄助潘衍桐輯《兩浙輶軒續録》，訪得《游燕詩抄》，采入《輶軒續録》。光緒十七年浙江書局刻本《兩浙輶軒續録》卷四十四選鄭雲林《醉司命》、《擬游仙詩十首》（録五）、《咏史三十首》（録十）即是也。

此本爲海内外僅見孤本，收《短歌行》《放言四首》《對雪一百韵》《將軍責腹》《腹答將軍》《嘲犬》《猛虎行》《古賢咏》《讀史有感》《擬范石湖歲時雜咏四首（今按：凡四題，曰《醉司命》《照虚耗》《打如願》《賣痴騃》）》《遺悶》《感事十首疊前韵》《遺懷八首再疊前韵》《遺興四首》《書生八咏》《辛酉榜後遺懷八首》《聞越郡陷賊次前韵》《擬游仙詩十首》《和莊藹人上舍咏物十二首》《咏史三十首》等古今體詩，凡一百九十七首。《辛酉榜後遺懷八首》題下有陶濬宣批校：『録三。』《擬游仙詩十首》題下有濬宣批校：『録四。』《咏史三十首》題下有濬宣批校：『録八。』《聞越郡陷賊次前韵》八首其四眉端有濬宣批校一條，鈐『濬宣』朱印。由是知此爲陶濬宣選詩所據底本，原擬録《辛酉榜後遺懷》三首、《擬游仙詩》四首、《咏史》八首，《兩浙輶軒續録》實采《醉司命》一首、《擬游仙詩》五首、《咏史》十首。眉端又有胡傑人批注數十條。

按雲林《自叙》云，其七歲學作詩，稍長讀漢魏、唐宋諸名家集，頗愛慕之。然操觚賦詩，輒自形愧，吟咏脱稿輒弃去。咸豐九年己未（1859），假館永清，以時事紛亂，僻居荒邑，詩以自遣，『輒縱筆以寄其無聊。此正如候蟲時鳥，自鳴自息於天地之間』。今觀集中詩，頗見跌宕奇崛之氣，雄壯悲凉之態。如《放言四首》其四有云：『仗劍出門去，投筆期封侯。封侯非易易，成事在人謀。昨夜羽書下，寇騎滿滄洲。中尉屯細柳，樓船據上游。幕府争好士，曳裾皆名流。盾鼻快磨墨，入師笑用矛。』《古賢咏・虞丞相允文》云：『犒師一儒生，督戰驅散卒。平沉八百舟，完顔氣已奪。半壁奠金甌，數世絶侵軼。愧死劉將軍，何必更問疾。』《辛酉榜後遺懷八首》其三云：『筆花敲落劍光沉，伏櫪空懷老驥心。量鳳自應饒玉尺，繡鴛何處覓金針？折蹄憔悴鹽車負，焦尾凄凉旅爨音。悟徹成虧須不鼓，伯牙從此合焚琴。』其六云：『蕭疏兩鬢嘆無成，惆悵明時志未平。竹馬無人迎赤芾，桑羊有術誤蒼生。江淮一捷師徒老，海岱三秋殺氣横。見説廟堂新政焕，諸君何策掃欃槍？』《擬游仙詩十首》其一云：『八公山下駕雲軿，白日相將上碧天。莫怪劉安偏貴倨，提携雞犬亦神仙。』其三云：『廿年辛苦上瑶池，輸却斑龍去種芝。未必神仙真快樂，初平仍是牧羊兒。』陶濬宣論其詩『長於學杜』，《題記》評曰：『君詩長於學杜，上追漢魏。時直咸同之間，烽火滿地，東南灰燼，轉徙橐筆，遠客幽燕，館永清最久。

流離瑣尾，感事嫉時，本《小雅》怨誹之音，成杜陵傷時之作，詞多悲壯，節更凄涼，而蘊藉宏深，不失諷諭本旨，亦足傳矣。』胡傑人《題詞》則云：『北上金臺氣獨豪，三千路遠朔風號。江南莫靖跳梁鼠，河北誰收升木猱（月巢己未就幕直省之永清，時粵匪、捻氛并熾）。杜甫傷時遇天寶，屈平悼世有《離騷》。夢夢天意惸惸客，何不消愁醉濁醪（月巢善飲）。』

《詩餘》一卷，收《憶秦娥》、《雙調望江南》、《行香子》、《念奴嬌·辛酉闈中用東坡大江東去原韵》、《沁園春·次陸黼廷茂才韵》七闋、《長相思·秋思》，凡十二闋。其詩『長於學杜』，詞則善法東坡，以雄奇見長。《沁園春·次陸黼廷茂才韵》七闋其三云：『株守鄉閭，鬱鬱無聊，强着征衣。算長楊獻賦，才慚倚馬，春明旅食，卧聽荒雞。杜宇聲聲，不如歸去，偏自淹留未得歸。最愁看，那長安道上，數着殘棋。　盈庭議論何裨，誰解散、潢池數健兒。有燕頷將軍，飛章奏捷，鳳毛才子，閉閣草詞。鼠竊紛紜，游魂假息，但折長鞭可坐笞。師徒老，恐運帷勝算，未必無遺。』其四云：『慷慨悲歌，燕趙多才，擬訂蘭交。奈珠履三千，侯門高托，黄金臺上，寂寞英豪。指雀爲鸞，蒙麋作虎，漫説風雲起鳳蛟。真奇士，想釣魚屠狗，落魄無聊。　年來倚徙荒郊，衹剩得、囊中筆似刀。儘呼牛呼馬，隨人答應，爲龍爲鼠，任客詆謷。五伎全窮，一枝誰借，合伴鷦鷯共結巢。最無用，是儒生經濟，紙上鈐韜。』詞才似更在詩上，惜存者未多，難以論定之。

現藏浙江圖書館。（李聖華）

燹餘吟四卷 （清）陸以湉撰 清抄本

一册。每半葉九行，行二十五字，白口，單魚尾，『衡隆』紅色方格稿紙。

陸以湉，字敬安，號定圃，浙江桐鄉縣烏鎮人。清道光十六年（1836）進士。選授台州府教授、杭州府教授。李鴻章爲江蘇巡撫，聘以湉爲忠義局董事。曾主持台州近聖書院、杭州紫陽書院講席。又潛心鑽研醫道，醫術精湛。所著有《楚游録》一卷、《冷廬雜識》八卷、《甦廬偶筆》二卷、《寓滬瑣記》四卷、《吴下彙談》二卷、《冷廬醫話》四卷、《續名醫類案》十六卷、《燹餘吟》四卷等。事迹見《［光緒］桐鄉縣志》。

是書封面書『陸定圃先生燹餘吟全卷，丁卯初冬從吴和甫師虎林節署借抄』。此丁卯年即清同治六年（1867），該本抄於此年。吴存義，字和甫，江蘇泰興人。道光十八年進士。據《續碑傳集》卷十二《誥授資政大夫封光禄大夫吏部左侍郎吴公行狀》，同治三年至六年，吴存義任浙江學政。虎林，因唐代避李虎諱而稱武林，爲杭州别稱。可知，此本抄自吴存義藏本。該書各卷端署『桐鄉陸以湉定圃著，鄞縣郭傳璞恬士録』，封面和首葉都有『金峨山館珍藏』印。郭傳璞，字恬士，號晚香。同治六年舉人，收藏圖書、金石甚富，有金峨山館，編有《便查書目》，刻有《金峨山館叢書》，著有《金峨山館文甲乙集》等。故此本爲同治六年郭傳璞抄本。此書卷後有王士雄跋，署同治元年『海昌後學王士雄拜題於黄歇浦西之隨息居』。王士雄，字孟英，浙江海寧鹽官人，遷居錢塘。於中醫温病研究甚有貢獻，著述甚富。士雄言，其因太平天國之亂，避亂至上海，定圃亦因竄亂至滬，因出此書相示，遂於書後題跋。

《燹餘吟》凡四卷，詩一百六十首，卷一《杭州紀難詩》六十首。成於咸豐十年（1860）五月；卷二《續杭州紀難詩》二十首，成於同治元年十月；卷三《烏鎮紀難詩》四十首，成於咸豐十年十二月；卷四《續烏鎮紀難詩》四十首，成於同治元年十月。諸詩所記兵燹，即爲太平天國運動。每首詩均無題名，皆於詩後闡述詩中所記内容，每卷末各有跋語。如卷一第一首云：『醜黨潛從僻徑過，庸材防守計蹉跎。忍教千騎紅巾賊，斷送生靈十萬多。』其後述曰：『界牌之防守撤，寇得入廣德、長興而攻湖州，復分兵由武康進攻杭州。其初至也，衆止千餘。潛師深入，如履無人之境。備禦疏略，不能不歸咎於主兵者矣。』此即可反映當時戰況，又可見作者情感。故王士雄稱此書爲『詩史』，并言其詩『忠憤之氣，溢於行間，有勸有懲，可歌可泣』。卷一末跋語亦言其詩文『語唯紀實，用示勸誡』。是集以詩文呈現當年太平天國運動在杭州、烏鎮之情形，對研究該時期歷史富有價值。

現藏國家圖書館。（魏俊傑）

蘆舫校訂六種　（清）陸以湉　嚴辰　嚴錫康等撰　抄本

一册。每半葉九行，行約二十五字，無版框、界行。

陸以湉生平見前《燹餘吟》。

是書正文首葉有『曾在朱别宥處』印。蕭山藏書家朱鼎煦，字酇卿，號别宥，藏書樓名『别宥齋』。據此印，是書曾爲朱鼎煦收藏。此書封面書『《甦廬偶筆摘録》《申江即事詩》《木天清課》《餐花室詩摘選》《花韵軒夕陽詩》《四書人名庋詞》，蘆舫訂於黄歇浦上』，并鈐『小菊珍玩』印。是書所收陸以湉《申江即事詩》，後有李日爔跋語，末署『時在同治二年清和月上浣，烏戌譜愚弟李日爔拜讀於黄歇浦上旅次』。李日爔，字鶴杉，浙江桐鄉青鎮人。清道光十五年（1835）舉人，官至衢州府教授，著有《竹素山房詩文抄》等。事迹見《［光緒］桐鄉縣志》。陸以湉《申江即事詩》之『漂泊儒生輩』一首，末注『君字擬易，今字鶴杉』，可見以湉、日爔相交甚深。檢《四書人名庋詞》，徐善遷第四首律詩後注云『余在由拳作《四書人名詩》』。李日爔《四書人名庋詞》前小序言：『余最愛海昌徐楚畹孝廉善遷《四書人名七言庋詞》。』又，日爔曾爲此書摘選嚴錫康《餐花室詩稿》題詞。據此，封面所書『蘆舫』，或是李日爔號。

本書首録陸以湉《甦廬偶筆摘録》，次爲以湉《申江即事詩》。以湉生平見前《燹餘吟》。《［光緒］桐鄉縣志·藝文志》著録陸以湉《甦廬偶筆》二卷。此書摘録以湉筆記六十八條，爲蘆舫所抄諸書内容最多者。所録多爲詩話、逸事等，所涉人、事以清代居多。《申江即事詩》録詩二十三首，前有陸以湉小序，後有李日燨跋語。據陸氏自序可知，諸詩乃太平天國運動期間，以湉流寓上海所作，序末署『壬戌閏八月下浣四日，定圃陸以湉稿』。壬戌年即同治元年（1862），故《申江即事詩》成於此年。

《木天清課》爲嚴辰之作，此書録賦四篇、詩十五首。嚴辰原名仲澤，字子鐘，號緇生，晚號達叟，浙江桐鄉青鎮人。清咸豐九年（1859）進士。授翰林院庶吉士，同治元年任刑部主事。《清代硃卷集成》第二十二册收有嚴辰會試卷。嚴辰辭官歸鄉後，獨纂《［光緒］桐鄉縣志》。所著有《墨花吟館詩抄》十六卷、《憶雲集試帖》一卷、《簫雲集試帖》一卷、《墨花吟館病几續抄》四卷、《墨花吟館文抄》三卷、《墨花吟館感舊懷人集》二卷，以上諸作皆爲《清代詩文集彙編》收録。此書所收《木天清課》首篇爲《政在順民心賦》，題下注『以「堯舜帥天下以仁」爲韵，閱卷大臣原擬一等第一名，欽奉懿旨改置一等第十名』，可見此篇乃試賦。《政在順民心賦》後爲詩作十二律，爲同治元年任刑部主事後感懷而作。十二律後三篇賦和三首詩爲試賦、試詩，咸豐九年、十年大課所作，皆得一等第一名。

《餐花室詩摘選》爲嚴錫康之作。錫康，字伯雅，嚴辰長兄，曾入林則徐軍幕，江蘇候補知府。著有《餐花室詩稿》十二卷、《餐花室詩餘》一卷、《滇海雪鴻集》一卷。《兩浙輶軒續録》卷四十九有錫康小傳，陸以湉《冷廬雜識》卷七有錫康從宦滇南逸事。是書自《餐花室詩稿》選錫康詩作一百四十四首，多爲記游詩。前有錢塘吴宗麟序及趙庚、潘曾瑋、孫瀜、何咏、趙棻題詞詩七首。清咸豐刻本《餐花室詩稿》有福州林則徐、泰興吴存義序，而無吴宗麟序；又有李日燨等人題詞，此書未録。

《花韵軒夕陽詩》，正文書『《花韵軒咏物詩》，歙縣鮑廷博菉飲』，其下再書『夕陽』，并録七言律詩二十首，後附錢塘魏之琇夕陽詩四首。魏之琇，字玉衡，浙江錢塘人。著有《續名醫類案》，爲《四庫全書》收録。鮑廷博，字以文，號渌（菉）飲，祖籍安徽歙縣，其父因經商而寓居杭州。廷博以藏書、校書、刻書爲業，刊刻有《知不足齋叢書》。著有《花韵軒小稿》二卷、《花韵軒咏物詩存》一卷，以夕陽詩最爲出名，廷博因此有『鮑夕陽』之稱。事迹見趙懷玉《亦有生齋續集》卷六《恩賜舉人鮑君墓志銘》，又見阮元《揅經室二集》卷五《知不足齋鮑君傳》。據翁廣平《聽鶯居文抄》卷二十《鮑渌飲先生傳》，『先生壯年，父母相繼卒於杭，乃卜葬於湖州烏程縣某鄉，後遷居桐鄉縣烏青戍，成爲桐鄉人也』。烏青戍即今烏鎮。廷博晚居桐鄉烏鎮，此書所録詩文大多爲烏鎮人之作。

《四書人名廋詞》，作者三人，分别爲徐善遷、李日爔、朱聞。日爔生平見前。徐善遷，字楚畹，浙江海寧人。嘉慶十五年（1810）舉人，以星命之學游歷江湖三十餘年，後官天台教諭，著有《楚畹詩餘》。《兩浙輶軒續録》卷二十六有其小傳，《冷廬雜識》卷一有其逸事。朱聞，字又垞，浙江歸安人。道光十九年舉人，官建德教諭。《兩浙輶軒續録》卷三十七有其小傳。三人《四書人名廋詞》皆爲七律詩謎，每句隱一《四書》中人名，且於各詩下注有謎底。同治七年，顧翼之《安素堂詩謎集》刊行，附有善遷十二律，後轉載於《申報》《萬國公報》及上海《文虎》半月刊，《中華謎書集成》册一亦收録，然謎底并未揭曉。李日爔《四書人名廋詞》二十首，前有小序，每首詩前皆有題名。朱聞《四書人名廋詞》十六首，其中《宫怨》四首、《雜感》十二首。詩謎雖是小道，仍有可觀之處。

現藏寧波市天一閣博物院。（魏俊傑）

小蓬萊閣畫鑒一卷小蓬萊閣詩存一卷 （清）李修易撰　抄本

一册。每半葉十行，行字不等，小字雙行同，烏絲欄，白口，單魚尾，四周雙邊。版心中題葉碼，下鎸『思永堂李賑簿』。

李修易（1811—1861），字子健，號乾齋，浙江海鹽人。諸生。能詩，善山水花卉。與黄燮清善。其妻徐寶篆，號湘雯，工美人。夫婦合作，爲時所珍。葛嗣浵《愛日吟廬書畫續録》卷七『清徐寶篆麻姑仙像軸』條云：『乾齋工山水，與程序伯、朱青笠同時而名亦相埒。間爲湘雯所寫美人像補景爲合錦圖，園林樹石，秀艷天成，端不減曉樓風致，洵一門風雅之徵也。』有《小蓬萊閣畫鑒》《小蓬萊獵古集》。事迹見王彬、徐用儀《[光緒]海鹽縣志》卷十九、蔣茝生《墨林今話續編》、楊峴《遲鴻軒所見書畫録》、郭容光《藝林悼友録》等。

此抄本分作前後兩種。前一種爲《小蓬萊閣畫鑒》，後一種爲《小蓬萊閣詩存》。《小蓬萊閣畫鑒》卷端上題『小蓬萊閣畫鑒』，下題『海鹽李修易』。其次即依次爲鄭以寧、沈起鯨等清代人物，次附録明代朱朴、張寧、釋戒襄、周行。尾題『小蓬萊閣畫鑒終』。末爲《跋》，尾署『咸豐三年癸丑冬孟子健跋於小蓬萊閣』。

此作録清代并附録明代海鹽書畫人物，共得七十餘人，其中錢雲階等六人僅具姓名，而事迹不載。

《跋》云：『吾邑善畫之士，如俞兆晟、楊維聰、錢朝采、何其仁，以及李玥、張芳洲、陸舒輩，已見於《畫徵録》、邑志者，無論矣。如吴笛舟汝然之毫髮不爽，董東亭潮之秀色可餐，張芑堂燕昌之淡遠有神，沈劍泉起鯨之不落庸徑，吴芸父東發之筆參篆籀，俞丙齋玫之淋漓酣暢，朱西村朴之生拙古媚，倪龍田爲穀之豪邁自喜，黄愚谷謨之謹守準繩，朱笠亭琰之題識精卓，陳酌翁樽之書款清整，家南人之各體諸備，皆卓然成家。外此，如顔紹曾、張南廬、吴太冲、朱弈圃、富觀瀾、黄亞圩、黄湘波、方天馬、陳蘭九、方松壑、陳介齋、張石匏、吴唐園、吴彦宣、顧瞻淇、張南田、楊樵谷、楊也魯、顧蘭圃、劉小海、趙凌洲、韓壽明、馬友蘭諸人，各有一長，未可湮没。以余而論，游戲三昧、下筆成趣者，當數西村、東亭、芑堂、丙齋四人，不識鑒家以爲然乎？否乎？』跋中所言之人，并不全具於本書，如『吴笛舟』『家南人』等八人無載。然考李氏他著《畫源》《畫法》中實有所記。《畫源》《畫法》於民國二十三年（1934）由張元濟排印出版，即《小蓬萊閣畫鑒》七卷、《小蓬萊閣獵古集》一卷。在《小蓬萊閣畫鑒》排印本第五卷《書友》中有《吴笛舟》，第六卷《自述》中有《南人徵君》，所載極詳，然此《小蓬萊閣畫鑒》抄本未見載其事迹。

又，此稿之跋，即《畫源》《畫法》卷五《書友》之『吾邑善畫士』一條，二者有小异。

後一種《小蓬萊閣詩存》首爲『小蓬萊閣詩存目録』。卷端上題『小蓬萊閣詩存』，下題『海鹽李修易』。正文録詩七十餘題近一百三十首。尾題『小蓬萊閣詩存終』。

詩有脱字，如《無題四十八首》之第二十七『墨妙于今感雪鴻』詩中『衍波箋裏君切□』句、第四十『寶鴨香消翠幙垂』詩中『奇香作□懷韓壽』句，各空一字，蓋抄寫時所據之本已有脱。又《得家書》『一十三行錦字書，别來消息藉雙魚。怕增遷客天涯泪，祇是平慰索居』，最後一句抄漏一字。

《小蓬萊閣畫鑒》排印本之末李開福《跋》云：『先大父遺著，除《小蓬萊閣詩抄》等待梓外，有《畫源》《畫法》等數卷。』則《小蓬萊閣詩抄》早已編定，然竟未刊行，此抄本當爲《小蓬萊閣詩抄》之遺珠。
《中國古籍總目·子部·藝術類·書畫之屬》《中國古籍總目·集部·別集類·清代之屬》分别著録。
現藏上海圖書館。（陳開勇）

史抄不分卷 （清）傅以禮撰 稿本

四册。每半葉九行，行字不等，無版框、界行。普通竹紙。册一、册三之首葉，各鈐『□□山人』『晋卿』諸印。

傅以禮（1827—1898），原名以豫，字茂臣，又字節子、稷籽，號小石，又號季節，室名長恩閣、有萬憙齋、華延年室。浙江山陰人，寄籍直隸大興。考傅氏家世，爲北宋忠節傅察之後，於明初始遷居山陰北鄉。祖曾源，字星泉，號聖山，祖母山陰嘯唫村嚴氏。父士奎，字文伯，號瘦石，寄籍直隸大興，由增生挑取嘉慶三年（1798）戊午科謄録，中式嘉慶五年庚申恩科順天鄉試第二十六名舉人，歷任河南光山、山東萊陽、歷城、金鄉等縣知縣，升德州知州。《山東通志》載：『道光初知德州，聽斷明决，人不敢干以私，在官七年，百姓安堵，有傅青天之稱。』誥授奉直大夫，由山陰北鄉遷居紹興郡城安寧坊，母山陰道里村俞氏。節子以國子監生捐資縣丞，分發福建候補同知，欽加鹽運使司運同銜，同治十二年（1873）實任臺灣府海防兼南路理番同知。學宗乾嘉諸老，博聞强識，長於考訂，『自歷代典章制度，以及故書雅記、金石譜録、逸史稗乘，靡不博綜參稽，析其同异得失，而於明季掌故搜訂尤勤』。『性好聚書，并嗜金石，收藏之富，幾與孫氏平津館相埒』。其前期藏書散佚於辛酉之難，又續事搜藏。傅氏既爲史學家，又爲藏書家，與同時兩浙學人如趙之謙、平步青、李慈銘、周星詒、丁丙、魏稼孫、陸心源、何澂等交契，而其藏書最重南明史秘本，治學亦善明史。有《長恩閣書目》《華延年室題跋》《有萬憙齋石刻跋》《明史續編》等著述。

是書從册間文句連貫及册首鈐藏印看，原裝應爲兩册。現存封面及卷端皆無書名及著者題録，卷末有陳抱奇題識一則，曰：『此故人傅節子手迹。節子曾官臺灣，其政事之暇好究史，在鄉時與老純以史事相探討，著有《華延年室題跋》一書，爲習明史者之津梁。此書未有署款，恐後人莫知其遺迹，因識數語以爲跋。時宣統紀元秋日，越人陳抱奇裝訂後跋。』後鈐『抱奇』『中有古人心』印。陳抱奇其人無考，跋中稱『老純』者，顯指李慈銘；又稱傅節子爲『故人』，或彼此曾爲鄉友舊交。節子卒於光緒二十四年（1898），至此跋之宣統元年（1909），已過十二年矣。

此書本無書名，今名爲館藏單位著録所擬，讀其内容，似也適當。是書首録『歷朝年號（漢元光至明崇禎）』『陶唐以來歷數（陶唐至明各朝）』『歷朝方域（史前至明）』三篇，似爲導讀總綱。其後自『太古三皇五帝夏商周秦』開篇，止明崇禎十七年（1644）『大清定鼎』終篇。以各朝開國帝王及其他部分重要帝王人物爲述史主綫，其中首册叙述自盤古至三國吴之末帝孫皓；次册叙述自晋始祖司馬炎至五代十國之後唐廢帝李從珂；三册叙述自五代十國之後晋高祖石敬瑭至元順帝妥懽帖睦爾；四册叙述自明太祖朱元璋至崇禎十七年『大清定鼎』，而天頭補録南明五朝。是書并非簡單抄録史料，而爲傅以禮撰著，説史言事，簡而有要。天頭間有補注，記録异象，補充史實。辨其中諱字，傅氏此書或編撰於咸豐年間。

現藏紹興圖書館。（方俞明）

明史續編不分卷 （清）傳以禮撰　稿本

存六册。是書每册封面及卷端皆無題名。按館藏册序，册一、三、四、五，『明史續編』專用箋紙；册二、六，通用箋紙。兩種箋紙刻版特徵相近，皆每半葉九行，朱絲欄，白口，單魚尾，四周單邊。

傳以禮生平見前《史抄》。

書之扉葉鈐『曾經民國二十五年浙江省文獻展覽會陳列』印。查民國浙江圖書館《文瀾學報》第三、四期合刊，是書列展覽會陳列典籍『史部・史抄類』第一種，《學報》簡述此書曰：『節子先生熟於晚明掌故，嘗欲輯《明史續編》，惜未成書，此其殘稿也。』綜覽六册存稿，書之首尾不辨、册序難明，書之内容皆爲摘抄晚明人物傳記史料，尚未形成續編明史之框架和體例，實屬明史史料搜集之簿册。浙江省文獻展覽會陳列定名《明史續編》，蓋因部分書册以『明史續編』專用箋紙抄録，『（節子）嘗欲輯《明史續編》，惜未成書』之論不誤。

按是書館藏册序，册一收録人物計六十一人，傳記史料源出《福建通志》《福建續志》《泉州府志》《廣東通志》《山陰峽山何氏宗譜》以及《陶庵文集》《夏内史集注》《東越文苑後傳》等文獻；册二收録人物計一百六人，傳記史料源出《松江府志》《杭州府志》《泉州府志》《山陰縣志》以及《堯峰文抄》《青門簏稿》等文獻；册三收録人物計一百五十九人，傳記史料源出《蘇州府志》《長沙府志》以及《戴南山集》《爛柯集》等文獻；册四收録人物計七十一人，傳記史料源出《山陰縣志》《無錫縣志》以及《鮚埼亭集》《道古堂集》《望溪集》《青門賸稿》

《池北偶談》等文獻；册五收録人物計一百二十四人，傳記史料源出《松江府志》《杭州府志》；册六收録人物計八十九人，傳記史料源出《寶慶府志》《長沙縣志》《善化縣志》《衡陽縣志》及《耻躬堂文集》《未灰齋文集》《夕陽寮存稿》《張忠敏公集》等文獻。

綜覽六册存稿内容，可作以下概要：一、收録傳記人物，時代以南明爲主，故多東南地域人物。二、收録傳記源出文獻，以通志及府縣志爲主，兼及家譜、殉義録、别集等。三、收録傳記人物男女并存，諸臣、節烈、隱逸、奇士皆有抄録。四、同一人物，傳記史料之收録，不嫌其多，故有一人多傳同册并録名下者，亦有通志及府縣志所載同一人各傳前後分册收録者，可見其搜集史料力求豐富。

現藏浙江圖書館。（方俞明）

傅氏先世事實編不分卷　（清）傅以禮撰　稿本

六册。每半葉九行，行字不等，青絲欄，白口，單魚尾，四周單邊。通用箋紙，部分書口有『老益泰號』字樣。傅以禮生平見前《史抄》。

每册原裝封面皆有傅以禮題名『傅氏先世事實編』，按册序依次各標『一』『二』『三』『四』『五』『附録』。首册并有傅氏分册裝訂題款，曰『共五册，附録一册，同治壬戌訂於吴融村鍾氏日省堂』。壬戌爲清同治元年（1862），紹興郡城及近郊於咸豐十一年（1861）陷於粵寇之亂，傅氏弃家離城，先避亂於會稽嘯唫村外祖母家，復轉避於『吴融村鍾氏日省堂』。吴融村在紹興郡城北四十多里，地處會稽縣北界，近曹娥江入海口，瀕海地僻，適於避兵。

是書扉葉鈐『曾經民國二十五年浙江省文獻展覽會陳列』印。首册卷端鈐『傅氏所藏』印，爲傅以禮藏書印。查民國浙江圖書館《文瀾學報》第三、四期合刊，是書列展覽會陳列典籍『史部·傳記類』第三十二種，并記録爲『永新賀揚靈藏』。查各册首尾，無賀氏鈐記。《學報》叙録此書頗詳，曰：『以禮字節子，博極群書，以名太守留心郡國故實。是編顓采傅氏先世之見諸載籍者，雖製敕、銘傳、詩文、挽歌，片縑隻楮，耆拾靡遺。硃墨筆眉批旁注，皆傅氏手書，足以羽翼家乘，爲譜牒之驂靳。第二册《三朝北盟會編》條下，有細楷墨識云：「同治丁卯七月從武林書肆借録。」下有「禮記」朱鈐，及「庚午七月從都下書肆借得寫本重校」「光緒壬午四月借蔣香生太守新得龔氏玉玲瓏閣舊鈔再校」。』

考是書各册之内容，皆記録傅以禮家族先世人物，大致以時間先後爲序。各册原裝封面題録册中傅氏先世人物名號，以便閲檢。首册爲『獻簡公，附祖殿直公、父宮師公、弟正議公』，獻簡公即北宋名臣傅堯俞，字欽之，山東須城人，徙居河南濟源，纍官至吏部尚書兼侍講，賜謚獻簡。堯俞祖傅珏，字寶臣，官右班殿直，即殿直公。堯俞父傅立，字伯禮，贈太子少師，故稱宮師公。堯俞弟君俞，授正議大夫，即正議公。次册爲『忠肅公，附子南劍公、寶文公』，君俞孫傅察，字公晦，官至宗正寺少卿，出使金國殉節，賜謚忠肅，贈太師，即忠肅公。傅察長子自强，曾任南劍州軍州事，稱南劍公。傅察三子自修，仕至直寶文閣江南轉運使，稱寶文公。三册爲『太傅公，附子龍溪公、景陽公』，傅察次子自得，曾任浙西提刑，纍贈太傅，稱太傅公。自得四子伯瑞，官知龍溪縣事，稱龍溪公。自得五子伯拱，字景陽，稱景陽公。四册爲『樞密公，附子景裴公』，自得長子伯壽，官至端明殿學士、簽書樞密院事，稱樞密公。伯壽四子度，字景裴，即景裴公。五册爲『忠簡公附，子徽猷公、都官公』，自得次子伯成，官至焕章閣待制，授龍圖閣學士，賜謚忠簡，即忠簡公。伯成次子康，字仲良，以知袁州軍州事遷直徽猷閣，即徽猷公。伯成長子壅，字仲珍，慶元二年（1196）進士，官至尚書都官郎中，即都官公。以上皆傅以禮家族可考之直系遠祖，以禮爲傅壅後裔。六册標『附録』，先世人物爲『給事公、尚書公』，給事公即南宋賢臣山陰傅墨卿，字國華，官拜翰林學士、給事中。尚書公即墨卿從弟崧卿，字子駿，省試第一，政和五年（1115）進士，纍官至尚書户部侍郎。墨卿、崧卿皆山陰傅氏名流，然傅以禮與傅姓二鄉先賢之血緣關係失考，故以附録入編。

是書不僅抄録史料繁富，源出文獻亦多珍稀之本，如宋版王安石《臨川集》、宋版范純仁《范忠宣文集》、劉克莊裔孫劉澹齋家藏本《後村先生大全集》等。全書并見傅以禮纍纍朱墨批校痕迹，解讀其中留有年款之數處批跋，最晚者爲首册謄録《宋史·傅堯俞傳》全文，其題名下留校跋曰：『壬辰五月十一日，據武英殿二十一史本覆校。』『閏六月廿九日，又據南監本校。』壬辰爲光緒十八年（1892），距是書初成稿後分册裝訂之同治二年，已遠隔三十年。凡此，可見傅氏於是書用心之久、搜集之富、校勘之精。

現藏浙江圖書館。（方俞明）

明謚考不分卷 （清）傳以禮撰 稿本

一册。是書原裝封面題名曰『明謚考』，標『長恩閣所著書之六』。封面尚有兩小跋，一曰：『考明謚者有鮑應鰲、葉秉敬、郭良翰三家，顧其書皆成於有明中葉，而末造諸臣闕如。不揣固陋，欲别輯一書，以括一代之全，因創此稿本，以備增益。丙寅中秋前二日記。』二曰：『卷中所載各謚，出於正史者十之七，其餘則雜采各家文集暨説部、野史以補益之。其名氏不見《明史》者，當爲續纂，兹不備載。後三日燈下又識。』『長恩閣』爲傳以禮齋號，『丙寅』當爲同治五年（1866）。讀跋文，可概知是書纂輯之旨：在增益鮑、葉、郭三家《明謚考》之闕如，以括有明一代之全；以名氏見於《明史》者，爲其收録範圍。兩跋雖未署名，然揣度文意，應出傳以禮之手。

傳以禮生平見前《史抄》。

是書尚爲初創之稿，多以朱筆謄寫補録於刻本《明史·目録》之人名左近空白處（少量以墨筆謄寫），故是書之卷端，亦即刻本《明史·目録》之首葉。以版刻特徵考此《明史·目録》之版本，當爲乾隆四年（1739）武英殿刻本。書之卷端，鈐『承齋藏書』『賀揚靈印』『余越園讀書記』『浙江省文物管理委員會藏』『浙江省立圖書館藏書印』印。書之卷末，鈐『余紹宋』『蘭臺餘緒』『曾藏賀揚靈家』印。并有余紹宋短跋一條：『此書已著録於《浙江通志》，卅五年四月記。』考『承齋藏書』一印，爲西泠八家之首丁敬刻贈藏書家汪承齋者，故斷爲原書武英殿本《明史》之藏書印。傅氏是書稿本散出，經賀揚靈、余紹宋遞藏，後入浙江圖書館。

閱全書，原殿版《明史》殘册『目録一』至『目録四』全，按序爲本紀二十四卷、志七十五卷、表一十三卷、列傳二百二十卷，凡三百三十二卷。其中涉及人物在『本紀』和『列傳』兩部分，故『志』『表』部分目録書葉，皆無傅氏謄寫補録名、謚筆迹。而『列傳』部分中，『孝義』『隱逸』『烈女』『閹黨』『流賊』『土司』『外國』『西域』諸卷次亦皆作空白。因《明史·目録》文字簡潔，部分人物衹在正文出現，故除謄寫補録於殿版紙本外，部分人物另録稿紙，夾裝於殿版目録書葉中間如《明史·目録》『列傳第一百四十五』卷後，夾另録稿紙數葉，首葉在謄録陳恪等二十二人名，謚後，補注曰『以上均天啓元年追謚，見宋犖《筠廊二筆》』。次葉在謄録張瀚等十一人名、謚、仕履後，補注兩條，一曰：『以上諸臣，見《静志居詩話》，未知《明史》附傳中載及否？乞爲一核。』二曰：『余、徐、王三人前録已載，唯仕履未詳。』可見傅氏纂輯此稿，得同道校核商討之助。全稿所載各謚，出正史者十之七，部分補録條目標注正史以外引用書目，以朱彝尊《静志居詩話》、沈德符《萬曆野獲編》、宋犖《筠廊二筆》等書，及各省通志、各地府縣志獲獵爲多。

是書卷末附有『明代世系圖』『明代曆年考』『明代傳世圖』三表，殆傅氏纂輯時用於檢索之便。現藏浙江圖書館。（方俞明）

明謚考略不分卷 （清）傅以禮撰 稿本

一册。每半葉十行，行字不等，小字雙行同，朱絲欄，白口，單魚尾，四周單邊。『隆泰』紙號普通箋紙。是書封面題名曰『明謚考略』，後有署款曰『節子十一兄屬慈銘題簽』，知爲越縵老人李慈銘題寫。

傅以禮生平見前《史抄》。

越縵早年與節子同住紹興郡城，久爲契友。《越縵堂文集·越中三子傳》之孫廷璋傳中有記：『歲丙辰，予館君家，傅節子以禮者居亦相近，三人皆嗜書，日出閱市，以所得奇秘相角勝，或互讎勘，有所創獲，相告則喜躍大叫，賓客僕隸見者，無不愕眙以爲狂。』丙辰爲咸豐六年（1856），時節子居郡城東北隅安寧坊。李、傅、孫三人皆讀書種子，同以閱書肆、訪秘籍、互讎勘爲樂事。越縵詩《題傅節子華延年室金石拓本即送其赴閩補官》有云：『我始識君道咸際，其時年少氣發揚。買書鬥富極精力，對酒論古傾肺腸。方謂百年盡此樂，鑱鏤越紐無去鄉。』所咏即此期佳話。

是書卷端題『明謚考略』下有小注：『凡《明史》有專傳、附傳者，不載。』其載録人物範圍恰與《明謚考》互爲補充，故可視爲《明謚考》之續編。全書大致分『諸臣』『宮妃』『婦人』三類，『諸臣』收録明初李習等六十二人，『宮妃』收録明太祖克妃胡氏等一百三人，『婦人』收録中書省平章李思齊妾鄭氏等二十二人，合一百八十七人。其中『諸臣』部分有人物『崔銑』，天頭補注『《明史》入「文苑傳」，宜删』，則實收一百八十六人。

部分列謚標注引用書目，有《貢舉考略》《明書》《欽定四庫全書總目提要》《静志居詩話》《萬曆野獲編》《未灰齋文集》《謚法通考》《五藩實録》《表忠録》及多地省府縣志。

是書屬初創未定之稿，人物考證詳略不一，多有缺漏。

現藏浙江圖書館。（方俞明）

長恩閣叢抄不分卷　（清）傅以禮撰　稿本

四册。每半葉九行，行字不等，黑口，無魚尾，左右雙邊。黑格箋紙。是書首册原裝封面題名『長恩閣叢抄』，署『乙丑季冬上浣題檢』。

傅以禮生平見前《史抄》。

首册卷端鈐『曾經民國二十五年浙江省文獻展覽會陳列』印。查民國浙江圖書館《文瀾學報》第三、四期合刊，是書列展覽會陳列典籍『子部·雜家類』第五種。《學報》簡述此書曰：『節子有《傅氏先世事實編》等，已著録。此書除卷首《國朝謚録》爲稿本外，餘皆録自他書。』所述甚簡，未免欠周。

綜覽全書，首册卷端題『國朝文臣謚録』，所載皆清代文臣得謚名録；次册卷端題『國朝武臣謚録』，所載皆清代武臣得謚名録。《國朝武臣謚録》卷末，有傅以禮跋述其梗概：『乙丑冬，里居無俚，偕李蒓客農部酓輯《國朝謚録》，取材僅王文簡、潘文恭兩家之書。蒓客寓書馬春暘太史從内閣檔册傳抄，然亦不完備。方擬廣爲搜訪，纂爲一書，嗣見鮑太守刊本，因而輟業，此四十餘翻，猶是當時手寫稿本也。癸酉仲冬既望，識於臺陽郡丞官廨之協恭堂。』乙丑爲同治四年（1865），亦即傅氏編是書之時間，與首册封面署『乙丑季冬』契合。書名《國朝謚録》，實爲《國朝文臣謚録》和《國朝武臣謚録》兩册之合稱。李蒓客即會稽李慈銘，號蒓客。取材『王文簡、潘文恭兩家之書』，即王士禛《國朝謚法考》和潘世恩《易名録》（此書入編潘氏《思補齋筆記》時，即卷八『易名』）二書。『馬春暘太史』即咸豐九年（1859）會元馬傳煦，字春暘，浙江會稽人，時任翰林院編修，故有托其『從内閣檔册傳抄』之舉。『鮑太守』，即歙人鮑康，道光舉人，官至夔州知府，同治年間編《皇朝謚法考》一書并刊刻出版，爲學界稱道，故云『嗣見鮑太守刊本，因而輟業』。癸酉，已是編此稿九年後之同治十二年。臺陽即臺南，當時臺灣府和臺灣海防廳衙門所在，同治十二年傅以禮實任臺灣府海防兼南路理番同知，故署款曰『癸酉仲冬既望，識於臺陽郡丞官廨之協恭堂』。由此可知，《國朝謚録》乃李慈銘、傅以禮於同治四年里居紹興時共議商定裒輯合編之書，後見鮑康《皇朝謚法考》一書刊刻出版，遂半途中輟，此遂爲未完成之初稿。

檢李慈銘著述稿本，知中國科學院文獻情報中心藏《越縵堂雜著》十五種稿本中亦有《國朝文臣謚録》和《國朝武臣謚録》兩種。《國朝文臣謚録》卷端署『同治癸亥十一月會稽李慈銘編』。其下又補注：『據潘太傅《思補齋筆記》中「文臣謚録」而益以近時史館檔册，又略采諸家文集草録成編。戊辰十一月，得歙人鮑康《皇朝謚法考》，復校補一過。』《國朝武臣謚録》卷端題名下亦有補注曰：『「文臣」據潘《録》例，以《會典》所載謚法依目序録。「武臣」姑從檔册，略以時代先後爲次。』癸亥爲同治二年，則是書實起意於越縵，其草創亦早於傅氏。而兩人之編纂體例、裒輯采擇之思路大體相同，可見共議商定合編之迹。而從收録内容看，兩者又略有差异，《國朝文臣謚録》，兩稿采擇體例皆從『以謚歸人』，越縵稿本共收録一百八十四個謚號，前十五個謚號目序，依次爲『文忠、文誠、文成、文毅、文恭、文敬、文莊、文端、文恪、文穆、文安、文良、文康、文和、文正』。傅氏稿共收録一百七十三個謚號，前十五個謚號目序，依次爲『文正、文成、文忠、文襄、文毅、文肅、文清、文定、文靖、文貞、文達、文端、文誠、文恭、文敬』，顯然傅氏目序，更合《清會典・謚法》序例。《國朝武臣謚録》，兩稿采擇體例皆從『以人標謚』，越縵稿本共收録三百十二個人物，傅氏稿本共收録三百八十七個人物，傅氏爲多。可見兩稿爲共議商定前提下之各自搜集采輯。

是書次册末謄抄有《周氏賴古堂印譜姓氏》四十三人。册三、四接續抄録《明季稗史續編》書目二十六種，《錢塘汪氏振綺堂藏版書目》二十九種，《山陰杜氏藏版書目》七種，《顧澗蘋校刊書目》十九種，謄抄《國史貳臣傳》名録一百二十人、《國史逆臣傳》名録二十四人，抄録傳世書名集聯二十四副，《皇明修史備文》書目七十六種，謄録志剛克齋《各國形勢論》全篇，抄録周亮工《印人傳》目次六十四人，别録印人十七人，抄録阮元擬稿《國史儒林傳篇目》一百六人，謄抄長恩閣校録《金石例彙函》書目十一種、《昭代書録彙函》書目六種等。以上，雖多屬雜稿，篇幅相對短小，然并非『餘皆録於他書』，部分尚屬傅氏傾心收集彙録之文獻史料，亦具史料價值。

現藏浙江圖書館。（方俞明）

扁舟子自記履歷不分卷 （清）范寅撰 稿本

一册。每半葉十二行，行字不等，小字雙行同，白口，單魚尾，四周雙邊。『同泰號製』普通朱絲欄稿紙。是書封面題簽曰『扁舟子自記履歷』，右側署年款曰『乙酉小春』。乙酉爲光緒十一年（1885）。

此書卷端題名亦爲『扁舟子自記履歷』，讀其内容，可知爲《越諺》作者范寅晚年之自訂年譜。一九九六年版《紹興市志》卷四十四《人物傳》中有范寅小傳：『范寅（1827—1897），字嘯風，又字虎臣，別署扁舟子，清會稽皇甫莊人。自幼好學，年十七而孤，以家貧，游幕外地。同治十二年（1873）中副貢，爲候選訓導。博學多才，著作頗富。平生致力於民間歌謡、地方諺語的搜集，曾邀童孩至家，叫其唱兒歌念童謡，唱畢獎以糖果。光緒四年編成《越諺》，分上、中、下三卷……爲研究越地方言之重要著作。』

是書卷端記述譜主生年，爲『大清道光十年歲次庚寅二月建己卯二十八日丁亥己酉時，生於會稽縣之東北鄉，曰皇甫莊朝議第』，『朝議第』後小注曰：『是第爲予高高祖蘅洲公乾隆甲戌聯捷成進士，授刑部山西司主事，歷奉天司員外郎、四川司郎中，放廣西柳州府知府所起造者。』范家相，字左南，號蘅洲，浙江會稽人。清乾隆十九年（1754）進士，授刑部主事，薦升郎中。三十三年，出知廣西柳州府。著有《環淥軒詩草》《詩瀋》《三家詩拾遺》。范寅爲范家相來孫。道光十年（1830），干支紀年爲庚寅，故取名『寅』。此可糾《紹興市志》記録生年之誤。是書所記履歷草譜，有詳有略，多留空缺，爲未定稿。履歷起自道光十年庚寅，終於光緒二十年甲午，是目前所知范寅生前記録其生平履歷最爲詳實之歷史資料。諸如：『十二年壬辰，三歲。春，出天花而（患）痲。』『（道光）十七年丁酉，八歲。是秋浙江鄉試……小皋埠鶴舫沈公……中式卅三名……是秋媒説其長女爲予妻。』『二十三年，十四歲。八月初一日，忽作風潮，海塘浪倒，忽而大水，朝議第前東首竹園墻坍，前廳、中堂皆水淹。』『咸豐二年，廿三歲。七月八日，隨雲槎族兄赴皖，八月抵潁州府，十一月入府署學刑名。』『咸豐三年，廿四歲。正月杪，隨雲槎師、何純夫眷屬避洪逆難，起程歸越，遇盜於鳳台縣……明日折回潁上縣。三月又警，避於霍山縣城。六月杪，隻身闖歸，七月十二日到家。』『咸豐四年，廿五歲，訓蒙於澄港陳宅。』『咸豐七年，廿八歲……就開化縣書啓。』『咸豐十一年，三十二歲，獨赴江西省，乃到二月上館於沈氏，兼就墨莊觀察書啓。』『同治二年，卅四歲……十月就廣信府鹽局館，兼河口同知潘館。』『同治三年，卅五歲……十月就衢州府館。』『同治五年，卅七歲……九月……就浙江撫臺馬中丞館。』『同治十一年，四十三歲……九月就嘉善縣陳槐庭館。』『同治十二年，四十四歲，二月轉杭，而嘉所甲商鮑遺唐（名存經）重修相邀，遂就鹽務，館於杭城小粉墻，諫兒隨焉。九月鄉試，九月望日中式副榜。』『光緒三年，四十八歲，仍就鮑甲商館，諫青隨焉。著《越諺》。』『光緒四年，四十九歲，仍館鮑甲商，諫青隨焉。《越諺》成，未注……飭李忠富刻活字版於家中，造輪船。』『光緒五年，五十歲，暇《越諺》加注。四月之朔後，嘉所甲商沈協軒館我於東山衖。』『光緒七年，五十二歲，仍就東山衖沈甲商館。暇謄《越諺》成稿。』『光緒八年，五十三歲，充松所甲商，病漸痊……同委及各引商赴松江府開辦松場曬鹽收廒。』『光緒十年，五十五歲，秋辭疾。』『光緒十二年，五十七歲，在家，課孫……校浄《越諺》訛錯，而印百部，歸徐氏墨潤堂專售。』如此等等，皆爲世人未知之范寅生平重要史實，對研究范寅其人和《越諺》其書，具有重要之文獻價值。

現藏國家圖書館。（方俞明）

行程筆記不分卷 （清）范寅撰 稿本

一册。每半葉行數、字數不等，小字雙行同，無版框、界行。普通空白素稿紙。是書封面題名曰『行程筆記（賬附）』，鈐『谷應山房』印。右側署『光緒十二年丙戌小春起，十三年丁亥續，扁舟子』，鈐『扁舟子』印。

范寅生平見前《扁舟子自記履歷》。

是書事記兩段，各爲光緒十二年（1886）十月至十一月事和光緒十三年二月事。卷端題『光緒十二年丙戌十月初三日赴東廒』，讀紀程内容，知爲赴餘姚石堰場東、西兩廒辦理鹽務之行程日記。開篇曰：『陸新順鄉客艭，托西興俞渭東雇，照寧波價五元五角，客飯白米，每餐卅文，坐食每四百五十文，船至後門口。其船雖同是鄉客艭，蓬低身短質粗，不及朱友仁遠甚，史志慶、孫阿庸爲最好。』看似隨手記録，却是當年浙東運河沿綫雇舟出行的重要文獻記載。其後即記録行程：『初三日夜，西北大風，飯後登舟，十里泊蟶浦。』説明范寅是從山陰皇甫莊家後門口登舟出發，從皇甫莊到蟶浦水程十里。『初四日未正，潮後拖出蟶浦壩。名大壩。』拖船翻壩後，將横渡曹娥江，故此條文字後面補記曰：『十月之濤尚高丈餘，外江黑浪掀舟，頗爲顛播，然甚捷也。過花宫，浪平。』曹娥江此段已近杭州灣海口，故稱外江，多風急浪高。『申初拖過賀家埠，亦名大壩』。此爲横渡曹娥江後，拖船翻越對岸堤壩。『酉初一刻過松厦，西北大風，用帆故速，賀家埠至此十五里。』『戌初過河清壩，三錢六十文，收帆寬櫓，通宵。』此爲初四日夜，船尚在上虞縣境内。『初五日，仍西北風，晴。寅正至周巷。卯初出周巷。』至此入餘姚境。『辰初過化龍堰』，『辰正過歷山，相傳舜耕處，山之東北隅有奉虞庵，其東爲歷山街。餘姚口音呼「歷」如「劣」』。上虞、餘姚多舜迹，兩縣縣名即出虞舜。『巳初三刻盤明山堰。差使纜索二十四文，今倍給四十八文。』『午正三刻過坎墩鎮』，『申正二刻抵東廠。在六塘二灶，坎墩鎮之北十五里，其港僅通一舟。相傳乾隆時吴玉順許辦紹所萬六千引時，掘出運鹽，今水盛時可通大舟一隻，涸時即須一灶起旱』。至此，至東廠去程結束，計費：鄉客⿰舟龍陸新順船價伍元伍角。夥計酒水五角。又上下二人四粥六飯，飯三十文、粥十五文，共二百四十文。廠付洋六元九錢又二百四十文。其後范寅留駐餘姚鹽場，約請篷長詢聊，審計十月鹽數，調查灶丁鹽事，核實鹽户名單，督造西廠側屋，盤問走私各節等鹽務事宜，書中亦偶記録庵東街市特產如牛皮糖、鹹琴糕、炒米糕、醉糖卷等，付賬列支清晰。至十一月初四日雇到餘姚船一隻，講定到西興洋五元又八百文，到皇甫莊四元半。返程水路與去程大抵相同。書中并録數日在紹及簡記十六日赴杭至二十三日事。

次段題『光緒十三年丁亥』。記『二月初四日赴杭』，『初八日由杭趕餘廠』，過江至西興，『雇鄉客烏篷胡有生轉皇甫莊先付二元，到廠五元五角』。初九日巳正抵皇甫莊，夜飯後開船至螳浦。『初十辰正拖出螳浦壩。巳正拖過賀家埠……申初過河清壩。亥三刻過西横河，子初過陡亹，順潮放下，子正抵餘姚縣城。』此次後半行程與前次路徑不同，十一日泊餘姚縣城東門外，雇包開順領路，包云：『廿里至石堰，漲潮可以平進，無須盤壩。十里至東横河盤壩，十里滸山，十里坎墩，十五里六塘二灶，即東廠矣。』故『十一日戌刻由三官塘漲潮開行，後半夜四十里至滸山泊』，『十二日，密雨。卯正開行，午正抵相公殿，泥滑不能上岸』。此後數日，辦理鹽務。至十五日，仍由胡有生原船水路返程。此次餘廠行程所記較爲簡單。是書可入晚近浙東水運和浙東鹽務史史料。現藏國家圖書館。（方俞明）

扁舟子事言日記不分卷 （清）范寅撰 稿本

九册。每半葉十三行，行字不等，小字雙行同，紫絲欄，白口，單魚尾，四周雙邊。是書封面題名曰『事言日記』，首册標『第一本』，后八册類此標序。各册皆標日記起迄時間，署名『扁舟子』，鈐『扁舟子』印。『扁舟子著書起稿』專用稿紙，書口上端刻『仿玉版式』四字。

范寅生平見前《扁舟子自記履歷》。

是書每册卷端題名皆曰『扁舟子事言日記』。首册卷前僅有初擬『扁舟子事言日記・凡例』一條，曰：『是書專記每日事言，備考得失。凡論斷成文者，皆頂格寫。格上標題：標月用雙●●；標日用單●。賓客來往，標ⅩⅩ；出門訪友，標∧。信來，標(；信往，標)。記公事，用墨○；私酬，用」。爲人題跋，標∴；書寫物件，標⁘。占課，標()；做著作功夫，標()。』於此可窺《扁舟子事言日記》記録事言類型之大略，亦可想見《日記》内容之豐富龐雜。

全書凡九册，每册日記起迄時間如下：首册起自清光緒三年（1877）丁丑七月廿九日，迄於同年九月十六日；次册起自光緒三年九月十七日，迄於同年十一月初五日；册三起自光緒三年十一月初六日，迄於光緒四年正月十四日；册四起自光緒四年正月十五日，迄於同年三月初六日；册五起自光緒四年三月初七日，迄於同年六月廿一日；册六起自光緒四年六月廿二日，迄於同年十一月初五日；册七起自光緒四年十一月初六日，迄於光緒五年三月十九日；册八起自光緒五年三月二十日，迄於同年七月廿二日；册九起自光緒五年七月廿三日，迄於同年十二月廿九日。考《扁舟子事言日記》所記録時段，范寅正事鹽務，就幕於浙鹽公所甲商會稽鮑存經館中，時或渡江買舟，往來杭紹之間。

綜覽《日記》所録，略可歸爲五類：一曰鹽務職場，書啓往來。因范氏就幕於浙鹽公所，司任要職，故每日往來書啓不斷，皆作或詳或略記録，并多存鹽務論稿，如《議浙西鹽務三策總論》《論蘇省鹽務》等。二曰賓客來訪，探親交友。范氏家族親情甚濃，《日記》中多有體現。范寅喜結交，友朋甚衆，名流不少，《日記》中記録其與梅啓照、馮譽驄、余本愚、許增、金鑑、王詒壽、黄以周、魯希曾、陶濬宣、秦樹敏、鄺拜卿、楊葆光、華鰲、駱照、鮑存曉、鮑存經、唐福履、姒宗傑等之交往，并部分記録交往過程中之所見與所聞，如訪仁和名士許增，記録其《講究田黄漢玉》一則；訪圍棋國手金鑑，撰《記金銘齋言弈》一則；游杭州金衙莊，撰《游金衙莊記》；游山陰羊山石佛寺，撰《游石佛寺》。三曰杭風越俗，留心記録。杭州婚嫁風俗中，有女許男求、紅緑禮帖交换之禮，稱爲『傳紅』。范氏撰《杭風傳紅》一則，詳細記録傳紅行禮之細節和排場。時杭城大井巷有『朱養心堂藥店』，范寅體驗其膏藥之效，乃撰《朱養心堂久名膏丹》一則。越俗記録更多，尤以記其家鄉皇甫莊者爲詳實，如《皇甫莊社戲社田》《皇甫莊魁宿尊神壽誕老會》等。四曰買書著書，撰聯寫字。范氏出書香之家，好讀書、買書、藏書、著書，《日記》多録書事。范氏兼善書法、圍棋、楹聯，喜堪輿、測字、卜課，《日記》中時有記録。范寅寓杭，多次至浙江官書局買書，記録當年官書局各種刻本不同用紙、書價，無意中留存了近代官書局的珍貴史料。而范寅傳世名著《越諺》，在《日記》中有較多的編著記録，可資《越諺》研究以新史料，并糾正此前《越諺》研究中之誤説。即此，《扁舟子事言日記》之文獻價值可見一斑。

《日記》全本自光緒三年七月二十九日始，至光緒五年十二月二十九日止，歷時兩年又五個月，事言記録之詳略，前後凡兩變：一變在光緒四年三月初一。此日日記書葉之天頭，范寅補有題記：『以上記法，太覺累墜，以後書事，又變式樣。』故自三月初二日起，記録文字明顯簡縮。二變在光緒五年九月十二，是日爲光緒己卯科浙江鄉試放榜之日，范寅五十應考，『乘輿看榜，不中，萬念俱灰，百感交觸』，乃大書十字：『此後記法改樣，簡而文矣！』自是日起，記録文字更爲簡潔。此亦可見作者久困場屋終不得志之心境。

現藏國家圖書館。（方俞明）

記事珠不分卷　（清）范寅撰　稿本

存二册。每半葉十三行，行字不等，小字雙行同，紫絲欄，白口，單魚尾，四周雙邊。『扁舟子著書起稿』專用稿紙，書口上端刻『仿玉版式』四字。全書字迹行草，抄録隨率。是書封面題名『記事珠』，首册署『光緒十七年辛卯五月續，扁舟子』；次册署『光緒十八年壬辰十一月續扁舟子』，兩册皆鈐『扁舟子』印。

范寅生平見前《扁舟子自記履歷》。

是書首册卷端題『光緒十七年辛卯五月續』，後有小跋，交代緣起：『自十七年小春促匆之際，附記在「魚魚雁雁」簿上，今始更正。「魚魚雁雁」用十行格别爲一簿，此名「記事珠」，立此簿寫記各事。』故首册記事自光緒十七年（1891）五月十一日始，至光緒十八年十一月廿一日止，而五月十二日條，即記録『早起，立「魚魚雁雁」「記事珠」兩本』。由此，是書可視爲『魚魚雁雁』之續篇。次册卷端題曰『光緒十八年壬辰十一月續』，次册記事自光緒十八年十一月廿二日始，至光緒二十年三月初日止。此時范寅已過花甲之年，歸居皇甫莊，享課孫自樂之晚年生活。讀所記内容，堪稱瑣事日記，大致可歸爲四類：一曰家庭雜事，包括飲食添衣，收租糶米，寫字課孫，訪友看戲等。范寅晚年兒孫滿堂，田産豐厚，家丁興旺，此書記録家事最多。二曰村中議事，包括公益樂助，友鄰幫親，過節祭祖，鄉風民俗等。如光緒十七年七月十四日，記迎劉猛將軍一段：『村中迎劉猛將軍，唱平安吉慶。余村向祀劉猛將軍於包殿左屋，每至七月，苗要螃時，迎神賽於各田間，插尖多旗，俗以謂神到螃除，已歷多年。且演戲費從田出，凡冬收租時，將每畝小租廿文、船錢五文者，與佃户不收，即作此費也（本村財主則否）。考汪沅《識小録》，相傳神劉鋭，即宋將錡弟，殁而爲神，驅蝗江淮間有功。本朝雍正十三年詔有司歲冬至後第三戌日，及正月十三日致祭。我村塑是神於包殿，道光十餘年時，或遇螃蟲之年，間或迎神，迨咸豐年間始年年爲例。而神之昔以捕蝗著者，今爲除螃靈也，神不言，亦人心自向耳。迎神之日，用船數號，遍自村田插紙旗，敲鑼鼓，一村遍轉，而舟中所扮螃蟲精，豎顱頂於船頭者，用刀殺下賀家池水中，而所扮之人直没至賀池對岸方上。池寬五里，水底自行亦難得也。』可謂詳實而有趣。三曰《申報》摘録。范寅雖里居鄉村，却訂閲滬上《申報》、買吕宋彩票，《申報》要事多有摘録，可謂不落時代之開明鄉紳。四曰友朋魚雁。范寅半生飄零江湖，或幕或館，佐鹽從商，江湖友朋甚多，晚年仍多書信往來，書中多記其事。

此書文字多擇紹興方言記録，方言置於叙事之中，部分可例示《越諺》語境，庶可以《越諺》研究實證資料視之。

現藏國家圖書館。（方俞明）

壬英閑吟六卷　（清）范寅撰　稿本

二册。每半葉七行，行字不等，小字雙行同，無版框、界行。普通空白素稿紙。

范寅生平見前《扁舟子自記履歷》。

封面題簽分别曰『詩稿上』『詩稿下』。上册卷前爲序，題『扁舟子十集之九·壬英閑吟序』，曰：『詩源發於《九歌》《古詩十九首》，壬於千數居九也。詩貌豐秀，詩心空虚，凡華而不實者，謂之英也。……詩最易吟，詩又善變……可知詩隨時异，時隨人殊，人又各隨性近，各言其志，各抒其情……情真意摯，人動天隨，陋不假飾，麗亦無心，斯爲上矣。……余不善吟，而檢理行篋，亦復不少，蓋三十年飄泊江湖，興至情感，有不能已於吟者，不敢雕琢修飾，典砌牽强，而但求吾意之明，因分爲「紀事」「唱酬」「游歷」「題贈」「雜咏」「聯句」共六卷，豈敢曰源於《九歌》《十九首》而豐秀空虚名以『壬英』乎？不過自咏性情，爲草野閑吟而已。抑又聞之，壬爲江海陽水，多不足奇，滴亦助潤；英爲花木落葉，委脱有根，墜弃無收也。余之閑吟，亦如是而已，則名爲「壬英」也，不亦宜乎？光緒二年丙子閏端六，扁舟子自序。』是書上下二册，卷端題名皆作『墨妙齋詩稿』，署『會稽范寅嘯風甫』。上册收録詩作三卷，前有『目録』。卷一爲『紀事』，收録有曾國藩克復金陵、左宗棠平定兩浙之紀事詩，尤寫時事。歌咏曾國藩率弟曾國荃克復江南之長篇紀事詩《江南詞》，沉厚雄健，長達八百七十五言。卷二爲『唱酬』。范寅漂泊江湖，高要馮氏、會稽鮑氏爲先後居停主人，唱酬最多，如《謝居停馮觀察雪裏送炭》《酬馮觀察祝七旬晉一父壽詩》《和鮑寅初存曉太史題杭城鮑園》等。卷三爲『游歷』。潁州、饒州、信州、衢州、杭州皆范寅幕游之地，與故鄉越州同多游歷之迹。下册亦收録詩作三卷，前有『目録』。卷四爲『題贈』。賞畫贈字，答謝送别，此卷存詩最多。卷五爲『雜咏』。范寅多才藝，琴棋酒茶，咏雪賞花，皆有詩作。卷六爲『聯句』。皆友朋小集聯吟之作。以上六卷，每卷皆分兩部分，以同治八年（1869）己巳范寅四十歲以前詩稿爲上部分，以同治九年范寅四十一歲以后詩稿爲下部分。通覽全稿，部分詩作有眉批，由卷二知爲范寅幕友朱裳吉手迹。朱裳吉，字省三，仁和增生，精時藝，通醫道，亦范寅諍友也。

現藏國家圖書館。（方俞明）

扁舟子雜稿不分卷　（清）范寅撰　稿本

一册。每半葉行字不等，小字雙行同，無版框、界行。普通空白素稿紙。

是書封面題『乙亥（丙子、丁丑、戊寅）年雜稿』，署『扁舟子』。乙亥爲清光緒元年（1875），時范寅館於浙鹽公所。後三紀年，顯係逐年補寫，遂以《扁舟子雜稿》定其書名。

范寅生平見前《扁舟子自記履歷》。

是書卷端爲『扁舟子詩稿』謄清稿葉，其後依次抄録《壬英閑吟》第一卷『紀事』自《瑞芝》至《江南詞》共十三首，似爲《壬英閑吟》之部分謄稿。此後依次録各類雜稿計一百三十餘篇，其中間雜少量詩作與《壬英閑吟》重，内容大致可分四類：一曰鹽務建言，如《論浙西鹽務問答》《代杜司馬致余觀察論浙西鹽務》《議浙江鹽務三策總論》《擬廣信七屬小綱商呈鹽院詞》《古今鹽法論》等。二曰時論條陳，如《論防倭八要并四答》《江蘇五屬緝私宜在餘岱截源論（甲戌十月上浙撫楊）》《擬劾張道疏》等。三曰代筆文稿，如《代張漢臣典史奉馮觀察》《代張小溥致余本愚》《代沈述庵擬謝啓》等。四曰序記，如《越諺序》《癸俄尺牘序》《皇甫莊陳山廟社供田原委記》《大清光緒二年歲在丙子啓魁會諸公》等。五曰友朋尺牘，如《寄高車頭鮑太史（存曉）》《致浙運臺》《復唐乙笙》《致張方伯學醇》《致幕府駱》等。部分雜稿署有年款，最早爲同治十三年（1874）甲戌，其後依次爲光緒元年乙亥、光緒二年丙子、光緒三年丁丑和光緒四年戊寅。

雜稿首篇曰《論防倭八要并四答》，其撰論之背景爲：同治甲戌之歲，日本兵壓臺灣，浙省籌議海防，上憲虚衷，既詢僚屬，準其獻策陳籌；復於省城書院皆以海防課士，而下問旁求。於是《紀效新書》《籌海圖編》等集，爲宏博者用爛，文學之士原貴考據焉。其屬官吏之奮於陳獻者，則曰鐵甲輪船、開花大礮、後膛洋槍，必購爲戰守利器，夫亦胸有甲兵矣。范寅有感於此，條陳此論，『八要』概言曰：一、握定守海疆不戰海洋爲要；二、改屯田爲屯海以資久防爲要；三、募沿海島梟漁蜑各民當勇爲要；四、練勇以水三陸七爲要；五、製髮罟絲罾銅網以制服彈丸爲要；六、製自輪船伏岔代馬搏倭爲要；七、製鐵棍教以棍舞點鞭爲要；八、訓練防兵聯絡情義爲要。『八要』雖屬秀才談兵之言，但也并非一無可取。雜稿《越諺序》爲范寅編《越諺》序文原稿，塗乙滿篇，與刻本改定者可互參。

現藏國家圖書館。（方俞明）

寫作俱記不分卷 （清）范寅撰 稿本

三册。每半葉十三行，行字不等，小字雙行同，紫絲欄，白口，單魚尾，四周雙邊。『扁舟子著書起稿』專用稿紙，書口上端刻『仿玉版式』四字。

是書封面題『寫作俱記』，標『扁舟子外集』。首册記爲『第一本』，署『起光緒元年乙亥，止光緒五年己卯』；次册記爲『第二本，賞識古書畫附』，署『光緒六年正月起』，鈐『谷應山房』『扁舟子』印；册三記爲『第三本』，署『光緒十年甲申八月續，十一年乙酉十二年丙戌，扁舟子』，鈐『谷應山房』『扁舟子』印。

范寅生平見前《扁舟子自記履歷》。

是書卷端題名曰『扁舟子外集之一』，首爲《寫作俱記序》，曰：『寫屏對匾碑，作聯語雜體，士人餘技也，何必記？然有咄咄怪事，不能已於記者。余不幸少孤而貧，年二十餘，乞食侯門，踪迹數省，一點生涯，惟在筆耕墨耨。公餘之暇，爲人寫屏對匾碑，作聯語雜體，蓋隨寫隨與，隨作隨弃。又二十餘年矣，今或外省友人，携摹帖見遺者，視之，則某年某大尹之碑，實余代筆也。或聯，或匾、或屏，有一二爲人稱許者，實余代撰所書也。於是聞客所稱，從而稱之；聞客所許，從而許之，非附詭隨也，嫌自負也。當時竊自笑口是而腹非耳，然猶無容記也。所不獲已者，隨寫隨與矣，猶未索取，潤筆無資，償紙成債，得毋自鬻煩苦乎？抑或自患健忘，不免以甲與乙，以乙與甲，既與不還，欲還求與。甲與乙誤，猶可爲也，與丙丁互誤，又不記甲乙，斯乃償紙成債爾。

爰立是集，記某來某去，何日來何日去，志諸心，或健忘，書諸簡，無貽誤矣。又聞楚南何子貞曰：「余數十年爲人寫作，皆書諸册，暇時翻閲，無一重複者。」彼固才人，我亦志士，願則效焉。自光緒乙亥初秋起，皆隨時書記，以期不忘，聊免筆墨紙債云。』則此書成書之緣由，一目瞭然。

通覽全書，范寅日常之書聯、書匾、書扇、書屏，寫店招、題譜簽等等，盡列其中，確乎亦有佳作，并存史料。如『光緒乙亥中元爲鮑遺唐撰書「頑石點頭處」匾録跋』曰：『石以頑名，天理也，點頭則不頑矣，非人爲耶？夫石不以石終，頑不至頑没，與不石而石，非頑亦頑，及石竟爲石，頑終見頑，三者孰得孰失歟？然非積學久，閲歷深，理未易悟。遺唐鮑子潛心涉世二十年，恍然悟天下多石，亦天下多頑石也。又猛然省天下無石，亦天下無頑石也。築室將成，叠陂羅石於座後，作頑石點頭形。嘻，天下豈皆石？石豈皆頑？頑石豈皆點頭乎？點者自點而已矣。爲揭其意而額其處。』題匾録跋爲文雅馴，哲思深邃，堪稱名篇。其他如『光緒元年九月廿五至廿八日爲曹娥殿丙子春王箋對八副』，可品讀。『光緒三年四月廿三魯晴軒來魯氏宗祠匾額求書「著存百世」』，『光緒十二年三月廿日寫城中周伯宜家摺扇一面大片金』，爲魯迅親屬與范寅交往之新材料。『光緒六年十一月十四日撰《再訪天一閣并序》』，亦資天一閣研究。

現藏國家圖書館。（方俞明）

餘姚竹枝詞百咏一卷　（清）宋夢良撰　清末賽竹樓抄本

一册。每半葉八行，行二十一字，藍絲欄，四周單邊。胡傑人『賸馥吟』箋紙。紙心上印『賸馥唫』，欄外印『指六异人著』。卷端首行題『餘姚竹枝詞百咏』，署『餘姚宋夢良竹孫』。鈐傑人『子才不録弟子』諸印。

宋夢良（1827—1895），號竹孫，晚號竹翁，又號步梅詩人、隱溪子，浙江餘姚人。與同邑胡傑人爲摯友。按傑人《詩人彙録》録，夢良咸豐四年（1854）入庠，著有《步梅詩集》二卷、《步梅文集》二卷、《姚江竹枝詞三百咏》。傑人《步梅詩人六十壽序》題下注：『丙戌嘉平二十日作。』（《賽竹樓駢文》稿本）由是知夢良生於道光七年（1827），長傑人四歲。傑人《賸馥續吟》稿本所收光緒二十一年（1895）編年詩有《步梅詩人病危賦詩永訣》十首，其三云：『年雖較少死争先（步梅壽六十九，長予四歲。曩序其文，有「年雖較小，死必争先」語），不應前言或偶然。』其九云：『柱銘燈謎語非乖，散體駢文集并佳。手録頻催偏不寄，烟樓漠漠忍沈埋（前年贈文，具屬録《步梅詩文》《雜俎》《對聯》《燈謎》諸作，僅得詩集）。』知夢良卒於光緒二十一年，得年六十九。按『前年贈文』云云，傑人録《步梅詩集》在光緒十九年。今未訪見《步梅詩集》及《姚江竹枝詞三百咏》，不知尚存天壤否，而得見《餘姚竹枝詞百咏》一卷。

是集前有胡傑人《題詞》四首，末署『光緒壬午年仲夏，芝麓弟胡傑人拜題』。壬午，光緒八年。集中收餘姚竹枝百首，末附《題詩後五首》及《題友人照》一首。《題友人照》一首缺葉未完，與《題詩後五首》皆不署撰者，細味之，當爲傑人詩。

明人倪宗正有《姚江竹枝詞》，清初翁忠錫亦有《姚江竹枝詞》。夢良百咏，述姚邑風土民情，歷歷如畫。如：『新年村落唱攤黄，燈號鷓哥遍四鄉。別有沿門行乞法，大頭和尚柳青娘。』『每逢二月月初盈，山貨紛紛滿兩城（二月十五日爲山貨市日，一年一次，永無更改）。農末相資財用足，一年一市永無更。』『二月觀音禮拜時，定期十九不愆期。境鄰慈鎮鄉方异（觀音禮拜，唯東北鄉有之），水墨觀音畫白旗。』『楝子花開四月天，小黄魚過賣冰鮮。艙空潮退揚帆去，鑼鼓喧闐送海船。』『花水（凡黄魚自立夏起，歷小滿、芒種、夏至及端午，爲正水。正水之間，而或有麥鯿、烏鰂，爲花水）相傳有麥鯿，更兼烏鰂亦時鮮。盤餐海錯鶩羅列，子細算來不費錢。』『自行新法苦無聊，縱得捐除恨未銷。鄉里至今猶志怨，賽神戲尚號青苗。』『重陽以後賽城隍，幾日前頭選女郎。擡閣巧裝花色戲，貴妃酒醉禄兒狂。』『服役家家有墮民，編氓誰不似鄉紳？冠婚大事憑呼喚，莫笑寒微没下人。』

夢良有詩文才，遭遇不偶，老死鄉野。傑人《步梅詩人六十壽序》云：『楊愔譽重，早歲占元；徐渭數奇，耆年不偶。……大腹允堪稱笥，網古羅今；宏裁雅號步梅，心花意蕊。劇愛竹枝之勝（竹孫《步梅詩抄》有《竹枝詞百咏》），不操鍾離土音。僉稱風韵之佳，足媲劉郎原唱。』《步梅詩集》今雖未見，傑人《大雅題襟》諸稿本録其詩亦多，與《餘姚竹枝詞百咏》合觀，庶可窺其詩才。傑人《題詞》四首其一云：『漫説非詞也號詞，俚言百首竟如斯。全搜風俗編成帙，知否劉郎創竹枝。』其二云：『同是餘姚寄一生，見聞誰似此聰明。雅人俗客咸堪賞，付與同鄉試品評。』其四云：『我已詩編《賸馥吟》，竹枝高唱正同音（拙集有《竹枝詞》）。山涯海角無遺事，囊括輸君有錦心。』《題詩後五首》其三云：『民風土俗迹成陳，一入詩篇似覺新。莫作尋常竹枝讀，饕軒鼓舞紹先民。』其五云：『采風聞説有輶軒，不揣愚蒙獻俚言。青眼倘逢賢太史，不供覆瓿得留存。』傑人又作《宋竹孫續姚州竹枝詞題詞兩倒其謝贈壽序韵》二首，其一有云：『民俗歌謡世永留，幾如大道説頭頭。

風情何與詩家事，物志仍裨野史修。』其二有云：『歌曲嚮經成百首，版圖君或繞三周。謡編傑作如林列，雅俗交推第一籌。』（《賸馥吟續編》稿本）

現藏浙江圖書館。（李聖華）

易傳通解不分卷易疏不分卷　（清）成懷嶠撰　稿本

四册。每半葉行數、字數皆不等。無版框、界行。鈐『裒嶠』『苻香』『松鱗館藏書』諸印。

成懷嶠（1829—1850），字苻香，浙江慈溪人。黄式三弟子，國子監生。黄式三《成翁星文暨子苻香家傳》載：『子懷嶠，用是從余學三年，留心於《易》。既讀李鼎祚《集解》，以習漢唐注，復合抄通志堂所刊宋儒諸注。初抄時，余嫌其太簡，而蠅頭細字積之紙，高四寸許，確有所得……越庚戌，懷嶠入泮，年二十二亦卒……懷嶠字苻香。《易》稿藏於家，子孫世守之，後必有翻閲者，嘆學厄於數，志之不遂如此。雖然，猶愈於不學而長其年矣。王輔嗣年二十四，《易注》傳於世。如成氏有達者繼起，安知不校訂以成完書歟？』（《黄式三全集》第五册《儆居集五・雜著四下》）

稿本册一、二原封面題『易傳通解初稿』，其下分別注『一』『二』；册三、四原封面題『易傳通解稿』，其下分注『三』『四』。册一扉葉有浮簽，乃後人所抄臧勵龢等編《中國人名大辭典》黄式三小傳。次『提綱』，不全，僅一行：『趙汝楳《周易輯聞》卷一第十一葉玩卦之法（一節），又第十二葉伏羲之卦（一節），又第十五葉初上，爲外至諸卦之例也。』次浮簽，乃黄式三之札：『玩《易》六十四卦已畢，《繫辭傳》始録數段。所作尊大人家傳寄視，未識是否。前來時藝及經解數篇，祈統檢收。張蘧軒所作經解極好，宜細視之，隨即封寄。有送蘧軒對聯，并托送此達瀛鄉賢契。薇香。』張蘧軒名張壽榮，亦黄式三弟子。此札當爲黄式三寄成懷嶠書。次『易傳通解凡例』，凡五條。

稿本正文構成頗爲複雜。細繹之，凡三種稿。

第一種，『易疏初稿』，即册一『火天大有』經文及解釋之後散葉、浮簽，乃關乎乾卦、屯卦者。其中『重天乾』之葉首行題曰『易疏初稿』。

第二種，『易傳通解初稿』。册一『易傳通解凡例』之後卷端題『易傳通解初稿』者，起自『重天乾』，迄於『以爲文王所制』，是爲乾卦第一部分；起自『然則初九以下，著答問而稱子曰者』，迄於『乾之大綱矣』，是爲乾卦第二部分。次即『重地坤』『水雷屯』，次即《蒙》《需》乃至《既濟》《未濟》。此稿不分上下經，絶大多數卦不書卦象。

第三種，『易傳通解第二次稿』。册一『易傳通解初稿』乾卦第一部分之後、第二部分之間者，其卷端題曰『易傳通解第二次稿』，次行題『上經』，次三行題『䷀（乾下乾上）』，起自『乾：元亨利貞』，迄於『懷嶠案：《説苑·至公篇》引《易》「無首，吉」曰：「此蓋人君之公也。」不知其義何取。』次依次即『重地坤䷁（坤下坤上）』『水雷屯䷂（震下坎上）』，次即《蒙》《需》乃至《既濟》《未濟》。此稿分上、下經，每卦皆書卦象。

上述三種稿中，第二種、第三種稿皆按卦次交互參雜。每卦之内，一般『易傳通解第二次稿』在前，『易傳通解初稿』在後。乾卦則『易傳通解初稿』在前，『易傳通解第二次稿』在後，屬於例外。

由其體例、内容言之，『易疏初稿』是以唐人李鼎祚所撰《周易集解》爲基礎而疏證之。『易傳通解初稿』則有變化，即不釋經卦爻辭，僅釋《彖》《象》《文言》，然將彖、象辭分别列於相關卦爻辭之下，引諸説釋之，一如義疏通行之例。『易傳通解第二次稿』則在『易傳通解初稿』基礎上又有變化，即將經卦爻辭合爲一體獨立列於每卦之首，次則《彖》《象》《文言》分别獨立爲一體，列於經卦爻辭之後，各分句而釋之。

按黄式三《成翁星文暨子荇香家傳》『既讀李鼎祚《集解》，以習漢唐注，復合抄通志堂所刊宋儒諸注』，是稿之『易疏初稿』近之。考稿本卷首『易傳通解凡例』，其第二條云：『聖傳簡括，後儒伸明聖傳，而詳言之，□爲正解。其彖爻之辭，有聖傳所未釋者，後儒能本聖傳以別申之，是爲附録。』是稿之『易傳通解初稿』近之。然該條用墨筆删去。參以『易傳通解凡例』第一條『伏羲、神農作卦，孔聖作《大象傳》以釋之；文王、周公作《彖》、爻，孔聖作《彖》、爻傳以釋之。讀《易傳》者必尋繹聖傳之義，注《易》者不得置辯於聖傳之上，是編名《易傳通解》，《彖》、爻下祇辯各本异同字，不敢陵越聖傳，妄爲注解』，是稿之『易傳通解第二次稿』近之。

成懷嶠『易疏初稿』與『易傳通解』，其纂述立意完全不同，體例亦因之變化。考其改變之由，與黄式三有直接關係。黄式三於道光二十五年至二十七年携黄以周居慈溪章橋成仁聚家，教其子成懷嶠。黄式三治《易》自有看法。黄以周《十翼後録・自序》云：『家君儆居子學《易》，不分漢、宋門户，而病先儒注《易》於卦畫、《彖》、爻之下，自馳私説，於孔聖諸傳則略之，一若駕輕車就熟路，不必問漁父而自入桃源者。是以生平論《易》，取先儒説之合於聖《傳》，而或有不合，則斷斷辨之。《易釋》四卷「釋觀變」「釋觀象」「釋觀占」諸篇，既考正舊説之是非，而研求訓詁、聲音數十年於兹矣。以周幼先習《禮》，次讀《書》，次誦《詩》，三經既畢，然後受《易》。年既長，已能彙萃諸説而問所疑矣。及研討既久，略有會悟，乃承家君命，廣搜「十翼」之注，不拘時代，擇其醇者而録之，名曰《十翼後録》。其有先儒《彖》、爻之注未悖於聖《傳》，可以兼録之而明其義者，亦必移置於聖《傳》之下，宗聖也。先儒各説，必臚列姓字，不敢掠美，尊師説也。舊注之兩异或四五异者，於理無悖，必兼録之，廣异聞也。各經注疏及史文、史注、諸子、《文選》之有《易》義者，亦兼采之，補殘闕也。疑義之當析者，條列而辨之，不辨其失，則是者不見也。疑之不敢質者，詳録先儒舊説，備稽考也。自漢、魏以及元、明諸儒，以時之前後分次，後或本於前者，止録其前，非敢薄今而愛古也。由孔聖之《大象傳》，以尋畫卦之恉，由孔聖之《彖》、爻傳以尋《彖》、爻之恉，「辭」「變」「象」「占」不敢偏主，傳家學也。』黄以愚序黄以周《十翼後録》云：『以愚幼承伯父訓，以《繫辭》《説卦傳》定諸卦之凡例，以《彖傳》提諸爻之綱領，以《象傳》索各爻之訓解。數者互相參考，一有不合，反復尋思不已也。今歲以愚在家課讀，季弟元同采拾舊説，編成《十翼後録》，由孔聖之傳以上溯文王、周公之經，庶幾不航於斷港絶潢而望至海也。』（《十翼後録》稿本）可見，黄式三解《易》，主張以《十翼》爲關鍵，受其學者，以周、以愚所持觀念與方法皆與成懷嶠相近。黄以周《十翼後録》與成懷嶠《易傳通解》體例亦相近，衹不過成懷嶠所録諸説不及黄以周繁富。故閲讀黄式三《易釋》、黄以周《十翼後録》、成懷嶠《易傳通解》，當合觀之，以其可相互發明也。

成懷嶠『易傳通解第二次稿』之部分稿曾經黄式三寓目，留有黄式三批注，若『大明終始，六位時成，時乘六龍以御天』條下引侯果説，其天頭有黄式三批語：『式三案：大明，日也。《禮》「大明生於東」是也。日有夜必有晝，終而復始，晝夜各行六辰，六辰由大明而成時，是「乘六龍」以行天之氣也。侯果説近是。』『乾道變化，各正性命，保合大和，乃利貞』條下引蔡清説，其天頭有黄式三批語：『式三案：「各正」，貞也。「大和」，利也。《文言傳》甚明，蔡説誤。』此稿中亦引黄式三《易釋》，多懷嶠案語。

黄式三《成翁星文暨子荇香家傳》所記稿本，當爲『易疏初稿』，非『易傳通解』初稿與第二次稿。蓋成懷嶠弃世以後，『易疏初稿』逐漸散佚，後人收拾零散合而訂之。

此稿之名，稿本原封、凡例、卷端等皆不一，曰『易傳通解初稿』『易傳通解稿』『易傳通解』『易傳通解第二次稿』，或由『易傳集解』改作『易傳通解』，或曰『易疏初稿』由《易疏》《易傳通解》兩種稿合成，其中《易傳通解》又有初稿、第二次稿之不同。今厘清之，當著録作『易傳通解不分卷初稿、第二次稿稿本兩種，易疏不分卷初稿本一種，清成懷嶠撰』。

《中國古籍善本書目·經部·易類》《中國古籍總目·經部·易類·傳説之屬》著録作『易傳通解初稿不分卷，清黄式三撰，稿本』。

現藏國家圖書館。（陳開勇）

退圃老人直督丙申奏議十二卷 （清）王文韶撰 稿本 存三卷（卷一、四、八）

三册。每半葉六行，行二十字，小字雙行同，朱絲欄，白口，單魚尾，四周雙邊。版心上鎸『奏稿』二字。鈐『稺夔過目』印。

王文韶（1830—1908），字夔石，號耕娱、退圃。浙江仁和人。咸豐二年（1852）進士。初爲户部主事，遷郎中，後出爲湖北安襄鄖荆道道員，歷湖北按察使、湖南巡撫、雲貴總督。甲午戰争期間，權直隸總督、北洋大臣，和議成，實授，多有建樹。光緒二十四年（1898），入贊軍機，以户部尚書協辦大學士。二十六年，隨扈兩宫西幸，晋體仁閣大學士，改外務部會辦大臣，後充政務處大臣，督辦路礦總局。轉文淵閣大學士，晋武英殿大學士。三十一年，免直軍機。三十二年，稱疾乞休。卒謚文勤。《清史稿》卷四三七本傳稱其『歷官中外，詳練吏職，究識大體，然更事久，明於趨避，亦往往被口語』。著有《退圃老人宣南奏議》《湘撫奏議》《滇督奏議》《直督奏議》《王文韶日記》等。事迹詳見《清史列傳》卷六十四《王文韶傳》、《清史稿》卷四三七《王文韶傳》、王先謙《虚受堂文集》卷十《贈太保武英殿大學士王文勤公墓志銘》、《碑傳集三編》卷二《王文韶傳》。

稿本各册原封分别分左右兩行題：『直督奏議卷一，光緒丙申正月分』，『直督奏議卷四，光緒丙申四月分』，『直督奏議卷八，光緒丙申八月分』。各卷前有目録。卷一收正摺十件、夾片六件。卷四目録云：『右四月分正摺十二件、夾片十二件。』據《王文韶日記》光緒二十二年四月初九日記載：『由驛四百里拜發四摺三片：陳湜在防因病出缺，所遺江西藩司請旨簡放摺、又密片一件、遵旨查明清河道潘駿德被參各款據實復陳摺、直屬光緒二十一年下半年已未結交代起數摺、東海關一百三十七結至一百四十結洋税收支數目摺、檄委兩司代勘秋審片、天津道經徵海税請准展限半年盡徵盡解片。』（袁英光、胡逢祥整理《王文韶日記》）實收正摺十二件、夾片十一件，『密片一件』未收。卷八收正摺十件、夾片十件。共計正摺三十二件、夾片二十八件，合六十件。

稿本乃王文韶光緒二十二年正月、四月、八月所上奏摺，按發摺日期依次排列。考《王文韶日記》光緒二十二年二月十八日載：『拜發四摺六片（由驛四百里）：虎字營遣撤事竣并遵旨查明復奏摺、孫顯寅飭赴河北鎮本任片、武毅軍建造學堂動用工價片、南洋兵輪調防旅順月需薪餉請飭部撥款摺、委署津海關道等篆務片、萬培因飭赴大順廣道新任片、陳湜所部湘軍步隊月支薪餉請立案摺、又密片一件、武備學堂兩届期滿照章請獎摺、又洋教習等請賞給寶星片。』其他二月二十四日、二十八日，三月十一日、二十二日、二十八日，五月八日、二十日、二十八日，六月十八日，七月三日、十一日、二十四日、二十八日，九月十三日、二十三日、二十八日，十月三日、二十二日、二十八日，十一月二日、十二日、十九日、二十八日，十二月六日、十三日、十八日、二十日、二十二日、二十三日，即除一月、四月、八月之外各月，亦皆記有發摺之事。王氏於年末除夕統計曰：『本年除賀摺不計外，共拜發公事摺四十七次，計正摺一百六十二件，夾片一百三十九件，通共三百一件。』則稿本原當有十二卷，今僅餘三卷。

稿本所餘，雖不完全，然與《直督奏議》恰成聯璧，既可窺見當時政治之大勢，又可見作者甲午中日戰爭後之經歷舉措。《清史稿》本傳云：『時關内外主客軍四百餘營，酌留湘、淮、豫三十營，餘悉散遣，士卒帖然。建議籌修旅大炮臺，謂：「旅順舊臺密於防前，疏於防後，敵自大連灣入，遂失所芘。大連舊臺，專顧防海，未及防陸，敵自金州登岸，遂不能支。今重整海防，必彌其罅隙。」又請加意水師、武備各學堂，以儲將才，嫻武幹，俟財力稍足，徐圖擴充。又陳河運漕糧積弊，請蘇漕統歸海運，他若勘吉林三姓金礦、磁州煤礦，踵鴻章後次第成之，而京漢鐵路亦興築於是時矣。又奏設北洋大學堂、鐵路學堂、育才館、俄文館，造就甚衆。』皆於《直督奏議》《退圃老人直督丙申奏議》略見之。

現藏浙江圖書館。（陳開勇）

直督奏議不分卷　（清）王文韶撰　稿本

八册。每半葉六行，行二十字，小字雙行同，朱絲欄，白口，單魚尾，四周雙邊。版心上印『奏稿』或『壽諼堂奏稿』。

王文韶生平見前《退圃老人直督丙申奏議》。

稿本各册原封分别分左右兩行題『奏議（三册，直督任内），四月分』，『奏議（五册，直督任内），閏五月分』，『奏議（六册，直督任内），六月分』，『奏議（七册，直督任内），七月分』，『奏議（八册，直督任内），八月分』，『奏議（九册，直督任内），九月分』，『奏議（十册，直督任内），十月分』，『奏議（十一册，直督任内），十一月分』。

稿本乃王文韶清光緒二十一年（1895）四月、閏五月、六月、七月、八月、九月、十月、十一月所上奏摺。每月之内，各按日期先後排列。共收摺、片二百餘件，亦偶附上諭。

本年正值甲午之戰，乃清政權存亡關鍵時期，亦王文韶宦途至關重要節點。稿本册一四月一日《力小任重據實自陳摺》云：『竊臣猥以菲材，躬逢恩遇，服官中外，四十餘年。自問生平於地方吏治民情，粗有閲歷，獨於軍旅之事，素所未諳。上年九月，在雲貴總督任内，奉旨來京陛見。旋蒙欽派幫辦北洋事務。本年正月抵津，適值直隸督臣李鴻章出使東洋，奉命署理是缺。其時事機迅急……受任之日，倍益慚惶。查直隸總督，拱衛畿疆，責任既重，而北洋大臣，辦理海防，實爲北門鎖鑰。兩月以來，無日不戰兢惕厲。』册四光緒二十一年七月初九日《軍機大臣字寄光緒》載：『奉上諭：王（文韶）本日已明降諭旨調補直隸總督并兼充北洋大臣矣。直隸地方積弊已深，凡吏治軍政一切事宜，均應極力整頓。至外洋交涉事件，尤關緊要。如從前有辦理未協，應行更改之處，務當悉心籌劃，不避嫌怨，因時變通。用人一道，最爲當務之急，地方官吏，各營將弁，及辦理洋務各員，如有闒茸貪污，巧滑鑽營者，即著嚴行甄劾，毋稍瞻顧。該督膺此重寄，務宜體念時艱，力圖振作，一洗從前積習，方爲不負委任。將此諭令知之。欽此！尊旨寄信前來。』稿本所載奏摺，不僅清晰地反映了這一時期政治、外交，以及直隸吏治、軍事、經濟、社會狀況，亦反映了王文韶在這一時期的種種舉措。

考《王文韶日記》，光緒二十一年一月到津權直隸總督、北洋大臣，少有上摺之事；二月八日『專差拜發四摺，兩片：彙報軍情電奏摺、西安襄陽接展電綫摺、奉天海運請獎摺、十二月分雨水糧價摺、募勇保護租界片、新授藩司陳寶箴飭令赴任片。附繳正月分硃批，此間係一月一繳也』（袁英光、胡逢祥整理《王文韶日記》）。十三日『發正摺四件夾片四件、查明丁汝昌等死事情形摺、遵旨查明劉汝翼被參各節據實具奏摺、調補保定營參將摺、東海關一百三十七結奏銷摺、冬春賑撫撥款片、楊文鼎等改獎片、文安縣楊懷震開缺修墓片、游擊陳長春參革片』。二十三日『拜發四摺、四片：彙報初五至二十電奏摺、陳啓泰調補保定府摺、展設山東沿海電綫動用經費摺、二十年春夏季京控已結數摺、委護山海關道篆片、永定河道萬培因因病請開缺片、天津關海税請盡徵盡解片、沈若球等年滿甄别片』。二月共上奏章二十餘件。三月共上近二十件。其他五月、十二月如之。故可知稿本原當有二月一册，或當標明『奏議（二册，直督任内），二月分』；三月一册，或當標明『奏議（一册，直督任内），三月分』；五月一册，或當標明『奏議（四册，直督任内），五月分』；十二月一册，或當標明『奏議（十二册，直督任内），十二月分』。

又，據《王文韶日記》光緒二十一年閏五月二十八日載『拜發三摺、五片：正定鎮徐邦道病故請簡放摺、密片一件、新雄營都司擬以張翼高借補摺、臬司朱靖旬飭令赴任片、山東欠解剥船經費請由部撥款片、續參海軍臨陣脱逃各管帶片、海員大小員弁除殉難及參革外一律暫開底缺片、五月分雨水糧價摺』，然稿本未載『《密片》一件』。六月十八日載『申刻專并拜發正摺四件夾片四件、長孫一品蔭生奉旨内用恭謝天恩摺、請慎選將才摺、郭寶昌就近量移片、已革提督聶桂林請留營帶罪圖功片、奏參濫用非刑之即用知縣傅鐘濤請革職摺、候選道顧元爵請恤片、河間府胡清瑞修墓開缺請簡放片、東海關第一百三十九結奏報摺』，然稿本缺『請慎選將才摺』『郭寶昌就近量移片』。其他七月、八月、十月亦然，即稿本亦非王文韶所上全部奏摺，偶有漏載。

稿本偶有裝倒。十一月奏稿内原本依次有十日《廣東等省勸辦光緒十八九年順直賑捐出力官紳請獎摺》正摺、《籌辦晋邊賑捐并查灾放賑出力員紳請獎摺》正摺、《本年對河後未能晋省仍駐天津片》、《新授永定河陳道慶滋飭赴新任片》、《廣東等省勸辦光緒十八九年順直賑捐出力官紳請獎摺》清單、《籌辦晋邊賑捐并查灾放賑出力員紳請獎摺》清單。按照稿本及其一般奏章通例，正摺與相關清單先後相接，所以順序應是《廣東等省勸辦光緒十八九年順直賑捐出力官紳請獎摺》正摺與清單、《本年對河後未能晋省仍駐天津片》、《新授永定河陳道慶滋飭赴新任片》、《籌辦晋邊賑捐并查灾放賑出力員紳請獎摺》正摺與清單。

《中國古籍總目·史部·詔令奏議類·奏議之屬》著録作『退圃老人直督奏議不分卷』。

現藏浙江圖書館。（陳開勇）

賸馥吟草不分卷［第一種］附升科記事一卷［第一種］賽竹樓詞抄不分卷［第一種］臨證心得醫案不分卷吊脚痧方不分卷　（清）胡傑人撰　稿本

二册。每半葉十行，行二十五至三十一字不等，無版框、界行。封題『賸馥吟草』。鈐『卧雲』『子才不録弟子』『錢塘才子是吾師』『家住句餘北海濱』諸印。

胡傑人（1831—1895），字子碌，一字悳備，號芝麓，又號芷渌，以生六指，復自號指六异人，晚號姚海壽人、自怡詩客，浙江餘姚人。諸生，屢試不第，行醫、授徒爲生。《賣藥漫與》詩云：『年年賣藥效韓康，一葉扁舟走四方。纔叙寒暄還論價，不成訪友不成商。』（見稿本《賸馥吟草》册二）設壽人醫藥局數十年，齋名壽人，築小樓名賽竹。好雅集吟咏，賣藥江湖，招友題襟，與一時名流相唱和。撰著甚富，有《醫商》《賸馥吟》《賸馥續吟》《招友七絶》《招友三百律》《招友續咏》《賽竹樓詩餘》《賽竹樓駢體》《賽竹樓雜文》《賽竹樓雜俎》等書約二十種，編有《大雅題襟》《賽竹樓叢書》。刊行《賸馥吟》二卷（國家圖書館藏清光緒四年［1878］木活字本）、《霍亂轉筋醫商》（浙江省中醫藥研究院藏清同治三年［1864］行恕堂刻本），餘大都爲稿本傳世。

《賸馥吟草》共收三小集，即《澹如居詩抄》《二榆軒燹後詩草》《賸馥吟》，字句多改易塗抹，并隨録諸體文數十篇。集中收詩始於道光二十九年（1849）己酉，終於光緒四年戊寅。詩稿前有咸豐二年（1852）《自怡詩抄自序》，末署『咸豐壬子中秋月，芝麓自題』。卷尾有《徐吟舫賸馥吟題詞》《仲弟題跋五古》。

册一爲《澹如居詩抄》，首葉首行題『澹如居詩抄』。小集收《簡沈君伊水》《簡渭漁先生》《大水有感》《春草》《聞嘲》《讀蒲留仙俠女傳題詞》《蒲柳泉聊齋志异題詞》《再題聊齋志异》《贈王少蘭六首》《杭城遭寇長嘆而作》《甬上書懷》等諸體詩，標注『己酉』『壬子』『癸丑』『乙卯』『丙辰』『丁巳』『戊午』『己未』『庚申』，自道光二十九年己酉始，至咸豐十一年辛酉止，大抵按時間先後編次。字句多改易，且隨録《曾祖歸葬殯處告祖文》《公祭文》《入墓告祖文》《祭父母文》《新建福緣庵募疏》《劉將軍告示》《祭劉將軍文》《與楊賓于》《與宋朴齋亞謝二昆》《祭妻文》《公祭師母胡氏孺人文》《文昌祭文》《入泮告天地文》《施北塘前輩墓志銘》《沈公旭初行述》《土地祭文》《監會啓》《贈謝漁樵詩引》《潘氏六世祖墓祭文》《節婦勞氏孺人祭文》《費氏張孺人行述》等文，文多代筆。集中與友輩唱酬詩，間附原唱。

册二爲《二榆軒燹後詩草》《臢馥吟》。《燹後詩草》首葉首行題『二榆軒燹後詩草』，收《星聲》《悼嶽父及諸舅被擄》《五月十四日遭劫後作》《遭劫後追憶前事慨然有作》《逃難詞》《逃難海舶》《寇入姚城》《粤匪入寇顛末詩以紀之》《讀童二樹詩略書後》《書遺八章》《正月竹枝詞》《讀袁子才續詩品詩》《客仁和被擄》《二月廿四日克復杭城》《劫餘偶記》等諸體詩，大抵按年編録，皆洪、楊兵難後之作。據第一首《星聲》詩引『壬戌七月二十夕，家君納凉露坐』云云，收詩自同治元年壬戌七月始，至同治五年丙寅止。小集亦雜録《墓祭父通用文》《祭兄文》《墓祭胞妹文》《祀后土文》《后土通用文》《世十七公祭文》《星石公祭文》《祖母朱氏孺人哀詞》《胡某發軔祭文》《真武大帝祭文》《遇雨堂祭祖文》等文。

《臢馥吟》首葉首行題『臢馥吟』，下注『丁卯』，收詩自同治六年始，至光緒四年止，得《壽人齋書懷》《圍棋》《珊瑚樹》《壽人齋偶成》《紀行詩》《蘇小小墓》《賽竹樓落成》《四十生朝》《題嚴陵釣臺》《賣藥漫與》《滬游雜詩二十二首》《題前輩鄭月樵茂才游燕詩集》《拙稿刷印告成》等諸體詩。

傑人多才藝，能詩文，精於醫，兼篆刻，作詞曲。《賸馥吟草》冊二附五種：一爲道情《升科記事篇》一卷。卷端首行題『賸馥吟』，下注『戊辰』。次行題『升科記事篇（并序）』。《升科記事篇》又有單寫之本，下亦收録，集前提要詳述之。二爲《賽竹樓詞抄》不分卷，卷端題曰：『姚江胡傑人指六著。』收《賀婚調寄相見歡》《題風雨歸舟圖調寄十六字令》《題漁樵圖調寄憶江南》《題梅調寄占春芳》等詞十八首，其中《十六字令》凡十首。《賽竹樓詞抄》稿本，以下收録數種，提要述之略詳。其餘三種爲《臨證心得醫案》、《吊脚痧方》醫書二種及《印譜》一卷。

傑人《自怡詩抄自序》云：『詩必遠宗前哲，而體格始高；又必遍歷名山，而見聞始廣……民各有心，士誰無志。或徵逐於蠅頭利藪，早已鄙之；或流連於蝸角名場，終非願也。半生虛度，局促在紙窗竹屋之中；一藝難名，悽愴在秋蟀春鶊之候。襞花箋於月夕花晨，體不摹夫唐宋；寄逸興於梨雲梅雪，音未叶夫宮商。鏤金錯采，難免雉竄文囿之譏；刻翠剪紅，不無鶩集翰林之誚。比絮語於春婆，無當風雅；學清謳於鎖女，竊比衢謠。薛燭難逢，與誰説劍？鍾期未遇，且自彈琴。欲付丙丁，爲乏雞林之購；聊藏篋笥，可當鴻爪之留。』論詩好言性靈與自適，頗推尊乾隆三大家之袁枚，手刻『子才不録弟子』『錢塘才子是吾師』印。《題袁翔甫大令隨園瑣記》云：『私淑隨園不記年（予有「子才不録弟子」私印），屢探芳訊隔雲天』，『亭臺遍歷如逢主，一瓣心香一告虔。』《答客問詩學》云：『偶然有觸即成詩，前哲如林我不知。粵海名流當尚友（依雲樓詩，嘗愛讀之），錢唐才子是吾師（謂袁子才）。也曾筆向冰壺滌，最恨人無玉尺持。况得隨從施子久，如澆酥酪沁肝脾。』《論詩詩四首寄徐吟舫》其一云：『不矜豪氣不矜才，恬淡須從勁健來。最好天然靈妙境，未臻靈妙要敲推。』其二云：『詩篇三百雅兼風，此外騷人漢魏隆。兩晋三唐多作手，雖然异曲恰同工。』其三云：『裁雲剪月費清思，故欲驚人措好詞。記否隨園甘苦語，性情以外本無詩（袁子才句）。』其四云：『一字吟安斷數鬚，祇因攻苦不關愚。如何寫得黃庭到，恰好工夫識得無。』《讀袁子才續詩品詩》云：『司空妙境已先稱，辛苦工夫此獨參。博習精思珠韞匵，相題尚識鏡開函。仙才修煉原來苦，藥到中和總是甘。寄語後生諸弟子，盍將《詩品》味醰醰。』一瓣心香，專在袁枚。洪、楊兵難前所作，大抵陶寫性靈，寄托逸興，時見孤憤。如《自題陶靖節隱居圖》云：『我憐守錢奴，筦鍵牢羈束。又憐搢紳客，禄位憂傾覆。多少富貴人，庸庸不消福。覰然天地間，俗人一何俗。遐哉陶先生，靖節高矗矗。嘗爲彭澤令，有才非食肉。不鳴無絃琴，公庭消案牘。唯嫌見長官，折腰太諂瀆。歸來歸來兮，飛鳥還林麓。南村以一瞻，五柳蔭紛複。僮僕歡且迎，入室酌醽醁。去留兩委心，昨兮無感觸。寄傲倚南窗，窗下高卧熟。羲皇以上人，樂命一人獨。緊余墮紅塵，塵緣染百斛。不惠亦不夷，無榮亦無辱。痴呆賣未空，蠅蝸心常促。七戰童子軍，魚魚又鹿鹿。厠身上舍中，如駒轅下伏。閑閑本無官，何須賦槃陸。有詩供自怡，有號呼子碌。顧儂七尺軀，聊以滋愧恧。而今繪此圖，豈敢媲高躅。然心向往之，皮相亦已足。門第舊閑闊，園亭新修築。蒼蒼一樹松，淡淡半籬菊。曉起鳥緜蠻，秋來風清淑。消憂古今書，寄興長短曲。有時課田事，老農往而復。有時傾高談，佳客來不速。不是小淵明，景仰心常篤。謂我今人耶，澆情非所欲。謂我古人耶，善狀無足録。不古不今間，爲我開一局。長嘯聲復聲，逸響振林木。雖有素心人，此樂矢弗告。』《再題聊齋志异》云：『既把奇書讀，須知假亦真。鬼神泣難定，狐魅集何因（蒲留仙書成，名《鬼狐傳》。後入棘闈，狐鬼群集，揮之不去）。獨取麟經義，全超野史倫。倘繩《子不語》，辜負苦心人。』《贈王少蘭六首》其五云：『少不聰明一着輸，而今自愧學空疏。別從小道求生計，補讀唐虞以上書（近讀《靈樞》）。』其六云：『何年養得羽毛豐，三十青春轉眼空。壯不如人遑計老，回心欲脱此牢籠。』及遭喪亂，悲時感懷，《二榆軒燹後詩草》之作，詩史爲多。如《五月十四日遭劫後作》云：『家世逐浮塵，蕭然剩一身。無衣愁卒歲，有食悵求鄰。曩日稱詩客，今番作寄人（時寓受白）。不堪回首想，一想一傷神。』《逃難詞》《寇入姚城》《粵匪入寇顛末詩以紀之》《二月廿四日克復杭城》諸篇可備史乘。劫難之後，潦倒自放，自寫逸興，意味幽長，頗見『辛苦工夫』。如《壽人齋書懷》云：『壯志今何在，捫心自不知。壽人籯有藥，誤我筆無詩。潦倒應知命，用行還待時，只緣兵燹累，回首更生怨。』《賽竹樓落成》云：『不取黄岡竹，居然竟作樓。數弓基地窄，匝月匠工周。聽雨情常暢，齊雲（五代韓浦建齊雲樓）製不侔。倘因人重此，雖小亦千秋。』傑人詩勝於文及詞，雖不足稱一時名家，亦自可觀，《蒲柳泉聊齋志异題詞》可稱名篇，詩長不具引。至其私淑袁枚，獨標性靈，袁枚地下相逢，當相揖而悦也。

現藏浙江圖書館。（李聖華）

賸馥吟二卷［第二種］附賽竹樓聯句一卷［第一種］賽竹樓試帖一卷　（清）胡傑人撰　稿本

二册。每半葉八行，行二十一字，藍絲欄，四周單邊。紙心上印『賸馥唫』，欄外印『指六异人著』。

胡傑人生平見前《賸馥吟草》。

集中詩按年編排，各編前或題：『句餘胡傑人芝麓甫著。』或題：『句餘胡傑人子禄甫著。』或題：『句餘胡傑人指六甫著。』上册封題『賸馥吟（上）』，下册封題『賸馥吟（下）（詩餘、續草附）』。集前有餘姚嚴蔚文光緒二年（1876）十二月《賸馥吟詩序》、徐爾康光緒四年十一月《賸馥吟題詞》、胡德輝光緒三年中秋《賸馥吟題詞》及傑人咸豐二年（1852）中秋月《自叙》，無目録。傑人《自叙》，即前述《賸馥吟草》稿本第一種集前《自怡詩抄自序》。徐爾康《賸馥吟題詞》已見於前述稿本第一種卷尾。鈐『子禄』『子才不録弟子』『賸馥吟草』諸印。

此二卷本爲修改稿本，寫時較前述《賸馥吟草》稿本第一種爲晚，據以謄抄修改，删去隨録諸體文及雜著。清光緒四年賽竹樓木活字印本《賸馥吟》二卷，收詩至光緒四年止。前述《賸馥吟草》稿本第一種末一題即光緒四年作《拙稿刷印告成》二首，其一云：『畢竟妍媸有定評，詩傳豈必盡公卿。幾番獻璞翻遭刖，遑計人稱没世名。』其二云：『推敲苦費半生心，自署詩簽賸馥吟。何日采風來太史，敢從爨下獻焦琴。』此本當寫於《賸馥吟》二卷印行前不久。嚴蔚文《賸馥吟詩序》云：『歲丙辰，設館曇湖，胡子雪峰來與從游，文采風流，意甚相得。旋與其兄芝麓茂材交，知其追踪李杜，肆力岐黄……庚午以後，予司鐸嚴州，山陬海澨，少與周旋。今予告假回籍，芝麓過訪，出其《賸馥吟》詩相示。懷古則自出心裁，論事則獨抒胸臆，或登臨山水，寄彼閑情，或嘯傲軒窗，寫其逸趣，古今體無不搜羅，風雅儔定邀珍賞。《醫商》一書，行世已久，活人多多，《賸馥吟》出，不當與醫籍共傳不朽哉！』

此本合《澹如居詩抄》《二榆軒燹後詩草》《賸馥吟》三小集爲一集，自署『賸馥吟』，按年編次。卷上起道光二十九年（1849）己酉，至咸豐十一年辛酉止。己酉、庚戌、辛亥（咸豐改元前）三歲詩合爲一編；咸豐改元後，辛亥歲詩又成一編；壬子詩爲一編；癸丑詩爲一編；甲寅詩爲一編；乙卯、丙辰、丁巳三歲詩爲一編；戊午詩爲一編；己未詩爲一篇；庚申詩爲一編；辛酉詩爲一編。卷下起同治元年（1862）壬戌，至光緒四年戊寅止。壬戌詩爲一編；癸亥詩爲一編；甲子詩爲一編；乙丑詩爲一編；丙寅詩爲一編；丁卯詩爲一編；戊辰詩爲一編；己巳至癸酉詩爲一編；甲戌、乙亥、丙子三歲詩爲一編；丁丑詩爲一編；戊寅詩爲一編。

此稿嚴分月日，重編次第，詩題字句亦多改易。重定次第，如前述《賸馥吟草》稿本第一種所收小集《二榆軒燹後詩草》，依次録《星聲》《悼嶽父及諸舅被擄》《五月十四日遭劫後作》《遭劫後追憶前事慨然有作》《贈同宗穎生上舍》《逃難詞》《逃難之會稽南匯村》《寇退返棹》《逃難海舶》《寇入姚城》《寇退》等詩。《星聲》一首，作於同治元年七月二日，《五月十四日遭劫後作》《遭劫後追憶前事慨然有作》《悼嶽父及諸舅被擄》三題作於是年七月二日前。《寇入姚城》題下自注：『時辛酉十月廿二日。』置於同治元年所作諸篇中。此本重厘壬戌詩次第，《寇入姚城》一首入辛酉詩一編，其他諸作依次爲：《五月十四日遭劫後作》《遭劫後追憶前事慨然有作》《悼嶽父及諸舅被擄》《星聲》《逃難詞》《逃難海舶》《逃難之會稽南匯村二首》《寇退返棹》《寇退》，《贈同宗穎生上舍》一首則移於壬戌歲編《粵匪入寇顛末詩以紀之》後。文字改易，如《五月十四日遭劫後作》詩題改作《五月十四日寇至吾廬被燬爇後之作》，《悼嶽父及諸舅被擄》改作《嶽父及諸妻弟被擄》，《逃難之會稽南匯村》改作《避寇至會稽南匯村》。重編後次第嚴整，洪、楊兵難前後之作，一如『詩歷』，可備史家采摭。

此本重作編次，復自删汰，以備印行。凡删剔之篇，各於眉端加一朱印『删』字，上述《嶽父及諸妻弟被擄》《寇退返棹》并在删剔之列。同治戊辰詩《紀行記事之作》二十六首，八首標『删』字。少作標『删』尤多。

眉端又有傑人友人朱筆圈批、墨筆評點，間校誤字。如《陳翁杏園以律句見贈次韵奉答二首》第二首，眉批：『稿中五七律偶句最善美化，故無平衍之病。』《山行即景二首》第一首，眉批：『句法隱秀。』《讀蒲柳泉聯齋志异題詞》一首『我讀蒲子异書四百三十有七篇，幾回展玩幾憮然。藝林只此數枝筆，公以一手持其全』數句，眉批：『蒲松齡何足道，而詩自佳。』『漁洋市稿虚濁物』句，眉批：『漁洋市稿，恐係俗傳。』『雲狗世事更澆漓，鬼蜮人情多奇詭。倘非鑄鼎焉置此，大呼夏王不復起』數句，眉批：『倔强横厲。』『我獨知公公知我，我在青林黑塞間』二句，附校簽評曰：『解頤。』《咏物雜詩十八章》，眉批：『咏物諸作，意既新穎，語復超脱，如鐵鑄成，不復顛撲可破，三舍之避，抑又何辭！』不同於附庸風雅、敷衍應酬輩語，惜今尚未悉何人所評。

詩稿後附《賽竹樓聯句》一卷、《賽竹樓試帖》一卷，與封題『詩餘、續草附』，未相合也。其試帖詩及聯句，無足觀。

現藏浙江圖書館。（李聖華）

賸馥吟續編二卷［第一種］附論事絶句不分卷［第一種］（清）胡傑人撰　稿本

一册。每半葉八行，行二十一字，藍絲欄，四周單邊。紙心上印『賸馥唫』，欄外印『指六异人著』。鈐『賸馥吟艸』諸印。

胡傑人生平見前《賸馥吟草》。

收詩按年編排，未標示甲乙，次第不甚嚴，間有錯雜，乃修改稿本之一種。上卷卷端題曰：『姚州胡傑人指六甫。』下卷卷端題曰：『姚州胡傑人芷淥甫。』封題『賸馥吟續編』，内封題『賸馥吟續編』。集前有郭傳璞光緒十二年（1886）十月《序》、宋夢良光緒十二年十月《序》、胡紹份光緒十三年四月《序》，及上虞宋棠、黄炳垕、徐爾嘉、戎金銘四家《題詞》。無目録。

《賸馥吟草》稿本第一種，收詩起道光二十九年（1849）己酉，迄於光緒四年戊寅，末一首爲《拙稿刷印告成》。『拙稿刷印』謂光緒四年賽竹樓木活字印行《賸馥吟》二卷。此爲傑人詩集『續編』稿本之一種，收《自鳴鐘》《悼亡》《重購得童二樹布衣鈺梅花畫卷》《滬游雜詩補作六首》《贈小曲園主德清俞蔭甫太史樾》《短歌行》《彗星見》《閲闈墨書聊齋司文郎後》《卧游金閶七里塘竹枝辭》等諸體詩，起於光緒五年己卯，止於光緒十三年丁亥。

考其編年，大體知其分編之況：上卷爲光緒五年至九年之詩，起《自鳴鐘》，至《唁家雪巖觀察》止；下篇爲光緒十年至十四年之詩，起《祝黄蔚亭丈炳垕孝廉七十次其自述原韵》，至《偶成》一首止。《賸馥吟》二卷行世，傑人詩名日播。雖不盡弃科第，然賣藥於市，漫游湖海，以游歷、朋友、詩歌爲樂。光緒五年至十三年之詩，佳作亦不乏。如《遺懷》：『三番曾向棘闈趨，知命何妨竟守愚。昔日看書嫌視短，比年覽物覺光無。投時已滅懷中刺，望氣誰探頷下珠？老去情懷詩作遣，名傳何負白髭鬚。』《自輓》云：『甚矣吾衰也，先幾久自知。升沉總如此，富貴更何期？軀瘦全無肉，腎消只賸皮。黄泉真不遠，仲弟漫追隨（甲申十一月廿二日，雪峰作古）。』《自嘆》云：『老朽不堪醫，儽然吾益衰。畏寒脾氣乏，消渴肺陰虧。時不逢三泰，文將續五悲。兩編詩賸馥，一任漫瑕疵。』《偶成》云：『久將誕妄看神仙，銅狄摩挲又一年。魚有雙翎招鳥妒，蚿生百足惹夔憐。女媧漫説天能補，精衛空談海可填。我不思玄聊任性，狂吟且作野狐禪。』

兩卷之間，附《論事絶句》九十六首，紀寫聞見，非一時之作，晚者至光緒二十年，咏及甲午海戰，殆合前後諸作爲一編，抄附於此。《論事絶句》放眼東西，憂時憂國，隘陋之見雖不免，然信有史筆，如：『泰西巨艦競東來，强虜紛紛勢莫摧。鼯鼠飲河贏滿腹，不争土地秖争財。』『歐洲强大數俄羅，占踞伊犁孰主和？漫説輸金無實效，西陲藉此息干戈（同治朝，俄羅斯寇伊犁，輸銀四百九十萬兩）。』『不救琉球忍苟安，東藩誰復瀝心肝。爲言痛哭秦廷客，恕我中朝大是難（光緒初年，琉球國王爲日本所虜，曾來乞救）。』『搴旗斬將著奇勛，勝報喧傳劉氏軍。宣泰失機期克復，北寧又失更何云（癸未冬，劉毅失越南之桑臺、宣泰。甲申春，又失北寧）。』『幼樵本是一書生，軍政輕輕托秉衡。坐看全軍同覆没，將軍督撫共忘情（張佩綸號幼樵，時督師防閩，總督何小宋等不聞戰助戰）。』『治世求官亂即辭，此中機巧少人知。無多聞見搜羅遍，秖有軍門鄭孝祺（馬江大敗，提督鄭孝祺時帶兵在粤，恐調援閩省，即向粤帥彭雪琴辭職，責以軍棍）。』『守禦臺灣劉省三（劉銘傳號省三，提督銜。欽差到臺，時在甲申七月，當馬江敗績之後，法船四面游奕，全臺賴以保守。劉璈號蘭洲，前由台州府升臺灣道，劉銘傳擅抄其家。奏初上，天顏不喜，後則反飭督撫至本籍抄家），劉璈供職亦無慙。欽差漫説威權大，擅自抄家總不堪。』『自來大國肆欺陵，弱小原知力不勝。可嘆琉球我屏障，竟憑日本改冲繩。』『俄高接壤弱鄰强，互市場開十里長。知否危如羊伴虎，儽然吞噬未曾防。』『鐵政新開漢水陽，儲材製器最周詳。克殫心力勤咨訪，要與西人競富强（張香濤制軍之洞創鐵政局於漢陽之大別山）。』

現藏浙江圖書館。（李聖華）

賸馥吟續編二卷［第二種］附論事絶句不分卷［第二種］紫光閣功臣頌不分卷［第一種］（清）胡傑人撰　稿本

一册。每半葉八行，行二十一字，藍絲欄，四周單邊。紙心上印『賸馥唫』，欄外印『指六昇人著』。鈐『大拙秀才』『子才不録弟子』『子碌子賸馥吟』諸印。

胡傑人生平見前《賸馥吟草》。

此爲《賸馥吟續編》修改稿本之一種，分爲二卷，卷端題曰：『餘姚胡傑人芝麓著。』封題『賸馥續唫』。内封有止軒居士王繼香篆題『賸馥續唫』。無序跋、目録。

《賸馥吟續編》收光緒五年（1879）己卯至光緒十四年戊子之詩，按年編排，間有篇次錯雜。如光緒六年庚辰詩《庚辰送仲弟應禮闈試》，編於光緒八年詩《壬午鄉試回籍》《長星見》諸篇後。

上卷收光緒五年己卯至光緒九年癸未諸體詩，始於《題戴丈朗田光全讀書小影爲封君黄海巖作》，至《唁雪巖觀察》止。前述《賸馥吟續編》稿本第一種亦分二卷，上編爲光緒五年至九年詩，篇目與此本大都同，然次第、文字多异。如其前十題依次爲《自鳴鐘》《悼亡》《重購得童二樹布衣鈺梅花畫卷》《訪陸二餘於家塾不值》《滬游雜詩補作六首》《與沈伊水》《三赴文蔚院課之作》《遺懷》《贈瞽師應仰山》《自遣》。此本前十題依次爲《題戴丈朗田光全讀書小影爲封君黄海巖作》《重購得童二樹鈺梅花畫卷》《悼亡》《三赴文蔚院課之作》《訪陸二餘茂才黼堂於本家塾中不值》《自鳴鐘五排二十韵》《與沈伊水》《滬游雜詩補作六首》《遺懷》《贈瞽師應仰山保元》。十題皆作於光緒五年，考其次第，此本編次稍嚴。

下卷收光緒十年甲申至光緒十四年戊子諸體詩，始於《祝黄蔚亭孝廉七旬上壽次其原韵》，至《記過》一首止。前述《賸馥吟續編》稿本第一種下卷收光緒十年至十三年詩，篇目較此爲少。篇題文字异同亦顯見，如《卧游金閶七里塘竹枝辭》，此本題作《卧游山塘》。此本按年編排，次第較前述稿本爲嚴謹。

前述《賸馥吟續編》稿本第一種上下卷之間，附《論事絶句》九十六首，係後來合抄時事聞見絶句附編，收詩晚至光緒甲午。此本亦附《論事絶句》，凡四十一首，雖屬謄清稿，庶幾可窺原作之貌。

此本亦有删剔，於删去之篇，眉端各標朱印『删』字。如《論事絶句》『不救琉球忍苟安』一首、『醫國醫人事不同』一首、『守禦臺灣劉省三』一首，皆標『删』字。前述《賸馥吟續編》稿本第一種附《論事絶句》九十六首猶存之。又，下卷收《田臾咏》七言長篇，陶濬宣手爲題署，其詩不見於前述《賸馥吟續編》稿本第一種。集中時有佳篇。如《自題乘蓮泛海圖》四首其一云：『聞道東坡儋耳游，更傳太白夜郎流。我今小謫塵寰外，弱水神山與十洲。』其二云：『《聊齋异志》孰知音，曾向天涯没處尋。我與留仙同結習，也期黑塞又青林（留仙《自序》有「知我者，其在青林黑塞間乎」之句）。』自繪圖題詩，寫其浪迹湖海之趣。

《紫光閣功臣頌》不分卷，卷端首行題『紫光閣功臣頌』，次行題『餘姚胡傑人芝麓著』。集前有周鏞光緒十五年正月《賸馥中興功臣頌題詞》。清廷剿平洪、楊之變，爲褒獎諸功臣，建紫光閣。是集收《僧忠親王》《官文恭公》《駱文忠公》《曾文正公》《家文忠公》《左文襄公》《曾忠襄公》《楊武烈》《李肅毅伯》《彭剛直公》《鮑武襄公》《寧紹台道張公》《漕帥吴制軍、江督沈制帥暨江寧將軍富明阿、西安將軍都興阿、杭州將軍國瑞、廣西提督馮子材、四川成都將軍魁玉》《岑襄勤公》《川督丁制帥》《統領廣武全軍楊軍門》《蔣果敏公》《鎮碣石劉軍門》《張勤果公》《湖南提督馬軍門》《廣東水師提督方軍門》《甘肅凉州總兵記名提督蔣軍門》《福建陸路提督男爵蕭軍門》《署湖南提督王軍門》《雲貴總督劉制帥》《廣東水師提督吴軍門》《子爵李臣典軍門長江水師提督黄昌岐軍門翼升、羅軍門逢元、李軍門金洲、吴軍門宗國、劉方伯連捷、彭方伯毓橋、王□□遠和、陳廉訪湜、易廉訪良虎、武總戎明良諸公》等詩二十七首，分咏僧格林沁、官文、駱秉章、曾國藩、胡林翼、左宗棠、曾國荃、楊岳斌、李鴻章、彭玉麐、鮑超、張景渠、吴棠、沈葆楨、富明阿、都興阿、國瑞、馮子材、魁玉、岑毓英、丁寶楨、楊玉科、蔣益澧、劉毅、張曜、馬如龍、方耀、蔣東才、蕭孚泗、王永章、劉長佑、吴長慶、李臣典、黄翼升、羅逢元、李金洲、吴宗國、劉連捷、彭毓橋、王蘇臬、陳湜、易良虎、武明良等人。詩前各有序引，述諸功臣事迹。此本非初稿本，眉端批注、篇中勾乙删改乃後所校改。傑人光緒十四年作《寄尊聞閣》，有云：『近作功臣頌，紫光總登躋。抄寫公同志，所望文共摛。自笑黔驢技，技癢乃如斯。』又作《紫光閣功臣頌》，詩云：『粤西寇起紫金山，天罡地煞滿人寰。所到行省唯焚戮，下民生死如草菅。烏合蟻屯干戈逞，兩湖三江遞横梗。南北東西蹂躪多，屈指乃及十七省。嬴得勁旅起三湘，胡曾羅李及彭楊。湘軍最壯淮軍繼，山河恢復日重光。旋乾轉坤功於鑠，宸賞從兹乃破格。遥瞻傑構邁凌烟，丹青特焕紫光閣。』周鏞《賸馥吟中興功臣頌題詞》云：『若胡君指六，才擅三長，識超千古。奈運遭不偶，動輒多乖……以韓康賣藥之餘，問學孔聖傳經之事業，歷舉昭代中興之官弁，各詳事實，繫以佳章；兼搜連年恢復之情形，分注源流，傳諸雅什。雖揆諸庶人不議，多口堪憎；而例以餘事作詩，幽情畢達。探驪寄興，不埋没夫立德立功；揮麈清談，任雅俗之可傳可法。詞不等街談巷議，意自存定國安邊。當龜鑑以寓勸懲，仿麟經以嚴褒貶。』

現藏浙江圖書館。（李聖華）

賸馥吟續編二卷［第三種］附論事絶句不分卷［第三種］

賽竹樓詞抄一卷［第二種］（清）胡傑人撰　稿本

一册。每半葉八行，行二十一字，藍絲欄，四周單邊。紙心上印『賸馥唫』，欄外印『指六昇人著』。王繼香篆書封題『賸馥續吟』。内封有篆題『賸馥吟續編』。無目録。鈐『子才不録弟子』『錢塘才子是吾師』『大拙秀才』『子碌子賸馥吟』諸印。

胡傑人生平見前《賸馥吟草》。

《賸馥吟續編》二卷，上卷卷端題：『餘姚胡傑人芝麓著。』下卷卷端題：『姚州胡傑人子碌。』集前有郭傳璞光緒十二年（1886）十月《叙》、宋夢良光緒十二年十月《叙》，宋棠、黄炳垕、戎金銘三家《賸馥吟題詞》、徐爾嘉《賸馥吟續編題詞》。收光緒五年己卯至光緒十四年戊子之詩，按年編排。上卷收光緒五年己卯至光緒九年癸未諸體詩，始《題戴丈朗田光全讀書小影爲封君黄海巖作》，至《唁雪巖觀察》一首止。下卷收光緒十年甲申至光緒十四年戊子詩，自《戒洋烟》一首起，至《偶成》一首，抄寫皆出一人之手。以下詩自《王子獻太史稽山攬秀圖題辭》一首起，至《星隕如雨》一首止（按：《星隕如雨》有題無詩），共三十三首，抄寫另出一手，且有與前重複之篇。今推測其爲《賸馥吟續編》稿本別一種散葉，雜入此册。

卷上、卷下之間，附録《論事絶句》。前述《賸馥吟續編》稿本第一種附《論事絶句》九十六首，第二種附

《論事絶句》四十一首，此本則附三十九首。

此本爲謄清稿本，復有删剔，於删去之篇，眉端各標朱印『删』字。前述稿本第二種抄寫不精，多誤字。此本抄寫勝之，其朱墨筆批校頗可留意。如前述稿本第二種卷上《闔邑報罷鄉榜報罷》，詩題不順，詩中『結習』誤寫作『結席』，『無時節』脱一『時』字，有墨筆校改，然題仍舊。此本題作《闔邑鄉榜報罷》，『結習』『無時節』不誤。又，同卷《投平湖范雲鄂茂材崧次其贈郭雲儕原韵》其一『游來我與結相知』句，此本批曰：『此句似欠穩。』朱筆乙作：『來游與我結相知。』批校之人，蓋爲傑人摯友宋夢良。《論事絶句》三十九首前黏朱筆校簽二，其一云：『人謂夷人貴貨而賤土，非確論也。其所以不急取者，由漸而來。試觀今之交趾，即可知矣……員明園、伊犁、琉球、馬江諸事，不可侈議其後，均須避忌。』其二云：『有關國是者，切不可涉議論，况當今大員聲勢赫奕，見有瑕疵之者，豈不觸目。試觀《東華録》内雍正朝陸生楠、曾静輩，以詩招禍者十餘人，戒之戒之！足下論事詩中多犯此病。隱溪字勖。』宋夢良號隱溪子，以《論事絶句》議論時政急切，懼傑人被詩禍，故相箴規。《論事絶句》『不救琉球忍苟安』一首、『醫國醫人事不同』一首、『守禦臺灣劉省三』一首，眉端各標一『删』字。

《賽竹樓詞抄》一卷，卷端題曰：『姚江胡傑人指六甫著。』收《賀婚調寄相見歡》、《題風雨歸舟圖調寄十六字令》、《題漁樵圖調寄十六字令》、《題漁樵圖調寄憶江南》、《新婚志喜調寄一剪梅》、《題漁父圖調寄漁父》、《題馬七橋小照調寄占春芳》、《題竹箑調寄十六字令》四首、《烟室題詞調寄十六字令》四首、《題山水册頁調寄點絳唇》、《題梅調寄占春芳》、《題畫石調寄醉花陰》、《宋白樓選拔湖東第一山詩題詞調寄一剪梅》二首、《題群姬春宴圖調寄滿宫花》、《聽竹調寄虞美人》共二十二闋。前述稿本《賽竹樓詞抄》第一種，僅收《賀婚調寄相見歡》《題風雨歸舟圖調寄十六字令》《題漁樵圖調寄憶江南》《題梅調寄占春芳》等詞十八首，其中《十六字令》爲十首。

現藏浙江圖書館。（李聖華）

賸馥吟續編不分卷［第四種］附論事絶句不分卷［第四種］
紫光閣中興功臣頌不分卷［第二種］（清）胡傑人撰　稿本

一册。每半葉八行，行二十一字，藍絲欄，四周單邊。紙心上印『賸馥唫』，欄外印『指六异人著』。無目録。封題『賸馥吟續草』。鈐『子才不録弟子』『子碌子賸馥吟』『篆籀小技』諸印。

胡傑人生平見前《賸馥吟草》。

《賸馥吟續編》不分卷，卷端題曰：『餘姚胡傑人指六甫著。』集前有郭傳璞光緒十二年（1886）十月《叙》、何松《題詞》、宋棠《題詞》（詩四首）、黄炳垕《題詞》（詩二首）、戎金銘《題詞》（詩一首）。集中依次收《游柯巖》二首、《閬苑第一樓題壁》、《游申江訪翁已蘭司馬》二首、《火山炸裂紀變》、《星隕如雨》、《咏物詩》十一首、《子鏗族叔爲謄雜作詩以謝之》、《戒洋烟》、《三度蟾圓續稿寸積再呈蔚亭先生陖軒明經》、《偶成》、《吊家雪巖》、《寄黄硯舫孝廉》六首、《寄宋白樓選拔》、《寄尊聞閣》、《韓少蓮茂才配費烈婦殉節詞》、《任魯齋選拔配蔡孺人殉夫行》、《寄甬上郭晚香傳璞孝廉索其金戕草》二首、《送邵廉訪之官汴州》二首、《呈邵筱邨觀察》六首、《贈小曲園主人德清俞蔭甫太史樾》二首、《柬曹古虞曹官俊選拔》、《贈華亭書畫史家公壽》、《寄陖軒明經》四首、《韓勉夫明經昌圻冢君子嶠太史培森登瀛賀詩》十首、《贈蔣君揚上舍鑣》、《武陽郡客邸書懷寄蔡月舫同學》、《呈黄蔚亭先生炳垕孝廉》二首，凡六十五首。考其編年，知爲光緒十一年至十二年詩，第日月編次不嚴謹。《呈邵筱邨觀察》六首、《贈小曲園主人德清俞蔭甫太史樾》二首皆光緒九年舊作，復編入集中。《呈邵筱邨觀察》題下注云：『時癸未駐滬城。』《贈小曲園主人德清俞蔭甫太史樾》題下注云：『癸未舊作。』是集多游滬之作。何松《題詞》因云：『詩紀滬游，寫繡户香街之景色（大作有滬詩三十首）；集鐫賸馥，暢唫秋咏夏之襟懷。』傑人屢寄集諸友乞評閲。《寄颩軒明經》四首其四云：『早把詩文寄兩編，又求大筆費丹鉛。』《寄宋白樓選拔》云：『不將前物付洪喬，詩札均應賞邀鑑。』《寄黄硯舫孝廉》六首其五云：『拙著曾經寄兩編，稀翁惠肯費丹鉛。揚雄奇字劉棻問，恨不平章載酒錢。』

《論事絶句》不分卷，凡四十一首，接《呈黄蔚亭先生炳垕孝廉》抄寫，不另起一葉。『不救琉球忍苟安』一首、『醫國醫人事不同』一首、『守禦臺灣劉省三』一首，眉端各標朱印『删』字，其篇目及删裁皆同於前述《賸馥吟續編》稿本第二種所附者。

《紫光閣中興功臣頌》不分卷，卷端不署撰者名氏，首行題『紫光閣中興功臣』。『功臣』下一字糊去。傑人《中興功臣詩》數種修改稿本，皆作『功臣頌』，後始改作『功臣詩』。此本糊去者疑即『頌』字。集中依次收《曾文正公》《左文襄公》《家文忠公》《江督曾九帥》《寧紹台道張公》《提督軍門鮑公》《李肅毅伯》《太子少保彭公》《僧忠親王》《湖督官爵帥》《陝甘總督楊宫保》《四川總督駱制軍》《漕帥吴制軍、江撫沈中丞暨江寧將軍富明阿、西安將軍都興阿、杭州將軍國瑞、廣西提督馮子材、京口副都統魁玉》《雲貴督岑制帥》《川督丁制帥》《統領廣武全軍楊軍門》《蔣果敏公》《鎮瓊劉軍門》，凡十八首，詩前各有小引。此本較前述《紫光閣功臣頌》不分卷稿本第一種少九首。然又非删繁就簡之本，其寫時在前。殆《紫光閣功臣頌》陸續增咏而成也。如光緒十九年作《西湖雜詩》二十首其十三云：『復浙前驅并蔣（果敏）公，朝廷予謚亦從同。我將補入功臣頌，載考殊勛爲表忠（劉果毅祠）。』（《賸馥續咏》）此本不唯篇目、次第與稿本第一種不同，詩題、字句亦顯有异。如咏官文一首，此本題作《湖督官爵帥》，詩引初作『爵帥伯姓官，名文』云云，校改作：『爵帥姓官，名文，謚文恭。』其稱魁玉，詩題猶曰『京口副都統』，而非後來所稱『四川成都將軍』。是集首葉有一朱紅黏簽，細視似裁自名刺，其上爲傑人手書：『功臣諸作，官爵、輿圖、謚法、人名，如能盡悉，恭求指教，并有疵謬，即請丹鉛示悉。子碌下拜受教。』察其手迹，此本乃傑人手録。

現藏浙江圖書館。（李聖華）

賸馥吟續編不分卷［第五種］紫光閣中興功臣頌不分卷［第三種］（清）胡傑人撰　稿本

一册。每半葉八行，行二十一字，藍絲欄，四周單邊。紙心上印『賸馥唫』，欄外印『指六异人著』。

胡傑人生平見前《賸馥吟草》。

封題『賸馥續吟』。集前有周鏞光緒十三年（1887）《賸馥吟中興功臣頌題詞》、徐爾嘉光緒十二年《賸馥吟續編題詞》、宋棠光緒十二年《賸馥吟詩題詞》。無目録。鈐『壽人』『子碌子賸馥吟』諸印。

《賸馥吟續編》不分卷，卷端題曰：『餘姚胡傑人指六甫著。』收《游柯巖》二首、《閬苑第一樓題壁》、《火山炸裂紀變》、《星隕如雨》、《過武陽郡書遺二絶》、《越中紀行》十首、《采芝圖爲龔韡甫題》、《韓勉夫明經昌圻冢君子嶠太史登瀛賀詩》十首、《贈蔣君揚上舍鑣》、《武陽郡客館書懷寄蔡月舫同學》二首、《呈黄蔚亭先生炳垕孝廉》二首、《卧游金閶七里塘竹枝辭》四首、《咏物詩》十一首、《子鏗族叔爲謄雜作詩以謝之》、《戒洋烟》、《三度蟾圓續稿寸積再呈蔚亭先生并颸軒明經》、《偶成》、《吊家雪巖》、《寄黄硯舫孝廉》六首、《寄宋白樓選拔》、《寄尊聞閣》、《寄甬上郭晚香傳璞孝廉索其金嶯草》二首、《送邵廉訪之官汴州》二首、《寄颸軒明經》四首、《偕孫子尹中表同訪九龍寺》、《題高硯耕照》二首、《題羅四愛山照》、《韓少蓮茂才配費烈婦殉節詞》、《任魯齋選拔配蔡孺人殉夫行》、《邵筱邨廉訪予告還鄉贈之以詩》、《郭晚香約以詩報以此催之》、《登匡山》，凡七十八首。詩非按年編排，考其作時，知在光緒十一年至十五年間。此五年間所賦詩甚夥，此本存録未多。其他稿本録此五年詩，各有篇目多寡、詩題字句之异。

《紫光閣中興功臣頌》不分卷，卷端不署撰者名氏，首行題『紫光閣中興功臣頌』。依次收《僧忠親王》《官文恭公》《駱文忠公》《曾文正公》《家文忠公》《左文襄公》《江督曾九帥》《楊武烈》《李肅毅伯》《彭剛直公》《鮑武襄公》《寧紹台道張公》《漕帥吴制軍、江督沈文肅暨江寧將軍富明阿、西安將軍都興阿、杭州將軍國瑞、廣西提督馮子材、四川成都將軍魁玉》《鎮瓊劉軍門》《雲貴督岑制帥》《川督丁制帥》《統領廣武全軍楊軍門》《蔣果敏公》《張勤果公》《湖南提督馬軍門》《廣東水師提督方軍門》《甘肅凉州總兵記名提督蔣軍門》《福建陸路提督男爵蕭軍門》《署湖南提督王軍門》《雲貴總督劉制帥》《廣東水師提督吴軍門》《子爵李臣典軍門、羅逢元軍門、李金洲軍門、吴宗國軍門、劉連捷方伯、彭毓橘方伯、王遠和方伯、陳湜廉訪、易良虎廉訪、武明良總戎諸公》《劉果敏公》《浙江提督馮軍門》《臺灣巡撫劉省三爵帥》《黄武靖公》《魁果肅公》《劉公》等詩三十三首。

《中興功臣詩》初稿本，今未訪見。前述《紫光閣中興功臣頌》稿本第二種，最接近初稿本。今傳其他《中興功臣頌》稿本數種，修改皆源於此本。集中改易，丹黄滿卷。前述《紫光閣中興功臣頌》稿本第二種，第一首爲《曾文正公》，此則改作《僧忠親王》，詩引述僧格林沁事功，文字改易近半，眉端復詳爲批注。《官文恭公》一首，《紫光閣中興功臣頌》稿本第二種題作《湖督官爵帥》，詩引：『爵帥伯姓官，名文。』又校改作：『爵帥姓官，名文，謚文恭。』此本則改作：『文恭伯姓官，名文。』又校改作：『文恭姓官，名文，號秀峰，滿洲正白旗人。』《江督曾九帥》一首，後來諸稿本改作《曾忠襄公》，此本猶從稿本第二種作《江督曾九帥》。《子爵李臣典軍門、羅逢元軍門、李金洲軍門、吴宗國軍門、劉連捷方伯、彭毓橘方伯、王遠和方伯、陳湜廉訪、易良虎廉訪、武明良總戎諸公》一首，稿本第二種無。此本初題作《子爵李臣典軍門、江南提督黄翼升軍門、羅逢元軍門、李金洲軍門、吴宗國軍門、劉連捷方伯、彭毓橘方伯、王遠和方伯、陳湜濂訪、易良虎廉訪、武明良總戎諸公》，『江南提督』，校改作：『長江水師提督。』『黄翼升』，小字旁注：『昌岐。』『劉連捷』，小字旁注：『號南雲。』『陳湜』，旁注：『蘇臬，號舫仙。』眉端批注：『黄翼升，號岐昌。寓金陵之倉巷，杜門謝客，詩酒自娱十餘年矣，壬辰召任長江水師提督。另作。』後來稿本或題作『子爵李臣典軍門、長江水師提督黄昌岐軍門翼升、羅軍門逢元、李軍門金洲、吴軍門宗國、劉方伯連捷、彭方伯毓橘、王□□遠和、陳廉訪湜、易廉訪良虎、武總戎明良諸公』，其時猶未作咏黄翼升之《黄武靖公》也。

現藏浙江圖書館。（李聖華）

賸馥吟續編不分卷［第六種］附論事絶句不分卷［第五種］（清）胡傑人撰　稿本

一册。每半葉八行，行二十一字，藍絲欄，四周單邊。紙心上印『賸馥唫』，欄外印『指六异人著』。

胡傑人生平見前《賸馥吟草》。

集中收詩分四編，乃修改稿本之一種，有朱筆校字、眉端批注。各編前或題：『餘姚胡傑人子碌子著。』或題：『姚州胡傑人芝麓甫。』封題『賸馥續唫』，内封篆題『賸馥吟續編』。無序跋、目録。鈐『子才不録弟子』『少陵賸馥』『賸馥吟艸』諸印。

第一編收《游柯巖》《武陽郡客館書懷寄蔡月舫同學》《咏物詩》《子鏗族叔爲謄雜作詩以謝之》《戒洋烟》《火山炸裂紀變》《星隕如雨》《贈蔣君揚》《謝執友宋耆翁竹孫茂才夢良校定續編》《書同庚友徐瘦山茂才鳩摩羅什譯佛經賦後》《賸詩寄滬呈題襟諸大雅》《田臾頌》《題袁翔甫大令祖志隨園瑣記》等諸體詩，考其作時，知大都在光緒十一年（1885）至十二年間。

第二編收《與田雨公校棋》《五無用吟》《柬書家陳醉墨生》《自題乘蓮泛海圖》《孝子陶孝譜紀實詩》《六月十九日法洪生（附録宋步梅詩人和章）》《步梅詩叟過訪賽竹樓歸後書懷》，考其作時，大都在光緒十三年。

第三編收《戊子元旦》《由上林湖至鶴皋》《柬步梅詩人》《柬邵小村廉訪友濂時予告歸里》《寄尊聞閣》等諸體詩，考其作時，大都在光緒十四年。

第四編收《王子獻太史繼香稽山攬秀圖題詞》《讀陳古銘先生乙酉廣陵十日記》《大水紀灾》《次友題襟韵》《閲李艾塘揚州畫舫録聊當卧游轉瞬盛衰攬勝即以志感成十二絶》《告存》《慰步梅山人被誣》《訪續蓮社諸詩人遺稿》《探珠詞寄徐印香》《六十自壽》《紫光閣功臣頌》《寄孫彦清廣文德祖》《送邵筱村中丞友濂移撫臺灣》《題鄭生巂谷花月友廬印存》等諸體詩，考其作時，大都在光緒十五年至十八年間。

第三編、第四編之間，附《論事絶句》不分卷，凡四十一首。

此本與前述《賸馥吟續編》稿本不唯篇目次第、多寡有异，且篇題字句多有不同。此本不完，或原尚另有一册，收光緒五年至十年詩，今未訪見之，姑存此疑。

現藏浙江圖書館。（李聖華）

賸馥續吟不分卷〔第七種〕（清）胡傑人撰　稿本

一册。每半葉八行，行二十一字，藍絲欄，四周單邊。紙心上印『賸馥唫』，欄外印『指六昇人著』。

胡傑人生平見前《賸馥吟草》。

卷端題曰：『姚州胡傑人芷淥。』封題『賸馥續吟』。内封有王繼香篆題『賸馥續吟』，署『光緒戊子冬中，同郡王繼香題』。集前有吴乙棨《恭題芝麓仁兄大人雅照》，無目録。鈐『子碌子賸馥吟』諸印。

收詩自《游柯巖》起，至《棉花垂成終宵風雨甚大不能無詩》止，得《星隕如雨》、《閬苑第一樓題壁》、《咏物詩》十一首、《采芝圖爲龔韡甫題》、《過武陽郡客邸書遺》二首、《吊家雪巖》二首、《越中紀行》十首、《柬飈軒明經》四首、《五無用吟》五首、《賸馥吟寄藏徐棣山園賸之以詩》二十首、《味蒓園七橋咏》七首、《紫光閣功臣頌》、《送邵筱村中丞友濂移撫臺灣》四首等詩二百九十餘首。詩未分編，今考其作年，知在光緒十一年（1885）至十七年間。

前述《賸馥吟續編》稿本第六種收光緒十一年至十八年之詩，持校此本，其光緒十一年至十七年詩不唯多寡有异，相同之篇詩題、次第、字句多有不同。如《自題太乙乘蓮圖》四首，稿本第六種題作《自題乘蓮泛海圖》。其二前二句云：『聊齋异志覓知音，覓遍天涯没處尋。』稿本第六種作：『聊齋异志孰知音，曾向天涯没處尋。』又，《步梅詩人過訪賽竹樓歸後書懷時圉陽辜月》十首，稿本第六種題作《步梅詩叟過訪賽竹樓歸後書懷》。其七末句『我將上叩碧翁翁』自注云：『此詩之旨，步梅所述也。』稿本第六種末句作『我將搔首問蒼穹』，自注云：『此詩之旨，君所述也。末句改作：「我將上叩碧翁翁。」』

前述《賸馥吟續編》稿本第六種第三編、第四編之間附收《論事絶句》四十一首，此本則無。又，此本有《賸馥吟寄藏徐棣山園媵之以詩》二十首，稿本第六種無。傑人作有《賸馥吟題襟録寄藏徐園詩引》，其寄藏徐園詩二十首，前述《賸馥吟續編》稿本第二種卷下收録，題作《賸稿到滬寄藏徐園索和題襟諸大雅》，他本則罕録。組詩二十首其二云：『邇來風雅萃名園，觴咏頻開鴻印（軒名）軒。要與群公相賞析，故將小稿此分存。』其三云：『詩星西仰古虞遥，車（雲表）許（奮生）途分曲共高。一教（許）一民（車）三博士（宋齊南雲笠耕滌人），猶存選貢（宋白樓）筆凌霄。』其六云：『王（紫詮）杜（晋卿）文章見一斑，留仙勝境并躋攀。其餘珠玉雖然好，寶貴翻嫌到手艱。』其八云：『壇坫伊誰據上游，聯吟酣飲小樓頭。徵詩已過毛詩數，騷雅何緣結侶儔（王松堂繪《小樓吟飲圖》，唱和得三百餘家。予爲作序，遯叟籤曰《苔岑録》）。』其十云：『遠貽詩序廿餘家，駢體裁雲又剪霞。倘有餘貲商石印，誕登畫報亦風華。』其十五云：『賈島才高早奪標，僧門月下尚推敲。我詩人比黄河水，不汰泥沙恐混淆（谿北詩人戎丈古慎氏評語）。』其十六云：『商量副本付名醫（種榆客），此意殷勤恐未知。争怕摘詞流五俗，請如療病施針錐。』其二十云：『一腔熱血兩編詩，閲罷應知遇若斯。奈此焦桐焦已甚，中郎入聽更何時？』皆可備考據及詩評。

現藏浙江圖書館。（李聖華）

賸馥續吟不分卷［第八種］（清）胡傑人撰　稿本

一册。每半葉八行，行二十一字，藍絲欄，四周單邊。紙心上印『賸馥唫』，欄外印『指六异人著』。胡傑人生平見前《賸馥吟草》。

收詩分爲三編，或題：『餘姚胡傑人海壽。』或題：『姚海壽人晚稿。』封題『賸馥續唫』。内封有王繼香題『賸馥續唫』，署『姚海壽人囑題，止軒居士』。無序跋、目録。

收詩起於光緒十六年（1890）庚寅，至光緒十九年癸巳止。按年編次，庚寅、辛卯詩爲一編，依次録《六十自壽》《簡趙鳌老壽補明經彦暉》《紫光閣功臣題詞》《柬孫彦清廣文德祖》《送邑侯忠若虚大令滿卸縣任》《後甲孺子鄉試追紀前游重申後約》《送邵筱村中丞友濂移撫臺灣》《吕蕭芳茂才棨晋望詩題詞》《訪故詩人宋漱石》《棉花垂成終宵風雨甚大不能無詩》《簡高昌寒食生》《簡申左夢畹生》，凡十二題。壬辰詩爲一編，依次録《跋黄氏世德傳贊》《天南遯叟王紫詮明經韜漫游隨録題詞》《題鄭生新泉花月友廬印存》《壬辰五月次孫法洪落水遭難紀事》《題圖》《題吕菊舫遺象》《屬鄭生新泉鎸石二十八字贈晋望詩人》《柬黄丈蔚亭舍人炳垕爲徵魯韓二老介壽詩》《壬辰七月望日留須》《與蔣亖卿孝廉玉泉》《陳君醉墨蔣君君揚鄭君又橋趙氏專一張氏訏臣鄭生雲翹新泉各贈魯丈卓叟隸聯賸之以詩并謝魯丈》《和魯丈卓叟次贈韵兼示平陸和順舊稿》《陶心雲孝廉濬宣由燕京歸里》《柬存存齋主人》《羅韵伯表弟六十振聲》《王子獻太史假旋未爲洗塵詩以代之》《輓李慎庵》《雪中消遣十絶》，凡十八題。

癸巳詩爲一編，依次録《預祝黄丈蔚亭八秩》《簡止軒居士八首》《叠周耆季況守相星詒贈韵》，凡三題，顯有未完。

此本編次謹嚴，且多前述《賸馥吟續編》稿本第六種所無之篇。

傑人光緒五年後之詩，有初稿本、修改稿本、謄清稿本，惜未全存。此爲謄清稿本之一種，止録耳順以後四年之作。《六十自壽》四首可見其晚歲心境，其一云：『不曾學佛不求仙，銅狄摩挲六十年』，『水火兵荒如夢覺，狂吟且作野狐禪。』其二云：『蝸角蠅頭渺若雲，海天歌嘯日欣欣』，『孤芳莫道無人賞（曩繪《孤芳自賞圖》，手搦青芝），多少詩家賸馥熏。』其三云：『韓康世業付兒曹（先封君純齋公，以醫名世。兒子家禧，人許繩武），慣眊偏欣禿管操。耗我精神多撰述（著有《賸馥吟詩》《賸馥詩餘》《賽竹樓雜俎》《賽竹樓駢文》《霍亂轉筋醫商》，兼輯《本草别名考》），闡人幽德勉辛勞（襄潘嶧琴學使衍桐《輶軒續録》徵詩五十家）。十年鰥老弦休續，一局棋輸氣尚豪。且樂壺天孫自弄（孫二法濂、法洪，長才入塾），何當小隱擬三高。』《天南遯叟王紫詮明經韜漫游隨録題詞》四首，光緒十八年題王韜《漫游隨録》所作，其一云：『小隱淞江仰大宗，風流儒雅幾人同。洽聞殫見通今古，論道經邦震外中。老尚著書永朝夕，壯能游迹極西東。安車晚遇優游甚，猶自天南號遯翁。』其二云：『甫里窮居若鄙人，一登壇坫便超倫。凉凉踽踽逋逃客，正正奇奇閲歷身。所見都將名士待，相知反覺异鄉親。《漫游隨録》兼《圖記》，塵世紛華付笑嚬。』贊羨之中，自見志趣，乃有味之言。

現藏浙江圖書館。（李聖華）

賸馥續吟不分卷〔第九種〕（清）胡傑人撰　稿本

一册。每半葉八行，行二十一字，藍絲欄，四周單邊。紙心上印『賸馥唫』，欄外印『指六异人著』。

胡傑人生平見前《賸馥吟草》。

收光緒十六年（1890）至二十一年詩，分爲四編，或題『餘姚胡傑人海壽』，或題『姚海壽人晚稿。』，或題『餘姚胡傑人子碌』。封題『賸馥續吟』。内封王繼香題『賸馥續吟』，署『戊子秋仲，止軒居士題』。無序跋、目録。鈐『海壽』『少陵賸馥』『賸馥吟艸』諸印。

第一編首葉首行題『賸馥續吟』，下注：『庚寅、辛卯。』即光緒十六年、十七年。然光緒十八年壬辰詩接抄，未另分編，第一編實收光緒十六年至十八年詩。自《六十自壽》起，至《簡申左夢畹生》，凡十二題，與前述《賸馥續吟》稿本第八種『庚寅、辛卯編』篇題、次第不异。接下《跋黄氏世德傳贊》題下注：『壬辰。』自《跋黄氏世德傳贊》起，至《雪中消遣十絶》，凡十八題，亦與稿本第八種『壬辰編』篇題、次第不异。

第二編首葉首行題『賸馥續吟』，下注：『癸巳。』即光緒十九年。依次收《預祝黄丈蔚亭八秩》《簡止軒居士八首》《叠周耆季况守相星詒贈韵》《題張研青上舍澤詩西塞漁者圖》《簡張耋丈棣笙廣文岱年》《謁邑尊忠公若虚明府於會垣客館》《西湖雜詩》，凡七題。前述稿本第八種癸巳詩爲一編，僅得《預祝黄丈蔚亭八秩》《簡止軒居士八首》《叠周耆季况守相星詒贈韵》三題。

第三編首葉首行題『賸馥續吟』，下注：『甲午。』即光緒二十年。收《雜花吟》《牡丹花開寵之以詩》《白芍藥》《繡球花》《蝴蝶花》《簡周季况守相星詒》《簡魯耋丈卓叟》《柬韓耋丈螺山中翰》《柬孫峴卿大令德祖催書屏幅》，凡九題。

第四編首葉首行題『賸馥續吟』，下注：『乙未。』即光緒二十一年。收《鷄》詩三題、《題孫廷標封翁黄山采藥圖》、《賀甬上湯□□入泮》、《魯耋丈卓叟觀察十二聯珠佳城圖題詞》、《訪牡丹》、《穀雨日楊妃牡丹開詩以賞之》、《喜魯耋丈卓叟徵得盛□□學博題衿》、《次盛□□學博傳均題衿韵》《書憤八題》、《步梅詩人病危賦詩永訣》，凡十二題。

此爲傑人詩集『續吟』稿本之一種，一歲詩留數題，删選亦曰嚴矣。集中多有其他稿本罕收之詩，《西湖雜詩》二十首、《雜花吟》八首等皆是。眉端間附校簽，如『廢字，疑費字之誤』，『鵲軒超，嫌生硬，擬改錫瓊瑶』。今未詳何人校閲所批。

現藏浙江圖書館。（李聖華）

賸馥吟功臣詩不分卷〔第四種〕（清）胡傑人撰　稿本

一册。每半葉八行，行二十一字，藍絲欄，四周單邊。紙心上印『賸馥唫』，欄外印『指六异人著』。

胡傑人生平見前《賸馥吟草》。

卷端首行題『紫光閣中興功臣』，不署撰者名氏。封題『賸馥吟功臣詩』。集前有周鏞光緒二十三年（1897）《中興功臣詩題詞》。無目録。鈐『壽人』印。

前述《紫光閣功臣頌》稿本第一種，與稿本《賸馥吟續編》合裝一册，集前有周鏞《賸馥吟中興功臣頌題詞》，末署：『光緒十五年太簇月，八十老人笙北周鏞題。』此則改題《中興功臣詩題詞》，末署：『光緒二十三年太簇月，八十八老人周鏞笙北題。』而題詞文字鮮异。

集中依次録《僧忠親王》《官文恭公》《曾文正公》《川督駱文忠公》《家文忠公》《左文襄公》《威毅伯曾九帥》《陝甘總督楊宫保》《李肅毅伯》《太子太保彭公》《提督軍門鮑爵帥》《寧紹台道張觀察》《漕帥吴制軍、江撫沈中丞暨江寧將軍富明阿、西安將軍都興阿、杭州將軍國瑞、廣西提督馮子材、京口副都統魁玉》《雲貴督岑制帥》《川督丁制帥》《統領廣武全軍楊軍門》《蔣果敏公》《鎮瓊劉軍門》《張勤果公》《劉果敏公》《浙江提督馮軍門》《湖南提督馬軍門》《廣東水師提督方軍門》《甘肅凉州總兵記名提督蔣軍門》《福建陸路提督男爵蕭軍門》《署湖南提督王軍門》《雲貴總督劉制帥》《廣東水師提督吴軍門》《子爵李臣典軍門、羅逢元軍門、李金洲軍門、吴宗國軍門、劉南雲方伯連捷彭漢林方伯毓橘、王遠和方伯蘇臬、陳舫仙廉訪湜、易良虎廉訪、武明良總戎諸公》《劉爵帥省三宫保》《黄武靖公》等詩三十一首。末一首《黄武靖公》已缺葉，僅存前三句『百戰奇勛一世雄，總師安衆仰元戎，身膺駱撫無雙譽』。

此本謄抄較前述《紫光閣功臣頌》稿本第一種爲晚，且多出四首，即《劉果敏公》《浙江提督馮軍門》《劉爵帥省三宫保》《黄武靖公》四詩（按：分咏劉典、馮南斌、劉銘傳、黄翼升）。二本相异者不止於此本篇目新增四首。稿本第一種咏曾國藩一首原編在駱秉章後，至其篇題文字之异更著。二本文字不盡同，皆可備校勘。

又，《昭代中興功臣詩續咏》（與《賽竹樓賸馥續吟》等合裝一册），僅得《魁果肅公》《劉公》二首，分咏魁玉、劉錦棠。此本無之。

現藏浙江圖書館。（李聖華）

紫光閣功臣詩不分卷［第五種］（清）胡傑人撰　稿本

與《大雅題襟》合裝一册。每半葉九行，行二十一字，小字雙行同，無格，四周單邊。

胡傑人生平見前《賸馥吟草》。

卷端題曰：『餘姚胡傑人芝麓。』内封有貝蕴章題『紫光閣功臣詩』，署『光緒癸巳仲春，長洲貝蕴章書』。集前有不署撰者《紫光閣中興功臣詩題詞》、沈瑜寶光緒十五年（1889）《昭代中興功臣詩題詞》、不署撰者《紫光閣中興功臣詩題詞》。其不署撰者二篇，前爲駢文後爲詩，考之知傑人自作。

此本收《科爾博多勒噶台忠親王》《官文恭公》《駱文忠公》《曾文正公》《家文忠公》《左文襄公》《曾忠襄公》《楊武烈公》《李肅毅伯》《彭剛直公》《鮑武襄公》《岑襄勤公》《川督丁制帥》《蔣果敏公》《張勤果公》《福建陸路提督男爵蕭軍門》《漕督吴制軍棠、江督沈文肅暨江寧將軍富明阿、西安將軍都興阿、杭州將軍國瑞、廣西提督馮子材》《寧紹台道張觀察》《統領廣武全軍楊軍門》《雲貴總督劉制帥》《湖南提督馬軍門》《廣東水師提督方軍門》《記名提軍甘肅凉州總兵蔣軍門》《署湖南提督王軍門》《吴武壯公》《子爵李軍門臣典、羅軍門逢元、李軍門金洲、吴軍門宗國、劉方伯連捷、彭漢林方伯毓橘、王方伯遠和蘇臬、陳舫仙廉訪湜、易廉訪良虎、武總戎明良》《劉果敏公》《浙江提督馮軍門》《臺灣巡撫劉省三爵帥》《黄武靖公》《魁果肅公》《劉公》，共三十二首，詩前各有序，述其事迹。

前述《紫光閣功臣頌》稿本第一種收詩二十七首，無此本所收《劉果敏公》《浙江提督馮軍門》《臺灣巡撫劉省三爵帥》《黄武靖公》《魁果肅公》《劉公》詩六首，然《署湖南提督王軍門》（咏王永章）一首，此本無。所同者之篇，自《鮑武襄公》以下，次第頗异。

前述《滕馥吟功臣詩》稿本第四種，收詩三十一首，較稿本第一種多出四首：《劉果敏公》《浙江提督馮軍門》《劉爵帥省三宫保》《黄武靖公》。此本有此四首，且較稿本第四種多出《魁果肅公》《劉公》二詩。《昭代中興功臣詩續咏》（與《賽竹樓賸馥續吟》等合裝一册），僅得《魁果肅公》《劉公》二詩，即此本集末二首。

前述稿本第一種、第四種皆非初稿本，頗多改易。此本爲謄清稿之一種，寫録在二本後，猶多改易。如稿本第一種《官文恭公》詩引云：『文恭謚，官姓文名。道光三十年，赭寇洪秀全由廣西桂林府紫金山倡亂，竄三江二湖，逆踪幾遍天下。文宗顯皇帝於咸豐三年欽差督湖，與鄂撫胡林翼、湘撫駱秉章、兵部曾國藩創辦團練，卒能肅清全境，并籌東征，藎勤卓著，錫封伯爵。』墨筆校改，『官姓名文』旁增『滿洲正白旗人』；『鄂撫胡林翼、湘撫駱秉章、兵部曾國藩』改作『湘撫胡文忠林翼、鄂撫駱文忠秉章、兵部曾文正國藩』。眉端又有批注二條：『道光朝稱宣宗成皇帝』『同治朝稱穆宗毅皇帝』。稿本第四種《官文恭公》詩引作：『官公文名，謚文恭。道光三十年，赭寇洪秀全由廣西桂林倡亂，竄三江二湖，逆踪幾遍天下。文宗顯皇帝於咸豐三年欽差督湖，與鄂撫胡林翼、湘撫駱秉章、兵部曾國藩創辦團練，卒能肅清全境，并籌東征，藎勤卓著，錫封伯爵。』墨筆校改，『官公名文』旁增『號秀峰』三字。此本《官文恭公》詩序作：『文恭謚，官姓文名，滿洲正白旗人。道光三十年，赭寇洪秀全等由廣西桂林府紫金山倡亂，竄三江二湖，逆踪幾遍天下。文宗顯皇帝於咸豐三年欽差督湖，與鄂撫駱文忠秉章、湘撫胡文忠林翼、兵部侍郎曾文正國藩創辦團練舟師，卒能肅清全境。并籌東征軍務，接濟餉需，不分畛域。上諭藎勤卓著，錫封伯爵，予謚文恭。懋官懋賞，誰曰不宜！』墨筆校改，『官姓文名』旁增『號曰秀峰』四字。

又，此本《漕督吴制軍棠、江督沈文肅暨江寧將軍富明阿、西安將軍都興阿、杭州將軍國瑞、廣西提督馮子材》一首，原題『廣西提督馮子材』下有『四川成都將軍魁玉』八字，因魁玉别作《魁果肅公》一首，故墨筆勾删八字。《吴武壯公》一首，原題作《廣東水師提督吴軍門》。《子爵李軍門臣典、羅軍門逢元、李軍門金洲、吴軍門宗國、劉方伯連捷、彭漢林方伯毓橘、王方伯遠和蘇臬、陳舫仙廉訪湜、易廉訪良虎、武總戎明良》一首，『子爵李軍門臣典』下原題有『江南提督黄昌岐軍門翼升』十一字，以黄翼升别作《黄武靖公》一首，墨筆勾删十一字。前述稿本第一種則題作《子爵李臣典軍門、長江水師提督黄昌岐軍門翼升、羅軍門逢元、李軍門金洲、吴軍門宗國、劉方伯連捷、彭方伯毓橘、王□□遠和、陳廉訪湜、易廉訪良虎、武總戎明良諸公》。

其文字改易及諸稿本异同類是。核校諸本，此本較前述稿本第一種、第四種爲善。前述稿本第一種、第四種，集前皆有周鏞題詞，此本無之。

現藏浙江圖書館。（李聖華）

招友七絶不分卷［第一種］（清）胡傑人撰　稿本

一册。每半葉八行，行二十一字，藍絲欄，四周單邊。紙心上印『賸馥唫』，欄外印『指六异人著』。

胡傑人生平見前《賸馥吟草》。

卷端首行題『賸馥續吟』，次行題『餘姚胡傑人子碌子著』，三行題『招友絶詩』。封面篆題『招友七絶』，内封隸書題『招友七絶』，又題『姚海壽人招友五百絶』。無序跋、目録。鈐『林泉趣』『胡』『宋文定後人』『携琴酌酒』『問月尋花』『十二聯珠佳城主人』諸印。

海寧查慎行爲清初詩壇大家，行吟江湖，嗜山水、友朋、詩歌，一日不可少也。傑人野逸於世，好山水游歷、友朋唱酬、詩歌雅賞，類於查慎行，亦一日不可或缺。《六十自壽》四首其四云：『招友新詩慚畫虎（近唱《招友詩》，已得三百律、五百絶），題襟雅什喜探驪（題襟如魯卓叟觀察、沈子美太史、張棣笙、錢根珊、陳香九、孫峴卿、朱蓮夫五廣文者，百餘家）。』六十以前，所賦招友七律至三百篇，招友七絶多至五百篇。其後更有續咏，招友七律前後逾四百首，招友七絶不下千首。《招友七絶》有詩云：『招友詩成八百篇，題眉尚少筆如椽。方家肯琢雲爲句，玉檢金泥冠一編（笛軒）。』《招友七絶續咏》稿本有詩云：『題襟招友八星霜，大雅探驪有和章，四百律詩千絶句，手持兔册待平章（五桂樓）。』『招友題襟近十年，吟同賸馥另分編。律詩四百清如話，七絶膚浮竟越千。』皆可見之。招友詩寫録成編，分爲招友七絶、招友七絶續咏、招友七律、招友七律續咏，各類一集，今存稿本共二十餘種。

此爲《招友七絶》稿本之一種，皆停雲思友、追憶感懷、徵詩酬贈、紀寫聞見之作。《賸馥吟草》《賸馥續吟》諸集中七絶，則依『招友』之義類入，遂積至數百首之多。詩中自見其『招友』志趣，如云：『半生事業付東流，猶幸青鏤管尚留。幾度懷人風雨夜，苦吟消得雪盈頭。』『茫茫人海幾知音，先後曾編《賸馥吟》。漢上相同不相襲，書籤大雅署題襟（魯卓叟觀察、王子獻太史、陶文沖孝廉并承題籤）。』『不入愁城入管城，含金更吐石庚庚。能消歲月增年紀，且托清閑過此生。』『戊寅初度客申江，學作吴歈鋟數行。倘到班門貽一笑，洪鐘也喜勝莛撞（舊作《滬游》三十絶，間隨徵詩啓分送）。』『徵詩或者倩曹丘，老我昏懵刺自投。騷客定然豪興動，筆歌墨舞共風流。』『賽竹樓中冀立言，擲芝豈果老丘樊。烏山一脉濱姚海，安定先生世世孫（始祖宋文昭公瑗，學者稱安定先生）。』『蠅頭蝸角兩無成，且托題襟混此生。姚海壽人年六十，儼如東野以詩鳴。』『眼青憐我苦吟身，鐫板無資付手民。多謝詩翁年已老，爲儂謄寫作書人（蔡月舫、沈悠香、宋步梅三茂才，謝其抄《題襟集》）。』『緣締文字荷題襟，不復孤芳自賞心。前度神交今面晤，奉圖敢乞一聯吟（繪有《孤芳自賞圖》，手擲青芝，時乞襟友題咏）。』『頻年泛海記乘蓮，放眼蓬瀛擬散仙。我道神仙慳韵語，豢龍嬉鳳亦塵緣。』『前代江山迹已陳，歐蘇韓柳共超倫。倚樓開卷同心賞，不見今人見古人。』『校棋徵畫又經年，招友詩符三百篇。今雨雖多懷舊雨，手談欲上滸山巔（君揚）。』傑人詩宗袁枚，好自攄性靈，招友七絶信心信手，雖有口滑之弊，亦多天然之趣。又不廢苦吟，故雖有纖弱之篇，終不墮佻儇之窟。

現藏浙江圖書館。（李聖華）

招友七絶不分卷［第二種］（清）胡傑人撰　稿本

一册。每半葉九行，行二十一字，小字雙行同，無格，四周單邊。

胡傑人生平見前《贉馥吟草》。

卷端首行題『贉馥續吟』，次行題『餘姚胡傑人子碌子著』，三行題『招友七絶』。封面有王繼香篆題『大雅題袨』。内封又印繼香篆題『大雅題袨』。鈐『林泉趣』『贉馥吟艸』『姚海詩語』『携琴酌酒』『問月尋花』諸印。

此爲《招友七絶》稿本之一種，收詩凡三百首，較前述《招友七絶》稿本第一種篇目爲富有。如『初摹顔柳得其形』一首、『曲高和寡識逾稀』一首，稿本第一種無。稿本第一種收詩至『魯直（卓叟）雲游似散仙』一首止，此本其下更有『瑯琊家世仰金庭』一首、『待詔元方步玉堂』一首、『久聞越縵振京華』一首、『六十三齡尚出游』一首、『記來乙酉過柯巖』一首等詩。末一首『壽人詩友數蕭城』，『他日相逢通』下闕九字，知有缺葉。考三百首作時，則晚至光緒二十年（1894）甲午。

此本與前述《招友七絶》稿本第一種相同之篇，次第偶异，如『疑雨詩編王次回』一首，此本編於『徵詩或者倩曹丘』一首與『賽竹樓中冀立言』一首間，稿本第一種編於『王珣老病戒文詞』一首與『徵詩不泥浙東西』一首間。字句間有不同。如『一局楸枰一卷詩，本來佳趣少人知。技名坐隱人同隱，隻手難談藻獨摛』一首，篇末注云：『棋友田雨公校弈八年，溘焉長逝，哀哉！』稿本第一種詩注作：『上虞田雨公校弈八載，丁亥作古。』

其詩即前述《膹馥吟續編》稿本第二種所收《步梅詩叟過訪賽竹樓歸後書懷》十首之第四首，自注在第三句後，作『田雨公校弈八年，今秋捐館』。此本『徐庾風流自古傳，儷紅妃緑幾經年。簡端依舊需鴻製，待寄駢文另一編』一首，篇末注：『寄小著題詞諸大雅。』稿本第一種詩注作：『執友宋竹翁，索其作《膹馥續吟序》。』其詩即《膹馥吟續編》稿本第二種所收《步梅詩叟過訪賽竹樓歸後書懷》十首之第五首，無自注。此本『去歲殷勤幾唱酬，誰知今夏病難瘳。譬如謝傅仙游去，竟任羊曇慟不休（品香）』一首，『去歲』『病難瘳』『竟任』，前述稿本第一種分作『客歲』『疾難瘳』『竟忍』。

此本寫時在後，晚至光緒二十年後。既謄清前稿，仍偶有删剔，於所删篇目上鈐一朱字『删』。

現藏浙江圖書館。（李聖華）

招友七絶不分卷〔第三種〕（清）胡傑人撰　稿本

一册。每半葉九行，行二十一字，小字雙行同，無格，四周單邊。

胡傑人生平見前《賸馥吟草》。

卷端首行題『賸馥續吟』，次行題『餘姚胡傑人子碌子著』，三行題『招友』。内封印王繼香篆題『大雅題耑』。又有隸書題『賸馥續吟招友七絶』。鈐『林泉趣』『子碌子賸馥吟』『姚海詩語』『問月尋花』諸印。

傑人招友七絶、七律各自成編，各録成數本，又以增删續補之故，今存稿本十餘種，咸有差异。前述《招友七絶》不分卷稿本二種，此爲《招友七絶》稿本又一種，篇目多於前述稿本第一種，而少於前述稿本第二種。

此本收詩自『半生事業付東流』一首起，至『日暮風狂雨又催』一首止，篇目及次第與稿本第二種大抵不异，偶有小别。如『記向祇園寺裏游，鼓樓屹立又鐘樓。釋迦并坐蓮臺上，丈六金身寶相留』一首，編於『柏府堂皇敞廣州』一首與『記來乙酉去湘湖』一首間，前述稿本第二種則編於『記來乙酉去湘湖』一首後，且首句作『曾向祇園寺裏游』。考其作時，此本收詩至光緒十九年（1893）止，即六十三歲前之作也。稿本第二種『日暮風狂雨又催』一首以下，尚有一百二十二首，皆作於光緒十九年至二十年間。

此本文字與稿本第二種大同小异。上已舉一例，又如『朋游識面總徵詩，笑我頽齡意想痴。差喜孤芳今共賞，騷人墨客共心知』一首，稿本第二種首句作『萍踪飄泊尚徵詩』，末句作『騷人墨客總心知』。

現藏浙江圖書館。（李聖華）

招友絶句不分卷［第四種］（清）胡傑人撰　稿本

一册。每半葉九行，行二十一字，小字雙行同，四周單邊。

胡傑人生平見前《賸馥吟草》。

卷端首行題『賸馥續吟』，次行題『餘姚胡傑人子碌』，三行題『招友七絶』。封面篆題『招友絶句』。内封有李鴻章題『招友絶句四百首』；陶濬宣光緒十八年（1892）題『招友絶句四百首』，鈐『陶濬宣』印。又有山陰周來賓題『招友七絶』并記：『姚江老友胡芝麓耽唫有癖，年逾甲算，樂此不疲。舊存絶句四百首，詩朋可謂廣矣。今續得二百首，殆猶方興未艾也。光緒癸巳夏，山陰周來賓。』鈐『周來賓印』印。

傑人招友七絶，前已述稿本三種，此爲第四種。收詩自『半生事業付東流』一首起，至『游庠多士幾眉攢』一首止。篇目較前述稿本第二種爲少，而稍多於前述稿本第三種。稿本第三種至『日暮風狂雨又催』一首止，此本『日暮風狂雨又催』以下，尚有詩八十首（按：含重出一首，又末一首『游庠多士幾眉攢』缺葉無第四句）。稿本第二種『日暮風狂雨又催』一首以下，尚有一百二十二首，較此多出四十二首。

此本文字又與稿本第二種、第三種咸有小异。如『尚分小啓尚徵詩，笑我頽齡意想痴。差喜孤芳今共賞，騷人墨客總心知』，稿本第二種首句作『萍踪飄泊尚徵詩』，末句作『騷人墨客總心知』，稿本第三種首句作『朋游識面總徵詩』，末句作『騷人墨客共心知』。篇目次第亦偶异。如『自得題襟幾寄詩』一首，此本編於『承貽聯語結神交』一首後，稿本第二種、第三種皆編於『承貽聯語結神交』一首前。又如『曾向祇園寺裏游』一首，編於『記來乙酉過柯巖』一首後。稿本第二種編於『記來乙酉過柯巖』一首後，稿本第三種編於『記來乙酉過柯巖』一首前，首句作『記向祇園寺裏游』。

現藏浙江圖書館。（李聖華）

招友七絶二卷［第五種］（清）胡傑人撰　稿本　存一卷（卷下）

一册。每半葉九行，行二十一字，小字雙行同，無格，四周單邊。

胡傑人生平見前《賸馥吟草》。

内封印陶濬宣隸書題『題襟録』，署『光緒戊子秋，陶濬宣署』。卷端首行題『賸馥續吟』，次行題『餘姚胡傑人子碌』，三行題『招友七絶下卷』。其上卷，今未訪見，不知尚存否。鈐『招友題襟』印。

此爲《招友七絶》稿本第五種。自贈貝藴章『曼陀羅外望裁成，敢説嚶嚶求友生。不道鶯鳴邀鶴和，頓教姚海聽韶韺（貝愓龕參軍藴章癸巳任本府經歷）』一首起，至『快渡錢江得得回，文章時命兩恢恢。到家笑語香風滿，知是蟾宮折桂來』一首止，得絶句八十八首。考諸詩作時，參篇中自注屢言『癸巳』『甲午』，知在光緒十九年至二十年間。其詩頗有可摘讀者。如：『梅村詩韵伯牙琴，耋老曾經聽好音。君爲扶輪肯分啓，如求珍寶入珠林（愓龕屬徵俞振巖明府、吴蓉通判兩詩）。』『黄憲（蔚亭）先徵耋壽詩，忽然羽化少人知。瑯琊太史如相問，二老今唯一老遺（王子獻太史以《姚江二老行》介壽）。』『別後仍聞漢水游，紅蓮緑水景同幽。肯頒大集詩兼古，遠道傳來待置郵（譚仲脩太令廷獻著《復堂類稿》）。』『一編《賸馥》是初吟，難得賓王有賞音。不比香山《長慶集》，也傳佳話似雞林（蕭城駱耋丈敏齋茂才修來乞《賸馥吟》）。』『老手頽唐不自知，題襟招友尚摛詞。喜逢騷雅如匡鼎，一説詩篇一解頤。』『吴淞小隱有蓬廬，長趁三餘好著書。肆外閎中無限量，包容萬類不拘墟（天南遯叟）。』『倭爲戎首逞凶横，小小朝鮮作戰場。紀事卌章吟未了，抄謄肯亮壽人忙（沈曉湖茂才鑑乞録《東瀛紀事詩》）。』

現藏浙江圖書館。（李聖華）

招友七絶續咏不分卷［第一種］（清）胡傑人撰　稿本

一册。每半葉九行，行二十一字，小字雙行同，無格，四周單邊。

胡傑人生平見前《臏馥吟草》。

卷端首行題『題襟録』，次行題『姚海壽人晚稿』，三行題『招友七絶續咏』，下注『癸巳秋起』。無序跋、目録。

此爲《招友七絶續咏》稿本之一種。收詩起於光緒十九年（1893）癸巳秋，至光緒二十一年乙未歲止，得二百五十八首。先是傑人招友題襟，六十以前已得七絶五百首、七律三百首，共計八百篇。樂此不疲，續爲招友題襟續吟，七絶不下千首，七律逾四百首。

前述《招友七絶》稿本第五種收詩晚至光緒二十年，此本收詩則起於光緒十九年，而題作『續咏』。蓋編次前後之意不同也。下收《招友七絶續咏》稿本又一種，收光緒二十一年招友七絶續咏，與《賽竹樓臏馥續吟》等稿本合裝一册。此本自『題襟大半是神交』一首起，至卷末『譚老（仲脩）才名滿浙東』一首，凡二十五首，即《簡夢畹生黄式權茂才協塤》五首、《簡管秋初襲尉斯駿》六首、《簡袁丈翔甫大令志祖》二首、《王丈紫詮明經韜》五首、《徐園主人棣山司馬》二首、《高白未中翰雲麟》四首。《招友七絶續咏》第二種爲修改稿本，多塗乙删改，録入此本者則爲謄清稿。第二種所收詩，《高白未中翰雲麟》四首以下尚有《簡陶心雲孝廉》等二十九首，此本無。

《招友七絶》前後咏，不唯見傑人志趣，亦多記一時掌故。如咏譚獻三首，其三云：『兩湖製造日從新，織布繅絲利用均。鐵政皇皇今又創，早知張説有經綸（仲脩甲午客湖督署，張香濤制帥創設鐵政、織布、繅絲諸局）。』咏丁丙一首云：『游釣西湖白袷衫，摩崖古迹壽星喦。詩盟近訂丁固好，祝嘏先時覓舊劖（虎林丁松生明府丙以寶石山壽星喦拓碑介壽）。』咏黄芝生四首，其四云：『最報川沙（廳名）已幾年，南巡臺海喜鶯遷。而今營務需奇略，捷報欣聽滬上傳（芝生甲午秋督辦臺撫營務處）。』咏胡元鼎六首，其二云：『戰紀高麗六十章，前多心喜後心傷。我今擲筆仍招友，欲乞蘭袊寫幾行（梅臣）。』其四云：『乾嘉閨閣率工吟，咏絮而今幾莫尋。難得劉樊佳伉儷，詩歌音雜瑟琴音（梅臣伉儷工吟）。』其六云：『吟餘還繡繡餘吟，活虎生龍欲共擒。若肯賜題袪上句，我家閨秀數山陰（梅臣）。』吟陶濬宣二首，其一云：『與我曾言續《越風》，有才有力幾如公。闡幽拔萃無虚語，推重八方掩骼功（會稽陶心雲孝廉濬宣）。』咏魯燮光五首，其二云：『我鄉次第墜詩星，一在俞家（曲園七十又四）一姓丁（又香刊《蕉雨山房詩》，壽七十）。今譒陸公（杭教授柳圃壽八十四）并李老（蒓客刊有《白華絳跗閣》，壽六十六），聯吟相約到幽冥（卓叟）。』可備晚近詩話、掌故。

現藏浙江圖書館。（李聖華）

招友三百律不分卷［第一種］（清）胡傑人撰　稿本

一册。每半葉九行，行二十一字，小字雙行同，無版框、界行，四周單邊。

胡傑人生平見前《賸馥吟草》。

卷端首行題『賸馥續吟』，次行題『餘姚北海壽人胡傑人著』，三行題『招友三百律』。封面有周來賓題『招友三百律』，署『芝麓老哥屬來賓題』，鈐『周來賓印』印。内封印王繼香篆題『大雅題詮』。

傑人六十以前，所賦招友七律多至三百篇，其後更有續咏，前後逾四百首，録存數本。此爲《招友七律》稿本之一種。自《長洲王紫詮明經韜》一首（『曾歷歐洲與亞洲』）起，至《秀水沈子美太史瑜寶賀其通籍》（『秀水鴻才麗水師』一首）止。收詩非僅六十以前之作，亦有六十後詩，自《會稽李炁伯民部慈銘一號蒓客》以下六十二首皆是。

集中依次録《長洲王紫詮明經韜》《倉山舊主袁翔甫大令祖志》《日本岸叟吟香》《小曲園主德清俞丈蔭甫太史樾》《越城魯卓叟觀察燮光謝其題襟》《海昌飯顆山樵杜晋卿甫求煃》《烏程霧裏看花客錢昕伯明經徵》《高昌寒食生山陰何桂笙茂才鏞次周愛棠韵》《意琴室主西林潘月舫孝廉嶽森》《蔡紫黻茂才爾康》《會稽王子獻廣文繼香》《申左夢畹生黄式權茂才協塤》《江夏陳瀛伯茂才崇禮》《魏塘畢玉洲茂才以堮和其愴懷詩》《藜牀舊主吴縣管秋初襲尉斯駿》《挹翠庵詞人長洲太痴生高侣琴茂才瑩》《日本浮查客北條鷗所》《會稽趙壽補叟彦暉》《方伯

友濂》《西湖花隱杭城楊次山諸生槐卿一字季長》《馬恩溥次其吟飲圖自題原韵》《金匱寄鷗生宣君美增秀寄鴻生宣俊侯增豪》《滬北徐園主人棣山司馬》《武陵漁隱顧子湘老鈺》《諸大雅請其題襟》《海上種榆山人家悅彭甫仁壽著有醫論》《四明郭晚香丈傳璞》《華亭書畫家家公壽茂才遠》《溪北詩人戎古慎丈金銘》《古虞宋丈白樓選貢棠》《長白麟見亭河帥慶跋其鴻雪因緣》《慈北沈覺園茂才湛然原名桂芳》《古虞曹竹軒選貢官俊》《黄稀翁蔚亭孝廉炳垕》《步梅詩人宋竹翁茂才夢良》《鄞江志甫太守鏡清》《田醫士雨公與其圍棋》《和曲園稷山櫻花詩并寄日本陳子德》《沈蘭皋庠生乞其白芍藥》《梁溪瀟湘館侍者題其春江花史》《慈溪楊丈理庵檢討泰亨》《鄞張棣笙廣文岱年酬其題襟》《南匯雙紅豆館詞魔顧芝卿孝廉麟别號蝤溪小隱》《著伏鸞堂詩裁雲閣詞秦膚雨甫雲號曰西脊山人》《上海王竹鷗方伯徐園雅集圖題詞》《施衡甫廣文繼常戊子司訓湖屬》《韓幹侯明經昌圻一號叔猶》《蕭山陳仲瞻明經楣》《癸酉科諸同年》《朱曹髯廉訪朗然》《楊馥生副貢積芳》《定海陳香九廣文兆霖答其題襟》《會稽孫峴卿廣文、馬幼眉布衣、陶子縝太史、王子獻學博、陶心雲孝廉》《如皋吴鼇老乙榮和其花月吟》《平湖張澹園孝廉夢龍》《傅心柏甫巖一字曉彤并金陵覺痴道人董實庵東觀漁隱董筠孫》《雲間萸庵退叟耿思泉太守蒼齡》《慈溪何崍青廣文松》《會稽平錦孫廉訪步青》《四明盧荳坡孝廉友炬》《平江徐馥蓀茂才繼芳盛悅卿茂才傳鑅》《蕭然陳仲瞻明經楣倒前贈韵索書》《會稽孫彦清學博德祖》《川沙廳黄芝生司馬觀瀾》《句章馮舸月孝廉可鏞》《崇川睡驪軒主保秋丞明經溶鈞》《韓子嶠編修培森》《書家翁巳蘭司馬慶龍時久客東江》《常熟衛吾谷明經鑄》《烏程吴子常孝廉鍾奇答其題襟》《曹髯老倒贈仲瞻》《陳仲瞻明經謝其書贈屏聯再倒前韵》《楊馥生催其題襟叠前贈韵》《謝坤齋廣文時校士鎮海》《韓子儁茂材培藻叠贈子嶠韵》《古虞許竹清廣文傳霙竹雨明經傳霈》《羅丈撮山先生殊八十壽言》《甬上曾厥堂孝廉桂芳》《海昌太憨生徐綬紫甫增秀題其記游記艷兩編》《周耄丈笙北副貢鏞》《蔡月舫茂才祖齊》《茹古主人張韞卿司馬濂》《書家醉墨生陳書田上舍徵麟》《催陶心雲題襟并致馬幼眉》《慈溪楊繩孫孝廉家駷》《歸安朱蓮夫孝廉廷燮答其題襟》《山陰陸枚生太史壽臣》《日本輔行海鹽陳哲甫參贊明遠》《鐵沙唐志雲明經斯盛》《施崧生孝廉啓瑞戊子教諭富陽》《隨使日本頑石道人來安孫君昇司馬點》《王子子獻謝爲徵詩》《慈溪馮夢香孝廉一梅》《孫寄龕學博德祖謝其題襟》《富春校官施崧生答問種子》《存存齋醫話跋語》《黃丈蔚亭和其辭龍山講席》《楊福蓀賀其登賢書》《送醉盦詞人赴禮闈試》《調夫己氏之不題襟者》《會稽李炁伯民部慈銘一號蒓客》《丹陽王省齋茂才承曾三十初度》《四明郭鏊丈晚香孝廉傳璞乞其金石詩文集》《會稽耶溪布衣馬鷗堂名曰賡良一字幼眉》《梁鴻溪畔瘦鶴詞人和其眷金翠梧校書之作》《會稽平景蓀廉訪乞其張忠烈煌言采薇吟殘稿》《酬嵊書帶草堂鄭楝園孝廉文熙題襟》《黃叟桂舲茂才拱辰答其題襟》《賽竹樓賞繡球花》《喜襟友王子子獻沈子子美并登春榜》《華亭烏溪評花生石友梅甫振聲》《朱雨帆孝廉九疇》《个園主人蔣君揚上舍鑣謝其畫竹》《倉山舊主袁翔甫大令隨園瑣記題辭》《湖州教授樊丈鴻甫廣文芝生》《仁和樊彭伯孝廉達璋送其之東粵》《慈溪楊履安檢討僱其題襟》《步梅詩人宋竹翁茂才夢良和其誕生猶子》《江左老瓠許叟起》《弢園叟王紫詮送其之齊》《沈蘭皋茂才徵蘭》《吳葉子成茂才耀元》《山陰周戢君孝廉恭壽》《鶴沙浮槎仙侶張郁周明經文彬》《山陰賞浜家固庵孝廉大晟》《申濱散人談履堂甫福基懺綺庵主談壽基》《姜月坡孝廉立坤》《慈溪葉韵竹明經家珍》《鄞陳栗圃孝廉德坊》《曹薑侯明經辛》《徐蓮峰孝廉辰》《謝小漁孝廉焜樞》《沈蓉卿諸生葆琮》《且園居士家卿銘謝其贈菊》《步梅詩人次其題襟原韵》《觀象樓主黃丈蔚亭舍人賀章》《史子珍秉政》《上虞湖東第一山詩人宋鏊丈白樓選貢棠》《葉我泉鏊老維廉》《孫子尹上舍元醇》《張叔平茂才鍾芳》《書癮樓主家颸軒明經德輝》《海鹽徐古春稀老圓成》《游冶子》《華亳丈蘋江茂才佐周》《平湖醒緣道人黃少瀛明經福增慰其近況》《家蓮舟茂才枚臣》《秀水沈子美學博瑜賓酬其題襟己丑教諭麗水》《鶴湖錢根珊學博啓錕》《秀水沈達夫廣文璋賓任校烏程》《答步梅詩人疊前韵》《上虞連九擷香明經蘅》《慈北葉菊坪孝廉恕跋其冶春詞》《且園咏紅芍藥》《高雲鄉俊秀於守璞居詩題詞》

《葉佛生茂才慧業答其倚海天闊處詞題襟》《古虞謝葦舟上舍弼題其自繪百蝶圖》《次高笑吾甫緗題襟原韵》《答葉孟生甫啓業次其原韵》《仁和樊介軒侍御恭煦己丑督學廣東》《重懷高昌寒食生》《秀水沈子美太史瑜寶賀其通籍》，凡一百六十二首，未足封題『三百律』之數。其中《茹古主人張韞卿司馬濂》《書家醉墨生陳書田上舍徵麟》，眉端各標朱印『删』字。

清人徵詩成癖者，多有其人，順康間，以孫默爲最著。孫默居揚州，以將歸隱黄山白嶽，遍徵海内士一言相贈，得詩文詞數千篇。傑人徵詩題襟之癖，不減孫默。行吟賣藥江湖，與海内詩人相唱和，招友詩或爲徵詩題襟，或紀寫交游，或思友感賦，或品題風雅。如《諸大雅請其題襟》云：『廬山舊隱（王省齋）闢恒蹊，繆氏（少初）虞山孰與齊？陶（子縝、心雲）馬（幼眉）騷壇開鑑水，鄒（瘦鶴）宣（俊侯昆仲）詩派溯梁溪。惜花（李煜庭）愛竹（姚士柯）風兼雅，驪睡（保秋丞）鷗來（月湖草堂）雪印泥。話雨（陸氏）補雲（楊氏）旗并樹，吟聯花月竹如犀（吴乙榮著《花月吟》）。』《藜牀舊主吴縣管秋初襲尉斯駿》云：『悼紅哀曲譜騷壇（《悼紅吟》唱和甚多），今賦桃花又玉蘭。辭列十眉先得馬（《十眉詞》以馬雙珠爲艷品），香偷幾瓣竟貽韓。能評月旦花俱笑（著有《群芳譜》），不諱風流色亦餐。唐有香山宋蘇老，雋才我欲一般看。』《金匱寄鷗生宣君美增秀寄鴻生宣俊侯增豪》云：『錦天繡地競相誇，何若徐園品物嘉。秋玉憐才尊爾雅，春蘭得主净浮華。菊籬竹徑秋哦月，桂窟梅巖夜坐花。他日長廊同覓句，懺情應許碧籠紗（懺情生唱有《徐園十咏》，和者頗多）。』《和曲園稷山櫻花詩并寄日本陳子德》云：『櫻花生小出扶桑，移植西泠妒趙昌（日本江源高朗《櫻花詩》）：「若教此樹生西土，當入趙昌畫裏傳。」）。紫史（日本美人咏櫻，多以爲比）豐神都想像，墨江風韵劇飛揚（日本墨江有櫻詞，花開延三十里，游咏者多）。紅綃縞袂隨名士，萬縷千絲殿衆芳。彭澤遺音高復遠，前年已遍唱東方（櫻花産於日本，嵐山芳野、墨江隅田川爲多，有名赤加婆者，有名白加婆者。中華先進吟咏無聞，光緒乙酉，日本子德陳政游學西湖，移植曲園，花有紅白兩色，間有縹緑兼垂絲者，尤稱上品。曲園、稷山均賞以詩，稷山以十八絶索和）。』《會稽平錦孫廉訪步青》云：『挂冠久築小嫏環，家繞松關又竹關。蚤領群仙游閬苑，晚師太傅住東山。胸存丘壑官何戀，室有琴書意自閑。果克扶輪追漢上，相須訪道共怡顔。』《會稽平景蓀廉防乞其張忠烈煌言采薇吟殘稿》云：『忠烈高吟署《采薇》，曾從刻鋪仰遺徽。中懷於邑時多蹇，正氣青蒼道自微。司馬幽囚困蠶室，屈原歌嘯傍魚磯。輸君鏤板容傳世，肯忍徵書一再飛。』皆可備詩文評或文壇掌故。

現藏浙江圖書館。（李聖華）

招友三百律不分卷［第二種］（清）胡傑人撰　稿本

一册。每半葉九行，行二十一字，小字雙行同，四周單邊。

胡傑人生平見前《賸馥吟草》。

卷端首行題『賸馥續吟』，次行題『餘姚北海壽人胡傑人著』，三行題『招友三百律』。内封題『招友七律三百首』。又有王繼香篆題『大雅題詮』。鈐『錢塘才子是吾師』『家住句餘北海濱』『篆籀小技』諸印。

集中收詩自《長洲王紫詮明經韜》一首起，至《調夫己氏》一首止。雖内封題『招友七律三百首』，實存詩一百首。前述《招友三百律》稿本第一種，存詩一百六十二首。此本百首，即稿本第一種前一百首。裝池不慎，間有倒葉。如《王竹鷗方伯徐園雅集圖題詞》一首間，誤倒入四詩（一葉）。

集中《茹古主人張韞卿司馬濂》《書家醉墨生陳書田上舍徵麟》二詩，眉端亦標朱印『删』字，與稿本第一種同。對勘二本，其間詩題多有异處。如《日本輔行海鹽陳哲甫參贊明遠》，此本題作《日本輔行海鹽陳哲甫參贊明遠暨頑石道人孫點》；《鐵沙唐志雲明經斯盛》，此本題作《鐵沙唐志雲明經斯盛次其秋試紀程韵》；《施崧生孝廉啓瑞戊子教諭富陽》，此本題作《施崧生孝廉啓瑞戊子校士富陽》；《王子子獻謝爲徵詩》，此本題作《止軒居士王子獻孝廉繼香謝爲徵詩》；《存存齋醫話跋語》，此本題作《蠡城趙壽補詩老跋其存存齋醫話》；《調夫己氏之不題襟者》，此本題作《調夫己氏》。《存存齋醫話跋語》一首詩末有注：『予少時習醫，嘗誦《願體齋醫話》《友漁齋醫話》《柳洲醫話》《潛齋醫話》，俱道心得，唯《存存齋醫話》獨出冠時，即跋其後。』此本《蠡城趙壽補詩老跋其存存齋醫話》詩末無注，第一句下有注：『《願體齋醫話》《友漁齋醫話》《柳洲醫話》《潛齋醫話》。』

此本卷末附《姚州北海壽人胡傑人自述》一首，勾刪之，復標朱印『刪』字。詩云：『海上乘蓮一笑歸，天風吹雪上吟髭。迂疏未遂騎鵬志，遠近今徵大雅詩。覆瓿俚詞同畫虎，題襟好句待探驪。群公肯遺珠兼玉，我住句餘北海湄。』詩末注：『屬繪《乘蓮泛海小象》，近繪《孤芳自賞圖》。設壽人醫藥局二十餘年，著有《醫商》《賸馥吟》《賸馥續吟》《詩餘》《賽竹樓雜俎》《賽竹樓駢體文》。字悳倓，號芝麓，別號芷淥，又號指六异人，晚曰姚海壽人。庚寅周甲，徵詩海内，唱和頗多，別編曰《大雅題衿》。』其詩不見於前述稿本第一種，『海上乘蓮一笑歸，天風吹雪上吟髭』二句即《六十自壽》四首其四首聯，『群公肯遺珠兼玉，我住句餘北海湄』二句即《六十自壽》四首其四尾聯。

現藏浙江圖書館。（李聖華）

招友三百律不分卷［第三種］（清）胡傑人撰　稿本

一册。每半葉九行，行二十一字，小字雙行同，四周單邊。

胡傑人生平見前《賸馥吟草》。

卷端首行題『賸馥續吟』，次行題『餘姚北海壽人胡傑人著』，三行題『招友三百律』。内封印王繼香篆題『大雅題絵』。鈐『賸馥吟艸』印。

集中收詩自《長洲王紫詮明經韜》一首起，至《秀水沈達夫廣文璋寶任校烏程》一首止，得詩一百五十首。對校前述《招友三百律》稿本二種，此本集中詩次第及詩題、字句、詩注，與稿本第一種鮮异，然稿本第一種《秀水沈達夫廣文璋寶任校烏程》一首下，尚有《答步梅詩人叠前韵》《上虞連九擷香明經蘅》《慈北葉菊坪孝廉恕跋其冶春詞》《且園咏紅芍藥》《高雲鄉俊秀於守璞居詩題詞》《葉佛生茂才慧業答其倚海天闊處詞題襟》《古虞謝葦舟上舍弼題其自繪百蝶圖》《次高笑吾甫緗題襟原韵》《答葉孟生甫啓業次其原韵》《仁和樊介軒侍御恭煦己丑督學廣東》《重懷高昌寒食生》《秀水沈子美太史瑜寶賀其通籍》等詩十二首。稿本第一種《茹古主人張韞卿司馬濂》《書家醉墨生陳書田上舍徵麟》二詩眉端各標朱印『删』字，此本則不標。

現藏浙江圖書館。（李聖華）

招友三百律不分卷［第四種］（清）胡傑人撰　稿本

與《大雅題襟》《姚海壽人六十贈聯》《招友續咏》等合裝一册。每半葉八行，行二十一字，藍絲欄，四周單邊。紙心上印『賸馥唫』，欄外印『指六异人著』。

胡傑人生平見前《賸馥吟草》。

卷端首行題：『賸馥續吟招友三百律。』次行題：『餘姚胡傑人芝麓晚稿。』封題『賸馥續吟』，内封題『賸馥吟續編』。内封又有王繼香隸書題『賸馥吟館招友百咏』，署『戊子五月，止軒氏題』。

收詩自《長洲王紫詮明經韜》一首起，至《湖州教授仁和樊鴻甫廣文芝生》一首止。得《杭州袁翔甫大令祖志》《申左夢畹生黄式權茂才協塤》《烏程錢昕伯徵明經徵》《潘月舫孝廉嶽森自號意琴室主》《山陰何桂笙鏞次周愛棠韵》等詩，共一百首，合於王繼香題『賸馥吟館招友百咏』之數。對校前述稿本第一種（收詩一百六十二首），其篇目多寡、篇題字句顯异。此本寫録亦精，眉端間有補注，述題襟友生平事迹。如《日本北條鷗所直方氏自稱浮查客》，眉端注云：『鷗所丙戌由燕京到滬。丁亥，日本以宫城縣臬司見召返國。著有《函館竹枝詞》。』《魏塘畢玉洲以塄自號小藍田懺情侍者》，眉端注云：『玉洲一號百花祠香尉。著《海上群芳譜》《滄海遺珠録》《花雨珠塵録》。』似此之注，其他稿本或抄爲詩注。

現藏浙江圖書館。（李聖華）

招友七律三百咏不分卷〔第五種〕（清）胡傑人撰　稿本

與《大雅題襟》合裝一册。每半葉八行，行二十一字，小字雙行同，藍絲欄，四周單邊。紙心上印『賸馥唫』，欄外印『指六异人著』。

胡傑人生平見前《賸馥吟草》。

卷端首行題『賸馥續吟』，次行題『餘姚胡傑人芝麓甫著』，三行題『招友七律三百咏』。封題『招友七律（乾）』。内封隸書題『賸馥唫續編』。又有『賸馥吟主人小象』一幅。鈐『賸馥吟艸』印。

收詩自《長洲王紫詮明經韜》一首起，至《楚沙羨綺禪庵主陳瀛伯茂才崇禮》一首止。得《杭州袁翔甫大令祖志》《申左夢畹生黄式權茂才協塤著有粉墨叢談申江小志》《烏程錢昕伯明經徵客尊聞閣》《意琴室主潘月舫孝廉嶽森工詩繪菊廣西西林人》《高昌寒食生山陰何桂笙鏞次周愛棠韵》《滬瀆縷馨仙史蔡紫黼茂才爾康》《會稽王子獻孝廉繼香》《太痴生高侶琴瑩》《日本北條鷗所直方氏自號浮查客》《小藍田懺情侍者魏塘畢玉洲以塄》《題王松堂司馬恩溥小樓吟飲圖次其原韵》《邵小村方伯友濂》等詩百餘首，篇目、次第、篇題、詩注，與前述稿本四種各有不同。考其寫時，與前述稿本第四種皆稍早，集中多改易補注文字。

如《太痴生高侶琴瑩》一首，頷聯『粉墨歌郎傳妙咏，裙釵弟子課新詩』句下注：『著有《贈歌郎詩》《女弟子課詩圖》。』尾聯『果與太憨聯伯仲，霓裳曲譜叶塤篪』句下注：『初訛傳太痴姓徐，名增齡，與太憨爲伯仲，故第七句有「爭羡二難稱太憨」之語，今已更正。』眉端復有批注：『痴生高侶琴工書畫，張景房贈有妙筆□三絶句。』前述稿本第一種題作《挹翠庵詞人長洲太痴生高侶琴茂才瑩》，頷聯句下注作：『《粉墨叢談》有《贈歌郎》之作，女弟有《香國課詩圖》。』尾聯句下注作：『初有訛傳太痴姓徐，與太憨爲伯仲。』

《日本北條鷗所直方氏自號浮查客》一首，首聯『海天三友薄神仙，裙屐翩翩美少年』句下注：『鷗所與岸吟香、錢昕伯，繪《海天三友圖》。』頸聯『多情肯把櫻花贈，小記能教韵事傳』句下注：『漬櫻花，日本貢物，曾贈昕伯，爲作《餐花記》。』眉端補注：『丙戌游歷燕京，小住申江，與名士交。丁亥夏，以任宮城縣臬司召歸，年二十又二。著有《函館竹枝詞》。』前述稿本第一種題作《日本浮查客北條鷗所》，首聯句下注作：『岸吟香、鷗所、錢昕伯，繪《海天三友圖》。』頸聯句下注作：『以櫻花贈昕伯，爲作《餐花記》。』詩末注：『鷗所游歷燕京，小住滬江，多與名士交。丁亥夏，以宮城縣臬司召歸。著有《函館竹枝詞》。』

《小藍田懺情侍者魏塘畢玉洲以塄》一首，尾聯云：『近署花祠住持者，徐園題咏領群仙。』詩末注云：『著《徐園十咏》《小藍田愴懷詩》，自號百花祠住持。』眉端補注：『玉洲著《海上群芳譜》《滄海遺珠録》《花雨珠塵録》。』前述稿本第一種題作《魏塘畢玉洲茂才以塄和其愴懷詩》，尾聯作：『近署花祠香尉者，徐園題咏領群仙。』詩末注作：『著《群芳譜》《滄海遺珠録》《花雨珠塵録》，自號小藍田懺情侍者。』由是知前述稿本第一種、第二種、第三種，即沿此本修改。

現藏浙江圖書館。（李聖華）

招友七律三百咏［第六種］（清）胡傑人撰　稿本

一册。每半葉八行，行二十一字，小字雙行同，藍絲欄，四周單邊。紙心上印『賸馥唫』，欄外印『指六异人著』。

胡傑人生平見前《賸馥吟草》。

卷端首行題『賸馥續吟招友詩』，次行題『餘姚胡傑人指六』，三行題『招友七律三百咏』。封題『招友律詩（上）』，内封王繼香篆題『大雅題襟』，皆與内容不合。集前無序目，卷尾有《姚州北海壽人胡傑人自述》一首。鈐『姚海壽人』『嘉禾獻瑞』諸印。

收詩自《長洲王紫詮明經韜》一首起，至《調夫己氏》一首止，實存詩一百首。篇目與前述稿本第二種不異，然二本文字略异。如《錢塘袁翔甫大令祖志》一首，稿本第二種題作《倉山舊主袁翔甫大令祖志》。《會稽王子獻孝廉繼香》一首，題下注：『己丑，點庶常。』稿本第二種題下注作：『戊子，選孝豐教諭。己丑，點庶常。』《滬北徐園主人棣山司馬鴻逵》一首，稿本第二種詩題無『鴻逵』二字。持兩本互校，知此本寫録在前，稿本第二種在後，據此本而來。《慈溪楊丈理庵檢討泰亨》《止軒居士王子獻孝廉繼香謝爲徵詩》二詩亦可證之。《慈溪楊丈理庵檢討泰亨》末句云：『投李投桃望報瓊。』眉端附校簽：『結句擬改：「能不投桃望報瓊。」』稿本第二種末句即作：『能不投桃望報瓊。』《止軒居士王子獻孝廉繼香謝爲徵詩》頷聯：『堪嗤耆壽心還動，别有名姝足繫不。』校簽云：『頷聯欠對，擬改：「堪嗤耆壽關情甚，別有名花繫足否。」』稿本第二種頷聯即作：『堪嗤耆壽關情甚，別有名花繫足否。』

此本眉端有批注數條，稿本第二種未録。如《梁溪瀟湘館侍者題其春江花史》一首，眉批云：『金匱鄒瘦鶴詞人弢，字翰飛，一字拜林。著《春江花史》《澆愁集》《三借庵筆譚》。』

現藏浙江圖書館。（李聖華）

招友續咏不分卷［第一種］（清）胡傑人撰　稿本

一册。每半葉九行，行二十一字，小字雙行同，四周單邊。

胡傑人生平見前《賸馥吟草》。

卷端首行題『大雅題襟』，次行題『餘姚胡傑人子禄』，三行題『招友續咏』。内封印王繼香篆題『姚海壽人招友續咏』，署『光緒戊子冬，王繼香書端』。鈐『子禄六十以後作』印。

傑人六十以前，所賦招友七律多至三百篇，其後更有續咏，前後共計逾四百首。此爲傑人《招友七律續咏》稿本之一種，收六十以後詩。自《會稽李忞伯民部慈銘一號蒓客》一首起，至《仁和高叔荃廣文學治字宰平》一首止。自《會稽李忞伯民部慈銘一號蒓客》一首至《秀水沈子美太史瑜寶賀其通籍》一首，凡六十二首，即前述《招友三百律》稿本第一種一百六十二首之後六十二首，篇題、次第、字句罕异。《招友三百律》稿本第一種前一百首（自《長洲王紫詮明經韜》一首起，至《調夫己氏》一首），與此本無一重合。

此本自《元和江津霞太史標》一首而下諸篇，皆《招友三百律》稿本第一種所無者，兹録其目如下：《元和江津霞太史標》《送步梅詩叟秋試再叠前韵》《次吴韞山茂才肇英韵》《烏程徐篆香孝廉鳳銜》《桐鄉嚴淄生太史辰晚號桐溪達叟》《湖東第一山詩叟催其作序》《蠡城世醫駱衛生明經亨次其原韵》《升任湘撫邵小村中丞送其入覲》《同庚友徐瘦山茂才爾嘉謝其贈壽序》《蘭陵柳隱詞人馬相如明經班》《華亭湘蘭秋影詞人張子明明經聯珠》

《甬上張于門廣文家騆賀其選臨水校官》《催倉山舊主和章》《吳味道館主葉子成茂才耀元三才兵法題辭》《跋漁洋感舊集小傳》《虎山蔣㠇卿賀其領鄉薦》《跋儀徵李艾塘揚州畫舫録》《華耋丈蘋江明經佐周倒其次和韻》《古虞思補齋詞人添香夜讀圖題詞》《吊吴柳堂侍御可讀次其遺詩韵》《史仲侯副貢鳳喈》《孫朗生茂才維熊》《酬歷山張醉石老臭》《宗叔芥坪茂才鎮》《答族侄薇仙茂才》《師孟居士張𡗝平話别》《懷棋友華翼珉》《山陰半千道人陸苹橋少府敦儒謝其題襟》《沈少梅茂才》《姜芝香親家榮緒茂才抱孫志喜》《荊州晚霞生田嵩岳大令均》《長洲太痴生高佀琴茂才瑩》《送沈鐵珊廣文葆華司鐸泰順》《新興山農葉新儂參軍慶頤》《賀王子獻太史季弟子虞喆嗣伯剛入泮》《史馨之明經詒芬》《甘肅開藩張竹晨方伯岳年》《烏程張遂生明經兆熊》《茹古軒聽自鳴琴賦贈張韞卿司馬濂》《同安氣短英雄蔣受之司馬嘉福》《武陵醉墨生濮陽水村參軍》《新安蘊齋詞人周聘三茂才忠鋆》《徐季獻茂才鴻慈謝其重書壽序》《東武惜紅生居棣花茂才世紳》《徐賽仙》《賀王子子獻授職編修》《慈溪馮荷舲孝廉可餕》《會稽稷山居士陶心雲孝廉濬宣和其順德詩》《催吳中友題襟》《勞耄丈劍齡廣文銘之跋其成齋試律》《酬魯耄丈卓叟觀察燮光初字瑶仙》《題周稀老杏橋竹裏校書行看子》《輯須友堂殘稿即跋其後》《和宋竹翁又舉猶子》《跋守硯齋詩後》《家薇史司馬清江跋其紫薇花館詩》《讀明施忠愍邦曜遺集即跋其後》《答吕述軒茂才寅清題襟》《酬棋友黄瑟庵茂才福瓚題襟》《跋吕長吉明經迪屐山山房詩集》《與張訏臣茂才嘉謨茶語》《酬晋望詩人吕蕭芳茂才梁》《跋鄉先正翁鳳西方伯元圻詩尾》《古虞許子醴明經傳沛謝其書隸篆屏幅》《上海味蒓園主張叔耘觀察鴻禄廣東□□人》《涇溪道子涇吴孟霖大令渭聘劍華堂續罪言題詞》《日本日下部鳴鶴仙史》《跋家白水茂才芹秀野山房詩後》《吊沈丈悠香茂才徵蘭》《鄞董覺軒明府沛》《長興校官孫峴卿廣文德祖賀其升縣》《沈丈竹山茂才㝵謝其次韵介壽》《定海黄元同教授以周時署海鹽校》《答邵耐香茂才守先》《與晋望詩人論詩》《閩汀上官竹莊先生周跋其晚笑堂畫傳》《酬周水心茂才室輔》《與黄茂才品香親家丙照夜話》《富川校官施崧生廣文啓瑞賀其升教

授》《慈北俞竹孫封君鴻》《辛卯新貴徐蓉舫孝廉敬銘》《慈溪俞蔭南廣文棠賀其登秋榜》《答葉孟生茂才啓業》《葉佛生茂才慧業》《跋戎山人琴石耊老金銘溪北詩稿》《沈曉湖茂才鑑索其所藏鮑寅初太史存曉詩抄》《吕馨如茂才蘭蓀索其尊甫射圃明經遺詩》《吴亞巖孝廉鴻飛應春明試送行即請徵詩》《姜親家芝香茂才榮緒》《喜許竹雨明經傳霈遠惠重桂堂集》《張嘯卿茂才懷珍業醫贈以存存齋醫話》《輓來安孫君昇司馬點》《慈北鶴皋同歲生俞葭渚封君縉》《魏塘怡然自得居士郭少泉蓉初》《賀鄞張棣笙學博岱年欽賞學正銜》《跋積古齋鐘鼎彝器款識後》《賀勞耊丈劍齡廣文銘之詩入輶軒續録》《日本圓大迂》《合肥肅毅伯李少荃傅相七秩壽言》《意大利哥倫布》《美利堅國倍爾德律風》《山陰周菽君主政來賓原名奎吉》《讀點石齋畫報》《梁溪瘦鶴詞人鄒弢澆愁集題辭》《喜接魯丈卓叟手畢》《答仁和同庚家心乎司馬勖曾次自壽韵》《蕭山陸柳圃廣文貢珍》《答高白尗中翰》《黄海巖封君葉春》《族尗津舟茂才劭賓》《訪觀象樓主敲詩》《醉墨生陳書田上舍徵麟爲陳鄭生新泉摹帖二十二體跋後》《蕭然陳伯韞明經》《跋何桂笙明經海軍芻議後》《太痴生高侶琴茂才》《勞劍齡廣文銘之重游泮宫》《定海王松堂司馬恩溥四十初度》《周月川》《唐景星方伯廷樞》、『題襟廣采雅兼風』一首（按：未見詩題）、《長洲姚氏賦秋生》《嘉興葉松石明府煒》《雲間楊蘇盦司馬葆光》《施少欽封翁善昌》《蕭山韓耊丈螺山中翰欽》《張訏臣茂才嘉謨》《鄭生新泉》《次韵書魯卓叟宋竹翁唱和叠韵二十四律後》《次韓耊丈螺山中翰欽題襟韵》《爲淑娟次茂陵韓琦仲殿撰世勛題風箏韵》《仁和譚仲脩大令獻酬其次韵介眉》《酬蕭山湯章甫廣文鼎煊》《湯味齋主政鼎烜》《補祝施丈澹香茂才綾恩八秩》《魯丈卓叟觀察癸巳壽七十又九》《會稽朱鋗潭大令錞》《輓翁巳蘭司馬慶龍歿於東江》《後甲孺子承三叠留鬚韵再叠前韵書懷》《懷晋望詩人三叠留須韵》《韓丈螺山舍人倒前贈答韵》《鄞郭丈晚香孝廉傳璞輓詞》《仁和高叔荃廣文學治字宰平》，凡一百四十二首，合前六十二首，此本共收詩二百十四首。此本亦經修改謄清，與《招友三百律》稿本第一種相類。

是集仍以題襟訪詩、交游唱酬爲主，品題風雅，存文壇掌故。如《華鬘丈蘋江明經佐周倒其次和韵》云：『香山雖老總風流，憾不追隨藝府游。哦月讓人探桂窟，校書同我少星眸。風騷老將應推冠，吴越詩家到處搜。屈指題襟多少客，登瀛誰結沈（子美）王（子獻）儔。』《鄞郭丈晚香孝廉傳璞輓詞》有云：『文龍詩虎幾評論，甬上空懷碩果存。示我周行師石笥，同君失足溺隨園。』《與晉望詩人論詩》云：『雅頌風騷肇昔時，分唐界宋果何爲？古歌樸茂知難步，今體森嚴豈易摛。琢句誰夸枚氏速，成章我愛子才遲（隨園作詩，古風日必成一章，近體則有終日而不成者，故其詩云：「詩到能遲轉是才。」）。大都取法須求上，句不驚人想不奇。』贈譚獻所作《仁和譚仲脩大令獻酬其次韵介眉》云：『鳳管鸞笙韵最嘉，大羅天上奏紅牙。因知韓愈能扛鼎，就譒潘郎早種花。皖國去思碑共在，傳家治績譜無差。懸車魯直（卓叟）徵同調，與我聯吟合折麻。』詩末注：『仲脩字仲儀，以名孝廉宰合肥等縣。解組歸來，才思洋溢，筆墨矜嚴，凡近時大人先生神道碑、墓志銘，多出其手，張香濤制軍亦心下之。承次《自壽》韵，泚毫答謝。』可備詩話、詞話采録。

光緒十四年（1888），潘衍桐提督浙江學政，十七年冬任滿，引疾歸。提督浙江學政間，延聘名士搜集文獻，編纂《兩浙輶軒續録》。傑人襄其事，嘗徵詩五十家。《六十自壽》其三『闡人幽德勉辛勞』句下注：『襄潘嶧琴學使衍桐《輶軒續録》徵詩五十家。』此集所收詩多吟及徵詩事，且多所徵詩稿跋詠、題詞之作。《賀勞耄丈劍齡廣文銘之詩入輶軒續録》云：『録續輶軒縱廣徵，生存有例不同升。獻琛事與先容异，介壽詩偏破格登。人約五千師李杜，卷分六十貴溪藤。儀徵相國芳徽遠，潘岳追踪克繼承。』詩末注：『嘉慶甲子，阮文達元編《兩浙輶軒録》。迄光緒辛卯，潘嶧琴學使續録《輶軒》，凡詩一萬三千五百有奇，作者四千七百餘人。舊例，生存不録。時劍齡已逾耄壽，予爲徵送入選，破格也。』《喜接魯丈卓叟手畢》詩末注云：『庚寅，潘學使《輶軒》續録，卓叟偕陶文沖徵詩越中。予采各稿，屬其轉呈。未幾文沖赴粵，卓叟亦以游吴告斷音耗者竟閲兩春。』

《兩浙輶軒續録》卷十三收餘姚翁元圻詩十二首。元圻以注《困學紀聞》著稱，世人罕知其能詩。傑人訪其遺編，遂得入《輶軒續録》。此本所收《跋鄉先正翁鳳西方伯元圻詩尾》云：『論世知人近百年，無聞傳誦擅詩篇。稿流甥館傷韜晦，集藉朋簪得究研。雅韵遥追陶靖節，風流不數謝臨川。官階人品詞同峻，敢共知音賞玉編。』詩末注云：『鳳西著有《困學紀聞注》。乾隆甲午解元，辛丑進士，官至湖南藩司，晚歲懸車。其人品之清高，官聲之卓越，前輩俱無閑言，而詩名則殊寂寂也。辛卯春，訪宋蔆洲，得誦其原稿，足以嗣響陶韋。詢知其稿早落孫境甥家，旋復轉徙，韜光已近百年，爲拔泥塗而登壇坫，他年泉路相逢，應共囅然一笑。』《兩浙輶軒續録》卷三十五收胡清江詩一首。清江詩由傑人徵得，《家薇史司馬清江跋其紫薇花館詩》云：『紫薇花史劇風流，前後如何稿不留。綺歲才華殊浩蕩，暮年宦况未優游。消愁贏得蓮杯酒，分陝難添海屋籌。更有文存三十首，幾經删汰幾研求。』詩末注：『薇史司馬著有《紫薇花館詩文集》。道光甲午領鄉薦，後由國子監助教、倉埸大使出知耀州，不三載而卒於任。搜其遺稿，僅得詩百十首、文三十篇。』似此編入《招友續吟》，尚屬勉强。他如《跋漁洋感舊集小傳》《跋儀徵李艾塘揚州畫舫録》《讀明施忠愍邦曜遺集即跋其後》《意大利哥倫布》《美利堅國倍爾德律風》《山陰周蕺君主政來賓原名奎吉》《讀點石齋畫報》，編入是集，與『招友』之義不盡合也。

現藏浙江圖書館。（李聖華）

招友續咏不分卷［第二種］（清）胡傑人撰　稿本

一册。每半葉九行，行二十一字，小字雙行同，四周單邊。

胡傑人生平見前《賸馥吟草》。

卷端首行題『大雅題襟』，次行題『餘姚胡傑人子碌』，三行題『招友續咏』。内封印王繼香篆題『姚海壽人招友續咏』。鈐『餘姚胡傑人芝麓甫印』印。

收詩自《會稽李炁伯民部慈銘一號蒓客》一首起，至《崑山朱柏廬先生用純跋其治家格言》一首止，較前述《招友續咏》稿本第一種爲富有。

前述《招友續咏》稿本第一種自《會稽李炁伯民部慈銘一號蒓客》一首至《鴻甫廣文芝生》一首，凡八十九首。與此本自《會稽李炁伯民部慈銘一號蒓客》一首至《鴻甫廣文芝生》一首，篇目、次第、文字不异，《鴻甫廣芝生》一首以下散佚九葉，缺《仁和樊彭孝廉達璋送其之東粤》《慈溪楊履安檢討催其題衿》《步梅詩人宋竹翁茂才夢良和其誕生猶子》《江左老瓠許叟起》《弢園叟王紫詮送其之齊》《沈蘭皋茂才徵蘭》《吴葉子成茂才耀元》《山陰周蕺君孝廉恭壽》《鶴沙浮楂仙侣張郁周明經文彬》《山陰賞浜家固庵孝廉大晟》《申濱散人談履堂甫福基懺綺庵主談壽基》《姜月坡孝廉立坤》《慈溪葉韵竹明經家珍》《鄞陳栗圃孝廉德坊》《曹蕫侯明經辛》《徐蓮峰孝廉辰》《謝小漁孝廉烺樞》《沈蓉卿諸生葆琮》《且園居士家卿銘謝其贈菊》《步梅詩人次其題襟原韵》《觀象樓主黄丈蔚亭舍人賀章》《史子珍秉政》《上虞湖東第一山詩人宋耋丈白樓選貢棠》《葉我泉耋老維廉》《孫子尹上舍元醇》《張叔平茂才鍾芳》《書癮樓主家飈軒明經德輝》《海鹽徐古春稀老圓成》《游冶子》《華亳丈蘋江茂才佐周》《平湖醒緣道人黄少瀛明經福增慰其近況》《家蓮舟茂才枚臣》《秀水沈子美學博瑜寶酬其題襟己丑教諭麗水》《鶴湖錢根珊學博啓錕》《秀水沈達夫廣文璋寶任校烏程》，凡三十五首。

接《懷棋友華翼珉》以下詩，自《謝山陰半千道人陸苹橋少府敦儒題襟》一首至《讀施忠愍遺集即跋其後》一首，凡三十首，此本與前述《招友續咏》稿本第一種篇目、次第同，然篇題時异。如《謝山陰半千道人陸苹橋少府敦儒題襟》一首，稿本第一種題作《山陰半千道人陸苹橋少府敦儒謝其題襟》。《沈少梅茂才璡》一首，稿本第一種題作《沈少梅茂才》。《成都晚霞生田嵩岳大令均》一首，稿本第一種題作《荆州晚霞生田嵩岳大令均》。《讀施忠愍遺集即跋其後》一首，稿本第一種題作《讀明施忠愍邦曜遺集即跋其後》。

《讀施忠愍遺集即跋其後》一首以下詩，自《跋吕長吉明經迪屐山山房詩集》起至卷末，此本篇目、次第、篇題及詩注與《招友續咏》稿本第一種多异。

其篇目之异，如此本《酬分水陳藎臣茂才本忠書屏幅》《贈古虞羅尗韞茂才振玉》《長興吴五少伯茂才師洵六小霆茂才嘉澍》《山陰家梅臣孝廉元鼎》《嘉善錢根珊廣文啓錕》《歸安孟容江茂才世英》《蓮溪上人》《徐雨舫選貢華潤》《貴州楊舉旃大令家賢送其之任永康》《四川岳養仙軍門炳榮》《長洲貝惕盦參軍蘊章謝贈隸聯》《武進趙仲𡧦上舍》《酬會稽王子獻編修繼香以姚江二老行祝嘏》《仁和張蓮齋明經光德》《吴曉巖明經雲翹》《慈溪梅友竹茂才調鼎》《酬富陽朱廉泉廣葆儒》《吴刺史蓉》《族叔祖杞垞司馬福昌五十雙慶》《上虞許齏生教授正綬跋其集千字文楹帖》《江西廣豐俞振巖明府鳳岡》《甬上陳紉齋上舍允升畫謄題詞》《富陽蔣耐溪孝廉敬時答其題襟并賀登科》《古虞陳書玉侍講夢麟》《答富陽周古三茂才鑑》《答山陰薛閬仙茂才炳介眉》《酬會稽章藕人茂才寶銓介壽》《閑味軒詩畫史催作山水》《仁和高子衡茂才爾伊》《仁和高仲瀛觀察駿麟》《休寧戴青來編修兆春》《仁和姚棫卿太史士璋》《瑞安孫耄丈渠田侍御鏘鳴重宴鹿鳴》《仁和丁松生明府》《會稽沈芝庭司馬鳳墀》《酬貝惕龕參軍》《會稽諸介如茂才筠》《崑山朱柏廬先生用純跋其治家格言》等詩，皆不見於第一種稿本。

其相同篇目之次第、篇題、詩注之异，如《跋吕長吉明經迪屐山山房詩集》一首，此本編於《讀施忠愍遺集即跋其後》一首後，詩注云：『屐山書法摹北海李氏，顔筋柳骨，散落人間。我姚自國初譚公子後，幾能并轡而馳，從無道其兼長韵事者。走閲續蓮社詩，屐山爲三十餘人領袖。訪之伊孫小舫，得讀遺詩，真力彌滿，與古爲鄰，直與書法异曲同工。先正典型，於兹未墜，賦此仍歸小舫。』稿本第一種編此首於《酬棋友黄瑟庵茂才福瓚題襟》一首後，詩末注：『屐翁書法摹北海李氏，顔筋柳骨，散落人間。我姚自國初譚公子後，幾能并轡而馳，并無道其兼長韵事者。予閲續蓮社詩人，屐翁爲三十餘人領袖，其矯矯不群可知。室邇涂月，伊侄孫蕭芳以遺詩見貺，讀之真力彌滿，與古爲鄰，直與其書异曲同工，賦此以志景仰。』《酬吕述軒茂才寅清題襟》一首，此本編於《和黄瑟庵茂才福瓚》一首後，無自注。稿本第一種編此詩於《讀明施忠愍邦曜遺集即跋其後》一首後，題作《答吕述軒茂才寅清題襟》，詩末有注：『舃繪《孤芳自賞圖》，手掬一芝，時以六十壽詩索和。』

若計闕九葉之詩三十五首，此本收詩近三百律，於《招友續咏》諸稿中爲最多。《贈古虞羅未韞茂才振玉》《崑山朱伯廬先生用純跋其治家格言》諸咏，皆可留意。《贈古虞羅未韞茂才振玉》一首云：『侍親久客海州遥，今賦歸來兩足超。省墓還鄉虔拜掃，采芹蘉弟費辛勞。無緣安必塵能挹，集古何虞癖莫消。示我淮陰金石録，爲投魯記當瓊瑶。』詩末注：『未醖著有《五史斠議》《淮陰金石僅見録》。其曾父由上虞遷清河有年，近侍乃父判海州。癸巳偕弟應科試，遍搜金石文字，爲《獻魯丈卓叟東魏元象碑詩》。賦此以識奇緣。』可備羅振玉研討之參酌。

現藏浙江圖書館。（李聖華）

招友續咏不分卷[第三種]（清）胡傑人撰 稿本

一册。每半葉八行，行二十一字，小字雙行同，藍絲欄，四周單邊。紙心上印『賸馥唫』，欄外印『指六异人著』。

胡傑人生平見前《賸馥吟草》。

卷端首行題『大雅題襟録』，次行題『姚州北海壽人著』。封題『招友七律（堃）』。内封印王繼香篆題『姚海壽人招友續咏』。無序跋、目録。鈐『子碌子賸馥吟』『壽人』『問月尋花』『携琴酌酒』『林泉趣』諸印。前述《招友七律三百咏》稿本第五種，封題『招友七律（乾）』，與此本封題相應，分爲招友七律前編、後編也。

集中收詩自《且園賞花分題得紅芍藥》一首起，至《鄞郭晚香孝廉傳璞輓詞》一首止，得一百五十一首。此本前九首《且園賞花分題得紅芍藥》《高笑吾甫緗次其贈韵》《高雲鄉甫於守璞居詩題詞》《上虞謝葦舟上舍弼題其百蝶圖》《葉佛生茂才慧業答其贈海天闊處詞》《答葉孟生啓業次其贈韵》《仁和樊介軒侍御恭煦己丑督學廣東》《寄高昌寒食生時客尊聞閣》《秀水沈子美太史點庶常》，在前述《招友續咏》稿本第一種中收録，然編録次第、詩題字句多有不同。《且園賞花分題得紅芍藥》一首云：『萬花會裏鬭芳菲，剪刻彤雲妙入微。獨占豐臺黏醉粉，渾如嬌客入羅幃。譜尊上品紅都勝，人叶嘉祥金帶圍。瑰麗種分三十九，揚州院落尚嫌希。』稿本第一種題作《且園咏紅芍藥》，『會裏』作『叢裏』，『剪刻』作『雕鏤』，『渾如』作『頻看』，『譜尊』作『譜稱』。《上虞謝葦舟上舍弼題其百蝶圖》頸聯上句作『芝蘭世德人仍仰』，詩末注：『葦舟工於詩畫，承以七古題襟，并惠《思補齋詞》，著墨不多，特多集句。綺歲雋才，恒不數覯，登峰造極，跂予望之。』稿本第一種題作《古愚謝葦舟上舍弼題其自繪百蝶圖》，『世德』作『品望』，詩末注作：『葦舟工詩兼畫，承以七古題襟，并惠手著《思補齋詞》，卷頁不多，特多集句。綺歲雋才，恒不數覯，登峰造極，跂予望之。』

此本下接《元和江建霞太史標》一首起，至《鄞郭晚香孝廉傳璞輓詞》一首止，凡一百四十二首。《招友三百律》稿本第一種自《元和江建霞太史標》一首起至卷末《仁和高叔荃廣文學治字宰平》一首，亦一百四十二首。其异者，此本無《答族侄薇仙茂才》一首，而增《祥符周季況太守星詒》一首。其相同篇目編排次第、篇題、字句，二本時有异處。如《倉山舊主約以詩報賦此催之》，《招友三百律》稿本第一種題作《催倉山舊主和章》。《華亭張子明明經聯珠》，稿本第一種題作《華亭湘蘭秋影詞人張子明明經聯珠》。《山陰陸苹橋少府敦儒自號半千道人謝其贈屏》，稿本第一種題作《山陰半千道人陸苹橋少府敦儒謝其題襟》。《徐賽仙上舍清》，稿本第一種題作《徐賽仙》。《答仁和家馨甫司馬勖曾次自壽四律韵》，稿本第一種題作《答仁和同庚家心孚司馬勖曾次自壽韵》。《讀施忠愍邦曜遺集即跋其後》一首云：『紐解乾綱嘆不辰，數來明季幾忠臣？堪憎藩府多迎賊，誰與文貞（倪鴻寶元璐謚）共殉身。龍馭執綏欽大節，閩疆晋秩憶前塵。文章經濟書應富，得此殘編倍足珍。』詩末注：『忠愍字爾韜，餘姚人。明萬曆己未進士，身短而多鬚，子殤無嗣。著有《四書講要》《陽明集評語》《詩文集》。魏忠賢欲陷之，由工部員外郎出知漳州。擢福建左布政使、刑部右侍郎。甲申三月，寇逼帝崩，忠愍自縊，得救，乃服信石，血迸裂而卒。賜謚忠介。順治壬辰，賜謚忠愍。』稿本第一種題作《讀明施忠愍邦曜遺集即跋其後》，『堪憎』作『我憎』，『倪鴻寶元璐謚』作『倪元璐謚』，『倍足珍』作『信倍珍』，詩末注作：『忠愍名邦曜，字爾韜，明萬曆己未進士，子殤無嗣。著有《四書講要》《陽明集評語》《詩文集》。

魏忠賢欲害之，由員外郎出知漳州，纍擢福建左布政使、刑部右侍郎。甲申，寇逼帝崩，忠愍自縊，得救，乃服信石，血迸裂而卒。謚忠介。順治壬辰，賜謚忠愍。』

現藏浙江圖書館。（李聖華）

招友續咏不分卷［第四種］（清）胡傑人撰　稿本

一册。每半葉八行，行二十一字，小字雙行同，藍絲欄，四周單邊。紙心上印『賸馥唫』，欄外印『指六异人著』。

胡傑人生平見前《賸馥吟草》。

卷端首行題『大雅題襟』，次行題『餘姚胡傑人子碌』，三行題『招友續咏』。封題『招友律詩（下）』。内封有王繼香手篆『姚海壽人招友續咏』，署『光緒戊子冬，王繼香書端』。無序跋、目録。鈐『姚海壽人』『姚海詩語』諸印。

集中收詩自《會稽李炁伯民部慈銘一號莼客》起，至《祝會稽趙丈壽補明經彦暉七秩》一首止，得二百十首。自《會稽李炁伯民部慈銘一號莼客》一首至《重懷高昌寒食生》一首，共六十二首，與前述《招友三百律》稿本第一種後六十二首同，而編排次第、篇題、字句略异。《崍書帶草堂鄭楝園孝廉文熙答其題襟》《酬黄叟桂舲茂才拱辰》《賽竹樓偕友賞繡球花》《喜襟友王君子獻沈君子美周君莪君并登春榜》四首，此本編於《答步梅詩人叠前韵》一首後。《招友三百律》稿本第一種此四篇分題作《酬崍書帶草堂鄭楝園孝廉文熙題襟》《黄叟桂舲茂才拱辰答其題襟》《賽竹樓賞繡球花》《喜襟友王子子獻沈子子美并登春榜》，編於《會稽平景蓀廉防乞其張忠烈煌言采薇吟殘稿》一首後。《高雲鄉甫於守璞居詩題辭》《且園賞花分題得紅芍藥》《葉孟生甫啓業次其題襟韵》《葉佛生茂才慧業答其倚海天闊處詞題襟》《高笑吾甫緗次其贈韵》《古虞謝葦舟上舍弼題其百蝶圖》《仁和樊介軒侍御恭煦己丑督學廣東》《賀秀水沈子美太史點庶常》《重懷高昌寒食生》等九首，《招友三百律》稿本第一種次第及篇題不同，依録如下：《且園咏紅芍藥》《高雲鄉俊秀於守璞居詩題詞》《葉佛生茂才慧業答其倚海天闊處詞題襟》《古虞謝葦舟上舍弼題其自繪百蝶圖》《次高笑吾甫緗題襟原韵》《答葉孟生甫啓業次其原韵》《仁和樊介軒侍御恭煦己丑督學廣東》《重懷高昌寒食生》《秀水沈子美太史瑜賓賀其通籍》。

此本下接自《元和江建霞太史標》一首起，至《仁和高叔荃廣文學治》一首止，得詩一百四十四首，較前述《招友續咏》稿本第一種多出二首，即《祥符周季况太守星詒》《壽陽徐菊生茂才適軒尺牘題詞》，其他一百四十二首，僅編排次第、篇題、字句有異。如《次吴韞山茂才肇英題襟韵送赴秋試》《送步梅詩叟鄉試再叠前韵》《桐鄉嚴芝僧太史辰晚號桐溪達叟》《烏程徐篆香孝廉鳳銜》等四首，《招友續咏》稿本第一種次第及篇題不盡同，依録如下：《送步梅詩叟秋試再叠前韵》《次吴韞山茂才肇英韵》《烏程徐篆香孝廉鳳銜》《桐鄉嚴淄生太史辰晚號桐溪達叟》。此本《倉山舊主允以詩報賦此催之》編於《蘭陵柳隱詞人馬相如明經班》一首後，《鄞張于門孝廉家駟賀其選臨水校》編於《古同安蔣受之參軍嘉福》一首後。《招友續咏》稿本第一種編二詩於《華亭湘蘭秋影詞人張子明明經聯珠》一首後，依録如下：《甬上張于門廣文家駟賀其選臨水校官》《催倉山舊主和章》。此本《答族侄薇山茂才兆元題襟》一首，《招友續咏》稿本第一種題作《答族侄薇山茂才》。

此本下接《會稽馬春暘太史傳煦》《湯味齋太史鼎烜》《仁和樊丈鴻甫廣文芝生》《祝會稽趙丈壽補明經彦暉七秩》等四首，則前述《招友續咏》稿本第一種無。

此本諸詩篇題、字句、詩注，與前述《招友續咏》稿本第三種相近，而與《招友續咏》稿本第一種差异略著。眉端間有批校補注。如《唐景星方伯廷樞》一首詩注上眉批作：『許星尗庚身工尚，許筠庵應騤吏郎。』《次茂陵韓琦仲殿撰世勛題風箏韵》一首，詩末注：『李笠翁《風箏誤》傳奇，韓琦仲修撰世勛有《題風箏詩》一律，爲詹烈侯招討武承家柳夫人所見，命其女淑娟倒韵和之，聲韵并諧。予次琦仲韵。』眉端黏簽：『李笠翁有《十種曲》，昔弟有其二，《風箏誤》《意中緣》，爲葉季綏先生借去，經燹無還。《意中緣》係董其昌字思白，娶才女楊雲友，及陳眉公娶名妓林天素，皆江懷一爲之玉成。現猶有《憐香伴》一本，惜上本早失，亦笠翁作演石介甫事。每曲二本，昔舊書坊曾見有十曲全部。』前述《招友續咏》稿本第一種此詩題作《爲淑娟次茂陵韓琦仲殿撰世勛題風箏韵》，詩句不异，詩末注作：『李笠翁《風箏誤》傳奇，韓琦仲殿撰世勛有《題風箏詩》一律，落詹烈侯招討武承家，爲柳夫人所見，命其女淑娟倒韵和之，音節并諧。予次其韵。』

現藏浙江圖書館。（李聖華）

招友續咏不分卷［第五種］（清）胡傑人撰　稿本

與稿本《招友三百律》《大雅題襟》附《姚海壽人六十贈聯》合裝一册。每半葉八行，行二十一字，藍絲欄，四周單邊。紙心上印『賸馥唫』，欄外印『指六异人著』。

胡傑人生平見前《賸馥吟草》。

内封有王繼香篆題『姚海壽人招友續咏』，署『光緒戊子冬，王繼香書端』。

收詩自《半畝園主長白麟見亭河帥慶跋其鴻雪因緣》起，至《烏程徐篆香孝廉鳳銜》止，得《謝且園主人家卿銘上舍贈菊》《烏程吴子常學博鍾奇答其題襟》《答施崧生學博問種子時富川校士》《楊福蓀登科》《古虞棋友田雨公醫士》《家笛軒明經德耀》《孫中表子尹上舍》《會稽李恣伯民部慈銘一號蒓客》《定海陳香九廣文兆霖答其題襟時司訓歸安》等詩，凡五十六首。其詩或見於前述《招友三百律》稿本第一種，或見於前述《招友續咏》稿本第一種。相同之篇，篇題、字句與兩種稿本相較，間有不同。蓋《招友三百律》《招友續咏》諸稿，陸續抄成，屢經編摩、删裁、分合、謄録、校改、潤色，致諸稿間各有差异。

現藏浙江圖書館。（李聖華）

招友續咏不分卷［第六種］（清）胡傑人撰　稿本

一册。每半葉九行，行二十一字，小字雙行同，四周單邊。卷端無題署。内封印王繼香篆題『姚海壽人招友續咏』，署『光緒戊子冬，王繼香篆首』。鈐『賽竹樓藏書印』印。

胡傑人生平見前《賸馥吟草》。

集中收詩自《魏塘怡然自得居士郭少泉書家蓉初》一首起，至《陳封翁海樓學正輓辭》一首止，得一百五十八首。

此本自《魏塘怡然自得居士郭少泉書家蓉初》一首起，至《酬仁和高白朩中翰雲麟》一首止，凡三十八首，與前述《招友續咏》稿本第一種篇目不异，而編排次第及篇題文字間异。如《答仁和家馨甫司馬勖曾次自壽律韵》《蕭山陸柳圃廣文貢珍》《酬仁和高白朩中翰雲麟》三詩，編於《仁和譚仲脩大令獻酬其次韵介眉》一首後。《招友續咏》稿本第一種編於《喜接魯卓叟手書》一首後，依次作《答仁和同庚家心乎司馬勖曾次自壽韵》《蕭山陸柳圃廣文貢珍》《答高白朩中翰》。此本《喜接魯卓叟手書》一首下接《韓子雲參軍奇》《嘉興葉松石大令煒》《輓翁已蘭司馬慶龍》《黄海巖封君葉春》《族朩津舟茂才劭賓》《訪觀象樓主敲詩》《醉墨生陳書田上舍徵麟爲鄭生新泉摹帖二十二體跋後》《蕭山書家陳伯韞明經光熲》《山陰何桂笙明經鏞》《太痴生索其挹翠庵詞》《勞毫丈劍齡廣文銘之重游泮宫》《定海王松堂司馬恩溥四十初度》《周月川》《唐景星觀察廷樞六十雙壽》《茂苑賦秋生》

等十五首，稿本第一種則上接《答高白尗中翰》一首，次第、篇題多有不同，其中十四首依録如下：《黄海巖封君葉春》、《族尗津舟茂才劭賓》、《訪觀象樓主敲詩》、《醉墨生陳書田上舍徵麟爲陳鄭生新泉摹帖二十二體跋後》、《蕭然陳伯韞明經》、《跋何桂笙明經海軍芻議後》、《太痴生高侶琴茂才》、《勞劍齡廣文銘之重游泮宮》、《定海王松堂司馬恩溥四十初度》、《周月川》、《唐景星方伯廷樞》及『題襟廣采雅兼風』一首（按：未見詩題，此本題作《韓子雲參軍奇》）、《長洲姚氏賦秋生》、《嘉興葉松石明府煒》。餘一首《輓翁已蘭司馬慶龍歿於東江》，則編於《會稽朱鉧潭大令錞》一首後。

此本接《酬仁和高白尗中翰雲麟》以下十四詩，依次爲《補祝施澹香茂才綾恩八秩》《疊魯丈卓叟贈答韵》《會稽朱鉧潭大令錞》《祥符周季況太守星詒》《後甲孺子三叠留鬚韵再叠前韵書懷》《仁和高叔荃廣文學治徵其題襟《懷晋望詩人三叠留鬚韵》《會稽馬丈春暘太史傳煦》《蕭山湯味齋明府鼎烜》《仁和樊鴻甫廣文芝生》《祝趙壽補封君七秩雙壽》《酬蕭山湯掌甫廣文鼎熺介眉》《韓耄丈螺山中翰倒前贈答韵》《輓郭晚香孝廉傳璞》。其中除《祥符周季況太守星詒》《會稽馬丈春暘太史傳煦》《蕭山湯味齋明府鼎烜》《仁和樊鴻甫廣文芝生》《祝趙壽補封君七秩雙壽》五詩外，餘六首皆見於前述《招友續咏》稿本第一種。而《會稽馬丈春暘太史傳煦》《蕭山湯味齋明府鼎烜》《仁和樊鴻甫廣文芝生》《祝趙壽補封君七秩雙壽》四詩，見於前述《招友續咏》稿本第四種，而不見於前述《招友續咏》稿本第二種、第三種。

此本接《輓郭香孝廉傳璞》以下詩，即自《鄞董覺軒明府沛索其六一山房詩》起，至《陳封翁海樓學正輓詞》止，共一百六首，不見於前述《招友續咏》稿本第一種、第三種、第四種，而大都分見於上述《招友續咏》稿本第二種，又見於此下所述《賸馥吟館招友七律續咏》稿本、《賸馥吟館招友七律詩略》稿本。

現藏浙江圖書館。（李聖華）

招友續咏不分卷［第七種］（清）胡傑人撰　稿本

一册。每半葉九行，行二十一字，小字雙行同，四周單邊。

胡傑人生平見前《賸馥吟草》。

卷端首行題『大雅題襟』，次行題『餘姚胡傑人子碌子』，三行題『招友續咏』。内封印王繼香篆題『姚海壽人招友續咏』，署『光緒戊子冬，會稽王繼香篆首』。

集中收詩自《王君子獻子虡》一首起，至《海鹽陳哲甫觀察明遠》一首止，得詩九十六首。依録如下：《王君子獻子虡》《古虞羅尗韞茂才振玉》《長興吴五少伯茂才師洵六小霆茂才嘉澍》《分水陳蓋盦茂才本忠》《山陰家梅臣孝廉元鼎》《韓耄丈螺山索畫山水》《嘉善錢根珊廣文啓錕》《歸安孟容江茂才世英》《德清俞蔭甫太史樾》《歸安張研青上舍澤詩題其西塞漁者圖》《蓮溪上人》《留别韓耄丈螺山》《貴州楊舉旃大令家賢送其之任永康》《四川岳養仙軍門炳榮》《祥符周季况守相星詒乞作書畫》《長洲貝愓盦别駕蘊章謝贈隸聯》《仁和樊彭伯孝廉達璋》《定海陳湘槎學博兆霖時教諭於潛》《酬會稽王子獻編修繼香以姚江二老行祝嘏》《武進趙仲寥》《仁和張蓮齋明經光德》《吴曉巖茂才雲翿》《慈溪梅友竹茂才調鼎》《嚴州水利同知吴刺史蓉》《族叔祖杞垞司馬福昌五十雙壽》《富陽蔣耐溪孝廉敬時答其題襟并賀登科》《上虞許齏生教授正綬跋其集千字文楹帖》《江西廣豐俞振巖明府鳳岡》《甬城陳紉齋上舍允升畫賸題辭》《酬富陽朱廉泉廣文葆儒》《答富陽周古三茂才鑑》《古虞陳書玉侍御夢麟》《高昌寒食生何桂笙明經鏞跋其廣之首章》《武林繆蓮仙茂才良》《杭州教授陸柳浦廣文貢珍》《定海陳香九廣文兆霖次答贈韵》《答山陰薛閬仙茂才炳》《會稽章藹人茂才寶銓》《山陰書家周葴君教授來賓謝贈聯扇》《謝樊丈鴻甫教授介眉》《魯丈卓叟賀其厝先塋兼營繭室》《閑味軒主人催作山水》《仁和高子衡藏才爾伊》《仁和高仲瀛觀察駿麟》《休寧戴青來太史兆春疊贈高仲瀛觀察韵》《仁和姚棫卿太史士璋》《瑞安孫渠田侍御鏘鳴重宴鹿鳴》《杭州丁松生明府》《會稽沈芝庭司馬鳳墀》《謝貝惕盦參軍承摹孔廟禮器西嶽華山諸碑見餉》《會稽諸介如茂才筠》《蕭山陳鏡湖茂才崇禮》《徐少甫司馬兆蘭》《會稽徐叔蓓孝廉友蘭》《崑山朱伯盧先生用純跋其治家格言》《震澤王夢薇別駕廷鼎》《新安孫鏡湖司馬瑞》《會稽趙丈壽補輓詞》《施衡甫廣文繼常》《酬丁松生明府題襟并惠壽壟邑拓碑》《重懷嘉善郭少泉茂才》《會稽孫彥清廣文德祖催書屏障》《韓丈螺山中翰謝贈詩畫箑》《仁和高白尗中翰雲麐謝其惠龍虎字》《嘉善錢封翁根珊廣文啓錕》《慈溪馮夢香孝廉催其題襟》《會稽沈季蕚解元壽慈》《新安孫鏡湖司馬瑞以李傅相壽言見惠跋後》《跋山陰何桂笙明經鏞憤言後》《和山陰杜葦村茂才應棠祝雅韵》《閱微草堂筆記跋後》《高昌寒食生輓詞》《謝山陰周葴君主政來賓書聖教序堂屏見貺》《輓晋望詩人呂蕭芳茂才梁悼亡》《嘉善錢封翁根珊廣文啓錕》《會稽鮑寅初太史存曉跋其詩集》《吊瑞安教諭景□□先生銓之倒鮑寅初太史韵》《和步梅詩叟病足嘆》《山陰周葴君主政教授明州》《次沈曉湖茂才鑑贈韵》《姜季良茂才桂宸新婚》《蕭山湯同年章甫廣文并三嗣君尗雍茂才在容答其同龢書憤》《魯耋丈卓叟十二聯珠佳城圖題辭》《讀劉淵亭軍門永福上總理衙門稟函跋後》《族尗祖桂垞學博芬堂賀其例授教職》《陳蕙圃茂才其濬乞其乃祖峩邊詩》《答盛詵孫廣文傳均題襟》《袁叜山茂才守峻》《酬韓耋丈螺山中翰惠陳伯韞屏聯》《謝魯耋丈卓叟隸古徵詩》《步梅詩人輓詞》《跋余鎮軍虎恩上劉峴莊制帥書後》《喜江督張香濤制軍之洞特拔金千戎滿》《申左夢畹生黃協塤》《小樓主人王松堂司馬恩溥》《書慊呈韓丈螺山并告十二聯珠佳城主人》《海鹽陳哲甫觀察明遠》。

按卷端『招友續咏』題下注：『癸巳出游浙垣湖洲、蠡城、蕭山，得詩二十二章。』然光緒十九年（1883）癸巳之作，實非止二十二首也。考此本諸詩次第，知其按時先後編次。參酌篇次及詩中自注，如《會稽趙丈壽補輓詞》詩末注『迄今甲午季春，忽得耿蘭之報』云云，《仁和高白尗中翰雲麐謝其惠龍虎字》詩末注『甲午夏，承白尗轉贈』云云，《跋山陰何桂笙明經鏞憤言後》詩末注『甲午秋，中日開戰』云云，《高昌寒食生輓詞》詩末注『今甲午秋，中日開戰』云云，《輓晋望詩人吕蕭芳茂才梁悼亡》詩末注『甲午秋，蕭芳鄉試前後患病，歸即悼亡，家徒老母，予代署輓聯』云云，《和步梅詩叟病足嘆》詩末注『步梅甲午壽六十又八』，『八月忽病足，歷三月，至不能立，何憊之甚且速也！吟成《病足嘆》四十律見示，爰餽藥餌，并和其詩』云云，《蕭山湯同年章甫廣文并三嗣君尗雍茂才在容答其同龢書憤》詩末注『甲午涂月，《書憤》詩成，徵和同人，旋得湯章甫喬梓詩詞』云云，《謝魯耋丈卓叟隸古徵詩》詩末注『乙未姑洗月』云云，《步梅詩人輓詞》詩末注『乙未四月十一日竟捐館』云云，《海鹽陳哲甫觀察明遠》詩末注『乙未春，中日和議未成』云云，可知其作時：自《王君子獻子虡》一首起，至《會稽徐叔蓓孝廉友蘭》一首止，凡五十三首，皆作於光緒十九年。接下《崑山朱伯盧先生用純跋其治家格言》《震澤王夢薇别駕廷鼎》《新安孫鏡湖司馬瑞》，作於光緒十九年冬至二十年春。自《會稽趙丈壽補輓詞》一首起，至《蕭山湯同年章甫廣文并三嗣君尗雍茂才在容答其同龢書憤》一首止，凡二十五首，作於光緒二十年。自《魯耋丈卓叟十二聯珠佳城圖題辭》一首起，至《酬韓耋丈螺山中翰惠陳伯韞屏聯》一首止，凡七首，作於光緒二十年冬至二十一年春。自《謝魯耋丈卓叟隸古徵詩》一首起，至《海鹽陳哲甫觀察明遠》一首止，凡八首，作於光緒二十一年。

此本所收詩雖多見於《招友續咏》諸稿本，然諸稿本罕見細作編年，此本可知其作時，足備考訂。現藏浙江圖書館。（李聖華）

招友續咏不分卷［第八種］（清）胡傑人撰　稿本

一册。每半葉八行，行二十一字，小字雙行同，四周單邊。

胡傑人生平見前《賸馥吟草》。

卷端首行題『賸馥續吟』，次行題『姚江北海壽人手著』，三行題『招友續咏』。封題『大雅題衿』。内封印王繼香篆題『姚海壽人招友續咏』，署『光緒戊子冬，會稽王繼香篆首』。又印陶濬宣題『題襟録』，署『光緒戊子秋，陶濬宣署』。濬宣題署後，録王繼香《癸巳秋姚江黄丈蔚亭以八十徵詩，胡君子碌以六十徵詩爰作二老行以申祝嘏之慶》一首，及周星詒題詩一首。接下黏《大雅題襟録招友徵詩啓》一則（末署：『句餘胡傑人芝麓甫拜啓。』）及《姚海壽人六十自壽四律恭呈大吟壇教正并蘄賜和不拘體韵彙登題襟小録》（末署：『室陬辜月，胡傑人芷淥甫賸馥吟。』）刻葉。鈐『宋安定後人』『壽人』『姚海壽人』『芝淥』『少陵賸馥』諸印。又，册末附傑人《步梅詩叟文集序》一篇。

是集收詩二十三首，依録如下：《定海陳香九廣文兆霖一號湘槎答其題襟時戊子冬司訓歸安》《酬歸安朱蓮夫孝廉廷燮》《山陰陸枚生太史壽臣》《酬烏程吴子常孝廉鍾奇》《秦膚雨明經雲自號西脊山人》《鄞張棣笙學博岱年時秉鐸烏程》《楊馥生催其題襟戲叠前贈》《調夫己氏》《且園賞菊謝族兄卿銘上舍即以送别》《跋存存齋醫話》《謝高白朩中翰贈朝鮮貢使趙玉坡龍虎二大字》《酬錢唐丁松生明府丙題襟并惠壽星嵒拓碑》《賀沈子美太史通籍》

《元和江建霞太史標》《酬長洲貝惕庵參軍藴章惠隸屏》《瑞安孫丈蕖田侍御鏘鳴賀其重宴鹿鳴》《祥符周季况太守星詒答其介壽》《四川岳養仙軍門炳榮》《江西俞振嵒明府鳳岡時綰會稽篆》《會稽王子獻編修繼香以姚江二老行祝嘏》《蕭山韓丈螺山索作山水》《會稽陶心雲孝廉濬宣》《跋高昌寒食生憤言後》。

傑人招友七律，六十以前已有三百篇之多，其後更有賦咏，總計不下四百首。此本僅收二十五首，蓋擇録之本。其中，六十以前詩約半數，然則名曰《招友續咏》，未盡宜也。至其篇目，已分見於《招友三百律》《招友續咏》諸稿本，第有篇題、詩注及字句之异。

現藏浙江圖書館。（李聖華）

賸馥吟館招友七律續咏不分卷［第九種］（清）胡傑人撰　稿本

一册。每半葉九行，行二十一字，小字雙行同，四周單邊。

胡傑人生平見前《賸馥吟草》。

卷端首行題『賸馥吟館招友七律續咏』，次行題『姚海壽人晚稿』。内封有周季况手題『大雅題詮』。又有篆題『姚海壽人招友續咏』。集前黏《大雅題襟録招友徵詩啓》一則及《姚海壽人六十自壽四律恭呈大吟壇教正并蘄賜和不拘體韵彙登題襟小録》刻葉。又黏傑人手書詩一首，末署『姚海壽人胡傑人賸馥吟』。鈐『賸馥詩人』『孑才不録弟子』『餘姚胡傑人芝麓甫印』『姚海壽人』諸印。

本書集中收胡傑人六十以後詩。自《陳哲父觀察明遠賀其辦理洋務》一首起，至《答仁和豁廬主人高同年白尗觀察雲麐次壽韵》一首止，得二十七首。依録如下：《陳哲父觀察明遠賀其辦理洋務》《跋余鎮軍虎恩上劉峴莊制帥書後》《喜張香濤制軍特拔金千戎滿》《簡申左夢畹生》《小樓主人王松堂司馬恩溥屬徵書畫朋壽册》《次盛詵孫廣文傳均題百六十齡書畫朋壽册韵》《簡樊介軒侍講恭煦予告終養》《韓子喬編修培森索其題襟》《酬王子獻太史繼香以姚江二老行祝嘏》《四川岳養仙軍門炳榮時壽逾古希寓西湖》《俞蔭甫太史樾》《答陳香九廣文兆霖時校於潛》《祥符周季况太守星詒承其題襟乞作書畫》《長洲貝惕盦參軍蘊章謝贈隸屏》《送周蕺君主政來賓改官之明州教授》《韓耋丈螺山中翰欽謝贈山水詩箋》《高昌寒食生輓詞》《孫止叟侍御鏘鳴賀其重宴鹿鳴》《姚棫卿同年士璋》《魯臺丈卓叟觀察燮光十二聯珠佳城圖題詞》《跋劉淵亭軍門上總理衙門書函後》《蕭山湯同年章甫廣文鼎熺并嗣君汞雍茂才答其同和書憤之作》《天南遯叟》《倉山舊主》《答張同年棣笙廣文岱年題衿》《樊彭伯孝廉達璋述懷》《答仁和豁廬主人高同年白汞觀察雲麐次壽韻》。其詩皆不見於前述《招友續咏》稿本第一種，《酬王子獻太史繼香以姚江二老行祝嘏》《四川岳養仙軍門炳榮時壽逾古希寓西湖》《長洲貝惕盦參軍蘊章謝贈隸屏》《孫止叟侍御鏘鳴賀其重宴鹿鳴》《姚棫卿同年士璋》等數首見於前述《招友續咏》稿本第二種。除《次盛詵孫廣文傳均題百六十齡書畫朋壽册韵》《簡樊介軒侍講恭煦予告終養》《韓子喬編修培森索其題襟》《天南遯叟》《倉山舊主》《答張同年棣笙廣文岱年題襟》《答仁和豁廬主人高同年白汞觀察雲麐次壽韻》七首外，餘二十首，皆見於前述《招友續咏》稿本第七種（按：據《招友續咏》稿本第七種編年詩，其二十首皆作於光緒十九年［1893］至二十一年間）。

此本詩題在前，不似上述《招友三百律》《招友續咏》諸稿本大都詩題在後。對勘此本與《招友續咏》稿本第二種相同數篇，知其篇題、字句、詩注各有异處。如《四川岳養仙軍門炳榮時壽逾古希寓西湖》一首，此本詩末無注。前述稿本第二種題作《四川岳養仙軍門炳榮》，詩末有九十字詩注。又如《長洲貝惕盦參軍蘊章謝贈隸屏》一首，尾聯上句『邇來頻賀琴堂喜』句下注：『楊舉旃、忠若虚二公，俱送赴任。』下句『佇看遷喬賦五紽』句下注：『惕安任本府經歷，工詩善隸，有「曼陀羅花吟館」印。』前述稿本第二種題作《長洲貝惕盦參軍蘊章謝贈隸聯》，尾聯上句自注：『楊舉旃大令之任永康，忠若虚邑尊代理餘姚，俱以詩送行。』詩末注作：『惕盦字達夫，長洲諸生，書法工隸，有「曼陀羅花吟館」小印。任本府經歷有年，詣署獻詩，承其款待，隸古二聯見貺，泚毫鳴謝。』

現藏浙江圖書館。（李聖華）

臢馥吟館招友七律詩略不分卷〔第十種〕附姚海壽人六秩壽聯彙登一卷 （清）胡傑人撰　稿本

一册。每半葉九行，行二十一字，小字雙行同，四周單邊。

胡傑人生平見前《臢馥吟草》。

卷端首行題『臢馥吟館招友七律詩略』，次行題『姚海壽人胡傑人芷渌叉手』。内封有篆題『姚海壽人招友續咏』。集前抄《姚海壽人六秩壽聯彙登》。封題『大雅題衿』，内封題『大雅題襟』。黏《大雅題襟録招友徵詩啓》一則及《姚海壽人六十自壽四律恭呈大吟壇教正并蘄賜和不拘體韵彙登題襟小録》刻葉。鈐『招友題袨』『子才不録弟子』『姚海壽人』諸印。

《姚海壽人六秩壽聯彙登》録會稽王繼香隸聯『苦口卌年嘗臢藥，甘心四海募新詩』、蕭山魯燮光隸聯『良醫救世肱三折，大雅扶輪手一編』、鄞陳德坊書聯『乘蓮海外歸來書畫琴棋多藉詩文綏後録，賽竹樓中游息王楊盧駱誰偕白陸到稀齡』、慈溪葉慶增贈聯『笠屐繪圖想見蘇仙謫儋耳，詩文成帙曾聞太乙返滄瀛』、長洲貝藴章隸聯『經國有才皆百鍊，著書無字不千秋』等。

《臢馥吟館招友七律詩略》收胡氏六十以後詩，凡三十一首。依録如下：《陳哲甫觀察明遠賀其辦理洋務》《跋余鎮軍虎恩上劉峴莊制帥書後》《喜張香濤制帥特拔金千戎滿》《讀劉淵亭軍門上總理衙門稟函跋後》《家桂垞學博芬堂賀其例授教職》《袁芟山茂才峻》《陳蕙圃茂才其濬乞峩邊詩抄》《周葴君主政賀其教授明州》《答錢塘丁松生明府丙介壽并惠壽星巖拓碑》《嘉善郭少泉茂才蓉初》《謝韓耋丈螺山中翰欽贈山水詩箋》《酬高白尗中翰雲麟贈趙玉坡進士龍虎二大字》《簡會稽孫彦清大令德祖甲午校長興》《嘉善錢封翁根珊學博啓錕催書屏幅》《再柬慈溪馮夢香孝廉一梅》《會稽沈季萼解元壽慈》《答新安孫鏡湖司馬瑞贈李傅相壽言跋後》《觀弈道人閲微草堂筆記題詞》《勞耄丈劍齡廣文銘之重游泮宫》《答秀水盛詵孫廣文傳均題襟》《謝魯耋丈卓叟徵詩隸屏》《謝韓耋丈螺山中翰徵得陳伯藴明經屏聯》《步梅詩人輓詞》《上海黄夢畹明經協塤》《書慊呈韓丈螺山并告魯丈卓叟》《小樓主人王松堂司馬恩溥》《鄞董覺軒明府沛乞其六一山房詩》《施少欽封君善昌》《貝惕龕參軍藴章謝贈隸屏》《天南遯叟王希丈紫詮明經》《倉山舊主袁丈翔甫大令》。除《再柬慈溪馮夢香孝廉一梅》《勞耄丈劍齡廣文銘之重游泮宫》《鄞董覺軒明府沛乞其六一山房詩》《施少欽封君善昌》《天南遯叟王希丈紫詮明經》《倉山舊主袁丈翔甫大令》六首外，餘二十五首皆見上述《招友續咏》稿本第七種（按：據《招友續咏》稿本第七種編年詩，知其二十五首皆作於光緒十九年至二十一年間）。其相同之篇，詩題及字句時异。

又，《陳哲甫觀察明遠賀其辦理洋務》《跋余鎮軍虎恩上劉峴莊制師書後》《喜張香濤制師特拔金千戎滿》《讀劉淵亭軍門上總理衙門禀函跋後》《周葴君主政賀其教授明州》《謝韓耋丈螺山中翰欽贈山水詩箋》《上海黄夢畹明經協塤》《小樓主人王松堂司馬恩溥》《貝惕龕參軍藴章謝贈隸屏》《天南遯叟王希丈紫詮明經》《倉山舊主袁丈翔甫大令》等十一首，又見於前述《賸馥吟館招友七律續咏》稿本第九種，而篇題、詩注多异，字句偶有不同。如《陳哲甫觀察明遠賀其辦理洋務》《跋余鎮軍虎恩上劉峴莊制師書後》二詩，稿本第九種詩末皆有注，此本無之。《喜張香濤制師特拔金千戎滿》一首，此本無詩注，稿本第九種不唯詩末有注，且『制帥』二字作『制軍』。《上海黄夢畹明經協塤》『幾經悤悤問蒼天』之句，詩末注：『夢畹主《申報》館筆政，三月中著有《及時修省論》《自强篇》，忠愛之忱，時形詞表。遥遥千里，彼此同聲，投詩以當晤談。』稿本第九種題作《簡申左夢畹生》，『幾經』

二字作『幾番』，詩末注作：『夢畹著《及時修省論》《自强篇》，忠愛之忱，形於詞表。與予遥隔千里，彼此同聲，投詩當晤。』《小樓主人王松堂司馬恩溥》『五洲騷雅樂晁趨，兔園册子書兼畫』之句，句下注：『時以《百六十齡二大老書畫朋壽册》乞題。』詩末注：『松堂築小樓於滬上，吟飲其中，曾繪《吟飲圖》徵詩，得三百餘家，曰《苔岑集》。戊子，予次其韵泚筆，以乞其集。』稿本第九種題作《小樓主人王松堂司馬恩溥屬徵書畫朋壽册》，『五洲』作『四方』，『册子』作『亦有』，『兔園』句下無注，詩末注作：『松堂，四明人，築樓滬上，吟飲其間，繪圖徵詩，得三百餘家，曰《苔岑集》。予曾次韵介眉，今索其集，并以書畫册乞徵詩。』其相异若是。

此本題作『招友七律詩略』，蓋摘録自得會意之作。前四首見其關注時局、憂時憂國之思，即可覘知摘略之義。光緒二十一年春，中日和議未成，陳明遠伏闕陳書，上海創設洋務衙門，明遠奉旨辦理洋務。《陳哲父觀察明遠賀其辦理洋務》即爲此而作，尾聯云：『新衙創設新猷焕，王室屏藩策萬全。』《跋余鎮軍虎恩上劉峴莊制帥書後》亦然，詩云：『行成已受十分虧，尚有孤忠氣不衰。人背論傷兵退却，軍前殺敵我驅馳。和憑割地成何事，誓此偏師總可支。正正堂堂光竹簡，救時讜論惜稽遲。』皆辭氣慷慨。

現藏浙江圖書館。（李聖華）

賸馥吟館招友七律續咏［第十一種］（清）胡傑人撰　稿本

與《大雅題襟詩略》合裝一册。每半葉九行，行二十一字，小字雙行同，四周單邊。

胡傑人生平見前《賸馥吟草》。

卷端題曰：『姚海壽人胡傑人芝麓甫。』鈐『餘姚胡傑人芝麓甫印』印記。

集中收胡氏六十以後詩，得《陳哲父觀察明遠賀其辦理洋務》《跋余鎮軍虎恩上劉峴莊制帥書後》《喜張香濤制帥特拔金千戎滿》《讀劉淵亭軍門上總理衙門稟函後》《魯耋丈卓叟觀察燮光十二聯珠佳城圖題詞》《孫耋丈止叟侍御鏘鳴重宴鹿鳴》《天南遯叟王丈紫詮明經韜》《倉山舊主袁丈翔甫大令祖志》《答張丈棣笙廣文岱年題襟》《鶴湖錢封翁根珊學博啓錕》《烏程吴子常廣文鍾奇酬其題襟》《樊介軒侍講恭煦乞假終養》《山陰周蕺君主政來賓書聖教序堂屏見貺》《吊景□□廣文銓之倒鮑寅初太史韵》《嘉善錢封翁根珊廣文啓錕催書屏障》《和山陰杜葦村茂才應棠祝嘏韵》《答錢塘丁松生明府丙介壽并惠壽星巖拓碑》《嘉善郭少泉茂才蓉初》《謝韓耋丈螺山中翰欽贈山水詩箋》《酬高白尗中翰雲麟贈趙玉坡進士龍虎二大字》《簡會稽孫彦清大令德祖甲午校長興》《嘉善錢封翁根珊學博啓錕催書屏幅》《再柬慈溪馮夢香孝廉一梅》《會稽沈季専解元壽慈》《答新安孫鏡湖司馬瑞贈李傳相壽言跋後》《觀弈道人閲微草堂筆記題詞》《勞耄丈劍齡廣文銘之重游泮宫》《韓子喬太史培森索其題襟》《酬王子獻編修繼香以姚江二老行祝嘏》《休寧戴青來同年兆春》《仁和姚棫卿同年士璋》等詩三十一首。

前述《牘馥吟館招友七律續咏》稿本第九種，得詩二十七首，與此本同者十四首。前述《牘馥吟館招友七律詩略》稿本第十種，得詩三十一首，與此本同者十六首。三本録詩均在三十首上下，各作選略，參差不齊。

此本卷尾黏附傑人《魯丈卓叟觀察八鰷徵詩文啓》印葉，凡三葉，末署：『姚海壽人胡傑人拜啓。』

現藏浙江圖書館。（李聖華）

賸馥續吟招友續咏一卷［第十二種］賸馥雜咏一卷（論事絶句第六種）賸馥吟餘一卷（賽竹樓詞抄第三種）對聯一卷［第二種］（清）胡傑人撰　稿本

與《大雅題襟》合裝一册。本册封題『賸馥吟餘』。依次收《賸馥續吟招友續咏》一卷、《賸馥雜咏》一卷、《賸馥吟餘》一卷、《對聯》一卷。無序跋、目録。

胡傑人生平見前《賸馥吟草》。

《賸馥續吟招友續咏》一卷。每半葉九行，行二十一字，小字雙行同，四周單邊。間用『賸馥吟』箋紙，藍絲欄。紙心上印『賸馥唫』，欄外印『指六㝵人著』，每半葉八行，行二十一字。卷端首行題『賸馥續吟招友續咏』，次行題『姚江北海壽人叉手』。集中收《陳哲父觀察明遠賀其辦理洋務》、《喜張香濤制軍之洞特拔金千戎滿》、《上海賓紅外史黄夢畹茂才協塤》、《仁和樊介軒侍講恭煦予告終養以詩洗塵》、《韓子喬編修培森》、《送山陰周主政莪君之官明州教授》、《魯葊丈卓叟十二聯珠佳城圖題詞》、《跋劉淵亭軍門永福總理衙門書後》、《讀余鎮軍虎恩上劉峴莊制師坤一書跋後》、《秀水盛詵孫學博傳均答其題襟》、《和盛詵孫廣文傳均蕭庠宋柏行用杜古柏行韵》、《次盛詵孫廣文題襟韵》、《魯葊丈卓叟觀察十二聯珠佳城圖題詞》、《孫廷標封翁黄山采藥圖題辭》、《蒿目詞》十六首、《六十自述》四首（按：接下雜入《錫慶會祭已故同人文》一篇）、《次孫法洪壬辰五月□日落水遭難紀事》、《味蒓園七橋咏》七首、《訪續蓮社諸詩人遺稿詩》九首、《呈黄葊丈蔚亭舍人爲徵魯韓二老和詩》八首、《與蔣亘卿孝廉》、《姚海壽人自題乘蓮泛海圖》四首、《自題孤芳自賞圖》二首、《何桂笙先生五十壽言》四首、《紫光閣功臣頌》（按：以下雜入《送邑侯忠公若虛明府卸任序》一文）、《送邑侯忠若虛明府卸任》六首、《答蕭杞山柏臺韶》十二首等古今體詩，凡九十一首（按：《跋余鎮軍虎恩上欽差劉峴莊制帥書後》《喜張香濤制軍之洞特拔金千戎滿》《上海夢畹生黃式權茂才協塤》三首重出，不重計）。其詩有屢見前述《招友七律》續集諸稿本者，亦有罕見者，《蒿目詞》十六首即是，其一云：『紀戰詩成六十章，壽人半喜半心傷。旋因潰敗書憂憤，一字吟安泪一行。』『紀戰詩成六十章』，謂光緒甲午秋作《三韓紀事詩》六十首。

《賸馥雜咏》一卷。卷端首行題『賸馥續吟』，次行題『姚海壽人晚稿』，三行題『雜咏』。是集收雜咏時事七絶一百一首。其詩多見於前述《論事絶句》稿本第一種（收九十六首）。《論事絶句》卷端首行題『論事』，此本則作『雜咏』，命名略异也。其相同之篇，間有文字之异。如《論事絶句》稿本第一種有詩：『守禦臺灣劉省三（劉銘傳號省三，提督銜。欽差到臺，時在甲申七月，當馬江敗績之後，法船四面游奕，全臺賴以保守。劉璈號蘭洲，前由台州府升臺灣道，劉銘傳擅抄其家。奏初上，天顔不喜，後則反飭督撫至本籍抄家），劉璈供職亦無慙。欽差漫説威權大，擅自抄家總不堪。』此本作：『守禦臺灣劉省三，劉璈供職亦無慙。威權漫説欽差大，擅自抄家總不堪（劉省三中丞銘傳，以提督欽差到臺。法船四面游奕，全臺賴以保守。劉蘭洲觀察璈由台州府升臺灣道，數言齟齬，銘傳擅抄其家。奏疏初上，天顔不喜，旋則飭該省督撫本籍抄家，抄出一千三百四十兩）。』

《賸馥吟餘》一卷。卷端首行題『賸馥吟餘』，次行題『姚州胡傑人芝麓著』。收《賀婚調寄相見歡》《題風雨歸舟圖調寄十六字令》《題漁樵圖調寄十六字令》《題漁樵圖調寄憶江南》《新婚志喜調寄一剪梅》《題漁夫圖調寄漁父》《題馬七橋小照調寄占春芳》《烟室題詞調寄十六字令（四首）》《題山水册頁調寄點絳唇》《題梅調寄占春芳》《題畫石調寄醉花陰》《宋白樓選拔湖東第一山詩題詞調寄一剪梅（二首）》《題群姬春宴圖調寄滿宮花》

《聽竹調寄虞美人》《題壺公擲杖化龍圖調寄菩薩蠻》《題班仲升投筆調寄鶴冲天》《題吐飯成蜂圖調洞天仙》，凡二十一闋。前述稿本《賽竹樓詞抄》第二種，收詞二十二闋，無《題壺公擲杖化龍圖調寄菩薩蠻》《題班仲升投筆調寄鶴冲天》《題吐飯成蜂圖調洞天仙》三詞，而有《題竹箑調寄十六字令》四首。

《對聯》一卷。卷端首行題『對聯』，次行題『賸馥吟館著』。收嶽殿門頭『帝闕凌雲軍門耀日，慈航濟世慧劍倚天』、五十自壽『膺品望袁子風騷半世趨承還想克遵矩矱，葛栽桑韓康賣藥百般齷齪未甘了却襟期』等對聯。

現藏浙江圖書館。（李聖華）

賽竹樓賸馥續吟不分卷［第九種］昭代中興功臣詩續咏不分卷［第六種］賸馥吟館招友七絶續咏不分卷［第二種］附雜著不分卷

（清）胡傑人撰　稿本

一册。每半葉九行，行二十二至二十五字不等，小字雙行同，四周單邊。

胡傑人生平見前《賸馥吟草》。

封題『賸馥續吟』。鈐『子祿六十以後作』『賸馥詩人』『賸馥吟艸』『姚海壽人』諸印。

集中收傑人手稿《賽竹樓賸馥續吟》不分卷、《昭代中興功臣詩續咏》不分卷、《賸馥吟館招友七絶續咏》不分卷，附《雜著》不分卷，皆修改稿本，塗乙删改滿卷。

《賽竹樓賸馥續吟》不分卷。卷端首行題『賽竹樓賸馥續吟』，自注：『乙未壽六十又五。』次行題：『姚海壽人叉手。』乙未，光緒二十一年（1895），傑人年六十五。集中收諸體詩，依次爲《鵠》（按：共三題，凡七絶五首、七律一首、七律三首。末一題自注：『甲午陬月作，後失稿。乙未杏月，從邕穀抄來，前稿已成矣。』）、《賀甬上湯□□入泮》、《題孫廷標先生黄山采藥圖》、《次秀水盛詵孫廣文傳均題百六十齡二大老書畫朋壽册》、《書憤》、《喜魯耋丈卓叟徵得盛詵孫學博題襟》、《次盛詵孫學博傳均題襟韵》、《魯耋丈卓叟觀察十二聯珠佳城圖題詞》（『乙未陬月。』）、《百六十齡書畫朋壽册子》、《步梅詩人病足瀕危賦詩永訣》（『卒于乙未四月十一日辰刻。』又注：『其弟叔涵、廣涵。』）、《簡王子獻太史》、《和盛詵翁蕭庠宋柏行用杜少陵古柏行韵》、《疊魯耋丈卓叟觀察見懷韵》、《簡韓耋丈螺山中翰欽再叠魯丈卓叟韵》、《再簡螺山》、《校字寄黄彦芳學博維瀚》、《魯丈卓叟觀察燮光》，皆作於光緒二十一年。大都酬應之篇，『自攄性情自吟詩』（《簡韓耋丈螺山中翰欽再叠魯丈卓叟韵》），而憂時之情不減。《書憤》七律十首感憤甲午近事而作，接續《論事絶句》之意，其二云：『我朝次第失屏藩，籌計全槃爲溯源。緬甸南環君已易，琉球東拱祀無存。梯航山海疇能禁，戎狄豺狼任遍屯。似此早成心腹疾，祇緣見慣未推論。』其三云：『如棋要著幾輕投，一局全輸大事休。窳器無難漁大利（某員購廢洋槍三萬枝，價銀每二兩，以九兩報，藥彈亦然），忠臣有幾誓同仇（如左冠亭軍者甚鮮）。縱然募勇徒糜餉，安得貪官盡斷頭（泰西人云：天下至貪者，莫如中國之官）。爲憶元明東戰迹，古今一樣共貽羞。』其七云：『自來能戰始能和，竭力求成後慮多。鄰近東瀛前患日，路通北塞本防俄。秦因失鹿憑人逐，歧總亡羊莫我訶。尸位一班文若武，貪財怕死更無他。』其十云：『將不知兵幾遁逃，天皇宵旰枉勤勞。先愁遍野無青草，更待何人麾白旄。問鼎寇深傷割地，輸金國大誤操刀。四方豪傑知多少，也似詩人目共蒿。』

《昭代中興功臣詩續咏》不分卷。《紫光閣功臣詩》作於光緒十四年前，分咏攻剿洪、楊之變諸功臣僧格林沁、曾國藩、胡林翼、左宗棠、曾國荃、李鴻章等人，猶有未盡，乃爲續作，得《魁果肅公》《劉公》二首，分咏魁玉、劉錦棠。魁玉已見於《紫光閣功臣詩》之《漕帥吴制軍、江督沈制帥暨江寧將軍富明阿、西安將軍都興阿、杭州將軍國瑞、廣西提督馮子材、四川成都將軍魁玉》一首，此則專咏之。詩前各有序引，述其事迹。傑人意欲陸續繼前賦咏，此雖僅二篇，今依其意，仍著録爲一種。

《賸馥吟館招友七絶續咏》不分卷。卷端首行題『賸馥吟館招友七絶續咏』，自注：『乙未五月下浣起，時壽六十又五。』次行題：『姚海壽人晚稿。』專録光緒二十一年招友詩，得《簡夢畹生黄式權茂才協塤》五首、《簡管秋初襲尉斯駿》六首、《簡袁丈翔甫大令志祖》二首、《王丈紫詮明經韜》五首、《徐園主人棣山司馬》二首、

《高白赤中翰雲麟》四首、《簡陶心雲孝廉》三首、《簡韓幹侯封君》四首、《簡德清俞丈曲園太史》五首、《蕭山汪子恒圃茂才》九首、《王子獻編修繼香》三首、《韓耋丈贏山中翰欽》二首、《陳鏡湖茂才崇禮》二首、《山陰陸苹橋少府敦儒》二首，凡五十四首。此本爲修改稿本，字句多塗乙改易。其前二十五首，全見於前述《招友七絶續咏》稿本第一種。

册末《雜著》不分卷，録《宋秘教公士達公祭文》（『甲午春録丁亥舊作。』）、《二十五世祖鄉賓瀛洲公祭文》（『甲午姑洗月補作。』）、《例封文林郎純齋公例封孺人羅孺人墓祭文》（『甲午榖雨□孫曾作』）、《染業錫慶會已故同人序》（『乙未三月十七夕。』）、《錫慶會祭已故同人文》（『四月初十日用先祭葛仙翁。』）、《瀛洲公助祀産序》（末署『光緒二十有一年梅杏柂桃花月，房長凝之命傑人撰文，家祺濡毫。』按：接下爲《瀛洲公祭助祀産序》謄清稿，下注：『乙未二月。』）、《上叔祖笛軒明經德輝箋》（『甲午上巳。』）、《陳書田先生公祭啓》（『甲午七月十七夕作於賽竹樓。』）、《潘太嶽承進公祭簿序》（『癸巳孟夏朔。』）等文九篇，除《宋秘教公士達公祭文》爲光緒二十年重録光緒十三年舊作，《潘太嶽承進公祭簿序》爲光緒十九年作之外，餘皆作於光緒二十年至二十一年兩歲間。傑人雜著自成編，此則隨録之篇，多爲初稿，丹黄滿卷。

現藏浙江圖書館。（李聖華）

二老書畫鳳壽册一卷三韓紀事詩一卷［第一種］（清）胡傑人撰　稿本

一册。每半葉九行，行二十一字，小字雙行同，四周單邊。封題『二老書畫鳳壽册』。鈐『姚海壽人』『壽人』諸印。

胡傑人生平見前《賸馥吟草》。

《二老書畫鳳壽册》一卷。内封有張道林隸書題『百六十齡二大老書畫鳳壽册』，署『光緒乙未閏月七日，道林署檢』。首行題『百六十齡二大老書畫朋壽册子并序』。收傑人七絶八首，其一云：『二老年高百六齡，裒多益寡兩頭平。一書一畫都騷雅，不薄詩家肯結盟。』二老謂韓欽（螺山）、魯燮光（卓叟），皆當時名流，傑人題襟友。傑人詩序述書畫册來由云：『閑味軒主韓丈螺山中翰，蕭然大老也，庾鮑風流，蘇秦嚮嗣，詩詞之外，兼工山水，然不多作，并不肯出以贈人。壬辰秋，魯丈卓叟觀察爲姚海壽人徵詩，承以三絶題襟，旋又得其七律兩章，特識也，亦特筆也。癸巳夏，壽人以詩徵畫』，『螺山丈得詩大喜，遂惠山水便面』，『洎乙未春，螺山丈復以淡緑山水見貺，壽已七十又九，猶能工筆作此，幾疑沈石田重生。魯丈題詞作配，本是書畫名翰，竟同日月合璧』，『魯丈耋壽初添一籌，二老合算，因名《百六十齡書畫朋壽册子》，王子獻太史篆額，壽人跋尾，徵詩大吟壇，同博一笑。』

韓欽，字孟仙，號螺山，浙江蕭山人。父鳳修，嘉慶二十五年（1820）進士，官至潮州知府。欽從宦粵東，既以仁和籍廩生改歸原籍，咸豐五年（1855）舉於鄉，六年成進士。授知縣，以母老世亂，艱於迎養，改内閣中書，乞假歸，不復出。闢二如草堂，蒔花木，奉親自娱。好詩古文辭，慕厲鶚之爲人，顔其室曰景樊。光緒二十四年（1898）十月卒，年八十二。著有《閑味軒詩稿》十卷、《詞稿》二卷。事見《［民國］蕭山縣志稿》卷十九《人物六》。傑人與相唱和，有《蕭山韓耄丈螺山中翰欽》《次韓耄丈螺山中翰欽題襟韵》《韓丈螺山舍人倒前贈答韵》《韓耄丈螺山索畫山水》《留别韓耄丈螺山》《韓丈螺山中翰謝贈詩畫箑》《酬韓耋丈螺山中翰惠陳伯韞屏聯》等詩。

魯燮光，字瑶仙，號卓叟，浙江山陰人。先世自清初移居蕭山，居西河下。燮光以廩貢生選授慈溪訓導，俸滿，保升知縣，歷署山西和順等縣令。性好學，手不釋卷。選輯《永興集》百餘卷，遭亂殘缺。晚年著《蕭山儒學志》八卷、《湘湖水利志》四卷、《西河志》一卷。在山西有《山右訪碑録》一卷。卒年九十餘。事見《［民國］蕭山縣志稿》卷十九《人物六》。傑人與燮光唱和甚多，集中有《陳君醉墨蔣君君揚鄭君又橋趙氏專一張氏訏臣鄭生雲翹新泉各贈魯丈卓叟隸聯賸之以詩并謝魯丈》《和魯丈卓叟次贈韵兼示平陸和順舊稿》《越城魯卓叟觀察燮光謝其題襟》《酬魯耄丈卓叟觀察燮光初字瑶仙》《喜接魯丈卓叟手書》《次韵書魯卓叟宋竹翁唱和叠韵二十四律後》《魯丈卓叟觀察癸巳壽七十又九》《魯丈卓叟賀其厝先塋兼營蓏室》《魯耋丈卓叟十二聯珠佳城圖題辭》《謝魯耋丈卓叟隸古徵詩》等數十首。潘衍桐輯《兩浙輶軒續録》，燮光偕陶濬宣徵詩越中，傑人所采詩稿，即屬其轉呈。

《三韓紀事詩》一卷。卷端題：『餘姚胡傑人芝麓。』内封有陶濬宣隸書題『三韓記事詩』，署『光緒甲午冬，陶濬拜題』。集前有魯燮光《三韓紀事詩題詞》二首、韓欽《三韓紀事詩題詞》三首。集中收七絶六十二首，咏中日甲午之戰，感時紀聞，憂國書憤，又自爲注脚，庶幾野老作詩史。其三云：『倭人黷武太猖狂，自大居然似夜郎。未必舟堅兵器利，敢夸亞土莫能當。』其四云：『朝廷前事誤琉球，惹得倭人又起謀。道此孱邦無政令，不妨爲我作咽喉（光緒壬午，日本滅琉球，夷爲沖繩縣）。』其五云：『不守鮮京大事差，憑倭占踞逞干戈。客翻爲主披猖甚，幾道兇鋒莫折磨。』其八云：『省識俄人暗主張，相傳兵艦泊崎陽。似防救趙來圍魏，埋伏何當代酌量（六月初，有俄國兵船七艘，泊於崎陽口）。』其二十九云：『俄邦向欲肆鯨吞，曾有英人據巨文。今又屯兵來搤吭，知幾應已悔紛紜（朝鮮甲申之亂，俄人方將肇事，英人先據巨文島，爲扼吭拊背之計。今英兵又屯巨文矣）。』其五十一云：『倭艦三番威海來，我軍未及片輪摧。清人河上逍遥甚，廿載空培戰陣材。』第五十九首云：『槍林彈雨死無佗，塗炭生靈幾萬多。作俑當誅況戎首，壽人憑吊淚滂沱。』第六十首云：『三韓戰事紀詩篇，勝負兵機日變遷。六十章成還待續，董狐直筆恐難宣。』第六十一首云：『我朝此戰繫安危，多少西人冷眼窺。如此富強難策效，卅年訓練果何爲？』第六十二首云：『見聞謭陋識迂疏，耳食之餘信手書。聊當刀環歌共唱，遥知一讀一軒渠。』皆可諷誦。

《三韓紀事詩》作於光緒二十年（1894）秋，原六十絶，即是集前六十首，後二首乃補作。傑人《招友續咏》收《次沈曉湖茂才鑑贈韵》，詩末注：『甲午秋季，中日和議未成，予著有《三韓紀戰》六十絶、《書憤》八律。』《招友七絶續咏》稿本有詩：『戰紀三韓六十章，郵呈襟友共相商。杞人同是憂天者，二老題眉見肺腸（子獻子《三韓紀戰詩》，魯丈卓叟、韓丈螺山俱有題詞）。』韓欽、魯燮光既爲王繼香《三韓紀戰詩》題詞，又應傑人之請，爲《三韓紀事詩》題詞。燮光《題詞》其一云：『野史稗官本不禁，書生直筆不忘君。它年正史相參校，端合枝詞佐异聞。』其二云：『三韓往事鑒前明，太息神宗誤用兵。七載援師關白死，模糊戰迹少公評。』韓欽《題詞》三首署時『光緒甲午立冬前三日』，其一云：『不是空談紙上兵，莫將饒舌笑書生。少陵儘有憂時句，一例詩評作史評。』

現藏浙江圖書館。（李聖華）

三韓紀事詩一卷［第二種］賽竹樓蒿目詞一卷　（清）胡傑人撰　稿本

一册。每半葉九行，行二十一字，小字雙行同，四周單邊。

胡傑人生平見前《賸馥吟草》。

封面篆題『弎韓記事詩，蒿目詞』。内封有傑人門人鄭邕榖隸題『三韓紀事』『蒿目詞』各一葉。鈐『海壽』『傑人耆壽』『賸馥詩人』『蒿目』『安定先生卅世子孫』諸印。

《三韓紀事詩》一卷。卷端題曰『三韓紀事詩』。集前有魯燮光《三韓事詩題詞》二首、韓欽《題詞》三首。集中收七絶六十二首，與前述《三韓紀事詩》稿本第一種不异。集末附傑人《書憤》八首、湯鼎熺《和書憤》一首及傑人《書憤續咏》二首。

《賽竹樓蒿目詞》一卷。卷端題曰『賽竹樓蒿目詞』。收七絶五十八首，各自爲注，眉端行間多有補注。前述《賸馥續吟招友續咏》稿本第十二種，嘗收《蒿目詞》十六首。光緒二十年（1894），中日戰於三韓等地。是年秋，傑人憂國不已，作七絶六十首，成《三韓紀事詩》。補作二首，得六十二首。甲午兵敗，喪權辱國，傑人繼有《書憤》八首、《續書憤》之作。國勢日危，乃有《蒿目詞》五十八首。野老憂時激憤，報國無門，揮涕紀爲杜陵詩史。如《書憤》其八云：『每望捷報續詩篇（三韓紀戰得六十絶），其奈兵機日變遷。華勇不嫻槍彈副，倭君偏集子臣賢（日皇第四子及伊藤博文、榎本武揚、山縣有朋曾隷泰西軍籍，習練一二十年）。金人强虜終應逐，漢代和親總苟延。誰道蘧章詞令擅，求成輾轉仰周旋。』《書憤續咏》其二云：『將不知兵慣遁逃，天王宵旰枉勤勞。先愁遍地無青草，更待何人秉白旄？問鼎寇狂傷割地，輸金國大誤操刀。四方豪傑知多少，也似詩人目共蒿（和約朝鮮自主，割臺灣全省、奉天遼東七州縣地，出兵費二萬萬兩）。』『目共蒿』，即『蒿目』名集之意。《蒿目詞》其二云：『牙山奏捷詡雄師，平壤蒼黄挂白旗。如出兩軍疑已久，今知捏戰盡虛詞。』其三云：『臨戰真如戲一班，不成行伍步姗姗。一聲礮響驚皇甚，兵士紛紛弃甲還。』其五云：『衛帥（汝貴）全營平壤留，徵歌挾妓賞中秋。倭兵攻擊華兵潰，退過安州又義州。』其八云：『害極烏烟嗜若飴，遍尋中夏莫之醫。天知倭主能除患，肯把全權付與伊？』其四十七云：『事涉邦交總受虧，含羞忍垢久頹墮。於今爲烈成何事，舉國如狂共莫知（中日和約，朝鮮自主，奉天割地，賠償軍費二萬萬兩，臺灣全省交與日本，加通商口岸。日本軍隊三個月撤回，俘虜各還本國，聽日本兵暫守威海衛）。』其五十三云：『歐美同聲笑乞和，鼎湖欲沸可如何？倭人非分相要挾，但忌西邦衆口訶（俄國致書日廷謂：中日議和，索兵費多寡，不願與聞。若論割地，則敝國不能束手。而日廷命伊藤博文與李傅相面商，亦不欲牽涉西人）。』其五十五云：『俄艦蟬聯黑海開，精兵大纛劇恢恢。不緣雀捕蜻蜓事，公子何爲挾彈來（俄廷簡水師提督三阿力希夫駐太平洋，麥格拉夫駐中國北洋，地耳道夫巡中國海面，共帶兵輪五十艘。麥拉格夫前鎮地中海，聞其八年前與土耳其戰，有大功）？』并皆沉痛。《三韓紀事詩》尚不免浮語，蓋於時局有所未明也，《蒿目詞》則勝之，不愧詩史之作。

現藏浙江圖書館。（李聖華）

三韓紀事詩一卷［第三種］（清）胡傑人撰　稿本

一册。每半葉九行，行二十一字，小字雙行同，四周單邊。

胡傑人生平見前《賸馥吟草》。

卷端題曰「三韓紀事詩」。鄭邕穀隸書封題「三韓紀事」。內封有汪鼎光緒甲午冬題「三韓記事詩」。集前有韓欽甲午冬《題詞》三首。鈐「子才不録弟子」「以詩當贄」「餘姚胡傑人芝麓甫印」諸印。

清光緒二十年（1894）甲午秋，傑人賦七絶六十首記中日海戰，題曰《三韓紀事詩》。繼作二首，綴於六十首之末。甲午戰後，傑人氣不能平，有《書憤》《蒿目詞》。《三韓紀事詩》一卷，前已收録稿本二種。此亦稿本，惜有殘缺。「向來孱弱咲鮮兵」一首以下缺一葉。「衛青振旅進開城」一首衹存「衛青振旅進開城（屬京畿道），近距鮮京百六程。督率五營方」一行，其下缺葉。檢前述稿本第二種，其下尚應有「平壤屯兵卅四營」一首、「倭船駛近大東溝」一首、「槍林彈雨死無佗」一首、「三韓戰事紀詩篇」一首，始足六十之數。按稿本附《書憤》詩於卷尾之例，此本當亦有所補「我朝此舉係安危」一首、「見聞謭陋識迂疏」一首。卷尾附《書憤》七律八首、《書憤續咏》二首及湯鼎熺《和書憤》一首，《書憤》八首不存，《書憤續咏》存末一首。前述稿本第二種，編湯鼎熺和詩於《書憤》八首後，此則附《書憤續咏》二首後。

對校前述稿本第二種，其次第、字句間有小异。如「廣乙兵船統帶優」一首，此本編於「倭邦間諜四方多」

一首前，稿本第二種編於『倭邦間諜四方多』一首後；此本其末句『近指牙山命尚留』，稿本第二種作『兩度生還戰績留』；此本其詩末注：『八月初三日，統帶廣乙兵船林國祥與倭水師督松島氏所乘一枝桅戰，奮往直前，毀彼師船。卒以救援不至，倭艦圍攻，舟沉泗水，行八百里，附輪回津，旋調致遠。八月十八日，在大東溝復能擊破倭艦，致遠亦沉。國祥泅水至五十里，遇救。』稿本第二種作：『八月初三日，統帶廣乙兵船林君國祥與倭水師提督松島氏所乘一枝桅戰，死毀彼師船。以救援不至，倭艦圍攻，舟沉泗水，附西輪回天津，旋調致遠。八月十八日，在大東溝復能擊破倭艦，致遠亦沉。國祥泅水遇救，仍得歸來。』又如《書憤續咏》其二『先愁遍野無青草』句，稿本第二種『遍野』作『遍地』；『問鼎寇深傷割地』句，稿本第二種『寇深』作『寇狂』；『輸金國大誤操刀』句下有注：『中日和約，朝鮮自主，割臺灣全省、奉天遼東七州縣歸日本，出軍費二萬萬兩，七年内分六次交清。』稿本第二種此注則在詩末，作：『和約朝鮮自主，割臺灣全省、奉天遼東七州縣地，出兵費二萬萬兩。』

現藏浙江圖書館。（李聖華）

田臾頌一卷 （清）胡傑人撰　稿本

一册。每半葉九行，行二十一字，四周單邊。

胡傑人生平見前《賸馥吟草》。

封題『田臾頌』。内封有張鍾芳題『田臾頌』，署『尗平題』。鈐『子碌子賸馥吟』『子才不録弟子』諸印。

此爲傑人《田臾頌》七言長篇并序單寫本。《田臾頌》詩并序，屢見於《賸馥吟續編》諸稿本。前述《賸馥吟續編》稿本第二種收此詩，前有陶濬宣隸書題『田臾咏』一葉，其詩題亦作《田臾咏》。由是知此詩又名《田臾咏》。《田臾頌》詩序云：『南匯朱雨蒼茂才作霖，與其友周荔軒同爲寒士，嘗如盧照著五悲文史。一日，周謂朱曰：「子固多才，盍作一既富貴又壽考之文，爲我輩作開心符否？」雨蒼遂撰《田臾傳》，謂田臾字同貝，蓋拆富貴二字，戛戛獨造，以自慨抑塞磊落，顛倒賢愚，直能駕《天問》《客嘲》，獨樹一幟。予理難上達，數更多奇，遂效西施之矉，以消南阮之遺。』傑人因朱作霖撰《田臾傳》而效作長詩，凡一千七百七十八言，縱横跌宕，亦自攄其抑塞磊落之氣。

現藏浙江圖書館。（李聖華）

賽竹樓駢文不分卷　（清）胡傑人撰　稿本

一册。每半葉九行，行字不等，小字雙行同，四周單邊。

胡傑人生平見前《賸馥吟草》。

封題『賽竹樓駢文』。内封有尚德生署『賽竹樓駢文』。無序跋。鈐『姚海壽人』『賽竹樓藏書記』諸印。

此爲傑人手書《賽竹樓駢文》初稿本，大都爲祭文、序引、簡啓，祭文、序引，各自爲目。諸文雜録，按體編排，非其駢文全帙。

祭文目録首行題『賽竹樓主人駢文目録』，次行題『姚海壽人晚稿』。得《燕寧堂祭祖文》《第七世祖宋秘教士逵公墓祭文》《十五世祖叔雍公祭文》《誥封奉直大夫國學生外祖父羅佐廷公祭文》《誥授奉直大夫鹽運司提舉舅氏羅公孚堂并朱孫二宜人祭文》《恤贈鹽知事銜堂叔建三暨配節孝鄭孺人祭文》《祝文》《東嶽帝路祭文》《葛仙祭文》《天后祭文》《財神祭文》《藥王祭文》《請羽士薦嶽父胡公宸書叔榜文》等十三篇，篇下各署作時。《燕寧堂祭祖文》凡改易兩録，前稿篇末自識云：『本祠祀祖兩文，前半均成於癸酉之冬，爲仲弟雪峰登科懸匾而作。至今丁亥子月，守四六成法，潤色而續成之，抄送本祠，以易嚮用舊作，識者當知有上下牀之别也。芷淥甫識於賽竹樓，時年五十又七。』後稿篇末自識云：『此作前半成於癸酉，爲仲弟領鄉薦祭祖懸匾而作，遵成法而删潤之。後半則成於丁亥黄鐘月，時年五十又七。』《十五世祖叔雍公祭文》署時『丁亥』，題下注云：『燕寧祠冬月小祭用。』

序引目録作：《賸馥吟自序》《宋竹翁六十壽序》《送袁翔甫大令詩序》《徐園主人棣山司馬詩序》《苔岑集序》《送楊次山茂才詩序》《送種榆客詩序》《送徐庚友守三茂才詩序》《送翁耆已蘭司馬詩序》《送邵筱村方伯詩序》《送武陵漁隱詩序》《送韓子嶠太史詩序》《謝蔣君揚畫竹詩序》《湖東第一山詩序》《送郭晚香孝廉詩序》《平錦孫觀察詩引》《羅撮山先生八十壽文》《孫美田茂才公祭啓》《韓勉夫明經冢君登瀛賀詩引》《贈邵小村詩引》《贈曹竹軒選貢詩引》《送潘月舫孝廉詩引》《送日本北條鷗所詩引》《送畢玉洲詩引》《贈醉墨生詩引》《送韓子儁詩引》《賸馥吟題襟録寄藏徐園詩引》《賸馥吟寄存種榆客醫家詩引》。凡二十八篇，詩序、送序爲多，壽序僅二篇，序引中又雜入《孫美田茂才公祭啓》一篇。

然序引録文不同，依次爲《步梅詩人六十壽序》、《贈倉山舊主杭袁翔甫大令詩序》、《寄徐園主人棣山司馬詩序》、《王松堂司馬恩溥小樓吟飲圖詩序》、《送楊次山槐卿詩序》、《寄海上種榆客悦彭氏序》、《與邵小村觀察友濂箋》（乙酉夏，時邵任蘇松太道，代）、《徐瘦山鳩摩羅什譯佛經賦序》、《贈書家翁已蘭司馬詩序》、《送韓子嶠太史培森詩序》、《謝蔣君揚作大幅畫竹詩序》、《宋白樓贈其師梅隱詩、其父南樓詩、其兄阜湖詩、自著湖東第一山詩，即題其簡端》、《大雅題襟録唱酬詩文序》、《送郭丈晚香詩序》、《致平錦孫觀察步青詩序》、《羅撮山先生殊八秩壽文》、《孫介賓美田茂才景炎公祭啓》、《盂蘭盆會疏》、《答越城魯卓叟觀察燮光題襟詩序》、《題襟新編寄王子獻孝廉，再請越中大雅題襟啓》、《族祖杞垞司馬福昌嘉孚紹康入泮賀函》、《寄湖州教授施衡甫廣文繼常書》、《寄張亦坡諸生志瀚尺簡》、《書啓聯句摘存》、《與張亦坡札》、《寄張韞卿司馬尺書》、《與周丈笙北副貢鏞書啓》、《與徐瘦山同庚札》、《與戎琴石詩翁箋》、《索朱萱髯作書箋》、《檄蔣君揚文》、《與陳仲瞻箋》、《賀餘源花號開張甬上》、《與颰軒明經》、《與宋竹孫茂才夢良》、《致臺藩邵小村方伯札》、《節孝闡幽録序》、《寄湖郡司訓施衡甫廣文繼常》、《請蕭山魯卓叟觀察燮光作隸小啓》、《答會稽三百九十四甲子老人趙壽補詩序》、《答會稽孫峴卿孝廉德祖題襟詩引》、《酬樊彭伯孝廉達璋詩序》、《謝張棣笙廣文岱年題襟》、《酬湖屬教授仁和樊鴻甫廣文序》、《答定海陳香九廣文兆霖題襟詩序》、《致秀水沈達夫廣文璋寶詩序》、《寄謝坤齋廣文光樞》、《和會稽稷山居士櫻詩引》、《贈海昌杜晋卿詩引》、《贈馬春暘太史詩序》、《寄京師李忞伯民部慈銘詩引》、《寄虎林家韵梅茂才珍乞其題襟書隸》、《贈戊子新孝廉詩啓引》、《賀姜桂宸入學詩引》、《摘句送扇》、《上年丈楊理庵太史泰亨詩序》、《寄潘月舫孝廉嶽森》、《贈管秋初斯駿詩引》、《贈題襟諸君》、《贈日本詩人北條鷗所直方氏詩序》、《致曾厥堂孝廉桂芳催其題襟》、《柬畢玉洲以塄》、《寄尊聞閣小札》、《寄天南遯叟》、《贈韓勉夫明經詩序》、《贈茹古主人詩引》、《答客問近況啓》、《送武陵漁隱詩序》、《柬醉墨生陳書田書家詩序》、《寄高昌寒食生詩序》、《送韓子儁茂才培藻詩序》、《送種榆客悦彭詩引》、《稿送徐園詩序》、《贈友詩序》、《送施耆衡甫廣文繼常詩序》、《謝王子獻孝廉徵詩引》、《謝陳仲瞻書貽屏聯詩引》、《催馬幼眉孝廉賡良題襟詩序》、《招友詩引》、《贈甬上癸酉同年詩引》、《贈施衡甫廣文暨其嗣崧生孝廉》、《招友徵詩引》、《徵詩小引》、《招友徵詩引》（按：此又一篇）、《招友徵詩引》（按：此又一篇）、《招友小引》、《催題襟詩引》、《再柬曹髯生》、《催會稽陶心雲孝廉題衿詩引》、《題襟詩引》、《謝施衡甫廣文徵詩詩序》、《索宋丈白樓招友詩序》、《致甬上張竹晨方伯岳年詩引》、《致陶心雲孝廉濬宣書》、《紫光閣功臣贊》、《蘭譜》、《王止軒以庶常歸里賀詩引》、《陳翔翰丈史祥燕詩引》、《致觀象樓主黄蔚丈》、《催題襟通用詩引》（按：此文原無篇題，今據稿本《賽竹樓駢體文存》卷四補）、《送蔣薇卿孝廉北上詩啓》、《與詩弟子高雲鄉甫於詩序》及《正月》四首，計一百六篇，各篇題下大都注明作時。其間有偶得之句，亦有續完之篇。其體有詩序、文序、送序、壽序及祭文，更多簡牘札啓。收文數較目録多出七十八篇，而與篇目不合者又有之。

此本通計得文一百十九篇，乃傑人手稿，又係初稿本，序引、簡啓改易尤多。前述《賸馥吟草》稿本第一種小集《澹如居詩抄》隨録駢文雜著二十餘篇，與此本不相重複。

傑人於四六非名家作手，然嗜好不減於詩。《招友七絶續咏》稿本有詩：『别集曾編《賽竹樓》，散文駢體兩兼收。三唐二宋追難及，且步邯鄲稿本留（五桂樓）。』《賸馥吟續編》有詩《步梅詩叟過訪賽竹樓歸後書懷》十首，其五云：『徐庾風流自古傳，儷紅妃緑幾經年。簡端依舊需鴻製，待寄駢文另一編。』所作以酬答題贈爲多，適於日用。酬酢之際，風雅意濃，馳騁才情，筆之所至，逸興飛揚，真好之者也。

現藏浙江圖書館。（李聖華）

賽竹樓駢體文存四卷　（清）胡傑人撰　稿本　存二卷（卷三至四）

一册。每半葉八行，行二十一字，藍絲欄，四周單邊。紙心上印『賸馥唫』，欄外印『指六异人著』。

胡傑人生平見前《賸馥吟草》。

封題『賽竹樓駢體文』。内封篆題『賽竹樓駢體文』。卷一、二今未訪見，不詳尚存天壤否。鈐『姚海壽人』『傑人印』諸印。

所存二卷，得文六十篇，卷前各有目録。卷三目録首行題『賽竹樓駢體文存』，次行題『姚州賸馥詩叟著』。收《大雅題襟徵詩啓》《助婚公啓》《監會啓》《鄭丈雅訓公祭知啓》《仲弟雪峰孝廉公祭啓》《坎鎮各店整規啓》《章啓皓上舍公祭啓》《答友問近况啓》《新建福緣庵募疏》《盂蘭盆會疏》《孫美田公祭啓》《張洪氏公祭啓（二篇）》《陳書田書家義助賻膳公啓》《魯丈卓叟八𩡧徵詩文啓》等疏、啓共十七篇。其間逾半不見於上述手稿《賽竹樓駢文》，《助婚公啓》《監會啓》《鄭丈雅訓公祭知啓》《仲弟雪峰孝廉公祭啓》《坎鎮各店整規啓》《章啓皓上舍公祭啓》《張洪氏公祭啓（二篇）》《陳書田書家義助賻膳公啓》等皆是。

卷四目録首行題『賽竹樓駢體文存』，次行題『姚海壽人手著』。收《答趙壽補題襟詩引》《酬孫峴卿題襟詩引》《奉馬春暘詩引》《請戊子科諸孝廉詩引》《寄施衡甫箋》《送施衡甫詩序》《寄天南遯叟詩引》《答張棣笙題襟詩引》《謝王子獻徵詩詩引》《徵何崍青、馮舸月題襟詩引》《招友通用詩引》《催陶文沖題襟詩引》《催題襟通用詩引》《韓勉夫明經冢君登瀛詩引》《贈邵小村觀察詩引》《贈曹竹軒選貢詩引》《贈潘月舫孝廉詩引》《贈日本北條鷗所詩引》《贈畢玉洲詩引》《贈醉墨生詩引》《贈韓子儁詩引》《賸馥吟題襟録寄藏徐園詩引》《稿分存海上種榆客醫家詩引》《贈題襟諸大雅詩引》《招友徵詩引》《招友題襟詩引》《送謝坤齋廣文詩引》《致沈達夫詩引》《和陶文沖櫻花詩引》《寄何佳笙詩引》《謝施衡甫徵詩引》《寄李忞伯詩引》《再柬菅髯生索書》《謝陳仲瞻貽屏聯詩引》《乞魯卓叟作隸札》《酬樊鴻甫題襟詩引》《催楊福蓀題襟詩引》《索宋白樓作招友詩序》《送蔣味經北上詩引》《寄陳祥燕詩引》《王止軒假旋賀詩引》《與高雲鄉詩引》《致張竹晨方伯詩引》《酬高白尗觀察、湯章甫廣文介壽詩引》，凡四十四篇。除《徵何崍青、馮舸月題襟詩引》一首外，餘四十三篇皆已見於前述手稿《賽竹樓駢文》。

前述手稿《賽竹樓駢文》爲初稿本，丹黄滿卷，多删改之迹。此本爲謄清稿，編次分卷，較爲嚴整。清稿本篇中文字，從初稿本改易後寫録。如初稿本《再柬菅髯生》前四句初作：『言詞齟齬，雖頻晤對亦無情；文字因緣，且結神交於异地。』前二句繼改作：『詞章儢儢，難高聲價於當時。』眉批云：『儢儢，心不欲爲也。』又改作：『藝文鹿鹿，難高聲價於當時。』後二句初改作：『毫楮熊熊，且結因緣於异地。』繼改作：『毫楮熊熊，必耀光華於奕世。』清稿本題作《再柬菅髯生索書》，前四句作：『詞章儢儢，難高聲價於當時；毫楮熊熊，必耀光華於奕世。』『儢儢』二字，旁注『鹿鹿』二字，疑猶未定也。清稿本多有可觀，初稿本亦不可廢，不唯初稿篇目較謄清稿殘編爲多也。如初稿本《賽竹樓駢文》收《催題襟詩引》一篇，題下注：『戊子夏五廿三夕。』清稿本《賽竹樓駢體文存》卷四題作《致楊福蓀孝廉積芳催其題襟詩引》，無題下注，蓋各有詳略。

現藏浙江圖書館。（李聖華）

賽竹樓雜文不分卷　（清）胡傑人撰　稿本

一册。每半葉八行，行二十一字，小字雙行同，四周單邊。

胡傑人生平見前《賸馥吟草》。

無序跋，卷端無題署。鈐『傑人』『壽人』『指六小草』諸印。

是集收傑人之文，依次録《送倉山舊主袁翔甫大令詩序》《王松堂司馬恩溥小樓吟飲圖詩序》《送宋丈白樓選貢棠詩序》《答魯卓叟觀察燮光題襟》《索畫徵棋檄蔣君揚文》《寄徐園主人棣山司馬詩序》《寄海上種榆客悦彭氏》《與戎琴石詩翁箋》《招句東癸酉同年題襟詩引》《答趙壽補題襟詩引》《答張棣笙學博岱年題襟詩序》《步梅詩人六十壽序》《步梅雜俎序》《三絶説》《大水記》等十五篇（《寄徐園主人棣山司馬詩序》一篇重出，不重計）。序引、尺牘爲多，説、記各一篇。其文大都分見於前述稿本《賽竹樓駢文》《賽竹樓駢體文存》。

文非傑人所長，所作亦多，此僅零散之篇，彙爲一册。詩引、尺牘大都爲題襟友所作，故文中多述及題襟之事。其文不足名家，然飛揚辭采，自見志趣，亦有可觀。如《三絶説》云：『詩畫皆可名世，人遂謂文藝之難遠軼千古矣。而吾謂患不在文藝之不精，而在鑑衡之無識。此有薛燭始有寶劍，無伯樂即無良馬，古今人所爲同聲一嘆也。歲丁亥十月既望，个園子以函投賽竹樓，門臨廛市，忽若有山林氣味者然。家僮知爲畫卷，爇龍涎香供之以報。北海壽人乃盥露輕披，近視始知爲竹，心竊喜之，懸諸樓上，瞻仰之餘，繼以摩挲。摩挲不已，遂作嘯歌，將倩醉墨生而書之。予曏所稱三絶者，即在是也。凡雅客至，必請往觀』，『客曰：「此不過个園子之畫耳！吾與个園交幾三十年，少有智慧。及長，善籌算，操奇贏，陳田癖，早以汔可小康許。騷人墨客，鮮與之游，即一二相識，并不先施，至於文學一途，則如扣槃捫燭，懵乎未見。而論當世人才，輒少許可。即所謂三絶者，亦退而嘖有煩言。先生殆未前聞乎？」壽人曰：「子但交个園，而不知个園之畫，猶之个園但交壽人，而不知壽人之詩。吾不爲个園咎，且轉爲个園惜。使以个園之聰明睿智，生於法家，飫以詩書之氣，將七年小成，九年大成，以一人而兼三絶，直如鄭虔、童鈺不難，豈鰓鰓焉擅一技之長云爾哉！」』『此其所以與醉墨之書、壽人之詩合爲三絶也。即醉墨與壽人，亦不能并包兼容也。嗟乎！塵世皆然，誰爲真賞？藝文并茂，我總先知。没世之時，必有徵文訪道，載酒登門，求三絶而不得，追想軼事於無窮者。』

現藏浙江圖書館。（李聖華）

賽竹樓雜俎不分卷附賽竹樓駢體文不分卷 （清）胡傑人撰　稿本

三册。每半葉八行，行二十一字，藍絲欄，四周單邊。『賸馥吟』箋紙。

胡傑人生平見前《賸馥吟草》。

《賽竹樓雜俎》册一內封楷書題『賽竹樓雜俎』，隸書題『賽竹樓雜俎』。册二封題『賽竹樓雜俎』，內封題『賸馥吟零珠』，又題『賽竹樓雜俎』。册三內封題『賽竹樓雜俎』。集前有宋夢良光緒十二年（1886）臘月《序》及《賽竹樓雜俎目録》。鈐『胡傑人印』『子碌』『子才不録弟子』諸印。册三附《賽竹樓駢體文》不分卷，內封篆題『賽竹樓駢體文』。

《賽竹樓雜俎》收《賸馥吟詩自序》《祭遷姚始祖宋經諭觀光公文》《曾王父公升歸葬公祭文》《新建福緣庵募疏》《父母墓祭文（代）》《劉將軍告示》《監會啓》《指六异人》《賽竹樓記》《業師施蔗溪夫子像贊》《墓志》《風潮記》《生祭文》《送後甲孺子秋試序》《三絶説》《大水記》《致王子獻太史書》《寄吴淞關尹翁已蘭司馬小札》《與宋竹孫箋》《致湖府司訓施衡甫廣文繼常箋》《上寧城郭丈晚香孝廉傳璞箋》《與古虞曹竹軒選貢官俊小札》等文，凡一百三十一篇。集前《賽竹樓雜作目録》列一百二十六篇，篇目、次第與集中多有不合。

此傑人選編自作文，兼及序、題跋、祭文、疏、告示、書、啓、行述、墓志諸體，駢文、古文并録。各篇下大抵注明作時。其文大都已分見於前述稿本《賽竹樓駢文》《賽竹樓駢體文存》《賽竹樓雜文》及《賸馥吟草》，亦有不見於四本之篇。抄寫工整，然既未分卷，亦未嚴按體分類，録爲一編，故嫌於雜亂。

所附《賽竹樓駢體文》不分卷，收《宋白樓選貢贈其師梅隱詩其父南樓詩其兄阜湖詩自著湖東第一山詩即題其簡端》《郭丈晚香孝廉傳璞屬其徵詩句柬書》《致臺藩邵筱村方伯尺牘》《復王子虔茂才繼業書》《劉將軍告示》《答陳香九廣文兆霖題襟序》《致烏程校秀水沈達夫廣文璋寶詩引》《和會稽陶文沖孝廉濬宣櫻詩引》《答趙壽補題襟詩引》《催馬幼眉布衣賡良題襟詩引》《六羔肇派十五世支祖泗民公祭文》《誥封奉直大夫國學生外祖羅公佐廷祭文》《誥授奉直大夫鹽提舉銜舅氏羅公孚堂并例封宜人朱孫二宜人祭文》等文十三篇（按：《答趙壽補題襟詩引》《催馬幼眉布衣賡良題襟詩引》二文重出，不重計），皆不出上述駢文諸稿本范圍。集末附徐爾嘉《賽竹樓主六秩壽文》。

宋夢良《序》謂當世文章，或習趨浮薄，或輕擬歐蘇韓柳，更或剽竊，拾人牙慧，『近日措詞，斯風不息。惟我友胡君芝麓，才盈一石，學富五車。《齊諧》《諾皋》，亦資聞見，壁經瓠史，最愛搜羅』，『是以咳唾生珠，鏗鏘振玉。八叉手段，健可擎天，萬斛言泉，出難擇地』。盛加推譽，然傑人終非名手，自攄磊落不平之氣，寫江湖漫游聞見，見其學問性情而已。《呈黃蔚亭先生炳垕尺牘》作於光緒十二年丙戌，云：『拙著《賽竹樓雜作》，駢體則俳詞龐雜，莫能翔步夫六朝；散文則曼語鋪張，難冀兼除夫十弊。五七言不工組織，古今體絶少觀摩。』所言《賽竹樓雜作》，兼含古今體詩。

傑人詩私淑袁枚，文亦頗效之。集中可稱道之篇，如《指六异人游戲文》云：『古嘗有以形體之异炫人者，堯眉八彩，湯臂四肘，而要不聞其异在指也。指六何落落也，朝市中無其人，釋道中無其人。屈等無名，久已蹭蹬於文場之内，而意氣常豪，夫豈燋頭爛額者所可齊驅也哉』，『指六何矯矯也，黃甲中無其人，白丁中無其人。士非巨擘，亦既濫列在上舍之班，而謳吟自適，又豈圈鹿闌牛所能賞識也哉』，『而况遭時不偶，潦倒半生，子傷不育，名嘆未成。立世寡才，偏多齟齬，媚人無術，反托孤高。書誤我而不讀，詩窮人而未工。豈才高而數奇，將抑鬱而誰訴？』同治九年（1870）作《賽竹樓記》云：『宋王元之謫居黄州，作竹樓二間，爲價廉而工省也。予家距市里許，曾王父公升公於嘉慶甲子構惟孝堂。丙辰，仲弟游泮，以棣萼顏樓。宏敞遼敻，甲於坎村，雖歷百十世，不朽可也。詎壬戌五月，粤匪一炬，竟成焦土』，『洎夫己巳季冬，相數弓之隙地，移燼餘之赭垣，臘盡而樓落成。材木不大，縱横僅逾二丈，價亦廉而工亦省，此賽竹樓之所以名也。麗樓南面，營一小臺，廣與樓等，高不出屋檐之上，蓋壽人曬藥處也。低不挹夫北海，遠不吞夫南山，冬宜納日，夏可迎風。春雨驟來，瓦疑飛瀑，秋月遥挂，室似張燈。四時勝景，蕃變异常』，『課徒之餘，倏然自得。不嗜酒而好茶，亦圍棋而蒔菊。人或求醫，散藥宛同頒賑；客或識曲，論詩聊當用兵。攤飯而後登臺遠眺，放意嘯歌，得佳句數章，編入《臏馥吟》中，皆斯樓之助也。』《生祭文》云：『小軒既署夫壽人，令聞應馳於當世。不料夢夢天意，生才者轉若忌才；昧昧我思，明道者未能行道』，『悵朝聞而不足，知夕死而有餘。情無可遣，袁子才先作輓詩；老莫能娱，陶靖節自爲生祭。』皆可誦讀。

現藏浙江圖書館。（李聖華）

升科記事一卷［第二種］（清）胡傑人撰　稿本

一册。每半葉八行，行二十一字，藍絲欄，四周單邊。『䐛馥吟』箋紙。

胡傑人生平見前《䐛馥吟草》。

卷端不題撰者名氏，首行題『升科記事』。鈐『大拙秀才』諸印。

此爲傑人清同治七年（1868）戊辰所作道情《升科記事》單寫本。道情，又稱漁鼓、竹琴，浙東紹興、婺州皆盛行。傑人曲前小序云：『戊辰四月，場書黄玉盤等勾串監房朱書伯、委員汪世烺，到場慫恿場主朱有筠違例升科。叙其顛末，用作道情一篇。讀者須先備銅琶鐵板，當東坡大江東唱之可也。』前述稿本第一種曲前亦有小序，較此爲詳：『同治七年戊辰四月，石堰場書黄玉盤等勾串運房朱書伯、委員汪世烺，到場慫恿朱大使有筠於海濱漲地違例勘丈，勒令升科，每畝經費八百三十。余道漲則無升成規，開導村人呈請場縣，毁譽不一，向背靡常。叙其顛末，編作長歌，讀者須先備銅琶鐵板，當蘇東坡大江東唱之可也。』曲末又附記一則：『戊辰七月，予到杭呈訴，運臺批詞甚好。本可如意，而同事興讒，殷户觀望，予置之不聞，遂至中止。我坎大事，似此顛倒，真可太息。芝麓又志。』此本無。

浙江圖書館又藏稿本一種，與清末賽竹樓抄本《游燕詩抄》《投瓢草》《仰白山房公餘草》等合裝一册。集末亦有傑人附記一則：『記成戊辰七月。景川、日曜、日景浼予晋省呈訴，運憲批詞甚好。本可如意而行，日景旋即興謗，殷户觀望，半途而廢。我坎大事，似此顛倒，真可態息。芝麓自識。』

傑人行吟江湖，寄情於詩，兼爲詞曲。其人多才藝，復多浙東士人骨鯁之氣。關心時政，遂有《論事絶句》《中興功臣頌》《三韓紀事詩》《蒿目詞》，各自成卷，又有《書憤》《書憤續吟》詩。宋夢良校閲《論事絶句》，嘗勸其稍斂鋒芒，以避文字之禍，傑人不顧也。作《論事絶句》之前，已有《升科記事》，刺世譏僞，吐寫牢騷。卷尾附《消悶》二首以自嘲，其一云：『公事如私事，章程盡出吾。措詞徵識力，立案闢模糊。世變嗤雲狗，群疑罵野狐。蚍蜉不知量，撼得樹焉無。』其二云：『一唱終無和，陽春曲自高。人心真似石，我筆總如刀。定例成規在，長篇記事牢。此情難作遣，不復惜牢騷。』此二詩，不見於前述稿本第一種及浙圖藏稿本另一種。

現藏浙江圖書館。（李聖華）

大雅題襟不分卷〔第一種〕附六十贈聯彙登一卷〔第三種〕（清）胡傑人輯　稿本

一册。每半葉八行，行二十一字，藍絲欄，四周單邊。紙心上印『賸馥唫』，欄外印『指六异人著』。

胡傑人生平見前《賸馥吟草》。

張鍾芳隸書封題『大雅題衿』，署『赤平書眉』。内封有王繼香篆題『大雅題袷』，署『會稽王繼香子獻署』。《大雅題襟》不分卷，集前有陸敦儒《大雅題襟集序》、管斯駿《大雅題襟録唱酬詩文序》。序前有傑人《孤芳自賞》小像一幀，圖繪揣芝，徐鴻慈題『孤芳自賞』。序後黏附傑人《大雅題襟録招友徵詩啓》刻葉，繼寫録所作《題襟新編寄王子獻孝廉再請大雅題襟啓》《致郭晚香孝廉屬請四明大雅題襟啓》。無目録。鈐『傑人印』『子才不録弟子』『子碌子賸馥吟』『招友題袷』諸印。

集中依次收吴乙榮《賸馥吟翁小象題辭》（附《六十贈聯》）、宋夢良《生祭賸馥詩人文》、後甲孺子《生輓歌四章》、周鏞《賸馥吟紫光閣中興功臣題詞》、郭傳璞《賸馥吟序》、王繼香《賽竹樓雜俎序》、盧友炬《北海壽人六十壽文》、徐爾嘉《賸馥吟叟六十壽文》、宋夢良《賸馥續吟序》等朋輩酬贈詩文十二首，以序題爲多，詩僅後甲孺子所作四首。《賽竹樓雜俎序》末署：『光緒十三年丁亥中秋日，會稽王繼香子獻甫序於五雲舊廬。』今檢《大雅題襟》不分卷稿本又一種，此文末署：『彊圉大淵獻相月，愚弟宋夢良竹孫拜序。』鈐『宋夢良印』『步梅山人』諸印。今考之，當爲宋夢良所作，誤署王繼香。

《六十贈聯彙登》一卷，録王繼香、陳楣、陳之唐、何紹琛、宋夢良、秦樹銛、葉慶增、盧友炬、蔡叙功、范多璜、翁慶龍、魯燮光、陶濬宣、戴翊清、朱廷燮、蔡祖齊、徐爾嘉、黄孝治、周來賓、貝蘊章等二十人贈聯。眉端補作題襟友小傳數條，可留意。如秦樹銛小傳云：『秋伊一號勉鉏，癸酉科舉人。著有《勉鉏山館詩》《留鶴盦詞》《娱園畫賸》《皋社聯吟集》《續越風》。』葉慶增小傳云：『癸酉拔貢，癸酉舉人，丙子進士。員外郎。』

傑人效陶淵明、袁枚，生前自撰《生祭文》《墓志》。宋夢良《生祭賸馥詩人文》應傑人之請所作，題下注：『庚寅荷夏大病，時函屬成此。』文中云：『維翁安定裔孫，海濱逸老。醫學仰承椿蔭，永作弓裘；詞源上接蔗溪，別開智巧。性參草本，藥賣韓康，興寄楸枰，弈宗元保。好謄妙句，疾揮忘六指之勞；愛看奇書，短視訝雙眸之瞭。探奇索勝，問途不憚荆榛；招友題襟，作啓紛披采藻。』後甲孺子《生輓歌四章》亦應邀所作，其一云：『卅載交情到白頭，杖鄉共慶不扶鳩。陳雷正喜人都健，忍拒華歆赴玉樓？』其二云：『唱酬更迭寄郵筒，忙煞飛潛鯉與鴻。不信爾音秘金玉，急圖化鶴赴遼東。』

此本爲《大雅題襟》隨録成編之一種，所收以序題之文爲主，篇目寥寥。《賸馥吟寄藏徐棣山園賸之以詩》二十首述其題襟之集，其十云：『遠貽詩序廿餘家，駢體裁雲又剪霞。倘有餘貲商石印，誕登畫報亦風華。』其十一云：『聲氣相同總應求，題襟文采亦風流。輪扶大雅遥馳譽，秦海珊瑚一網收（分啓徵詩文，凡小稿弁言、題詞、介壽、題圖、投贈諸作，籤曰《大雅題襟録》）。』其十二云：『題襟齒録結新盟，兼紀頭銜與姓名。爲愛篁村詩俊逸，隨園延訪遍江城（如武陵漁隱、萸庵退叟、廬山舊隱）。』（《賸馥續吟》稿本）傑人招友七絶多至千首，其招友題襟，徵詩乞文海内，所得亦富。其癖不減清初孫默，蓋性情所寄，唯在風雅一事爾。

現藏浙江圖書館。（李聖華）

大雅題襟不分卷［第二種］附賸馥詩叟六旬贈聯彙登一卷［第四種］（清）胡傑人輯　稿本

與《紫光閣功臣詩》合裝一册。每半葉八行，行二十一字，四周單邊。

胡傑人生平見前《賸馥吟草》。

書封黏魯燮光隸書題『大雅題襟』印簽，内封有王繼香篆題『大雅題襟』。鈐『傑人印』『姚海壽人』『半軒松月』諸印。

《大雅題襟》不分卷，集前有管斯駿光緒十八年（1892）《題襟録唱酬詩文序》、陸敦儒《大雅題襟集序》及傑人自作《大雅題襟録招友徵詩啓》《題襟録寄王子獻孝廉再請越中大雅題襟啓》《致郭晚香孝廉屬請四明大雅題襟啓》。集中依次收郭傳璞《叙》、宋夢良《賽竹樓雜俎序》《賸馥續吟序》、周鏞《賸馥吟中興功臣詩題詞》、徐爾嘉《賽竹樓主六秩壽文》、盧友炬《賸馥吟館主翁六十壽序》、宋夢良《生祭賸馥詩人文》、後甲孺子《生輓歌四章》，得文七篇、詩四首。較前述《大雅題襟》稿本第一種，少吴乙榮《賸馥吟翁小象題辭》一篇，且諸篇次第不同。宋夢良《賽竹樓雜俎序》一文，前述稿本第一種誤作王繼香撰。

《賸馥詩叟六旬贈聯彙登》一卷，有門人鄭邕穀隸書題『海壽壽聯』，署『光緒十九年杏月，門人鼪穀敬隸』。收王繼香、魯燮光、陳之唐、何紹琛、宋夢良、陳德坊、葉慶增、施繼常、姜立坤、盧友炬、翁慶龍、陶濬宣、陳楣、戴翊清、朱廷燮、蔡祖齊、徐爾嘉、黄丙照、貝藴章、周來賓等二十人贈聯。前述《六十贈聯彙登》稿本第三種亦録二十人贈聯，有秦樹銛、蔡叙功、范多璜，而無陳德坊、施繼常、姜立坤。又，何紹琛字雲軒，浙江平湖人。同治癸酉（十二年，1873）舉人。事見《［民國］平湖縣志》卷八。此本誤作『何兆琛』，前述稿本第三種不誤。稿本第三種贈聯眉端補作題襟友小傳數條，此本無。

現藏浙江圖書館。（李聖華）

大雅題襟不分卷［第三種］附賸馥詩叟六旬贈聯彙登一卷［第五種］（清）胡傑人輯　稿本

一册。每半葉九行，行二十一字，四周單邊。

胡傑人生平見前《賸馥吟草》。

書封黏魯燮光隸書題『大雅題襟』印箋，内封有王繼香篆題『大雅題袨』。

《大雅題襟》收詩文、尺牘，不分卷。集前有管斯駿光緒十八年（1892）《大雅題襟録唱酬詩文序》、陸敦儒《大雅題襟録序》及傑人自作《大雅題襟録招友徵詩啓》《送郭丈晚香孝廉徵詩四明啓》《上平錦孫方伯屬請越中題襟啓》。集中依次收周鏞《紫光閣功臣詩題辭》、郭傳璞《賸馥吟叙》、宋夢良《賸馥續吟序》《賽竹樓雜俎序》、盧友炬《賸馥詩人六十壽序》、徐爾嘉《姚海壽人六十壽文》、宋夢良《生祭賸馥詩人文》、後甲孺子《生輓歌四章》，得文七篇、詩四首。篇目與前述《大雅題襟》稿本第二種不异，篇題、次第多有不同。《同人尺牘》，收宋棠、胡德輝、宋夢良、徐爾嘉、吕梁四家尺牘各一。

《賸馥詩叟六旬贈聯彙登》一卷，收王繼香、魯燮光、陳之唐、何紹琛、宋夢良、陳德坊、葉慶增、施繼常、姜立坤、盧友炬、翁慶龍、陶濬宣、陳楣、戴翊清、朱廷燮、蔡祖齊、徐爾嘉、黄丙照、貝藴章、周來賓等二十人贈聯。與前述《賸馥詩叟六旬贈聯彙登》稿本第四種不异。何紹琛，此本亦誤作『何兆琛』。

現藏浙江圖書館。（李聖華）

大雅題襟三卷［第四種］（清）胡傑人輯　稿本

一册。每半葉八行，行二十一字，藍絲欄，四周單邊。紙心上印『賸馥唫』，欄外印『指六异人著』。

胡傑人生平見前《賸馥吟草》。

書封黏魯燮光題『大雅題襟』印簽，内封黏王繼香題『大雅題裣』簽。無序目，集後有羅振玉《跋》一則。鈐『餘姚胡傑人芝麓甫印』諸印。依次收《大雅題襟（詩）》《姚海壽人六十次韵詩》《大雅題襟詩餘》，未標卷次，今斟酌其意，各視作一卷，題爲三卷。前述《大雅題襟》稿本第一種，録文八篇、詩四首，此本則專録詩詞。

《大雅題襟詩》一卷，收魯燮光、趙彦暉、孫德祖、馬賡良、吴肇英、宋棠、黄炳垕、黄維釗、徐爾嘉、蔡叙功、陳勱、郭傳璞、宋杰、吴乙㮾、宋夢良、沈景修、華佐周、沈徵蘭、陳兆霖、吴鍾奇、張岱年、朱廷燮、樊達璋、鄭文熙、沈瑜寶、戎金銘、錢啓錕、高緗、謝弼、葉啓業、黄福增、陳德坊、蔡祖齊、黄葉春、陸敦儒、張鍾芳、徐鴻慈、鄔佩之、胡鎮、邵守先、周室輔、吕寅清、吕梁、黄福瓚、徐有廉、忠滿、俞縉、沈尌、黄丙照、張業賢、胡劭賓、韓欽、湯鼎熺、黄維瀚、姜元坤、羅振玉、周星詒、蔣敬時、章寶銓、樊芝生、周鑑、薛炳、朱葆儒、王繼香、周來賓、貝藴章、沈鑑、丁丙、杜應棠、盛傳均、陳其濬等七十一家詩幾二百首。其中魯燮光詩凡九見，宋夢良詩六見，趙彦暉、韓欽詩各五見，盛傳均詩四見，吴肇英、黄炳垕、葉啓業、俞縉、張岱年、湯鼎熺、章寶銓、黄丙照、沈尌、沈鑑詩各兩見。

《姚海壽人六十次韵詩》一卷，收宋夢良、沈峙、吕梁、史詒芬、魯燮光、譚獻、高雲麐、胡勖曾等八人次韵傑人七律《六十自壽（四首）》各四首。

《大雅題襟詩餘》一卷，收宋夢良《行香子》、葉慧業《海天闊處》、高於《菩薩蠻》、胡劭賓《齊天樂》、湯在容《添字鶯啼序・和書憤》等詞共五闋。

傑人招友題襟，隨編成集，此其一也，編次稍有序。雖纍至二百二十餘首，猶恐其徵題什之三四。諸咏不乏佳篇，如黄炳垕題襟詩云：『傲氣淩當世，狂歌渺古人。棲賡棣萼句（令弟鄉舉，棣萼顔樓），詩問蔗溪津（君受業於施蔗溪先生）。志大時難合，才高命不辰。家風安定在，勖矣效先民。』高緗題襟詩云：『橘井神仙老更頑，滄溟剛泛白蓮還。勤於采藥人原壽，除却吟詩事總閑。滿座賓朋孔北海，一枰經濟謝東山。題襟雅集諸名士，愧我追隨玉筍班。』宋夢良《六十自壽》四首其一云：『不信人間有散仙，詩文游戲樂天年。情忘拾芥浮名累，醫得傳薪世業延（尊甫善岐黄，令郎家禧能繩武）。棋局忘機柯任爛（君耽坐隱），詞壇奪幟鼓頻填。壽人別有長生訣，豈在茹齋與學禪。』譚獻《六十自壽》四首其一云：『先生合是地行仙，算甲重逢墮地年。醫國竟同良相業，忘情衹爲落花憐。詩名暫寄何曾噉，酒債如留偶未填。聞道樂山堅固後，不燒丹藥不安禪。』羅振玉《跋》云：『唐天台先生司馬子微被徵至京師，將還山，侍郎李適贈詩，序其高尚之致，屬和者三百餘人，徐彦伯編而叙之曰《白雲記》。此後世搜羅投贈之作，編次成集所自昉也。今芝麓先生出示《大雅題襟集》，皆平日同心之言，短什長篇，琳琅滿紙，洵可媲美《白雲》矣。循誦再三，欽佩無量。時光緒癸巳四月既望，上虞後學羅振玉尗韞拜手。』

現藏浙江圖書館。（李聖華）

大雅題襟三卷［第五種］（清）胡傑人輯　稿本

一册。每半葉八行或九行，行二十一字，四周單邊。

胡傑人生平見前《賸馥吟草》。

書封黏陶濬宣隸書題『題襟録』印簽，内封有王繼香篆題『大雅題襟』。無序目，集後有羅振玉《跋》一則。羅《跋》前又附忠滿《復姚海壽人書》一札。依次收《大雅題襟（詩）》《姚海壽人六十自壽次韵詩》《大雅題襟詩餘》，未標卷次，今斟酌其意，各視作一卷，題爲三卷。

《大雅題襟詩》一卷，收魯燮光、趙彦暉、孫德祖、馬賡良、吴肇英、宋棠、黄炳垕、黄維釗、徐爾嘉、蔡叙功、陳勱、郭傳璞、宋杰、吴乙榮、宋夢良、沈景修、華佐周、沈徵蘭、陳兆霖、吴鍾奇、張岱年、朱廷燮、樊達璋、鄭文熙、沈瑜寶、戎金銘、錢啓錕、高緗、謝弼、葉啓業、陳德坊、蔡祖齊、徐鴻慈、陸敦儒、張鍾芳、鄔佩之、胡鎮、吕寅清、吕梁、黄福瓚、邵守先、周室輔、忠滿、黄孝治、俞縉、沈尌、徐懋桂、韓欽、胡劭賓、姜元坤、湯鼎熺、黄維翰、羅振玉、周星詒、周來賓、蔣敬時、章寶銓、樊芝生、薛炳、朱葆儒、王繼香、貝藴章、沈鑑、丁丙、杜應棠、盛傳均、陳其濬等六十七家酬贈之詩，人或數見。俞縉（號莨渚，慈溪人）詩凡二見，皆寫作『俞紳』。前述稿本寫作『俞縉』，檢《大雅題襟》諸稿本，及稿本《招友續咏》之詩《慈北鶴皋同歲生俞莨渚封君縉》，作『俞縉』是。

《姚海壽人六十自壽次韵詩》一卷，收宋夢良、吕梁、史詒芬、魯燮光、譚獻、高雲麐、胡勖曾等七人次韵傑人《六十自壽》各四首。前述《大雅題襟》稿本第四種收《姚海壽人六十次韵詩》一卷，於七家外，尚有沈對四首（按：編於宋夢良四首後）。

《題襟詩餘》一卷，收葉慧業《海天闊處》、不著撰者《行香子》、高於《菩薩蠻》、胡劭賓《齊天樂》、湯在容《添字鶯啼序》詞共五闋（前三首詞，又重出於《大雅題襟詩》《姚海壽人六十自壽次韵詩》之間）。前述《大雅題襟》稿本第四種收《大雅題襟詩餘》一卷，録此五首，湯在容一首有詞題『和書櫝』。

此本酬贈篇目，較前述稿本第四種無增多。除文字小异可留意外，更可留意者乃眉端所補題襟友小傳數十條，述各家生年、科第、仕宦、交游等事迹，或詳或略。前述《大雅題襟》稿本第一種附《六十贈聯彙登》，眉端即有題襟友小傳數條。下收《大雅題襟》四卷稿本第七種眉端亦有題襟友小傳數十家。其傳文各有异，可相參證。此本眉端小傳，多有可采者。如魯燮光小傳云：『卓叟初號瑶仙，縣府歲科，屢擢第一。鄉闈堂備四次，擬元一次。署海寧、仙居、嚴州桐廬等七處。癸亥從湘軍，亂平後，署山西榆次、汾陽、天鎮，補和順、平陸等縣。卓保政事第一，三品銜花翎。著《蕭山叢書》《固陵文徵》《蕭山金石記》《宋元續畫録》等書十餘種。』其文字較《大雅題襟》四卷稿本第七種眉端小傳爲詳實。

現藏浙江圖書館。（李聖華）

大雅題襟三卷［第六種］（清）胡傑人輯　稿本

一册。每半葉九行，行二十一字，四周單邊。

胡傑人生平見前《賸馥吟草》。

書封黏魯燮光隸書題『大雅題襟』印箋，内封有王繼香篆題『大雅題裣』。集前黏《姚海壽人六十自壽四律恭呈大吟壇教正并蘄賜和不拘體韵彙登題襟小録》刻葉。無序跋、目録。鈐『海壽』『招友題襟』『大雅題襟』諸印。依次收《大雅題襟（詩）》《姚海壽人六十自壽次韵詩》《大雅題襟詩餘》，未標卷次，今斟酌其意，各視作一卷，題爲三卷。

《大雅題襟詩》一卷，收魯燮光、陳勱、趙彦暉、宋棠、孫德祖、馬賡良、姜立坤、吴肇英、駱亨、陳兆霖、吴鍾奇、張岱年、朱廷燮、樊達璋、鄭文熙、錢啓錕、沈瑜寶、宋夢良、謝弼、高緗、葉啓業、黄炳垕、黄維釗、宋杰、戎金銘、陳德坊、蔡守梅、吴乙榮、沈景修、華佐周、沈徵蘭、徐爾嘉、黄增福、陸敦儒、徐鴻慈、鄔佩之、胡鎮、吕寅清、吕梁、黄福瓚、邵守先、周室輔、徐有廉、忠滿等四十四家酬贈之詩，其人間有二見或三見。其篇目較前述《大雅題襟》三卷稿本兩種爲少。姜立坤、駱亨二人詩，則前述稿本二種所未收。

《姚海壽人六十次韵詩》一卷，收宋夢良、沈葑、吕梁、史詒芬、魯燮光、譚獻、高雲麐、胡勖曾等八人次韵傑人《六十自壽》各四首。

《大雅題襟詩餘》一卷，收宋夢良《行香子》、葉慧業《海天闊處》、高於《菩薩蠻》詞共三闋。此本不僅篇目少於前述《大雅題襟》三卷稿本，且乏善可陳。現藏浙江圖書館。（李聖華）

大雅題襟四卷［第七種］（清）胡傑人輯　稿本

一册。每半葉九行，行二十一字，四周單邊。

胡傑人生平見前《賸馥吟草》。

書封黏題『大雅題襟』，内封有王繼香題『大雅題裣』。無序目，集後有羅振玉《跋》一則。鈐『大雅題襟』諸印。依次收《大雅題襟（詩）》《姚海壽人六十次韵壽詩》《大雅題襟詩餘》《同人尺牘》，未標卷次，今酌其意，各視作一卷，題爲四卷。

《大雅題襟詩》一卷，收魯燮光、陳勱、趙彦暉、宋棠、孫德祖、馬賡良、姜立坤、吴肇英、駱亨、陳兆霖、吴鍾奇、張岱年、朱廷燮、樊達璋、鄭文熙、錢啓錕、沈瑜寶、宋夢良、謝弼、高緗、葉啓業、黄炳垕、黄維釗、宋杰、戎金銘、陳德坊、蔡祖齊、吴乙榮、沈景修、華佐周、沈徵蘭、徐爾嘉、黄福增、吴肇英、張鍾芳、徐鴻慈、陸敦孺、鄔佩之、胡鎮、吕寅清、黄福瓚、吕梁、邵守先、周室輔、徐有廉、黄丙照、俞紳、湯鼎熺、黄維瀚、姜元坤、羅振玉、周星詒、蔣敬時、章寶銓、樊芝生、薛炳、朱葆儒、王繼香、周來賓、貝藴章、沈鑑、陳兆霖、丁丙、杜應棠、盛傳均、高自卑等六十七家酬贈之詩，較前述《大雅題襟》稿本第四種（收七十一家）略少，然姜立坤、駱亨、高自卑三家則見於此本。此本魯燮光詩凡七見，宋夢良詩六見，韓欽、趙彦暉詩各五見，沈鑑、張岱年、黄炳垕、黄丙照、章寶銓、湯鼎熺、葉啓業、盛傳均詩各兩見，與前述《大雅題襟》稿本第四種亦不同。

其詩篇字句亦有小异。如盛傳均《次姚海韵》（『眼界空明隘九州』一首）、《題百六十齡二老書畫朋壽册》，前述稿本第四種分題作《次壽人贈韵》《百六十齡二大老書畫册子題詞》。此本眉端補作小傳數十家，如魯燮光小傳云：『號瑶仙、卓叟。縣府考時，屢掇第一。科試第一，食餼考優，合屬第一，經古第一。癸卯優貢，試訓調□，梁中丞拔第一。屢署海寧、仙居、嚴州等教。癸亥從戎，事平，署山西榆次、汾陽、天鎮，補和順、平陸，花翎三品銜，大計卓异。山陰籍，住蕭山城毛西河故里。』又如孫德祖小傳云：『彦清，號峴卿，又號寄龕。丙子科舉人，己丑教諭長興。庚寅，潘嶧琴學使衍桐聘續《輶軒録》。辛卯，學使以教官品學卓著入奏，奉旨知縣升用。癸巳，晤於湖城，承惠詩扇，不易得也。』吴鍾奇小傳云：『芝仙一號子常，戊申年生。庚午舉人。著有《寸耕軒詩》。壬辰捐館。』所載多晚近府縣志所未能詳。

《姚海壽人六十次韵壽詩》一卷，收宋夢良、沈對、史詒芬、吕梁、魯燮光、譚獻、高雲麐、胡勖曾、姜元坤等九家次韵《六十自壽（四首）》各四首。較前述《大雅題襟》稿本第四種，多出姜元坤四首。此本編排，史詒芬在前，吕梁在後，與前述稿本小异。又，眉端補作譚獻、高雲麐二家小傳，則前述稿本第四種所無。譚獻小傳云：『同治甲子科舉人，署秀水教諭、安徽合肥等縣知縣。著有《易象通例》《十七史表微》《説文本義繹》《復堂類集》并詩詞。壬辰，承和四律。癸巳秋，過訪其家，一見欣然，允惠寄諸稿。惜其久入湖督張香濤之幕，别後又動行旌也。』所載可爲研討譚獻之一助。

《大雅題襟詩餘》一卷，收葉慧業《海天闊處》、宋夢良《行香子》、高於《菩薩蠻》、胡劭賓《齊天樂》、湯在容《添字鶯啼序·和書憤》等詞共五闋。前述《大雅題襟》稿本第四種亦收此五詞，然編排次第，宋夢良在葉慧業前。二本字句小异。如前述稿本第四種録宋夢良《行香子》詞末自注：『小著《步梅詩文稿》多散漫，蒙賸馥贈文具，屬抄謄，分藏賽竹樓。』此本則作：『時蒙賸馥吟主贈文具，屬謄寫小著《步梅詩文集》，分藏賽竹樓。』

《同人尺牘》一卷，收宋棠、胡德輝、宋夢良、徐爾嘉、吕梁、忠滿五家尺牘各一。前述稿本第三種亦收題襟諸友尺牘，得四家，人各一首，無忠滿尺牘一篇。

現藏浙江圖書館。（李聖華）

大雅題襟不分卷［第八種］附姚海壽人六十贈聯一卷［第六種］（清）胡傑人輯　稿本

與《招友三百律》《招友續咏》合裝一册。每半葉八行，行二十一字，藍絲欄，四周單邊。紙心上印『賸馥唫』，欄外印『指六异人著』。

胡傑人生平見前《賸馥吟草》。

依次收《大雅題襟詩》《大雅題襟詩餘》《姚海壽人六十贈聯》。

《大雅題襟詩》，集前有管斯駿《大雅題襟録唱酬詩文序》，無目録。收題襟友酬贈之詩，得魯燮光、趙彦暉、孫德祖、黄炳垕、黄維釗、宋杰、戎金銘、陳勱、馬賡良、吴肇英、宋夢良、蔡祖齊、陳兆霖、吴鍾奇、張岱年、朱廷燮、宋棠、徐爾嘉、樊達璋、鄭文熙、張壽祥、謝弼、高緗、葉啓業等二十四家，人或一首或數首，作者無再出再見。所收詩較前述《大雅題襟》諸稿本爲少，然四明張壽祥（萊湖）一首，則爲前述諸稿本所無。

《大雅題襟詩餘》，依次收葉慧業《海天闊處》、高於《菩薩蠻》、宋夢良《行香子》，詞凡三闋。

附《姚海壽人六十贈聯》一卷，收王繼香、陳楣、陳德坊、戎金銘、宋夢良、秦如銛、葉慶增、盧友炬、蔡叙功、施念祖、翁慶龍、魯燮光、陶濬宣、朱廷燮、戴翊清、蔡祖齊、徐爾嘉、周來賓、貝藴章等十九人贈聯。前述《賸馥詩叟六旬贈聯彙登》稿本第四種録二十人，無戎金銘、秦如銛、蔡叙功、施念祖四人，而有陳之唐、何紹琛、施繼常、姜立坤、黄丙照五人。

現藏浙江圖書館。（李聖華）

大雅題襟不分卷［第九種］（清）胡傑人輯　稿本

與《賸馥續吟招友續咏》等合裝一册。每半葉八行，行二十一字，藍絲欄、朱絲欄并有，『賸馥吟』箋紙。又用無格箋紙，每半葉九行，行二十一字，四周單邊。無目録。封題『賸馥吐餘』。鈐『嘯傲吴山越水間』印。

胡傑人生平見前《賸馥吟草》。

此爲傑人招友題襟隨編稿本之一，依次收序題、詩餘、贈詩。序題，收郭傳璞《叙》、宋夢良《叙》、周鏞《賸馥吟中興功臣詩題詞》共三篇。前二序又見於稿本《賸馥吟續編》集前。後一序又見於稿本《紫光閣功臣詩》集前。《詩餘》收葉慧業《海天闊處》、宋夢良《行香子》、高於《菩薩蠻》共詞三闋。三詞又見於前述《大雅題襟》稿本多種。諸家贈詩，以《六十自壽》次韵爲多。其詩依次爲陳勱《奉介芝麓仁兄大人六秩壽旦》、黄炳垕《賜讀大著即成俚句恭奉芝麓先生大雅印可》二首，宋夢良、沈對、史詒芬、吕梁、姜元坤次韵《六十自壽》詩各四首（按：接下有闕葉），下爲題襟友徐有廉詩三首、吕寅清詩一首、葉肇業詩一首。其詩皆見於前述《大雅題襟》稿本第四種。集末録吴乙榮《大雅題襟唱酬詩文序》，云：『寅維句餘詩文家胡丈芝麓，性情瀟灑，才識宏通』，『年愈老而吟愈高，友以多而益以廣。大江南北采風，得八十餘家；逸老騷歌刻燭，成三十幾律』，『聯句駢文，咸以擬祝。均展其長，長篇短牘。籤曰題襟，風流綿邈，百十年來，比肩有孰。』

現藏浙江圖書館。（李聖華）

大雅題襟詩略一卷［第十種］（清）胡傑人撰　稿本

與《賸馥吟館招友七律續咏》合裝一册。每半葉九行，行二十一字，四周單邊。

胡傑人生平見前《賸馥吟草》。

卷端首行題『大雅題襟詩略』。封面篆題『大雅題䘳』。内封隸書題『大雅題䘳』。集前黏附傑人《大雅題襟録招友徵詩啓》及《姚海壽人六十自壽四律恭呈大吟壇教正并蘄賜和不拘體韵彙登題襟小録》刻葉。鈐『傑人印』『姚海壽人』『招友題䘳』『大雅題襟』『一説詩篇一解頤』諸印。

此本卷端題『詩略』，蓋有删選之意也。集中首録魯燮光七律二首（『跌宕吟壇第一流』一首、『從此詩人識姓名』一首），其下依次爲韓欽三首、湯鼎熺一首、黄炳垕一首、王繼香一首、周星詒一首、周來賓一首、沈瑜寶二首、趙彦暉四首、宋棠一首，共得十家詩十七首，不似前述《大雅題襟》諸稿本收詩一家多見，甚乃七見、九見也。

前述《大雅題襟》四卷稿本眉端補作小傳數十家，或詳或略。此本所選十家皆有小傳，且一概從於簡略。如魯燮光小傳：『號瑶仙，晚曰卓叟，山陰優貢。七校膠庠，十年牧令。世居蕭山，甲午耋壽。著書十餘種。』韓欽小傳：『號螺山，咸豐丙辰進士，内閣中書。著《閑味軒詩詞》。丙申八秩。』可與四卷稿本小傳相參證。

現藏浙江圖書館。（李聖華）

大雅題襟不分卷［第十一種］（清）胡傑人輯　稿本

與《招友七律三百咏》合裝一册。每半葉八行，行二十一字，小字雙行同，藍絲欄，四周單邊。紙心上印『賸馥唫』，欄外印『指六异人著』。

胡傑人生平見前《賸馥吟草》。

卷端首行題『大雅題襟』。書前有《賸馥吟主人小象》一幀。鈐『家住句餘北海濱』『大雅題襟』諸印。

此爲傑人招友題襟隨編稿本之一。集前有陸敦儒《大雅題襟集序》，無目録。收魯燮光、陳勱、趙彦暉、宋棠、孫德祖、馬賡良、姜立坤、吴肇英、駱亨、陳兆霖、吴鍾奇、張岱年、朱廷燮、樊達璋、鄭文熙、錢啓錕、沈瑜寶、宋夢良、黄炳垕、黄維釗、沈景修、宋杰、戎金銘、吴乙榮、蔡祖齊、陳德坊、徐鴻慈、韓欽、湯鼎煊、王繼香、周來賓、陸敦儒、周星詒、樊芝生、貝藴章等三十五家酬贈之詩。其中，魯燮光詩凡三見，宋夢良、黄炳垕、趙彦暉、張岱年、陳兆霖詩各兩見。前述《大雅題襟》稿本第四種收七十一家，較此爲富有，其魯燮光詩凡九見，宋夢良詩六見，趙彦暉、韓欽詩各五見。此本亦有稿本第四種所無者，姜立坤一首、駱亨一首即是。此二詩則見於前述《大雅題襟》稿本第七種。

現藏浙江圖書館。（李聖華）

賽竹樓叢書不分卷 （清）胡傑人纂輯 清末抄本

四册。册一、四，藍絲欄，四周單邊，紙心上印『賸馥唫』，欄外印『指六异人著』。册二前半，四周單邊。册三前半，紅格，或四周單邊，或四周雙邊，行數、字數不等；後半雜用藍絲欄、朱絲欄，『賸馥吟』箋紙。

胡傑人生平見前《賸馥吟草》。

此爲胡傑人雜抄之書，或節抄他人雜作，或隨録聞見，或纂輯叢雜，零碎難成一書。册二封題『賽竹樓叢書』『碎錦另珠』，内封題『賽竹樓碎金零珠』；册三封題『賽竹樓叢書』，即此意也。今合其書四册，總名《賽竹樓叢書》。此叢書者，即叢抄也。鈐『子才不録弟子』印。

册一，封題『策問、丁濂甫訓士約言、李元度與石達開書、桑寄生傳、尺牘、潘鏡夫坎鎮竹枝詞』，封題尚有疏遺，書中摘抄葛元煦《滬游雜記》，及自撰《四書文》，即未見。

《策問》收前後各五問。前五問：第一問通經（『聖朝經學昌明，遠邁隆古。多士學古有獲，其以素所肄者著於篇』云云）、第二問治史（『然范《書》未出以前，已有三史之名，又何指歟？諸生熟精乙部，將備盛世三長之選，其各舉所聞以對』云云）、第三問考課（『多士砥礪廉隅，當自服古始，其各親切言之』云云）、第四問小學（『國朝專門小學，駕宋軼唐。諸生訓詁精研，備述所聞，用徵淹博』云云）、第五問水利（『與生斯土者，有厚望焉』云云）。後五問：第一問《五經》之分漢宋（『聖朝經術修明，遠邁前古。多士稽古有年，備述所聞，用徵根柢』云云）、第二問史書之分官私（『諸生熟精乙部，將備盛世三長之選，其各抒素蘊焉』云云）、第三問金石之學（『夫金石之學，與經史相表裏，亦好古者所宜究心也，盍縷覼陳之』云云）、第四問浙江水利（『諸生生長是邦，試舉所聞以對』云云）、第五問浙省海防（『諸生意留梓桑，形勝夙稔，其以所知著於篇』云云）。

丁濂甫《訓士約言》，書中題作《訓士約言四則》。濂甫名紹周，江蘇丹徒人，道光十八年（1838）進士，嘗任浙江學使，與同年俞樾交厚。此其訓浙省應試生童之約言四則，一曰敦品，二曰立志，三曰崇經術，四曰正文體。其後附丁濂甫《試事須知四則》，一曰鎗冒之習宜嚴加湔洗也，二曰懷挾之風宜各自警省也，三曰招搖撞騙之徒宜執付有司也，四曰整齊嚴肅之規宜恪遵功令也。

李元度《與石達開書》，勸説石達開『識時務』，『轉禍爲福』，『不惜苦口，抉摘根由，願足下急急回頭』。元度字次青，湖南平江人。道光二十三年舉人，官黔陽教諭。曾國藩在籍治團練，元度上書言兵，國藩壯之，招入幕。平洪、楊之亂，多著功績。纍遷貴州按察使，加布政使，卒於官。《清史稿》有傳。

《桑寄生傳》一篇，不署撰者。明人李詡《戒庵老人漫筆》卷四稱常熟蕭韶所作，云：『常熟蕭觀瀾韶遺集一册，乃余少時業師益齋趙公所校録者，中有《桑寄生傳》一篇，取藥名成文，足稱工巧，殊可資玩。』（明萬曆間刻本）錢謙益《列朝詩集小傳·蕭秀才韶》云：『韶字鳳儀，常熟人。生宣德間，有俊才，嘗集藥名作《桑寄生傳》，邑人至今傳之。』（清順治九年毛氏汲古閣刻本）此書前後兩録《桑寄生傳》。《桑寄生傳》集藥名成文，傑人精於醫，取以資玩，蓋有以也。

《尺牘》二篇，一爲胡德輝《復賸馥吟主書》，一爲黄葉春《與賽竹樓主人書》。按題下注，皆作於光緒五年（1879）己卯。德輝爲傑人族叔祖，《大雅題襟集》之《同人尺牘》一卷，收德輝尺牘一，然非此篇。德輝光緒三年中秋《賸馥吟題詞》，見於《賸馥吟》二卷稿本。傑人作有《書癮樓主家飏軒明經德輝》《三度蟾圓續稿寸積再呈蔚亭先生颭軒明經》《寄颭軒明經》等詩及《上叔祖笛軒明經德輝箋》。《大雅題襟集》收有黄葉春贈詩，然未録其尺牘。《招友續咏》稿本有《黄海巖封君葉春》詩。

葛元煦《滬游雜記》，摘抄《上海洋涇浜序》《題烟樓鬼趣圖》《上海洋涇浜賦》，凡三篇。元煦號理齋，又號西泠嘯翁，浙江仁和人。著有《滬游雜記》四卷，嘗刻《嘯園叢書》。

潘朗《海濱竹枝詞三十首》，詩前有小序：『僻處海濱，未調音韵，成《竹枝三十首》。所謂土音是操也，隨觸而唫，語無倫次，聊博大雅一笑云。』潘朗字鏡夫，號筲槎，浙江餘姚人。著有《楚游草》《海濱竹枝詞》。《兩浙輶軒續録補遺》卷三選其詩。傑人《詩人彙録》載其事迹：『嘉慶朝庠生。客楚，著有《楚游草》，年四十二而卒。其稿爲上虞錢漢村所刻，想此板無存矣。予有詩跋其後。』《海濱竹枝詞三十首》，此本封題作『潘鏡夫坎鎮竹枝詞』。坎鎮，在餘姚，故又題曰『海濱』。傑人與宋夢良皆好竹枝詞，夢良有《姚江竹枝詞三百咏》，自成一集。傑人竹枝咏編入詩集，《正月竹枝詞》《卧游金閶七里塘竹枝辭》皆是。傑人抄夢良《餘姚竹枝詞百咏》一卷，今存，前已收録。

《海濱竹枝詞三十首》以下，抄四書文《子欲善而民善矣，君子之德風，小人之德草》《國有道，不變塞焉，强哉矯》《諸侯之寶三，土地、人民、政事》共三篇，附試帖詩《賦得舒文廣國華得舒字，五言八韵》一首，皆有胡德輝評語。《子欲善而民善矣，君子之德風，小人之德草》一篇，評曰：『題本棘手，文具苦心，細針密縷中，仍復闊大堂皇，無瑟縮拘攣之態。詮德字，又極圓相，是不求异人而自昇者。宗愚德輝讀。』《國有道，不變塞焉，强哉矯》一篇，評曰：『筆花璀燦，墨瀋淋漓。宗愚德輝讀。』《諸侯之寶三，土地、人民、政事》一篇，評曰：『講起及入手，倒戟而入，所謂力争上游也。典麗矞皇，尚其餘事。宗愚德輝讀。』試帖詩一首，評曰：『逐字洗刷，莊雅稱題。』『四書文』，試帖詩雖不署撰者，知蓋爲傑人作也。

「四書文」後爲《張忠烈公采薇吟殘稿》排印葉若干。傑人嘗從平步青乞觀張煌言《采薇吟殘稿》，有《會稽平景蓀廉防乞其張忠烈煌言采薇吟殘稿》詩。其後更附《呈陳中丞士杰》一篇，及傑人文《鄭丈雅訓先生公祭文》《鄭丈雅訓先生公祭知啓》，詩《結婣緣於文字》（缺葉未完）、《游芝園題贈主人雪巖翁即爲徵詩》。

册二，封題『賽竹樓叢書』『碎錦另珠』，内封題『賽竹樓碎金零珠』。檢書中所抄，依次爲《詩人彙録》、《耋齡酬唱同人姓名官籍考》、施圭《坎鎮竹枝詞》、《試題》《課題》若干、胡傑人《送邵筱村中丞撫臺序》、韓欽《閑味軒詩録》（按：僅得一首）、胡傑人自撰詩文若干首、胡傑人《賸馥吟館日記》（按：雜記聞見之編，與下《摭餘》《雜記》不异）、《摭餘》、《雜記》、《文賦摘句》、《詩評摘句》、《套話》、《輪船路程價目》、《中國領事之駐外洋者》、《水龍會》、《弢園書籍》、《招商局輪船執事》、《叻報》抄一則、《申報》抄《船沉海中》一則、《賽竹樓菭岑集》、《立齋公後》、《匡堰羅氏》、夫己氏《與彭大使卣珊書》一篇。其間有自作未完稿，有雜抄，有節録，大都簡略，零且碎矣。其可留意者有數種：

《詩人彙録》不分卷，胡傑人撰。得潘朗、鄭霞、鄭雲林、孫樹雲、胡清江、施烺、胡誠、鄭以介、胡立誠、勞銘之、宋夢良、胡价人、蔡祖齊、葉恕、陳梓、車林、宋璇、宋杰、宋滌人、戎金銘、萬方煦、顧壽楨、趙福雲、沈貞、沈文熒等二十五人小傳，皆紹郡人物。其人多題襟友，間及鄉先賢數人。其籍大都爲餘姚，偶爲上虞、會稽、山陰。傑人題襟友數百，此僅及紹興府四縣，蓋未完之稿也。諸人事迹，多不見志乘載記，小傳可備考據。

《耋齡酬唱同人姓名官籍考》不分卷，胡傑人撰。録得耋齡酬唱同人俞光曾、王鑒、陸祖亮、林兆松、丁堯臣、毛鈺、王家振、洪維嶽、俞樾、忠滿、吴超、馮一梅、湯仰暉、俞陛雲、江迥、葉維廉、崧駿、劉宗標、周星詒、陳烺、何昌齡、沈寶琮、都國梁、邵秀亭、俞鍾儁、葉昌熾、吴蓉、吴超、魯燮光、韓欽、周來賓、舒昌森、王繼香、任塍、孫鏘、朱葆儒、沈壽慈、鄭帶、裘慶杓、章楷、朱啓鵬、盛慶蕃、鮑家瑞、余慶邦、鄭得標、陸應森、狄紹青、陳懷德、鄒柏森、陸榮標、俞觀旭、項炳珩、黄金鏞、嚴維駿、卓德凝、樂俊諠、楊越、鄭秀文、湯鼎熺、施同文、陳兆霖、鄭允升、馮玉崧、馮玉崑、陳霖、胡傑人、俞風煦、錢士蘭、毛淦、侯秉忠、吕梁、褚成鈺、唐咏常、費德宗、陳霖等七十五人小傳，大都一時名流，傑人亦列名其中。是録爲初稿，多塗抹改易。其排纂則按酬唱詩五古、七古、五律、七律、七絶、詞、跋爲序。小傳頗簡，且陸祖亮、葉維廉、褚成鈺有名無傳，蓋未完稿也。雖然，亦可備一時文史考據。

《坎鎮竹枝詞》一卷，施圭撰。施圭字白卿，浙江餘姚人。生平罕見載記。坎鎮，在餘姚。此本册一收潘朗《海濱竹枝詞三十首》，封題作『潘鏡夫坎鎮竹枝詞』。傑人好竹枝詞，既録潘朗三十首，又録施圭此集，得二十八首，均咏坎鎮土風，鮮活可誦。

册三，封題『賽竹樓叢書』，又題『文、序、學治質言、詩』。檢册中，得《國朝兩浙輶軒録・餘姚詩九十七家》、《國朝兩浙校官詩録・餘姚詩二十八家》、《新采・餘姚詩十家》、《未采待采・餘姚詩》、忠滿詩四首并胡傑人等人詩二首、『四書文』九篇及試帖詩四首（按：《子欲善而民善矣，君子之德風，小人之德草》《國有道，不變塞焉，强哉矯》《諸侯之寶三，土地、人民、政事》三篇及試帖詩《賦得舒文廣國華得舒字五言八韵》二首并胡德輝評語，第一册亦抄録之）、陳塏《學治質言》《文昌帝君化書萃編》，胡傑人作尺牘若干首及《徵詩小序》，胡傑人詩十首，忠滿《新登鴻爪》。其可留意者亦有數種：

《國朝兩浙輶軒録・餘姚詩九十七家》《國朝兩浙校官詩録・餘姚詩二十八家》《新采・餘姚詩十家》《未采待采・餘姚詩》，可備《兩浙輶軒續録》研討參酌。潘衍桐督學浙江，糾集文士，補阮元《兩浙輶軒録》，成《兩浙輶軒續録》。傑人襄之，故有此目。《未采待采・餘姚詩》附云：『餘侯續載，倘寄詩章，履歷中先書字號；

次科目歲貢，注其年分；次官階；次著作；知其家世，則書某子某幾世孫；次小傳，事實宜詳；子孫賢達者，傳尾書子某孫某。詩以存人，倘無全部著作，即數藝亦足珍也。學憲此録，擬明春開梓如蒙，采擇彙寄屬由敝處，彙呈勿遲是盼。』

《新登鴻爪》一卷，忠滿撰。忠滿字若虛，滿洲正紅旗人。光緒初，署象山知縣，除夙弊，有政聲。歷新登令，調餘姚，改慈溪。事見《［民國］象山縣志》《［民國］新登縣志》《［民國］新昌縣志》《［民國］餘姚縣志》。忠滿亦傑人題襟友。此册前已收忠滿詩四首并傑人贈詩一首、徐茗馨等人贈詩一首。忠滿詩題作《勾餘瓜代書此留别并留别胡芝麓先生暨徐茗馨張藕馨吴亞巖周枚丞朱伯龍鄒叔逸蔣月鍾諸及門兼呈大唫壇教正》，末署『辛卯六月，滿洲忠滿待定』。辛卯，光緒十七年。《新登鴻爪》收詩十四首，末署『光緒庚寅孟春月，滿洲忠滿若虚氏待定』，據知是編乃光緒十六年離任餘姚之際所作。詩前小序云：『不才來兹權篆，又屆瓜期。此間同寅諸公，暨闔縣紳民，與本署書役等，皆覺不忍爲别。復經多人赴省乞留』，『前緣如在，後會方長，處世涉身，諸凡加勉。至各詩工拙，惟求同好者有以教之。』其十四云：『歸裝依舊鶴同琴，自信猶無暮夜金。老馬問途今日感，窮黎借寇此同心（此間紳民等得悉不才有期瓜代，無不來縣慰留。雖經開導，其間仍復不忍爲别。嗣聞各鄉紳民等，又經赴省乞留，計共六百餘人，一同前往。迨至不才知覺，業已不及阻止）。輿情豈易同憂樂，世故翻嫌味淺深。幸有賢明山外塔，一官久已判升沉（此間童謡有「三塔兩無頭，好官不久留」之説）。』忠滿之集罕見，《新登鴻爪》雖篇章寥寥，可珍也。

册四，無封題。册中僅得《後進於禮樂，君子也，如用之，則吾從先進》《人莫不飲食也，鮮能知味也》《關市譏而不征，澤梁無禁》四書文三篇、《賦得雲水光中洗眼來得光字五言八韵》試帖詩一首。《後進於禮樂，君子也，如用之，則吾從先進》篇末有評語：『題不難於鋪張，而難於洗鍊；不難於典贍，而難於清真。本省爲人文淵藪，闈中自多佳搆。此作斂才就範，擺脱塵氛，迥非凡響。三藝一例，尤非易事，弗謂《廣陵散》必無知音也。』末署『胞弟价人拜讀謹識。』价人，即胡傑人之弟。按《詩人彙録》，价人字錫封，號雪峰，同治癸酉（十二年）舉人，年五十一卒。著有《食舊德樓詩集》。由是知四書文三篇并試帖詩一首，亦傑人所作。合册一、册三所收，得傑人四書文十二篇、試帖詩五首。今觀其制藝不俗，却不免蹭蹬場屋，恐非僅命也。

現藏浙江圖書館。（李聖華）

杭城坊巷志不分卷　（清）丁丙輯　孫峻編　稿本

存五十三册（全五十五册，今缺册十三斯如二、册十八芝松一）。每半葉十五行，行三十一至三十三字不等，朱絲欄或緑絲欄，單魚尾，四周單邊。卷首題曰：『江蘇特用知縣臣丁丙恭輯，中書科中書臣孫峻恭編。』書前有俞樾清光緒二十二年（1896）丙申立夏後三日《杭州坊巷志序》、丁丙光緒二十二年元旦《序》、孫峻光緒二十三年小暑節《序》。

丁丙（1832—1899），字嘉魚，號松生，晚號田園老人，浙江錢塘人。幼沉毅好學，性至孝，以親不及養，終身不仕。洪、楊兵亂，杭城既復，左宗棠疏薦其才，以知縣用，發往江蘇，丁丙守志不出。在籍佐大府興革利病，省城設立賑撫局，倚丁丙之力爲多。普濟、同善、育嬰三堂并建，皆丁丙主之。收文瀾閣書，庋郡庠尊經閣。光緒初，文瀾閣成，書還藏閣中，又抄補校訂，以還四部八萬卷之舊。家富藏書，原有八千卷樓，燬於兵。丁丙重建之，搜輯四庫未收秘本幾二十萬卷。精鑒定，勤校讎，生平著述甚富。著有《讀禮私記》《説文部目詳考》《宜堂小記》《禮經集解》《杭城坊巷志》《庚辛泣杭録》《北隅綴録》《松夢寮詩稿》《續東河櫂歌》《三塘漁唱》等書，編刊《武林掌故叢編》《武林往哲遺著》《當歸草堂醫學叢書初編》《歷朝杭郡詩輯》《國朝杭郡詩輯》《國朝杭郡詩續輯》《國朝杭郡詩三輯》等書。事具袁昶《丁徵君墓表》、丁立中《先考松生府君年譜》。孫峻（1869—1936），字極於，號康侯，仁和貢生。著述亦富，嘗助丁丙纂輯《武林坊巷志》《武林掌故叢編》等書。

是書草成於丁丙之手，以年長力衰，托孫峻續成之。孫峻因之增損編葺，拾遺補闕，訂正訛誤，遂成全書。

丁丙《序》云：『稍長，即好掌故諸書，偶訂小册，録其聞見，如《武林舊事》《夢粱録》《輟耕録》《西湖游覽志》，皆類而采之。咸豐辛酉，再遭兵火，新舊圖籍，蕩爲烟雲矣。同治甲子，杭既收復，搜得胡君次瑶舊繪《省城坊巷圖》。其時滿城榛莽，塗路湮迷，訪胡君手輯《坊巷志》稿，不能得』，『按圖排目，若街若坊，若巷若衖，都八百餘條。稽之圖志，證之史傳，下至裨官小説，古今文集，靡不羅載』，『日積月累，草册漸盈。丁亥初冬，家孟溘焉而逝』，『齒髮寖衰，憚於纂述。壽松後人康侯文學，勤於著述，雅有同心，因舉叢編，鄭重付托。康侯氣鋭神王，寒暑載更，排比圖經，勿使遺漏，泛覽説部，增益新奇。』孫峻《序》云：『光緒己丑春，獲睹松生丈《杭城坊巷志》稿，蠅頭蠶足，幅盡黝如。僅載城區一區，與敝廬咫尺，按册以求，如指諸掌。摳衣載扣，更視全稿，往往近屬目前，遠超頂上，黄口所得而道，白首不得而窮者，丈則汲古搜今，辨同析异，綱舉目張，條分件繫，縱横八百目，上下一千年』，『丈嘗語峻曰：「余雖然自亂後歸來」，「而日月不居，冉冉老矣。子名德後也，年富才强，幸拾遺補闕，匡謬糾瑕，其幸成斯志哉！」峻不敏，何足膺唾諉？然不敢自弃，輒爲增損爲卷八十，爲圖四十又四，冠以宋京城圖、明與國朝省城圖，别著《凡例》《總目》《坊巷韵編》《引用書目》各一卷以附之，以識生平之幸。』此本爲修改稿本，丁丙原未分卷，孫峻編校於丁丙稿上，厘爲八十卷。《太平坊上・行宫》下接《上後市街》，首葉首行題『杭城坊巷志卷一』，次行題『錢塘丁丙松生、仁和孫峻康侯同輯。』然似此標目，全稿鮮見。其稿增删改易，丹黄滿卷，孫峻分卷終難一一悉明。今仍丁丙稿之舊，著録作『不分卷』。

書前有目録一册，紅格紙寫録，間用無格紙抄寫。其紅格紙形製不一，間用『兩浙輶軒續録』專用紅格紙，左右雙邊，單魚尾，紙心上印『兩浙輶軒續録』，每半葉十二行，行二十三字。封題『坊巷志（坊、均）目』。依次爲《坊巷志坊里總目》《坊巷志韵編總目》《坊巷志均編》。《坊巷志韵編總目》末記曰：『通計專條八百十二條。附録衙署公室、祠廟寺觀。』《坊巷志均編》，按平水韵之序詳爲編目。《坊巷志坊里總目》前按云：

『謹案：康熙《杭州府志》仁和縣坊八，曰義和，曰平安，曰東里，曰如松，曰南北壁，曰東西壁，曰義和安國，曰同德安國。錢塘縣坊十有一，曰南壁，曰西壁，曰太平，曰豐寧，曰馨如，曰斯如，曰保安，曰芝松，曰松盛，曰南良，曰北良。兹仁和縣義和安國改曰義同，同德安國改曰衛所，錢塘縣豐寧改曰豐上，馨如改曰豐下。南壁一坊，且并入駐防，無是坊名。伏查太平坊爲南巡行宮，翠華再幸，駐蹕於斯，是以恭録太平坊，弁冕於諸坊之上，微特見省方之勤，抑亦昭尊崇之義也。餘仍依府志所編之次第，而以駐防附其後焉。』

據《坊巷志坊里總目》，是書五十五册，目録一册外，坊巷志共五十四册。其中册一至二十七，志錢塘縣坊巷；册二十八至五十四志仁和縣坊巷。册一至二爲太平，分標上、下；册三爲西壁；册四至七爲豐上，各册分標一、二、三、四；册八至十一爲豐下，分標一、二、三、四；册十二至十四爲斯如，分標一、二、三；册十五至十七爲保安，分標一、二、三；册十八至二十爲芝松，分標一、二上、二下；册二十一至二十三爲松盛，分標一上、一下、二；册二十四至二十六爲南良，分標一上、一下、三（按：當作『二』）；册二十七爲北良一。册二十八至三十爲義和，分標一上下、二、三；册三十一至三十五爲平安，分標一、二、三、四、五；册三十六至三十九爲東里，分標一、二、三、四上下；册四十爲如松一；册四十一至四十二爲南北，分標一、二；册四十三至四十五爲東西，分標一、二、三；册四十六至四十八爲義同，分標一、二、三；册四十九至五十二爲衛所，分標上、中、右、下；册五十三至五十四爲防營，分標上、下。

是書所志杭城諸坊巷前，各有圖及目録。朱墨筆校改，增删改易亦多，眉端時注明謄清所用格式。丁丙博學多識，家富藏書，供其采摭，博考廣搜，孫峻繼之，考訂彌加精詳，積久成編。是書纖悉畢具，精博宏贍，不唯稱兩浙方志上乘之作，一時坊巷志無出其右者。蓋非富藏書，難以成之；非有博學，不能成之；非生長斯土，亦難成之。書前三序述其纂輯大略，及編撰微意甚詳。俞樾《序》云：『自來帝王都會，莫古於長安，而洛陽而汴梁而金陵而臨安，亦皆建都之所。余從前奉使中州，年來寄寓吴下，於成周故址，汴宋舊墟，及六朝遺迹，皆有意尋求，而苦於無可諮訪。及主西湖詁經講席，垂三十年，歲必再至杭州。每念杭自唐以來，即稱最勝之區，南宋偏安於此，尤極湖山歌舞之盛，城中坊市，半猶其舊，而闤城溢郭，廛合雲連，故蹊新術，輒不可辨。聞老輩朱朗齋先生曾輯《杭州坊巷志》未成，胡君次瑶又踵爲之，迄無成書，其稿亦不得而見。丁君松生，博學多聞，家中藏書爲吾浙冠，尤留心杭郡掌故，所著《武林叢書》，余已爲之序矣，久知其有《杭州坊巷志》之作，每見，必慫恿其速成。而載籍極博，編劃爲難，丁君謙挹，未敢遽出其書。又以屬之孫康侯茂才，使卒其業。今年，余來湖上，康侯抱書來見，則裒然成編矣。其書以太平坊建首，以南巡行宫在焉，尊尊之義也。次之自西壁坊以下，鱗羅布列，若網在綱，博采群書，參稽志乘，無一事不登，無一文一詩不録，城郭、官府、宫室、寺觀，坊市曲折，及士大夫第宅，無不備載。而如宋《志》曲臺、長門之踳駮，則無有焉。雖空存其名者，亦間有之，然文獻無徵，付之蓋闕，正其著書之慎也。宋《志》本於唐韋述《西京志》，是猶前有所因者。若此書，則朱、胡舊稿已付劫灰，非丁君之博洽，不能創於前；非康侯之精心鋭力，不能成於後。』孫峻《序》云：『小志云何哉？且丈之所處，視前哲之掌録者，更有三難焉。自來模山範水，登臨憑吊，廣衍數十百里，浩漫無際。而丈之所采，限於城隅，南不及鳳山，北不至皋亭，論其地則廣狹不侔也』，『僅取裁於八千卷樓之儲藏，不事外求，獨寐寤歌，其采輯之勞逸殊矣』，『雖晨抄暝寫，時作時輟，綜計前後，不逾十霜。其用力何勤以敏，而其才何宏以肆也！丈嘗語峻曰：「余雖然自亂後歸來，滿城荒草，巷無居人，不唯朱、胡二志已化燹灰，即故家文獻，里老語言，亦渺不可追，如敬恭桑梓何？粗翻簡編，隨手雜記，積久彙集，漸能貫串。片楮之間，或爲盛，或爲衰，於以驗天理之循環焉；十步之中，某也賢，某也否，於以寓人事之勸懲焉，此草志之微意也」。』

現藏浙江圖書館。（李聖華）

江干雜咏不分卷　（清）丁丙撰　稿本

二册。每半葉十行，行二十字，小字雙行，每行二十五字，緑絲欄，單魚尾，左右雙邊。封題『江干雜咏』。卷端無題署。無序跋、目録。附吴士鎬校簽云：『詩多二首，結尾似可酌删。注中舛誤尚多，均須查改補闕。』

丁丙生平見前《杭城坊巷志》。

杭州襟江帶湖，靈秀甲天下，又嘗爲南宋都城，人文薈萃，所謂湖山清嘉、名勝紛錯之地也。是集收錢塘景勝名迹諸咏，體皆七絶。册一得詩一百一首，册二得詩一百首，通計二百一首。篇後各附詩注，偶有未注者。如『是非身後付優伶』一首無注，眉端朱筆批云：『補注。』集中詩如：『鼓鳴火舉運奇謀，石買貪功衆怨仇。魚爛全師江上潰，吴王歡喜越王愁。』『秦望山頭夜月高，前胥後種怒難消。狹中飛渡水波惡，何事秦皇不築橋？』『浣紗女兒花勝嬌，一時妙咏發龍標。願他嫁與弄潮子，不失西興兩信潮。』『江干新竹翠凌霄，春水生時鴨緑嬌。佳客未來成獨咏，不教孤負小紅橋。』清新可誦。是集體類竹枝、百咏之屬，意欲徵實傳事，又將以清新取勝，惜詩才未逮，佳篇終嫌少。附注多引越地志乘筆記及前人詩句作注脚，間亦引及《國朝杭郡詩輯》。

集中有朱墨筆批校，勾删塗抹，多爲增損詩注，間改詩句。如『蔡氏回鄉選淑姬』一首，三、四句原作『可憐婚嫁多騷動，試讀瞿家一首詩』，點抹作『一時婚嫁多騷動，太息瞿郎賦竹枝』。『五百團操結陣新』一首，全詩原作：『武備文宗墨經身，防秋鵝鸛陣翻新。礮聲雷震錢江堡，何日堪收戰馬塵。』前二句塗抹改作『五百團操結陣新，十麻子號陸鴻春』，又改『錢江堡』作『平江堡』。此一首原無注，墨筆補注作：『張爾嘉《江干叢記》：道光庚子，夷人犯浙，中丞劉玉坡韵珂招勇防江。螺螄埠夫陸鴻春應招獲選，領勇五百名，給五品頂戴，築平江堡，防守江口。鴻春行十，人呼爲十麻子。』

現藏浙江圖書館。（李聖華）

松夢寮删餘詩稿一卷 （清）丁丙撰　清末民國間抄本

一册。每半葉十行，行二十字，緑絲欄，單魚尾，四周單邊。卷端題曰：『錢唐丁丙嘉魚撰。』無序跋、目録。

丁丙生平見前《杭城坊巷志》。

丁丙詩集有《松夢寮詩稿》六卷，清光緒二十五年（1899）刻本。每半葉十行，行二十字。四周雙邊，單魚尾。各卷端題曰：『錢塘丁丙嘉魚。』牌記曰『光緒歲在己亥十月』。集前有柳商賢光緒二十五年臘月八日《松夢寮詩稿序》、王闓運光緒二十六年二月九日《松夢寮詩稿序》，集末有丁丙子立中光緒二十五年九月《跋》。柳商賢《序》云：『《松夢寮詩》六卷，錢塘丁君所著』，『君字松生，卷首咏松有云：「窮則耐雪霜，達則擎日月。不改堅多心，倚根讀《周易》。」蓋自道也。讀者可以知其志之所在矣。』六卷刊本收丁丙編年詩。卷一《松》爲第一首，題下注『辛亥』，即咸豐元年（1851）。卷六末一首爲《三月初一日病危口占》，作於光緒二十五年病重臨殁之際。則是集詩起於咸豐元年，終於光緒二十五年。

此爲抄本《松夢寮删餘詩稿》一卷，第一首爲《花落》，題下注『辛亥』。接下依次收《花落》、《新柳》、《塔山和小垞》、《一百五日》、《蟢》五首（『壬子』）、《雲間佛字橋》、《雪》、《昭慶爲兩媜禮佛》二首（『癸丑』）、《鐵椎》、《寄咏春梅笛庵圖》四首、《元日》（『甲寅』）、《看燈》、《感逝》四首、《蒲石》、《慰仲甫喪子》、《松》、《題竹林雙筍爲趙次閑之琛績》、《蟹爪水仙》二首（『乙卯』）、《醉蟹》、《趙姑丈贈余蟹爪水仙余答以醉蟹》、《春雪》、《茶盦替所親來乞米答之》、《茶盦題近作二首答謝》、《感事》、《答鏡仁》、失題七律一首、失題七律又一首、《題飲江消夏百絶》二首、《七夕》、《戲贈》二首、《江上》、《蘆墟》二首、《分水》二首、《贈胡侍衛鳳鳴》、《龍興寺看尊勝幢歸途至鮑公古社當即蕭梁舍宅人也》三首（『丙辰』）、《促黄上水丈畫梅》、《王盥薇齋中蠟梅》、《題包亭玉浄緑軒詩草》、《有斐堂示歌者》三首、《優鉢羅》四首、《外家庭中丹楓一株風欺葉脱秋士悲秋不勝樹猶如此之感》、《冬至》、《雪中書感》、《除夕》、《寄内》（『丁巳』）、《蜀道鈴》、《人日同茶庵孤山探梅》（『戊午』）、《汲古軒與吴栢園坐雪》、《明月在天殘雪在地清寒沁骨梅花笑人用樊榭雪晴韵寫之愧不稱也按先生作詩在二十八歲余年適同一笑》（『己未』）、《雨泊錢清江》、《柯亭》四首、《中元踏鐙詞》四首、《城西訪沈鍊師》、《冒雪謁檢枌師不值》，凡八十三首。編年始於咸豐元年辛亥，終於咸豐九年己未。

檢光緒二十五年刊本《松夢寮詩稿》卷一之詩，編年始於咸豐元年，終於咸豐九年。此本所收詩，皆不見於刊本。所謂『删餘詩稿』，即《松夢寮詩稿》編刻刊落詩，别存爲一編。然則此集未全，全者當與刊者六卷相對應。此本所存詩，不唯有七律二首題目全失，又有《茶盦題近作二首答謝》等五首殘缺，難以卒讀。由是知其非稿本，以寫録底本殘損，多空格留白。抄寫時間難以詳知，姑著録作『清末民國間抄本』。《松夢寮詩稿》刊本，删選稍嚴，收詩未多。此本雖爲删餘之篇，有可存者。如《寄咏春梅笛庵圖》四首其二云：『吹簫憶姜白石，賦梅懷高青丘。被君一身將去，勞他雙鬢漫謳。』《松》一首云：『霜雪壓不屈，貞心耿一冬。龍兮能變化，奚借祖龍封。』《蘆墟》二首其二云：『荻根短短未抽芽，兩岸波明刷淺沙。使我歸來當秋晚，月明殘雪宿蘆花。』

丁丙究心典籍，訓詁考據，靡不精通。好諷咏，生平賦詩數千首，近效杭州詩人厲鶚，雖不以詩名家，自寫性情，所作可傳。丁立中《跋》云：『府君捐館舍，痛定之餘，謹從敝篋中檢舊稿，續編爲四卷，則壬戌以後所作也。嗚呼！府君之詩，劫前燬於兵燹，僅存什一於千百。劫後雖不多作，立中於隨侍之餘，私自著録，亦不下三千首。府君生平之勤於詩如此。府君居恒訓立中曰：「吾非長於詩者，甲子以後，更無暇致力於此，不過藉此以抒寫性情耳。其中紀事之作，或録之以示後人，餘皆不足存也。」今就府君所指示，并前所默寫者，彙録而付之梓，以俟當代名公論定焉。』柳商賢《序》稱：『年未弱冠，即學爲詩，好《樊榭山房集》。家富藏書，盡發漢魏以來諸名家詩誦習之，鎔冶百家，自鑄偉詞。故其詩直寫胸臆，獨往獨來，感事懷人，纏綿悱惻，得風人之旨，非樊榭所能囿也。自謂注意在紀事詩，蓋猶遜言之爾。』王闓運《序》云：『君詩風格峻上，而其用意在徵實傳事，絶非世所謂格調高下之説，蓋觀其詩而知其人也。』所論『獨往獨來』『感事懷人』『徵實傳事』，可謂知言。前人刻集，刊削各有用意。今整理舊籍，輯佚不可或缺。此本雖爲殘帙，亦輯録亡散所可資也。

現藏杭州圖書館。（李聖華）

歷朝杭郡詩輯四十卷 （清）丁丙輯　稿本

二十册。每半葉十二行，行二十三字，緑絲欄，單魚尾，四周單邊。紙心上印『歷朝杭郡詩輯』，中標卷數及頁數。各卷端題曰：『錢塘丁丙松生氏編。』封題『歷朝杭郡詩輯』。無序跋。每兩卷合寫一册，各卷前有卷目。

丁丙生平見前《杭城坊巷志》。

是集選輯杭郡歷朝詩，起於六朝，迄於明季。卷一至三十二，按朝代先後爲次纂輯杭郡籍詩人，自晋人干寶始，至明季張元坪止。卷一至二爲六朝至唐、吴越國，共三十家；卷三至七爲宋人，共二百二十八家；卷八至十四爲元，共四百七十二家；卷十五至三十二爲明，共一千四百三十四家。以上通計二千一百六十四家。卷三十三爲閨閣，得七十五家；卷三十四爲流寓，得九十四家；卷三十五至三十七爲僧，得二百家；卷三十八至三十九爲道，得六十三家；卷四十録無名氏、隱士及仙鬼謡諺，得二十九家。以上合計，得詩人二千六百二十五家，收詩五千七百餘首。各家詩前大都附小傳，通計二千四百八十七小傳。是書纂輯之前，丁丙已成《國朝杭郡詩輯》《國朝杭郡詩續輯》，故《歷朝杭郡詩輯》收詩至明季止。其後，丁丙又有《國朝杭郡詩三輯》。歷朝杭郡詩，遂粲然備觀矣。

是集纂輯，始於同治十三年（1874）五月（見丁立中《先考松生府君年譜》），歷二十餘年始成編。袁昶《丁徵君墓表》稱其手所校刊者有《歷朝杭郡詩輯》《國朝杭郡詩輯》《續輯》《三輯》，『均殺青』。此本抄寫工整，卷次清晰，又有朱墨筆批校，雖爲修改稿本，已幾近於清稿本。其批校時有見解。如卷一羅鄴《歲仗》『歌舞薫風鏗劍佩，祝堯嘉氣靄樓臺』之句，眉批云：『歌舞與祝堯不對，疑舞爲舜字。』明刊本《文苑英華》作『歌舞』，明嘉靖刊本《唐詩紀事》、清康熙刊本《全唐詩》、清康熙刊本《佩文韵府》均作『歌舜』。

丁丙精於品鑒，長於考訂校讎，是集博覽廣搜，精作鑒取，小傳考訂精審。而采録至二千六百餘家，小傳多至二千餘家，徵引文獻數千種，嘔心瀝血，可想而知。如卷三十一選朱稷《輓張烈媛詞》一首，小傳下不唯引梁氏《錢塘縣志》，又引吴農祥《就正稿》。同卷選朱之裿《和杜彦卿》一首，小傳下引查慎行撰傳。篇幅既廣，遂不免於濫采之例，錢宰、沈自駉等人即是。卷十收錢宰十八首，小傳云：『錢宰，字子予，號伯均，臨安人，會稽籍。至正辛卯進士，官國子博士。有《臨安集》。』錢宰雖爲吴越武肅王十四世孫，然爲會稽人，不當再牽强作『臨安人，會稽籍』。卷三十二收沈自駉《咏史》二首，小傳云：『沈自駉，字君牧，仁和諸生。』小傳下引《武林耆舊集》：『自駉與兄自炳同參史可法幕，歸與吴昜同起兵。兵潰，赴水死。國朝乾隆四十一年，奉旨入忠義祠。』自駉本吴江人，不當收。

現藏浙江圖書館。（李聖華）

蒙廬日記不分卷（清光緒九年一月至光緒十年二月）（清）沈景修撰　稿本

一册。每半葉十行，行字不等，朱絲欄，白口，單魚尾，四周雙邊。版心下鎸『井花館手鈔本』。

沈景修（1835—1899），字蒙叔，號寒柯，浙江秀水人。咸豐十一年（1861）拔貢。歷署蕭山縣、寧波府訓導，壽昌縣、分水縣教諭。能詩詞，工書法。著有《蒙廬詩存》《井華詞》。事迹詳見譚獻《沈府君墓志銘》、仲虎騰《盛湖志補》卷二《藝能》、金蓉鏡等《［民國］重修秀水縣志稿》。

稿本封面簽題『蒙廬日記（嘉興沈蒙叔先生光緒九年癸未所記）』，旁題『一九六三年癸卯冬日鄉後學朱其石讀竟敬題』，并鈐『邾其石信壐』印。

所記自『光緒九年歲在昭陽協洽［陬］月』至『大除夕』，乃清光緒九年（1883）全年日記。自『光緒十年歲次甲申春王正月』至二月二十九日，即光緒十年一、二月日記。附『忌日單』，列始祖、六世祖乃至父祖家人忌日日期。又列『洗眼日期』，詳至月日，前人日記中多有之，此蓋乃沈景修所記自己治病之日期。

稿中逐日記載天氣、朋友交游及書信往來、生病求醫問藥、讀書督課、校書作文、糾紛調停等所見所聞，無所不載，展示了一個晚清士紳豐富而具體的生活狀況。

又，沈景修善詩詞，譚獻《蒙廬詩叙》云：『以内行孝友，吐辭雅令；以沉酣群籍，沾灑妙墨。或以爲寓意於物，或以爲自適己事，而不知沈子之流譽四方……君志節不群，既無所於試，舉拔萃大科，一入長安門，被放廣文冷官，非所樂也，寄焉而已。體羸善病，差以道力消息之。至於游藝有韵之文，無韵之筆，左右徐、庾、柳、歐，未著録，人間傳寫之。三數年來，獻垂白息景，與君益親，行歌互答，無間於形骸。乃與老友楡園詩叟敦其編次古今體詩稿草。君手寫庚申以來所作，付獻讀定，次第得五卷六百餘首。情志之詩窈以曲，游觀之詩春以愉，酬贈之詩敦竺而不陳，哀怨之詩凄悱而不痺，以爲清聲則奇骨寓焉。嚮所見槃鬱不可磨滅之真氣，趹宕文史者其表，折旋道義者其裏。』（羅仲鼎點校《譚獻集》）日記亦多載詩作，有收録於《蒙廬詩存》而全同者，亦有异者。如光緒十年二月十三日記：『晴。少睡。受凍病酒，胸膈脹悶，火升手冷，委頓异常。見楊年伯案頭有黄巖蔡竹孫同年《寫經堂詩文遺稿》兩本，讀之天才亮特，考據精碻，五體投地。索得一部，抱病翻閲，愛不釋手。』天頭有《讀蔡竹孫同年寫經堂詩文遺集作詩吊之》，詩題與《蒙廬詩存》卷三收者有异；又記十三日『夜燒山，火光燭天』，十五日『夜觀山燒』，十六日『陰，細雨』，『成即事詩：野燒灰殘見碧痕，萬山如夢醒春魂。濛濛細雨雙飛燕，小院梨花深閉門。』這首即事詩收入《蒙廬詩存》卷三，題作《野燒》，《日記》所載正可爲注脚。亦有不見載於《蒙廬詩存》者，如光緒十年二月二十七日日記載《衙齋》詩：『縣僻人烟少，山深獸迹多。客民争雜處，能吏拙催科。晝永拋書倦，門閑却軌過。荒雞啼不住，風雨奈愁何。』《蒙廬詩存》未見。

現藏嘉興市圖書館。（陳開勇）

禾郡項氏事略一卷附天籟閣秘藏書畫碑帖殘目一卷 （清）沈景修輯

天籟閣秘藏書畫碑帖殘目 （明）項元汴編 （明）項聖謨重編 （清）沈景修抄 稿本

一册。每半葉十行，行字不等，朱絲欄，白口，單魚尾，四周雙邊。版心下鎸『井花館手鈔本』。鈐：『蒙尗』『汲民』『芑沈』諸印。

沈景修生平見前《蒙廬日記》。

稿本封面題『禾郡項氏事略』，其右、左分別題『附天籟閣藏書畫碑帖殘目』『沈景修抄本』。卷端上題『禾郡項氏事略』，下題『汲民沈景修編』。正文内容爲項氏家族人物小傳，依次爲『襄毅公』『項均文』『項元汴』『項篤壽』『項元淇』『項元濤』『項德純』『項德明』『項德新』『項聖謨』『項徽謨』『項奎』諸傳。『項均文』『項元汴』之間有『項氏族系表』，『項聖謨』小傳後附有『天籟閣秘藏書畫碑帖殘目』。卷末爲沈景修跋語。

沈景修跋語述編撰緣起云：『吾禾郡天籟閣項氏搜藏之富，爲明時獨一無二，赫耀於一時。惜被掠而獻之内府，民間未獲一飽眼福。迄今項氏之族日替，日久恐吾邑無能知之者。余因就所聞以及故老傳述，雖未能詳備，然志其大略，則項氏之世系或可得其梗概矣。景修録於井華館。』

考《天籟閣秘藏書畫碑帖殘目》，其首乃項聖謨小序，云：『余性愛書畫碑帖，所見恒苦不多，得則必求當世名公題咏。先祖墨林公搜藏唐宋元名人書畫碑帖不下數萬件，屢經兵燹，所存散失殆盡。兹覓得其殘目，重行抄録，雖未能得窺全豹，然讀畫興嘆，我何以堪乎！至其所藏，除瓷銅玉石外，凡書畫碑帖之精者，皆蓋以「天籟閣」「墨林秘玩」或「子京珍藏」等印記，以爲別識其寶貴何如也。聖謨志。』原目爲項元汴所作，其後所藏『散失殆盡』，目亦有殘，項聖謨重加抄録記載，故《天籟閣秘藏書畫碑帖殘目》，乃項元汴原作，項聖謨重編，又由沈景修重抄。小序之後，即《殘目》，分『名畫類』『碑帖類』二大類，『碑帖類』下又分『篆書』『隸書類』『楷書類』三小類著録。

現藏浙江博物館。（陳開勇）

沈景修信札一卷 （清）沈景修撰 稿本

一册。每葉行數、字數皆不等。紅箋紙或『歐齋自製箋』箋紙。鈐『蒙道士』『小畫舫齋』諸印。

沈景修生平見前《蒙廬日記》。

稿本無題，内容乃沈景修寫給『榆園』（『邁孫』『榆公』）書五通，内容爲問候起居、友朋消息、身體狀況諸方面。

信中所言『榆園』『邁孫』『榆公』，謂許增。許增，字益齋，號邁孫，浙江仁和人。有榆園（初名娛園），刻有《榆園叢刻》。

沈景修與許增、譚獻等乃好友。書第一通即言『復堂來書，云申江無立足之地，將移孥江漢之濱。豈逆料幕燕難恃，窟兔別營，思爲樂郊，適以示先見之明。不然，何輕弃釣游之舊哉？鄂中講席仍聯否？老兄能知其詳，務求示我，以便日後通問，住址亦乞開示。』九月十三日一通：『復堂知已歸，年内度不出門。』九月二十八日一通：『有復、謂兩君函告，知之稔矣。』所言『復』『復堂』即譚獻，『謂』即徐謂青。譚獻《復堂文續》卷三《榆園記》：『邁孫與獻閱世既深，名心殆盡，庶以北風雨雪，携手可同。今者方與秀水沈蒙叔、平湖徐謂青，締物外之交堅歲寒之約，蔣家三徑，二仲偕來。』（羅仲鼎點校《譚獻集》）《榆園今雨圖記》：『《榆園今雨圖》者，許君邁孫紉苔岑之誓，寓烟霜之吟也。……圖成於光緒丁亥秋八月。寫照凡六人，陳筆硯几上，手一卷將題寫者，爲榆園主人仁和許增邁孫，時年六十四；憑几指畫，有所賞析者，仁和譚獻仲儀，年五十六；坐隱呼童進一卷者，秀水沈景修蒙叔，年五十三；凝立執卷側耳者，平湖徐惟琨伯騰，五十二，君蓋微聾；披竹行且前者，錢唐張預子虞，年四十八，圖成而君已北上；支竹爐石側煎茶童子，則主人長男金綬，年亦三十三矣，字伯若。』從沈景修信中亦可見三人交契之深。

考第一通信中云：『大局糜爛至此，真堪痛哭。今年必以拙稿灾及梨棗，刻貲早備，惟板□式樣必得老兄爲我主裁，心感無涯。書面題籤，予擬自寫，仿《夢樓詩集》。』其末署『光緒乙未孟陬二十四日鐙下呵凍』。《蒙廬詩存》卷三光緒十年（1884）有詩《邁孫書來勸予刻詩作此報之》記此事。譚獻《蒙廬詩叙》亦云『乃與老友榆園詩叟敦其編次古今體詩稿草。君手寫庚申以來所作，付獻讀定，次第得五卷六百餘首』，叙末署曰『光緒十有九年仲春七日』。沈景修的《夢廬詩存》光緒二十一年刻於杭州，即在譚獻、許增襄助下刻成。

現藏杭州圖書館。（陳開勇）

沈景修函牘一卷 （清）沈景修撰　稿本

一册。每葉行數、字數皆不等。不同箋紙寫就。

沈景修生平見前《蒙廬日記》。

稿本無題，内容乃沈景修寫給蔭棠之信十五通，内容爲地方事務、親朋納捐等請托，以及費用、物件寄來送往之告知，而其主要内容爲絲捐、納捐二事。

沈景修生活之地，譚獻《沈府君墓志銘》記載：『先世自湖州竹墩遷王江涇，占秀水籍。……告終吴江縣盛澤斜橋寓廬，蓋君卜宅於兹，且三十年矣。』（羅仲鼎點校《譚獻集》）秀水王江涇、吴江縣盛澤鎮相鄰，皆爲明清時代絲綢工商業的極盛之地。因其絲綢生産及其商業買賣極其發達，由此出現許多絲行綢行，乃至有公所建立。沈景修在《蒙廬日記》中多有記載，如光緒九年（1883）一月一日記云：『盛地虧累者，綢業兩家，絲業六家。』三月十八日記云：『適蕭蘊翁來，談絲行招商事。予與月哥云：「盛地絲捐太便宜，相形之下，輕重極殊，然破格通融，終恐裹足不前，略定章程，未知府局總辦肯鑒原允準否。」』而此稿於絲絹公所之事有具體記載，如十一月十六日一通，言『所有涇鎮綢捐公所，承令母舅及閣下照拂，費盡無數氣力』，始獲『中丞批準撥綢厘二成給公所開銷，幸開辦以來，捐數日見起色。去年最旺，開銷之外，幸有贏餘，稍償墊本。三年如此，墊本可以收清。府局因之垂涎，定要報銷；居然報出，無從挑剔。不料今年洋綢大減，至今不過五成，公所不敷開銷，正深焦灼。且從前陳梓翁在卡，每季撥款，總是初二日出領絲，遲四五日付洋，極遲不過十日。今年格公接手，夏季撥款已遲半月有餘，至秋季則更遲四十餘天。照此情形，臘底必不能結帳。公所費用無着，奈何？且撥款未付，先索領絲，最是壞事，不與則傷情，一與則冬季之款落空，從此公所廢弛，無力再墊，只能禀報閉歇』。這些記載乃研究清末時期蘇湖一帶絲綢商業的重要史料。

又，稿本中於納捐之事亦有具體記載。如六月初三夜一通信中所云乃張榆莊報捐注册事宜，説『兹有敝襟兄張榆莊廣文托辦考驗注册，誼關至親，只得代爲托友』，説『十四年分曹竹隣選新昌學，兄托令母舅經辦，記得費亦三十六元，茶麪一元』，『司房有學生張姓向伊兜攬經手，因其年輕未諳，不敢見托』等等。

史載沈景修『宅心寬厚，好濟人緩急……晚歲斂門養疴，怡情縑素，不吝人求』（金蓉鏡等《［民國］重修秀水縣志稿·人物卷·儒學傳下》），由此稿可見之。

《中國古籍總目·集部·別集類·清代之屬》著録，書名作『蒙廬函稿一卷』。現藏浙江圖書館。（陳開勇）

蒙廬雜著一卷井花館論書一卷　（清）沈景修撰　稿本

一册。每半葉十行，行字不等，小字雙行同，朱絲欄，白口，單魚尾，四周雙邊。版心下鎸『井花館手鈔本』。鈐『謝家寶樹』『鳳生』『和衆圖書館藏書印』『卷盦六十六已後所收書』諸印。

沈景修生平見前《蒙廬日記》。

稿本封面題『蒙廬雜著』。扉葉有姚孟起、謝家福清光緒十七年（1891）題款并鈐印。題款云：『近代書家多從唐碑入手，學識亦狹。蒙叔先生書實致力於二王而得其精，故所著亦非時賢所能及。承視《蒙廬雜著》，拜讀一過，同深敬佩。光緒辛卯夏姚，孟起、謝家福同拜讀。』

正文實爲兩部分：前部分，起自『題史閣部與薛韓城牘稿墨迹爲石門沈伯雲所屬』條，迄於『蔡公重遺墨長卷爲哲嗣思伯乞題』條，近七十條，内容爲品評書法帖拓，兼及極少量畫卷與金石，略按題跋時間先後編次，起於光緒七年，終於光緒二十四年。後部分，卷端題『井花館論書』，乃品評書法、探討書藝理論之作，近五十則。二者之間有浮簽一，與本稿内容無關。

本稿内容有共通之處，即論書評藝。然前部分與後部分稍有異，前部分所評對象皆爲經作者自己所寓目者，而後部分不專於自己所見之書法作品；前部分就具體作品而論，後部分則稍多理論色彩。

沈景修善書，譚獻《蒙廬詩叙》曾云：『沈子書藝，逸蕩秀峻，使人不思趙、董。沈浸石墨，淵源篆分，又以絶句詩七十二篇，揚榷而陳二百餘祀之書人，抑揚盡致，亦非一人私言也。』（羅仲鼎點校《譚獻集》）故其有專門的論書之作，即《論國朝書家八十首》，然其内容僅當此稿之小部分。

此稿除品評具體對象、發揮理論之外，尚有許多反映撰者生平人事材料，如《題宗研怡先生〈國朝書苑〉》：『宗叔祖研怡先生書純師魯公，力透紙背。生平臨寫《争座稿》，不知幾千百遍。予少時謁公郡城老屋，見公長身碧眼，聲若洪鐘，命予肆力《座稿》，後語先君子曰：「此子是吾家千里駒也。」追憶聲容，忽忽四十餘歲矣。此《國朝書苑》八册，乃公一生心力所聚，精鈎鋟木。庚辛之亂，幸逃劫火，轉輾入石門胡君匊鄰手，殘缺者補之，漫漶者修之，仍復舊觀。今歸龐兄清臣收藏，又結一重翰墨緣也。予近作《論國朝書家詩》，有論公一絶云：「長身鶴立碧雙瞳，露布書成馬上工。畫肚專精顔《座稿》，盡搜名迹壽梨紅。」蓋指此也。』宗叔祖研怡先生，沈昭興也。

《中國古籍善本書目·集部·清別集類》著録。

現藏上海圖書館。（陳開勇）

舜水先生年譜稿一卷　（清）朱衍緒撰　抄本

一册。每半葉九行，行字不等，朱絲欄。天頭間有文字。

朱衍緒，原名恬然，字引模，號鎮夫，一號子健，浙江餘姚人。清同治六年（1867）并補甲子科舉人。工詩，能篆隸。嘗入福建，探武夷山九曲之勝，登福州鼓山，制銘而歸。與會稽孫德祖及郡人孫垓等相唱和。著有《大椿山房詩文集》《壺廬詞》。事迹見《［光緒］餘姚縣志》卷二十三《朱蘭傳附子衍緒傳》、潘衍桐《兩浙輶軒續録》卷四十七「朱衍緒」條及《清代硃卷集成》第二五四册「朱衍緒鄉試硃卷」。

譜主朱舜水，名之瑜，字魯嶼（一稱楚嶼），號舜水，浙江餘姚人。明末貢生。弘光帝召特徵，不赴。清軍下江南，從事抗清鬥争。曾應鄭成功之邀，從軍北伐。明亡後，流亡日本，在江户、水户進行講學活動，提倡「實學」，主張經世致用，其學説在日本影響很大。舜水在日本二十餘年，不忘故國，仍着明朝衣冠。去世後，日本學者將其著作整理有《明朱徵君集》《舜水先生文集》《朱舜水全集》，近人朱謙之整理有《朱舜水集》。

是譜封面書「大椿山房遺稿」，又書「舜水先生年譜稿，乙亥春日再訂，彦均謹識」。黄雲眉跋此譜，言該譜爲朱蘭之作。今人朱炯整理《朱蘭文集》，仍以朱蘭有此作，并收録此譜。然《［光緒］餘姚縣志》卷二十三《朱蘭傳》未言朱蘭有此年譜。上文考《黄梨洲先生年譜稿》撰者，引《朱蘭行略》《朱蘭傳略》，此二「傳略」爲朱蘭諸子及衍緒友人孫德祖所作，皆言朱蘭有「黄梨洲、邵二雲兩先生年譜」，却未提及舜水先生年譜。此書封面所署『乙亥』，可能爲嘉慶二十年（1815）乙亥，也可能爲光緒元年（1875）乙亥。而嘉慶二十年，朱蘭年方十六歲，朱蘭《補讀室自訂年譜》未言其十六歲訂有此譜，且今存《補讀室自訂年譜》全書未言及《舜水先生年譜稿》。光緒元年，朱蘭已去世，故朱蘭不當有《舜水先生年譜稿》。本書封題『舜水先生年譜稿』書於『大椿山房遺稿』之下。《大椿山房遺稿》爲朱衍緒之作，故此稿也應爲衍緒《遺稿》中一部分，當再訂於光緒元年。衍緒又有《明遺民族祖楚嶼先生家傳》，今藏餘姚市文物保護管理所。楚嶼先生即朱舜水，舜水《年譜》和《家傳》當同出於一人之手。

此譜後有黃雲眉跋語，作於一九六五年十月。譜中大字書寫年份、舜水年歲，雙行小字述當時大事和舜水生平事迹。年份即書帝王年號，又書干支。自順治二年（1645）起，先書順治年號，再書南明政權年號，至康熙元年（1662）不書南明年號。自順治十五年起，又增書日本年號。其紀年，康熙十一年後無康熙十二年，爲康熙十三年。然據其干支紀年可知，其所書康熙『十三年』應爲『十二年』，此下相繼誤遲一年。此譜引書有《日本集》《日本文集》《文集》《行實》等，當是日本學者所整理《舜水先生文集》《舜水先生行實》等。

此譜成於清末，書寫明末清初大事和舜水事迹用字則有隱諱。如順治十六年引《與安東守約書》云：『十七早，即破城，▷▷斷脛折股，▷馬截傷驚馳，浮尸蔽江，束手就縛，遠近稱快。▷▷扼江而守，列炮如星。』今查朱謙之整理本《朱舜水集》，前『▷▷』爲『滿夷』，中『▷』爲『虜』，後『▷▷』爲『逆虜』。可見，時至清末，文人仍不敢破專制文網。

朱舜水年譜，除此譜外，尚有日本學者中山久四郎《朱舜水先生年譜》、梁啓超《明末朱舜水先生之瑜年譜》。日本學者之譜，今未見。此譜跋中，黃雲眉將朱、梁二譜相較，其言：『舜水先生光輝篤實之人格學術，其在异邦所孕育之廣遠影響，與先生堅貞不屈之民族氣節，求之是譜，未免若隱若現；求之梁譜，則躍然紙上矣。

此固由於兩人之處世不同，一猶牽於嫌諱，一可縱筆直書。而其主因，實由於兩人識解有較大之距離，不能不使兩譜頓殊面貌耳。』雲眉所論甚是，而朱、梁二譜可并存於世。

現藏餘姚市文物保護管理所。（魏俊傑）

林公迪臣奏議公文遺稿不分卷 （清）林啓撰　抄本　附林社二十五周年紀念徵文　民國鉛印本

二册。目録部分每半葉八行，行字不等。正文部分每半葉九行，行約二十字，朱絲欄。

林啓，字迪臣，福建侯官人。清光緒二年（1876）進士。歷任翰林院編修、陝西學政、浙江道監察御史、衢州知府、杭州知府。迪臣守杭期間，提倡農桑，興辦新式學堂，先後創辦求是學堂、蠶學館、養正書塾。卒於杭州，士民請留葬孤山。後杭人於孤山建林社設祭。事迹見《林社二十五周年紀念徵文》所收林紓《林太守事略》。

是書封面題『林公迪臣奏議公文遺稿，自督學至守衢止，辛卯夏張宗祥署』。辛卯爲一九五一年。正文前有目録，目録分兩部分，第一部分爲奏稿、公文，共二十九篇；第二部分爲《詩稿》，共三十二篇。正文部分無《詩稿》，奏稿、公文有三十七篇。與目録中奏稿、公文僅有部分相同，或有文而無目，或有目而無文。光緒十九年，迪臣出任衢州知府。正文部分《衢郡觀風告示》之前二十篇，皆爲任衢州知府前奏稿、公文。自《衢郡觀風告示》以下十七篇，皆爲衢州知府任上所作公文。迪臣在衢所發公文，其中八篇關乎農桑發展，四篇爲扶持正誼書院公文，三篇有關育嬰堂和育嬰局，可見林知府十分重視農桑、教化和公益事業。

《林社二十五周年紀念徵文》，鉛印本，一册。封面題『林社二十五周年紀念徵文』，又貼紙書有『收件處杭城，西湖蠶業學校，大方伯第一中學』。正文前有『目次』。此册收文八篇、圖像三幅，依次爲《林社二十五周年紀念徵文啓事》《林迪臣太守遺像》《林社圖》《林迪臣太守墓圖》《侯官林迪臣太守遺愛述》《立社公牘》《留葬公牘》《林太守事略》《帥衢事略》《記林社奉高先生遺像緣起》《高嘯桐先生傳》。據《林社二十五周年紀念徵文啓事》，此册當印於民國十四年（1925）。由此册可知迪臣生平事迹，又可見其深受杭、衢士民愛戴。

迪臣非浙籍學人，然其晚年在浙江衢州知府、杭州知府任上，爲衢州、杭州經濟和文化發展做出很大貢獻。其在杭州所辦求是學堂、蠶學館分别爲浙江大學、浙江理工大學前身，所辦養正書塾爲杭州高級中學和杭州第四中學前身，這對浙江教育發展意義重大。迪臣卒後，留葬杭州孤山。今所存此《遺稿》，雖未見杭州知府任上諸稿，但有十七篇文章是在衢州知府任上所作。故是業書第三輯收録本書，并附《林社二十五周年紀念徵文》。

現藏浙江圖書館。（魏俊傑）

琴吟軒詩文稿一卷　（清）姚景夔撰　稿本

一册。每半葉十行，行字不等，朱絲欄，單魚尾，左右雙邊。無序跋、目録。

姚景夔（1839—1902），字拊中，號小復，一號少復，浙江鎮海人，姚燮次子。清同治五年（1866），補諸生。姚燮詩文書畫兼擅，景夔承之，能詩文，善畫梅。張鳴珂《寒松閣談藝瑣録》卷五云：『小復亦善畫梅，疏影横斜，繁花密綴，師王元章《萬玉圖》，而參以家法者也。』（清宣統上海聚珍仿宋印書局本）著述今傳《琴吟軒詩文稿》一卷、《琴咏樓主日記》一卷、《姚少復集》不分卷，皆稿本。

此爲景夔手稿，收《采蘭賦》《題白戰圖》《季通讀難書易賦》《漫興用先孝廉枕上偶得韵》《擬左思咏史八首并追步其韵》《簡吴次枚用少陵贈李白詩韵》《忠烈篇記貴州荔波縣邱公樹桐死難暨其恭人李氏闔門殉節事》《皇故授忠憲大夫晋贈通議大夫瑞公碑銘》《湖州歸安縣天寧里二忠祠碑》《誥授奉政大夫望江知縣黄公墓表》《送楊醒逋之杭州》等詩文不足百篇。塗抹滿卷，多有不易識讀之篇，知爲初稿本。

景夔傳其家學，馳騁才氣，詩文賦皆工。如《漫興用先孝廉枕上偶得韵》組詩其一云：『嚴霜壓渚驚鴛夢，鸘裘已典水將凍。夜半得句燈忽青，瘦影斜射虚堂屏。良弓走狗已鑑古，子陵那肯臣光武。繁華易歇同烟雲，何若花底唱陽春。』其二云：『維鵲有巢人無屋，亡羊難免歧路哭。出谷辭幽遷喬高，予手拮据心焦勞。戚少金張貸無户，端方誰諒貧士苦。於我何加視萬鍾，失時聊作皋橋傭。』誦之可覘其才情也。

現藏浙江圖書館。（李聖華）

讀鑑述聞六卷 （清）孫德祖撰 稿本

二册。每半葉九行，行二十一字，小字雙行同。無版框、界行。普通竹紙。兩册封面皆題『讀鑑述聞』，各標『上』『下』。卷首爲孫德祖《讀鑑述聞自叙》。各卷端題名曰『讀鑑述聞卷某』，署『會稽孫德祖彦清』。

孫德祖（1840—1908），字彦清，一字峴卿，號寄龕，浙江會稽人。故居原在紹興昌安門外半塘橋，家世豐腴，以同治辛酉寇難耗其貲，所居室復燬於燹，遂遷居會稽小皋埠。德祖生而穎异，十歲能詩，同治三年（1864）院試，以第一名入縣學，同治六年浙江鄉試第三名舉人，其後六上春闈不第。奔走衣食，或坐館教讀，或纂修志乘，或掌理文牘。後實授長興縣學教諭，光緒二十七年（1901）因考績卓异升山西右玉縣知縣，以頽老辭任。光緒二十八年改選淳安縣學教諭，旋爲嚴州知府黄書霖禮聘，任嚴州府中學堂講習。光緒三十年回里，遂不復出。德祖爲同治初年越中諸子唱和締結皋社之成員，一生劬録文事，文多規模史漢及六朝，著有《寄龕文存》《寄龕文賡》《寄龕詩質》《寄龕甲乙丙丁志》《讀鑑述聞》等。

德祖《讀鑑述聞自叙》長達千言，備述是書所撰之緣起：『吾父以家督負鄉望……閑有暇晷，輒匡坐手一編，孜孜尋繹，不能自休，譮其書爲《資治通鑑》。……歲在己酉，從師受《四子書》，《易》《書》《詩》《禮》竟，當受《春秋左氏傳》，先子乃目是書而詔之曰：「此宋賢司馬文正公以續《左傳》之書也，由周之戰國至於五季，十有六代之興亡治亂，上自君相，下逮士庶，鑑於古昔，足資法戒者，具在是編。」』『經三年乃得受《通鑑》而讀之，於是不肖之生十四年矣。自兹自課，日以一卷爲程，終歲而涉獵一周……偶有一得，奉之進質，而以爲可與言《鑑》者有之。溯自癸丑春首，以迄庚申秋中，未盈八稔，不吊於天，吾父以其年九月弃養，鮮民之生，手澤存而不忍讀者，忽忽改鑽燧火，時則有粤寇之禍，先人之廬燬而楹書盡矣。』『壬寅春……家居無俚，會得縮印局刻《通鑑》，差喜不親學之年尚能辨蠅頭字，讀夾注書，因是以厲耄學，理舊聞，殫思求漠，寢饋以之，時復通諸痞痳，如承謦欬。』『事簡可以有述，凡八閱月，肇自三家分晋，逮於隋唐之際，得如干條，爲功未及三分之二……姑就已成者訂爲六卷，署曰《讀鑑述聞》』。《自叙》署款曰『大清光緒二十有九年龍集癸卯孟冬之月朔日辛亥，會稽孫德祖青溪學舍敬書』，則其時尚在嚴州府中學堂講習任上。

德祖畢生傾心於《資治通鑑》，《寄龕文賡》有《讀〈讀史兵略〉》一文，曰：『司馬氏作直宋室之多故，斷自三家分晋以迄五季來一十七史成《資治通鑑》，上續麟經，舉凡用兵之得失，繫於一代之興衰者，未嘗不三致意焉。』德祖熟讀《通鑑》，晚年著《讀鑑述聞》一書，并非摘抄司馬温公《資治通鑑》文句，而是擇選《通鑑》人物、演繹《通鑑》史事來闡發自己數十年之所感，所發史論，多有識見。

現藏紹興圖書館。（方俞明）

寄龕文賡一卷 （清）孫德祖撰 稿本

一册。每半葉九行，行字不等，小字雙行同，無版框、界行。普通竹紙，其中僅《長興孫氏家譜叙》一篇以紅格稿紙抄録、《誥封中憲大夫穆軒連公七十叙》一篇以版刻書葉入録。封面題『寄龕文賡』。

孫德祖生平見前《讀鑑述聞》。

卷前有清光緒三十年（1904）舒城黄書霖《叙》。黄氏時任浙江嚴州知府，故曰：『去夏來典是邦，會科試六邑，校官相繼如郡，見淳安教諭孫寄龕先生，道其貌，粹其色，循循然有儒者氣象，心竊敬之。明日出著書數十卷見視，其性情肫摯，得天孔厚，而闡發義理，强半爲有功名教之文，余益敬其學有本原。以禮聘主中學堂，交漸密，復出文稿若干首，命斟訂。留案頭三越月，民事之暇，熏香繹味。（喜）其静也，如幽溪聽泉，草木無譁而高下響應，自成天籟；喜其放也，又如新雨登樓，俯瞰長江，有一目千里之勝，與斯文相神會，若忘爲風塵俗吏。』對於德祖之爲人和爲文甚爲贊賞。

是書共收録德祖各類文稿共七十八篇，其中論辯十篇，書説三十篇，箴銘二篇，序跋三十六篇。從文字交往看，與樊增祥、陶在銘、邵友濂、潘衍桐、楊以貞等往來最多。部分文稿保留撰寫年款，最早者爲光緒十二年，有《先府君祭簿叙》《寄陶仲彝在銘蘇州書》二篇，最晚者爲光緒三十三年，録《丁未寄仲彝書》一篇。書中又有《丙申三寄雲門書》一文，爲光緒二十二年寫給樊增祥的第三通信札，自述：『今年摘寫甲申以後文稿，什去五六，劣可厘爲四卷，爲續《文存》，命曰《文賡》。』考《寄龕文存》四卷，刊刻於光緒十年，薛福成曾爲之作序，曰：『予讀彦清之文，擩嚌百氏，翢中彪外，馳騁不可抑遏。』《寄龕文賡》則爲賡續《寄龕文存》之編，《文賡》之續，實起意於光緒二十二年，擬收録光緒十年以後文稿。是書《誥封中憲大夫穆軒連公七十敘》一篇爲版刻書葉，突兀於册中，書口上端刻『寄龕文賡』書名，書口中部魚尾下標是篇之簡名『穆軒連公七十敘』，其下標書葉號處保留墨釘，再下爲卷次，刻標『卷二』，查所見各公私書目，未見是書刻本著録，抑或爲當年德祖起意編是書時之版刻樣張？而綜覽此稿本，德祖似未完成四卷之厘訂，延至晚年衰頽困窘，或更無力付全稿以剞劂。

現藏浙江圖書館。（方俞明）

皋社詩文稿不分卷　（清）孫德祖撰　稿本

一册。每半葉九行，行二十一字，小字雙行同，朱絲欄，四周單邊。『皋社詩文稿』專用箋紙。書口下端版印雙行小字『皋社詩文稿　寄龕』。此箋似爲德祖所專用。鈐『杏卿陶承杏印』印。

孫德祖生平見前《讀鑑述聞》。

書之封面有德祖手迹兩行，一曰『孫德祖』，一曰『恭呈』。『恭呈』二字書於紅簽并粘貼左上端。書之封面、卷端皆無著者手寫書名，首尾亦無序跋，今名實爲館藏單位著録所擬，想係名出謄録所用之『皋社詩文稿　寄龕』專用箋。卷端尚鈐有舊藏者白文方印一枚，曰『杏卿陶承杏印』。陶承杏（1910—1995），字杏卿，浙江紹興人，當代藏書名家，畢業於浙江大學土木工程系。陶氏父輩以絲、茶致富，遂投資房産於杭城。杏卿好藏書，業營造之餘，遍訪書鋪，遇善本輒傾囊購歸，尤以杭、紹兩地先賢著述爲專藏，此孫德祖稿本即其一也。

全書收録詩歌九十九題共一百二十七首，開篇爲《曹山紀游》，題下注『甲子』，即同治三年（1864）。其後以年編詩，每年首章繫以年款，依次選録甲子、乙丑、丙寅、丁卯、戊辰五年之詩，分年計數各爲同治三年甲子六題六首，四年乙丑二十二題二十六首，五年丙寅三十三題四十首，六年丁卯十六題十八首，七年戊辰二十二題三十七首。越中咸豐十一年（1861）陷於粤寇，至同治二年光復，自此大批士子劫後餘生，歸居故廬，得以修養生息，復興文教，越東皋社之聯吟，即始創於此時。德祖既爲皋社主將，故有『皋社詩文稿　寄龕』專箋之製。是書録詩之年庚，亦皋社社集之盛期。計書中所録，涉皋社雅集或社中同人交游之詩得三十三題四十首，幾近全書三分之一，其中多存皋社初創之故實、群友聯吟之雅趣，如丙寅年詩《送退宜先生之建寧（有叙）》，曰：『先生主皋中盟且三年，皋中人方仰之以爲宗，今建寧太守祥符周侯，於先生爲總角交，馳書招之，且屬送其帑。先生古誼人也，義必赴之，獨戀皋中朋，悢悢不能辭，於僕兼有宗誼，蓋執手契闊，情溢乎言，臨歧悵然，詩以寫之。』『退宜先生』即時任皋社社長孫垓，字子九，號退宜，會稽諸生，工爲詩。道光朝與故鄉名宿舉詩酒之會，爲越中言社盟主，咸同之際，經寇難而家道中落，復就皋中諸時彦舉皋社，再爲盟主，而皋中社友相繼取科第者衆。凡此種種，予越中皋社研究頗多價值。

德祖另有《寄龕詩質》十二卷，存光緒二十五年（1899）刻本。是集所録，多入其中。

現藏浙江圖書館。（方俞明）

籑喜廬訪金石録不分卷　（清）傅雲龍撰　稿本

一册。每半葉十一行，行字不等。『味腴山館』專用朱絲欄稿紙。天頭間有增補。

傅雲龍，字懋元，號醒夫，浙江德清人。清光緒十三年（1887），應總理各國事務衙門試，出使日本、美國、加拿大、古巴、秘魯、巴西六國，途經哥倫比亞、厄瓜多爾、智利等國。歸國後，參與興辦洋務事業，曾任天津機器局會辦、北洋機器局總辦，兼充海軍衙門幫總辦、天津海運會辦，兼辦北洋水師内學堂。著述甚豐，所著有《游歷圖經》《游歷圖經餘紀》《籑喜廬訪經籍志》《籑喜廬訪金石録》《籑喜廬文集》《籑喜廬詩稿》等百餘種。事迹見《傅雲龍行狀》《傅雲龍墓志銘》《傅雲龍傳》，載於《傅雲龍集·附録》。

是書封面題『籑喜廬訪金石録』，前有譚鍾麟題詩一首。首篇爲《〈訪碑録〉校勘》，據校勘内容，此《訪碑録》爲孫星衍等《寰宇訪碑録》。次爲《北魏中書令鄭羲碑（校勘）》，再次爲《魏大將軍曹貞殘碑》《隋金輪寺塔銘》《隋龍山公墓志》録文。之後爲蜀地金石録，分《蜀碑》《蜀石》《蜀金》三部分。《蜀碑》《蜀金》分别著録蜀地碑刻和金屬器物文字目録各八種；《蜀石》按清末四川州縣編排，録石刻目録二百五十多種。

《蜀金》之下，大體按時代先後著録漢代至元代各地金石，其中漢代十一種、曹魏一種、北魏三十種、東魏一種、北周一種、北齊二種、隋五種、唐六十三種、五代十國三十八種、北宋（宋徽宗之前）四十一種、元一百十四種，元代以下又録宋徽宗時和南宋九十二種，又金代九種，共四百零八種。是書著録歷代金石，體例仿《寰宇訪碑録》，一般上録金石題名，下録金石來源地或收藏者，也有在雙行夾注中注明書體和金石刻録年代，也有僅録題名者。如漢代『《孔宙碑陰》，分書，正碑孫録，延熹七年七月，曲阜』。又如録漢代『飛鴻殘磚，歸安姚氏藏』。該部分所録金石時代自漢至元，是與《寰宇訪碑録》《補寰宇訪碑録》時代保持一致。

是本爲稿本，修改痕迹明顯。如五代十國部分，於『後唐』上方天頭處有『五代十國』四字，『後晉』原書爲『晋』，後删去『晋』字，改爲『後晋』。後晋金石部分中增補『《徐安造像》，正書』一種。又如元代金石部分，《學田記》後原有元大德五年（1301）所書『題名』一種，後將此删去。

清乾嘉間，孫星衍等撰《寰宇訪碑録》，共收漢至元間金石目録七千七百多種。同治間，趙之謙作《補寰宇訪碑録》，又録這一時期金石之目一千八百多種。傅氏所録，或孫、趙二作已有其名，但碑文内容有所不同。如孫書録有漢《泰山都尉孔宙碑》，傅氏又録此碑『碑陰』，且注文言『正碑孫録』。又如孫、趙二書録有直隸元氏縣漢《三山公碑》，傅書又録有光和四年碑，其注云『孫録元初四年一種，趙録本初元年一種，獨遺此刻』。是書所録絶大多數金石目録不見於孫、趙之書，有助於豐富金石之目。

現藏浙江圖書館。（魏俊傑）

簣喜廬札記不分卷 （清）傅雲龍撰 稿本

五册。是書封面簽題各不同，分别爲『讀通鑑札記』『讀全唐文札記』『唐箴』『簣喜廬雜抄（叙例類）』『簣喜廬雜抄（雜文類）』。除《唐箴》外，其他四册封面、封底用紙爲鉛印本《日本圖經》《簣喜廬所叢書》内葉紙。《日本圖經》《簣喜廬所叢書》皆爲傅雲龍之作。各册無目録，也無序跋，《簣喜廬雜抄·叙例類》一册封面另書『應補目』。

傅雲龍生平見前《簣喜廬訪金石録》。

《讀通鑑札記》一册，每半葉十行，行字不等。緑絲欄稿紙。此册用兩種明顯有别之書體書寫。該册前幾葉和最後十五行字用行書書寫。首葉首行題『通鑑辨證』。『通鑑』和『辨證』間原有二字，後塗黑。『通鑑辨證』下署『雲龍』，據此署名，此册撰者當爲傅雲龍。是册首葉爲《資治通鑑辨證》，欄内五條，天頭處一條，所辨皆先秦史事。次葉首書『著作』，此下乃抄録《資治通鑑》及明人嚴衍《資治通鑑補》中有關著述内容，自《孟子》始，至漢靈帝《皇羲篇》終。該册最後五條，抄録《通鑑》《通鑑補》中有關漢代經學傳授内容。此册自漢成帝鴻嘉三年（前18年）至晋元帝太興二年（319）用楷書書寫，且『成帝鴻嘉三年』一葉邊欄外用朱筆書『卷三十一前未録，一百三以後再録』。漢成帝鴻嘉三年事在《通鑑》卷三十一，晋元帝太興二年事在《通鑑》卷九十一。楷書所書此部分内容，大多爲抄録《通鑑》原文并胡三省注、《通鑑考异》。亦有抄録《通鑑》之外他書中内容者，如『延熹八年』條先録《通鑑》部分内容，再録《後漢書·黨錮列傳》部分原文及李賢相關注文。另有懋元『改正』『補注』或『辨疑』内容，此頗有資於考證；該部分時用朱筆作增補文字。

《讀全唐文札記》一册，首葉首行題『讀全唐文札記，傅雲龍』。此册用緑絲欄或朱絲欄兩種稿紙書寫，内容有别。緑絲欄稿紙，每半葉十行，行字不等。緑絲欄書稿爲《全唐文》摘抄，所録内容有關藝文、著述，每條録文章作者、題名及該文所記人物之姓名、字號、籍貫和著述，并用小字注所在《全唐文》之卷帙。懋元録此，可供研究唐人著述參考。朱絲欄稿紙所書行數、行字各不等，書稿可分四部分，一是將吕温《吕衡州集》與《全唐文》相關篇目文章互校，其中一處書有『吕衡州集考异』；二是《全唐文拾遺》，前兩篇據《吕衡州集》所補，後一篇用朱筆補李商隱文；三是《吕衡州集拾遺》，用《全唐文》補《吕衡州集》未録之文；四是《樊南文集補》，用《全唐文》補李商隱《樊南文集》未録之文。

《唐箴》一册，緑絲欄稿紙，每半葉十行，每行十九字。是册録唐代箴文四十三篇，作者十八人，其中録李德裕、皮日休文最多。此册所録諸文全見於《全唐文》，除倒數第二篇于邵《詞場箴》外，其餘各篇次序與《全唐文》所見各篇先後次序完全相同。據此推測，此編當是懋元據《全唐文》録入。此册時用朱筆修改，如唐德宗《刑政箴》『惠此下人』一句，原脱『下人』二字，朱筆補之；又如李義府《承華箴》，原寫作《承德箴》，朱筆改『德』爲『華』。

《籑喜廬雜抄·叙例類》一册，《雜文類》一册，并用緑絲欄、朱絲欄稿紙。緑絲欄稿紙每半葉十行，行字不等；朱絲欄爲『味腴山館』專用稿紙，每半葉十一行，行字不等。兩册字體多用楷書，間用行草。《叙例類》以收録西晋至清末書序、書跋爲主，凡收序文九十六篇、跋文十三篇、凡例四篇，另有墓志銘一篇，共一百十四篇。《雜文類》收録西晋至清末表三篇、狀三篇、啓三篇、書五篇、傳九篇、批一篇、論一篇、記七篇、誄一篇、箴一篇、賦六篇、事狀一篇、墓志銘五篇，共四十六篇。兩册都有不少内容是用朱筆增補、修改、圈畫。其注補或爲注明文獻出處或版本來源。如《蜀綿州越王樓詩序》題名下補有『《唐詩紀事》卷三十四』，《廣弘明集序》題名下補有『明萬曆庚戌徑山寂照庵本』。此兩册無序跋，未詳懋元選文標準。懋元似特别重視桐城派劉開文，兩册共收劉文三十篇。

現藏浙江圖書館。（魏俊傑）

簑喜廬詩稿初集一卷附觀海贈言一卷 （清）傅雲龍撰 稿本

一册。每半葉六行，行約十八字。緑絲欄稿紙。

傅雲龍生平見前《簑喜廬訪金石録》。

是書卷端原題「『詩傭詩存』，傅雲龍懋元」，後將此題用紙糊上，然字迹然可辨。紙條上初書「『簑喜廬詩稿初編』，簑喜廬所著書十九，德清傅雲龍懋元」，後改「初編」爲「初集」，删「簑喜廬」三字。此本卷前有沈芝田於清同治九年（1870）所作律詩二首，卷末有光緒十三年（1887）黄岡洪良品跋。《傅云龍集》所收《簑喜廬詩初集》於洪良品跋前又有跋云：「此雲龍少作也。詩無足存，少作尤必不存。雖然，以詩編年而紀事，又奚必不存？《詩傭詩存》，其原目也，今易名曰《簑喜廬詩初集》。」此稿本無此跋。

是集收録雲龍咸豐八年（1858）至同治三年詩作，共一百七首。此集按詩作年代先後編次，各年所作詩前書有「戊午」「辛酉」等，其中咸豐八年詩三首，咸豐十一年詩一首，同治元年詩八十二首，同治二年詩二十首，同治三年詩僅有《更生行》一首。《傅云龍集》所收《簑喜廬詩初集》，於《更生行》後又有《元日》一首、《雲陽縣》二首、《旅泊》一首，皆同治三年所作。由集中諸詩，可見懋元早年生活交游等，也可反映當時社會狀況。如《静蘭吟》小序云：「静蘭，故知縣丁承衍女，趙承谷聘而未娶。庚申，賊陷常州，承谷闔門死難。女得耗，不欲生，以母疾篤未忍也，刲股肉籲天。母卒不起，女亦投環死。」由此序可見太平軍給江南社會所帶灾難和當時社會觀念。

此本爲稿本，懋元修改痕迹可見。如《哭雨寄石君弟雲夔》，原無『雲夔』二字，後增補。此稿有眉批，批語後署有『弟田讀』『田注』等，署名旁皆有『沈生』印。如《讀史有感》有眉批：『意極深遠，詞極藴蓄。田注。』又如《秋鞠用漁洋秋柳韵》有眉批：『僕亦有此題詩，讀此欲自焚其稿。弟田識。』可見，這些批語對懋元詩評價頗高。是本卷前沈芝田所題律詩，末署『同硯弟鶴農沈芝田就正稿』。據此，此稿本眉批應是沈芝田批語。芝田，號鶴農，安徽蕪湖人。監生，嘗署什邡令。著有《補讀書齋詩草》。

現藏浙江圖書館。（魏俊傑）

簑喜廬文初集十八卷二集十卷三集四卷 （清）傅雲龍撰 稿本

三十三册（《初集》十八册、《二集》十一册、《三集》四册）。《初集》《三集》，每半葉十四行，行三十二字，小字雙行，行字不等，烏絲欄，黑口。《二集》，每半葉十四行，行三十字，小字雙行，行字不等，朱絲欄，黑口。《初集》中縫有『簑喜文』或『簑喜廬文』及卷數、葉數，《二集》中縫有『文二集』及卷數、葉數，《三集》中縫有『簑喜廬文三集』及卷數、葉數。

傅雲龍生平見前《簑喜廬訪金石録》。

《初集》《二集》《三集》扉葉分別書『簑喜廬文初集十八卷』『簑喜廬文二集十卷』『簑喜廬文三集四卷』，其下皆署有『光緒十九年冬十二月，常熟翁同龢』，各卷端署『德清傅雲龍』。《初集》卷前有日本學者中村正直明治二十三年（1890）序、洪良品序、目録、叙例。《二集》卷前有『簑喜子象』。像後有懋元自題《觀我箴》，言光緒十四年（1888）攝此像於美國舊金山，時懋元四十九歲。《觀我箴》後爲目録，『象』《箴》和目録爲一册。《三集》卷前有目録，無序跋。

《初集》作於光緒十三年出使海外前，文凡三百九十一篇。此集十八卷，卷一爲評釋論説古代經學、近代科學技術等，卷二記當時重大事件和考證地理，卷三考漕運，卷四、五記考京師兵制，卷六至九考順天府兵制、官制等，卷十爲制度、天文、數學等表，卷十一爲《順天府志》各部分小序等，卷十二、十三爲書跋、凡例等，卷十四至十六爲順天府官師傳，卷十七爲家傳、人物傳等，卷十八爲箴文、墓志銘、祭文等。此間，懋元修撰《順天府志》，故《初集》所收諸文涉順天府較多。

《二集》作於光緒十三年至十五年游歷日本和美洲各國期間，文約八百六十篇。此集除卷一前五篇『説』與卷十收『贊』『箴』『銘』『墓表』各一篇外，其餘記懋元所游海外諸國之事。《二集》十卷，卷一多記日本，美國次之；卷二、六專記美國；卷三記所游歷美洲諸國，以記美國最多；卷四、五專記日本；卷七記加拿大、古巴、秘魯，以記加拿大最多；卷七記巴西等國，以記巴西最多；卷九主要記日本；卷十記日本等國。可見，該集所記諸國，以日本、美國内容最多。其所記涉及地理、經濟、制度、文化、風俗、物産等，内容十分豐富，對於當時國人瞭解上述諸國頗有助益。

《三集》爲光緒十五年十月自海外歸國後文章，文凡一百七十八篇。《三集》扉葉雖有翁同龢所署『光緒十九年冬十二月』，但其中很多時間是在此後，其中卷四《葛味荃尊人晋卿年伯手札跋》末署『光緒二十四年冬十一月朔』，當爲最晚時間，故《三集》諸文當作於光緒十五年至二十四年間。《三集》四卷，卷一主要爲歷史人物評論、上北洋大臣書，卷二、三多爲上北洋大臣書，卷四主要爲書跋。是集上書多與興辦洋務有關，對於研究洋務運動有重要參考價值。

現藏浙江圖書館。（魏俊傑）

崇蘭堂日記兩種二卷 （清）張預撰 稿本

一册。每半葉九行，行字不等，小字雙行同，朱絲欄，白口，單魚尾，四周雙邊。版心下鐫『翰寶齋』。鈐『葆彝』『顧皞民』『佩瑗』『丁以壬』諸印。

張預（1840—1910），字孟凱，一字子虞，號南孫、慕陔，浙江錢塘人。清同治六年（1867）中舉。光緒九年（1883）進士，選庶吉士，散館授編修，歷充國史館、會典館、功臣館纂修協修，教習庶吉士，湖南學政、松江府知府、蘇州府知府等。受知於張之洞，友於譚獻、樊增祥，拔識唐文治、傅增湘。事迹詳見唐文治《張子虞先生墓表》。

稿本封面有楊葆彝題『崇蘭堂日記兩種』，下署題者號并鈐印。正文首爲《魏故使持節侍中都督定冀相殷四州諸軍事驃騎大將軍定州刺史尚書令儀同三司文静李公墓志銘》，然此非張預所撰，乃抄録前人所作，當移除。其後即爲張預日記《北行紀程》《赴津日識》，二者卷端分別題『北行紀程』『赴津日識（光绪戊寅）』，其下即依次記録日期、行程、見聞交接諸事。

《北行紀程》所記，起於光緒二年正月十五日，迄於二月二十三日，然二月初三日與初七日之間有脱，疑脱去第三日後半、第四、第五日及第六日前半内容。《赴津日識》所記，起於光緒四年戊寅二月七日，迄於三月十三日。卷末有顧肇熙光緒五年五月、丁以壬光緒六年仲秋、李經畬光緒七年仲春、陳熙治光緒七年四月題款，顧肇熙、丁以壬、陳熙治亦皆鈐印。次爲雜記兩條『任永定縣』『曾文正九江之敗』，實爲李瀚章一人之事。次抄孔廣森集石鼓文文字所編四言詩五章、七言詩一章，并作跋語，内容實與日記無關，然張預編定詩集《崇蘭堂詩初存》時，曾模仿其爲詩，置於詩集諸卷小題之下以爲小序（見《崇蘭堂詩初存》十卷，清光緒二十年刻本；《崇蘭堂詩初存》三卷，稿本）。

《中國古籍善本書目·叢部·自著叢書》『崇蘭堂遺稿八種二十四卷』、《中國古籍總目·叢書部·獨撰類·清代後期》『崇蘭堂遺稿八種』皆著録有『崇蘭堂日記二卷』，《中國古籍總目·集部·別集類·清代之屬·清後期》『崇蘭堂遺稿十七卷』著録有日記《北行紀程》《赴津日識》各一卷，即此稿本。其間錯亂，此不贅辯。

現藏上海圖書館。（陳開勇）

虞盦詩二卷　（清）張預撰　稿本

一册。每半葉十一行，行二十三字，小字雙行同，藍絲格，白口，單魚尾，四周雙邊。版心下鐫『復堂藏本』。鈐『嘉樹讀』印。

張預生平見前《崇蘭堂日記兩種》。

封面有吴寶儉清同治七年（1868）正月題『虞盦詩』，下署時間與題者名。各卷端題『虞盦詩』。卷一録『壬子至己未』即咸豐二年（1852）至咸豐九年所寫之詩。卷二依次録『庚申至丁卯』『乙丑』『丙寅』『乙丑』『丁卯』所写之詩，其中『乙丑』『丙寅』『乙丑』『丁卯』乃後來墨筆所補注，即此一部分録咸豐十年至同治六年之詩。

此册中夾有張鴻儀朱帖『愚侄張鴻儀恭敬㝷生老伯大人年禧敬請鈞安百福』。張鴻儀乃張預之子，《崇蘭堂詩初存》十卷（清光緒二十年刻本）、《崇蘭堂詩初存》三卷（稿本），每卷卷尾皆有『男鴻儀校字』字樣；又有朱紅夾葉，上書此稿從《咏月》至《喜遇鄭四季藩》之詩題。

《中國古籍善本書目·叢部·自著叢書》著録『崇蘭堂遺稿八種二十四卷』、《中國古籍總目·叢書部·獨撰類·清代後期》『崇蘭堂遺稿八種』皆著録有『虞盦詩』，即此稿本，然目録皆誤作一卷。

現藏上海圖書館。（陳開勇）

虞莽詩初存五卷　（清）張預撰　稿本

二册。每半葉十行，行二十三字，小字雙行同，緑絲格，白口，單魚尾，四周雙邊。版心下鎸『虞莽手鈔』。鈐『陶漢邈』『敏樹讀』『敏』『樹』諸印。

張預生平見前《崇蘭堂日記兩種》。

册一扉葉有陶方琦清同治十二年（1873）題款并鈐印、張佩綸光緒二年（1876）題款。首卷卷端題『虞莽詩初存卷一』，次行題『壬子至己未』，其下即録咸豐二年（1852）至九年間所作諸詩。卷二卷端題『虞莽詩初存卷二』，依次題『庚申』『辛酉』『壬戌』『癸亥』『甲子』，其下即録咸豐十年至同治三年間所作諸詩。卷三卷端題『虞莽詩初存卷三』，依次題『乙丑』『丙寅』『丁卯』，其下即録同治四年至同治六年間所作諸詩。

册二扉葉及卷端有陶方琦同治十二年、楊葆光同治十二年、秦敏樹光緒元年（1875）、張佩綸光緒二年四月、沈景修光緒三年十二月題款，陶方琦、秦敏樹、沈景修皆鈐印。卷四卷端題『虞莽詩初存』，其下依次爲『戊辰』『己巳』，即同治七年、八年之詩。卷五卷端亦題『虞莽詩初存』，其下依次爲『庚午』『辛未』，即同治九年、十年之詩。

此兩册依其卷題《虞莽詩初存》言，有五卷，内容皆依年代編次，起自咸豐二年，迄於同治十年。册二『己巳』年中最後一首詩《秋夜懷秦稚枚禾中却寄》僅存詩題，即『己巳』年脱去數葉。又『辛未』年《渡齊河至晏城三首》

僅有第一、二首，脱第三首，而其下葉首即云『景改，我來道路何蕭然』，乃《河間行》詩殘句，故此兩葉之間有脱葉。

《中國古籍善本書目·叢部·自著叢書》『崇蘭堂遺稿八種二十四卷』、《中國古籍總目·叢書部·獨撰類·清代後期》『崇蘭堂遺稿八種』皆著録有『虞詩初存五卷』，即此稿本，然目録皆脱一『莽』字。

現藏上海圖書館。（陳開勇）

崇蘭堂詩初存十卷　（清）張預撰　稿本

三册。每半葉十行，行二十三字，小字雙行同，藍絲欄，白口，單魚尾，四周雙邊。版心下鎸『虞荅手鈔』。鈐『雪漁』『汲民』『方琦之印』諸印。

張預生平見前《崇蘭堂日記兩種》。

册一封面有楊文瑩清光緒五年（1879）題『崇蘭堂詩初存弟一册』，下署題者名、時間并鈐印。扉葉有沈景修光緒五年七月、陳熙治光緒七年初秋題款并鈐印。各卷端題『崇蘭堂詩初存卷某』，册一收詩卷一至四，按年編排，紀年標『壬子至己未』『庚申』『辛酉』『壬戌』『癸亥』『甲子』『乙丑』『丙寅』『丁卯』『戊辰』『己巳』，即咸豐二年（1852）至同治八年（1869）之詩。

册二封面有沈景修光緒五年秋七月題『崇蘭堂詩初存弟二册』，旁署時間、題者名并鈐印。扉葉有樊增祥光緒七年題款。各卷端分別題『崇蘭堂詩初存卷某』，收詩卷五至七，紀年分標『庚午』『辛未』『壬申』『癸酉』『甲戌』『乙亥』，即同治九年至光緒元年之詩。此册卷末原有浮葉，乃『崇蘭堂文初存』卷三中之《原任青浦縣知縣江蘇候補道嘉善錢君墓志銘》，此次影印已移置於『崇蘭堂文存外集』稿本之末。

册三封面有陶方琦題『崇蘭堂詩初存弟三册』，下署題者名并鈐印。各卷端題『崇蘭堂詩初存卷某』，收詩卷八至十，紀年標『丙子』『丁丑』『戊寅』『己卯』『庚辰』，即光緒二年至光緒六年之詩。

總體而言，此三册除『崇蘭堂文初存』殘葉外，格式整齊，眉次清晰，乃初步編定謄清『崇蘭堂詩初存』卷一至卷十之本。

《中國古籍善本書目·叢部·自著叢書》『崇蘭堂遺稿八種二十四卷』、《中國古籍總目·叢書部·獨撰類·清代後期》『崇蘭堂遺稿八種』皆著録有『崇蘭堂詩初存十二卷湘軺集一卷』，是將此稿與下篇『崇蘭堂詩初存三卷（崇蘭堂詩初存卷十一、卷十二，湘軺集一卷）』合爲著録，將其中《崇蘭堂詩初存》計爲一種十二卷，而將《湘軺集》一卷另計爲一種一卷。《中國古籍總目·集部·別集類·清代之屬·清後期》『崇蘭堂遺稿十七卷』著録有『詩初存十三卷』，則是將此稿與下篇『崇蘭堂詩初存三卷（崇蘭堂詩初存卷十一、卷十二，湘軺集一卷）』稿本合計爲一種十三卷。其紛雜不一如是。

現藏上海圖書館。（陳開勇）

崇蘭堂詩初存三卷 （清）張預撰 稿本

一册。每半葉十一行，行二十一字，小字雙行同，朱絲欄，白口，單魚尾，左右雙邊。版心上書卷題與卷次，或僅有卷題而無卷次。中書『己集上』或『己集下』或『湘軺集』。版心下或書葉碼，鎸『虞蓀手鈔』。

張預生平見前《崇蘭堂日記兩種》。

首卷卷端首行題『崇蘭堂詩初存卷十一』，次行題『錢塘張預子虞』，第三行題『己集上（壬午癸未〇漢南歸槎，淝西泛舟。春風我期，還遵北流。老矣頭顱，簪花自羞。存己集上弟十一）』，收清光緒八年（1882）至光緒九年間之詩。卷尾題『崇蘭堂詩初存卷十一　男鴻儀校字』。

次卷卷端首行題『崇蘭堂詩初存卷十二』，次行題『錢塘張預子虞』，第三行題『己集下（甲申乙酉〇莘莘吉士，典重入學。老不任課，逃於休沐。匪承明之敢厭，矧負米爲形役。存己集下弟十二）』，收光緒十年至十一年間之詩。

三卷卷端首行題『崇蘭堂詩初存卷』，次行題『錢塘張預子虞』，第三行題『湘軺集（辛卯秋至乙未秋〇皇皇者華，被隰與原。熊芊之墟，是生荃蘭。我采土風，賢彼南冠。存湘軺集第）』，收光緒十七年至二十一年間之詩。

此册雖格式整齊，謄寫清晰，然卷次尚未前後編定。繹其意，大題乃『崇蘭堂詩初存』，小題則依次爲『己集上』『己集下』『湘軺集』，小題下各繫以所摹石鼓文四言詩作爲該小題中所收詩作的内容主題。

張預詩歌曾於光緒二十年刻《崇蘭堂詩初存》十卷，其卷次下小題編次曰『甲集上』『甲集下』『乙集上』『乙集下』『丙集上』『丙集下』『丁集上』『丁集下』『戊集上』『戊集下』；小題之下皆注明該部分所收詩歌的時間範圍，并仿《石鼓文》四言詩各賦一首以爲小序，如『甲集上』下注：『咸豐壬子至己未〇弱不好弄，而嬉於詩。過庭有聞，猶弓爲箕。詩不足存，識其始於斯也。存甲集第一。』『甲集下』下注：『庚申至同治甲子〇丁亂瑣尾，孤露奔走。矛淅劍炊，食我慈母。悽商鳴絃，血淚盈斗。存甲集第二。』『戊集下』下注：『庚辰辛巳〇公車邅迴，歲星忽周。還涉南紀，載居載游。滔滔江漢，以寫我憂。存戊集弟十。』各小題之内，按照時代編次，如『甲集下』第一首詩《二月十九日寇警》題下注『以下庚申』，《書吴梅村詩後》題下注『以下辛酉』，《徙家暨陽》題下注『以下壬戌』，《越中寇退書懷三首》題下注『以下癸亥』，《甲子二月二十四日官軍克復杭州志喜六首》題下注『以下甲子』。將稿本與刻本比較，此《崇蘭堂詩初存》己集上（編爲卷十一）、己集下（編爲卷十一）、湘軺集（尚未定卷次）最近於刻本。

現藏上海圖書館。（陳開勇）

崇蘭堂文存外集一卷附崇蘭堂文初存殘葉　（清）張預撰　稿本

一册。每半葉十行，行二十三字，小字雙行同，藍格，白口，單魚尾，四周雙邊。版心下鐫『虞莽手鈔』。

張預生平見前《崇蘭堂日記兩種》。

封面有樊增祥清光緒六年（1880）四月題『崇蘭堂外集』，旁署時間與題者名。扉葉有李經羲光緒七年題款。卷端題『崇蘭堂文存外集（甲）』，其下雙行小注『散文四篇　駢文十八篇』，收文二十二篇，皆爲壽序，多爲代作。如《合肥李母李太夫人八十壽序》，前後連寫四篇，爲『代如冠九都轉師』『代丁樂山廉訪』『代浙官安徽同鄉』『代胡介卿漕使』而作。就其價值而言，乃當時流行日用文字，實無甚特异之藝術價值。

稿本散文、駢文兼收。考張預有《崇蘭堂駢體文初存》，然此稿所收駢文不見於《崇蘭堂駢體文初存》刻本。又有『崇蘭堂文初存』之殘葉一葉，原夾於『崇蘭堂詩初存十卷』稿本册二之末，今移附於此册末。每半葉九行，行二十五字。藍格，四周雙邊。版心上書『崇蘭堂文初存』，中書『卷三』，下書『腹廬類稿』。其内容，題曰《原任青浦縣知縣江蘇候補道嘉善錢君墓志銘》，然不全。張預有光緒二十年刻《崇蘭堂詩初存》十卷，有光緒三十四年湖北官印刷局鉛印《崇蘭堂駢體文初存》上下卷。蓋張預曾擬刻《崇蘭堂文初存》，以與詩、駢文成完璧，而此《崇蘭堂文存外集》又爲《崇蘭堂文初存》之續編。

《中國古籍善本書目·叢部·自著叢書》『崇蘭堂遺稿八種二十四卷』、《中國古籍總目·叢書部·獨撰類·清代後期》『崇蘭堂遺稿八種』皆著録有『崇蘭堂文存外集一卷』，《中國古籍總目·集部·别集類·清代之屬·清後期》『崇蘭堂遺稿十七卷』中有《文存外集》一卷，即此稿本。
現藏上海圖書館。（陳開勇）

崇蘭堂詞一卷 （清）張預撰　稿本

一册。每半葉十行，行二十三字，小字雙行同，緑格，白口，單魚尾，四周雙邊。版心下鎸『虞莽手鈔』。鈐『汲民過眼』『散之過眼』諸印。

張預生平見前《崇蘭堂日記兩種》。

扉葉有沈景修清光緒三年（1877）題款。正文依次收録詞五十餘闋，然最末一闋《賀新凉》僅有小序，稿本有脱。

此稿多有改訂之處。如《念奴嬌·春雨遣悶和王研香蘇臺感舊韵》、《買陂塘·題桑根先生江舟欸乃詞册》、《木蘭花慢·珠蘭》、《臺城路·慰農師藝秋蘭一叢生蘭孫兩莖命賦》、《大江東去·庚午五月之望偕雲間楊古醞京口望月賦此》、《金縷曲·戲題紈扇花下睡美人圖》、《臨江仙·雨後簾櫳月上》、《桃源憶故人》第一闋『人間夫婦尋常局』等等，改動尤多。

又，此稿間注明謄清當留意事項。《臺城路·題季佑申副使（綸全）水竹匀分之屋圖》詞牌上墨筆大書一『芟』字，詞牌下批曰：『此闋芟，補寫下頁《沁園春》一首。』而於下葉《沁園春》詞牌下批曰：『此闋應寫於上頁《菩薩蠻》調之前。』

《中國古籍善本書目·叢部·自著叢書》『崇蘭堂遺稿八種二十四卷』、《中國古籍總目·叢書部·獨撰類・清代後期》『崇蘭堂遺稿八種』皆著録有『崇蘭堂詞一卷』，《中國古籍總目・集部・别集類・清代之屬・清後期》『崇蘭堂遺稿十七卷』著録《虞庵詞》一卷，即此稿本。

現藏上海圖書館。（陳開勇）

量月廔詞初存一卷 （清）張預撰　清末抄本

一册。每半葉九行，行二十五字，小字雙行同，藍格，白口，單魚尾，四周雙邊。版心上題『量月廔詞』，下題『腹廬類稿』。鈐『健盦』『鄭道乾印』諸印。

張預生平見前《崇蘭堂日記兩種》。

抄本封面題『量月樓詞』。卷端首行題『量月廔詞初存』，次行題『錢塘張預子虞著』。録詞五十六闋。與《崇蘭堂詞》一卷稿本相較，二本大者同，而有小异：稿本《南鄉子》一闋不見於抄本，而抄本《齊天樂・徐小雲少宰竹隱廬畫册屬題》《滿庭芳・薛雲階尚書索題左冰如女士畫梅小幀》《金縷曲・朱二子涵槐陰精舍静憇圖索題精舍爲子涵京居時北半截胡同邸屋圖則戴編修青來所作也》《柳初新調・用楳村祭酒閨思詞原均奉題易實父所藏馬守貞畫蘭、河東君畫柳便面合幀》不見於稿本。又，稿本《賀新涼・丙戌夏與新吾李子同寓東華門外賢良寺》一闋僅存小序，而抄本則全詞俱存，然小序字詞稍有异。

葉恭綽曾選張預詞《高陽臺・宣南春暮雨聲咽宵遺悶拈此和同年樊茗樓韵》一闋入《廣篋中詞》卷二，小注注明所據爲《量月廔詞初存》，字句與此抄本全同。

現藏浙江圖書館。（陳開勇）

説文經字録三卷 （清）李宗蓮撰 稿本

三册。每半葉行數不等，行字亦不等。無版框、界行。

李宗蓮，字子受，號少青，又號庸庵，浙江烏程人。諸生。官慶元縣學訓導。少肄業詁經精舍，與張鳴珂、袁昶等以經述文章相砥礪，壹意爲詩古文辭，旁及金石目録之學。宗湘文爲湖州知府，聘少青修《湖州府志》。陸心源請少青爲其校勘古籍，遂爲其撰《皕宋樓藏書志》《儀顧堂題跋》。著有《金蓋山志》《懷岷精舍金石跋尾》《懷岷精舍詩文集》，《説文經字録》《苕徵録》《秋嘯山房讀書隨筆》未卒業。事迹詳見《寶鄭齋雜録》所載《先訓導公事略》《府志擬傳》《李子受先生傳》。

此書三册，各册封題『秋嘯山房讀書日記』；又題『説文經字録』，三册分標『上』『中』『下』。《寶鄭齋雜録》載少青有《説文經字考》，當爲此書。是書卷後有『雜識』，其言：『漢儒雖同習一家，而師讀相承，文字不無互异。如《周禮》杜子春、鄭大夫、鄭司農三家，與故書讀法各异，而文字因以改變，此其謬也。唐人引《説文》，不皆可信。』卷尾又有七言絶句三首，與此書無涉。

是書録許慎《説文解字》所引經書文字，按《説文》卷數先後録入。全書録《説文》引《易》二十九條，《詩》一百六十條，《尚書》四十條，《春秋三傳》四十九條，《周禮》《儀禮》《禮記》二十一條，《爾雅》七條，《論語》十八條，《孟子》五條，《孝經》一條。不少《説文》所引經文，本書未收録。且此書原有很多空白葉，也有一葉之中僅録《説文》中一字者，殆留。該書似爲未完成之作，《寶鄭齋雜録》所載少青諸傳皆言《説文經字考》『未卒業』。

此書每條一般先録《説文》原文，次爲少青按語，再爲段玉裁《説文解字注》等書中相關内容。其中有些條無按語，也有些不引他書。其録《説文》原文，如全書第一條：『禔，安也，从示，是聲。《易》曰：「禔既平。」』下注：『本「安」下有「福」，今依李善《文選注》。』少青按語主要説明《説文》中此字在當時寫法，如第一條後按語作：『按，今作祇。』是書所引其他書籍有段玉裁《説文解字注》、王玉樹《説文拈字》、鈕樹玉《段氏説文注訂》、王鳴盛《尚書後案》、錢大昕《十駕齋養新録》、邵晋涵《爾雅正義》、翟灝《四書考异》，書後『引用書目』列之。少青所引書，以段《注》最多。

現藏浙江圖書館。（魏俊傑）

同音集釋要四卷　（清）朱一新撰　稿本

四册。每半葉八行，行字不等，小字雙行同。無版框、界行。版心或書葉碼。鈐『如气之秋』『鼎甫』『蓉生翰墨』諸印。

朱一新（1846—1894），字鼎甫，號蓉生，又號質盦、拙盦，浙江義烏人。同治九年（1870）舉人，任内閣中書。光緒二年（1876）進士，改翰林院庶吉士，散館授編修。光緒十一年任湖北鄉試副考官，轉陝西道監察御史。十二年上書言事，得罪降職，遂辭歸。後受張之洞之聘，主廣雅書院。在學術上，朱一新『博極群書，洞知兩漢及宋、明諸儒家法，務通經以致用』（《清史稿》本傳）。著有《拙盦叢稿》。事迹詳見《清史列傳》卷六十九《儒林傳下二·朱一新傳》、趙爾巽等《清史稿》卷四四五《朱一新傳》、尹恭保《陝西道監察御史朱公一新傳》、廖廷相《奉政大夫陝西道監察御史朱君行狀》、金武祥《陝西道監察御史朱君傳》、宋慈抱《義烏朱一新傳》。

稿本封面分别簽題『同音集釋要』一集、二集、三集、四集。册一扉葉有丁爽秋題款：『侍御公蓉生表叔早歲即精於學業，孜孜不倦，無論晝夜。是集乃其芸窗課餘之製，揣摩縝慎，絲毫不苟。宣統紀元新秋，尚庸内侄行將晋省就學，來舍道辭，祖餞之餘，持此爲贈。俾知先輩爲學之苦，勛業之成，原非易易耳，其勉之！用示尚庸賢侄。』卷前爲『同音集釋要目録』。卷端題『同音集釋要』，其下雙行小注『平上去三聲同韵，入聲另建』；其次則依次録第一號、第二號、第三號，乃至第四百三十六號。次題『以下皆入聲』，下依次録四百三十七號至五百六十二號。即全稿把平、上、去三聲同音字分爲四百三十六組、入聲一百二十六組，合五百六十二組。前四百三十六組之内，按照平、上、去三聲列同音之字。此五百六十二組内字之下皆雙行小注簡釋其義。

丁爽秋言此稿爲朱一新揣摩自製，不確。考朱一新之前，道光時有韵書曰《同音集》，後來民間據此而增補，有《增補同音字類標韵》等。鄭張尚芳《吴語方言的歷史記録及文學反映》（《東方語言學》2010年第1期）云：『清代已出現方言音韵專書。蕭山陳崑崙撰《同聲集》，爲吴音韵書，每組同音分別編號。如舒聲自一號「東」編至四百七十三號「且」（有平聲以平帶頭，無平聲列上去），入聲從四百七十四號「席」編至七百七號「月」。此書爲清代北吴語同音字彙甚可貴，鄭張藏有原抄稿本，注文屢引蕭山話，避道光諱「旻」，而不避咸同諱，可見作者爲道光時人。清末曾被改編爲《增補同音字類標韵》。』（文中《同音集》誤作《同聲集》，見《中北大學學報（社會科學版）》2022年03期馬冬梅《〈增補同音字類標韵〉的知系字特徵》文所附《同音集》圖版）以朱一新此稿與《同音集》及《增補同音字類標韵》諸本比較，朱一新該作底本采自傳世《同音集》增補本，而朱氏之功主要在釋要爾。

本書《中國古籍總目・經部・小學類・文字之屬・字典》著録。

現藏浙江圖書館。（陳開勇）

浙垣同音千字文四卷　（清）朱一新撰　稿本

四册。每半葉六行，行字不等，小字雙行同。無版框、界行。版心題書名、卷次、葉數。鈐『如氣之秋』『稠州朱氏』『居敬廬』『蓉生翰墨』諸印。

朱一新生平見前《同音集釋要》。

稿本封面分别簽題『浙垣同音千字文』卷一、卷二、卷三、卷四。册一扉葉丁爽秋題『蓉生侍御手稿，浙垣同音千字文，稠南丁爽秋敬題』并鈐印。卷首爲《浙垣同音千字文目録》。各卷卷端題『浙垣同音千字文卷之幾』。

卷端題名之下，依次録千字文爲字頭，然千字文偶有脱落者，如『宇宙洪荒』脱『宙』字，『形端表正』脱『表』字，『微旦孰營』脱『微』字；字頭下録同音字，再附音同調异之字，如『天』下先列『旡』『靝』『添』，再附上聲『忝』『舔』『餂』；每字之下皆雙行小字簡釋其義。

此稿特點有三：其一，在性質上與《同音集》等字典一樣，是一種小型同音字字典。其二，不像傳統韵書那樣按韵編次，而是按照通行已久的千字文編次，是爲了適應大衆需要的通俗性的語音字典。清初朱紫曾編《同聲千字文》十卷、《續》六卷，卷首蔡方炳《正續同聲千字文總序》云：『字學之書，近今可見者，有《説文》《玉篇》《篇海》《字彙》等書，而《正字通》爲大備，字繁而難稽。約之以韵則易檢，則有孫愐《唐韵》、吴才老《韵補》、

《禮部韵》、《中原音韵》、《洪武正韵》、楊氏《韵學》、茅氏《韵譜》、毛氏《韵學通指》，及《韵府》《韵瑞》諸書，而尤以休文四聲爲指南，然先儒往往謂其吴音難以一天下之音。夫字學諸書，能考一字之音，不能識同音之字；韵學諸書，能識同音之字，不能讀韵學之文。』故而朱紫作《同聲千字文》及《續》，『彙韵學之字，輯爲一書，使人人可讀，讀其一字即遍識同聲之字』（《四庫未收書輯刊》第一輯第九册所收清康熙永慕堂刻本）。此稿亦然，乃《同聲千字文》一系之書。其三，朱紫在《同聲千字文》及《續》卷首《例言》中云：『余集《同聲千字文》，始以吴音彙收，不特鄰郡大异，即我蘇八邑，吻齒難齊，依違靡定。偶於友人處見一刻本，亦名《同聲千字文》者，余喜其先得我心也。亟爲假閲，其字不宗音切，不詳注釋，且「鍾」「中」等字收入「宗」音，「衆」「種」等字收入「縱」音，「竹」「祝」等字收入「足」音。士君子見者，咸謂此書出彼邑數里即覆瓿矣，恐余亦蹈是轍也，屬余必用中州之韵，庶五方可通。』然此稿則不避，是專門的方音字典，於吴閩方言研究亦具有價值。

現藏浙江圖書館。（陳開勇）

奏稿録要十卷 （清）吴慶坻輯 稿本

十册。册一至九無版框、界行，册一、二、四、五、九每半葉九行，册三、六、七、八每半葉十行，行字皆不等。册十爲『龍雲齋』專用紅色方格稿紙，每半葉六行，行二十字，白口，單魚尾。

吴慶坻（1848—1924），字子修，又字敬彊，號稼如，晚號蕉廊、補松老人、悔餘生，浙江錢塘人。清光緒十二年（1886）進士，改翰林院庶吉士。後授編修，充會典館幫總。歷任四川學政、湖南提學使、政務處總辦。曾東渡日本考學，於湖南創立優級師範學堂。又曾與馮煦、樊增祥、沈曾植、陳夔龍、梁鼎芬等在上海結超社、逸社，爲文字之會。著有《辛亥殉難記》《使滇紀程》《入蜀紀程》《蕉廊脞録》《補松廬文録》《補松廬詩録》《悔餘生詩》等，輯有《奏稿録要》《吴氏一家詩》等，參與修纂《杭州府志》《浙江通志》。事迹見姚詒慶《清故湖南提學使吴府君墓志銘》，載於《蕉廊脞録》附文。

此書前有子修四世孫吴濟民跋語，言：『此爲先祖子修公諱慶坻清末年在政務處檔案中及宫門抄内選録當時名奏議，擬刊印，未果，藏之已將五十年矣。與歷史資料大有關係，似可保存，以供研究者參考。』此書乃子修所抄當時名奏議而成。據《清故湖南提學使吴府君墓志銘》，光緒二十六年至三十一年，子修先後三次任政務處總辦，故是書當成於此間。子修所抄奏議，并非全録，而是選其要而録，故此書名稱爲《奏稿録要》。此本共十册，各册封面書有奏議各篇題名。

是書册一選録李鴻章、許振禕、袁昶三人奏議。册二選録陳彝、寶廷、吴可讀、張之洞、閻敬銘、謝維藩六人奏議。册三選録吴觀禮、張佩綸二人奏議。册四選録吴可讀、王先謙、左宗棠三人奏議。册五選録黄體芳、張佩綸二人奏議。册六選録鄧承修、張之洞、陳寶琛、王文韶、張佩綸、陳啓泰、孔憲、洪良品八人奏議。册七選録張佩綸、鄧承修、靈桂、屠仁守、陳寶琛、王懿榮、潘祖蔭、世鐸、崇綺、額勒和布、吴大澂、錫珍等人奏議。册八選録盛昱奏議。册九選録丁立鈞、胡孚宸、王鵬運、李秉衡、褚成博，末述寇連才奏議，另紙貼李慈銘奏議兩葉。册十録宣統二年（1910）、三年奏議六篇，皆劉廷琛奏議，故是册封面書《劉幼雲副大臣摺稿》。部分奏摺是大臣聯名上奏，如册五都察院駁文碩、册九翰林院彈劾李鴻章都是聯名，又如册七署靈桂、潘祖蔭、崇綺、額勒和布、錫珍各人名後都有『等』字，也是聯名。

子修於某些奏議前書以簡短按語，記述奏議主要内容或相關背景，或略有評議。如册九第二篇胡孚宸奏議前按曰：『光緒乙未，馬關約成，中外士大夫怵於外患日亟，中國宜急求自强，而自强之本在學，於是京朝官設立强學會、强學書局。御史楊崇伊奏請封禁，同臺胡孚宸奏復之。屬草者，吾友褚百約成博也。』由此可知此上奏背景及奏議起草者。也有在奏議後加按語，如册五按語在都察院駁文碩奏摺之後。此本爲稿本，可見按語修改之迹，如册二第二篇前按語，删去『余尤心折者』，增補『而發抄者罕合，僅録其一二云』。是書作爲奏議節録本，對奏議文字有所删節。如册一首篇李鴻章奏議，『興修水利等語』下即删去一百十八字，其他删削内容不一而足。本書所收名臣奏議或已見刊行，此本奏議雖爲節録，但可與相關刻本作校勘，故仍有文獻價值。子修所録奏議大多與當時政治相涉，對研究晚清政治史富有價值。

現藏浙江圖書館。（魏俊傑）

吴氏硃卷彙存不分卷　（清）吴慶坻輯　稿本

一册。前三抄葉并浮簽若干，每半葉行數、行字均不等。自第四葉起，爲清光緒間不同排印本彙編，行格、字數不一。

吴慶坻生平見前《奏稿録要》。

封面題『硃卷彙存』，又書『咸豐戊午，光緒丙子、丙戌、己丑、壬辰』。戊午、丙子等，皆吴氏族人參加科考年份。是編收録清咸豐八年（1858）吴同堉鄉試卷文，吴慶坻光緒二年（1876）鄉試硃卷、光緒十二年會試硃卷，吴寶堅、吴士鑑光緒十五年鄉試硃卷，吴士鑑光緒十八年會試硃卷。同堉字子厚，慶坻從兄，浙江鄉試第十八名。慶坻，浙江鄉試第七名，會試第十九名。寶堅字實夫，慶坻胞弟，浙江鄉試第三十四名。士鑑字公察，慶坻子，浙江鄉試第四十四名，會試第三十七名，殿試高居榜眼，授翰林院編修，民國後任『清史館』編修等職，篤志藏書，精研金石，著述甚豐。首有慶坻書識，其言『叔祖嘯雲公嘗裒集先世鄉會試硃卷，刊於蜀中』，『所刊自高祖考乾隆己卯科至東生伯父道光己亥科止。咸同兩朝，吾家科第寖衰』，『科舉永廢』，然舊制可存録，家史可存留，因由事編。慶坻題識署『丙辰新正下旬八日，補松老人書識』。據此，是書當成於民國五年（1916）。

此編所收同堉卷試文三篇、試帖詩一首，詩後有慶坻識語。與慶坻、寶堅、士鑑硃卷不同，同堉卷文爲另寫紙貼上，無同堉履歷、科份名次。慶坻於題識言同堉硃卷亡失，『比彙訂此册，於故書中得先師陸耦廬先生手録從兄文詩四首，因即補入』。慶坻、寶堅、士鑑硃卷皆有履歷和科份葉。本書爲慶坻族人硃卷彙編，故不同硃卷所記，多數族人履歷雖大體相同，也有某些人物履歷有詳略等不同。如記慶坻祖父振棫履歷，慶坻鄉試硃卷稍略，其會試硃卷較詳。且鄉試硃卷記振棫所著《養吉齋叢録》二十卷，而會試硃卷載爲二十六卷，前者所記有誤。

慶坻頗重士鑑策問，其在本書識語中言李越縵極賞士鑑二策。越縵爲李慈銘室名。慶坻鄉試卷、會試卷每篇文章首句天頭處有『聚奎堂原刻』，士鑑策問首行天頭處有『進呈録原刻』。此書編成時，科舉制已廢。故慶坻題識有言：『文字已成芻狗。然一朝二百餘年之舊制，藉是以存，使吾家仍雲知之而已。』科舉雖廢，但本書所記吴慶坻家族人物履歷和科考卷文等，對研究吴氏家族文化和科舉文化仍富有價值。

現藏浙江圖書館。（魏俊傑）

吴氏外家硃卷彙訂不分卷　（清）吴慶坻輯　稿本

一册。此編彙輯道光至光緒間多種硃卷刻本、排印本，行款不一。

吴慶坻生平見前《奏稿録要》。

封面題『硃卷彙訂第首册』。書前有慶坻識曰：『此予外王父金愿谷先生道光壬辰鄉試硃卷，謹弆有年矣。兹與婁東姚壯之表叔優貢卷，江右程舅氏及兩表兄會試、優貢卷各一，彙訂成册，不獨以存文字也。姚氏及兩外家之家世、名字約略具存，俾後之人得考而知焉。後附汪咏之師會試卷，師門淵源所在，不敢忘也，我子孫其永寶之。光緒己卯夏五月，慶坻謹識。』後又補：『越數年，又得程石臣表弟、花實生内侄卷，因并存之。』故是編初成於清光緒五年（1879），數年後又作增訂。

是編依次收録金丙燮道光十二年（1832）鄉試硃卷，姚之烜同治十二年（1873）補同治九年貢卷，程方德同治十二年鄉試硃卷，程志和同治七年會試硃卷，程志銘同治十二年優貢硃卷，花景芸光緒八年鄉試硃卷，汪昌同治十年會試硃卷，程志曾光緒十四年鄉試硃卷。金丙燮原名康壽，字厚民，號愿谷，慶坻外祖父，浙江錢塘人，浙江鄉試第二十三名，曾任内閣中書協辦侍讀。姚之烜字叔元，號壯之，慶坻表叔，江蘇婁縣人，光緒五年選江蘇荆溪訓導。程方德字錦川，號潤齋，一號少巖，慶坻舅，江西新建人，江西鄉試第三十二名，曾任山東歷城知縣。程志和字鈞年，號樂庵，一號少耘，慶坻表兄，江西新建人，江西鄉試第三十名，會試第二百十三名，殿試二甲一百二十七名，授工部主事，曾任會典館總纂。程志銘字潤庭，號恬生，一號又超，慶坻表兄，江西新建縣學增生，曾任九江府學訓導。程志曾字華年，號石琴，一號庚生，慶坻表弟，江西鄉試第四十三名。花景芸字實生，號香甫，貴州貴筑人，慶坻夫人花氏内侄，貴筑縣學附生。汪昌字師益，號質人，又號咏之，江蘇吴縣人，慶坻師，江蘇鄉試第六十九名，會試第八十名，曾任德清知縣。慶坻鄉試硃卷所登師承無汪昌，會試硃卷受知師有汪昌，慶坻與汪昌相知較晚。

是編所收鄉試卷、會試卷皆文三篇、詩一首，姚之烜貢卷文一篇、詩一首，程志銘優貢卷文二篇、詩一首，各硃卷皆有履歷和科份葉。金丙燮鄉試硃卷前有『章公支下二房支系』和『杭女表微録』，皆另寫附紙貼上。『章公支下二房支系』爲金丙燮族人譜系，『杭女表微録』抄録稿本《［光緒］杭州府志》所載金兆嘉妻、金善妻事迹。金丙燮、程志和、花景芸硃卷於履歷天頭處增補一些相關人物字號等内容，如金丙燮曾祖肇鐸上方補寫『字自白，又號興齋』。金丙燮硃卷文章天頭處有『本房加批』批語，此批語爲聚奎堂原刻本所有。是編所收硃卷不僅保存了晚清科舉文字，也可供考索吴氏、金氏、程氏等家族婚宦關係。

現藏浙江圖書館。（魏俊傑）

入蜀紀程一卷 （清）吴慶坻撰 稿本

二册。每半葉九行，行約十八字，朱絲欄，白口，單魚尾，四周雙邊。『秀文齋』專用稿紙。

吴慶坻生平見前《奏稿録要》。

此本爲稿本，分上下兩册，封面原題『使蜀紀程』，後改爲『入蜀紀程』。是書前有子修友人題《奉題〈使蜀紀程〉大著即塵子修尊兄星使教正》詩三首，此仍稱『使蜀紀程』。此書首爲子修子吴士鑑題識曰：『此爲先君督學四川征輶所作。光緒二十三年九月十七日，由京啓程，歷冀、晋、秦諸省，於十一月二十二日抵成都，閲兩月又七日。所經各地，凡關於山川形勢、古迹名勝、文物掌故，與夫民情吏治、礦産農事等等，悉詳記録，足爲後人考據之助，非尋常游記比也。稿經先君删訂就，惜未能刊行，爲憾事耳。』

子修入蜀，光緒二十三年（1897）九月十七日自京城出發，於盧溝橋與子士鑑告别，其後途經直隸涿州、定興縣、安肅縣、保定府、定州、正定府、獲鹿縣、井陘縣。九月二十六日，由故關入山西，其後經山西平定州、壽陽縣、榆次縣、祁縣、平遥縣、介休縣、靈石縣、霍州、趙城縣、洪洞縣、平陽府、襄陵縣、太平縣、聞喜縣、安邑縣、猗氏縣、臨晋縣、蒲州府。十月十五日，由潼關入陝西，其後經陝西華陰縣、渭南縣、臨潼縣、西安府、咸陽縣、興平縣、武功縣、扶風縣、岐山縣、鳳翔府、寶雞縣、鳳縣、留壩廳、褒城縣、沔縣、寧羌州。十一月十一日，由七盤關入四川，經四川廣元縣、昭化縣、劍州、梓潼縣、綿州、羅江縣、德陽縣、漢州縣、新都縣，十一月二十二日抵達成都。

此本作爲稿本，有不少修改痕迹。如十月十六日，過潼關西漢太尉楊震墓和華山，原爲：『今饗堂僅存，亦蕪穢不治，此守土者不經意耳。馬首南向，在目華山。憶余自十齡入秦，始見華；十三再入秦，再見華；十六由洛出潼關，三見華；今其四矣。謁嶽祠。祠燬於同治初回匪之亂，左文襄既平回，乃始重建。』後修改，删『亦蕪穢』之『亦』和『此守土者不經意耳』，改『在目華山』爲『華山在目』，『洛』前補『商』字，改『謁嶽祠』爲『行三十五里，至華嶽廟』，改『祠燬』爲『廟燬』，删『既平回』之『既』字，删『乃始重建』之『乃始』二字。九月二十七日之前，删去的内容皆塗黑；此日之後，删去的内容多是劃去，原字可見。

子修所經各地，記載内容如士鑄題識所言，其記各地當時知縣（或知府、知州）、山川、古迹、歷史事件等。如十月初四日，至義堂鎮，引《宋史・地理志》記冷泉關，再引《水經注》記汾水，再記魯班橋，再依次記北周守雀鼠谷、李世民破劉武周於雀鼠谷等史事，再記雀鼠谷之險要，非尋常日記可比，頗有資於後人考據沿途歷史地理及當時政治社會之助。

現藏浙江圖書館。（魏俊傑）

使滇紀程一卷 （清）吴慶坻撰 稿本

二册。每半葉九行，行約十九字，朱絲欄，白口，單魚尾，四周雙邊。『松雲閣』專用稿紙。天頭間有增補。吴慶坻生平見前《奏稿録要》。

此書封面題『使滇紀程』，分上下兩册。首有吴士鑑題識曰：『此册與《入蜀紀程》同爲先君子删訂，珍藏至今，迄未能付印。暇日當與《入蜀紀程》合訂，俾得同傳毋失也。』

清光緒二十九年（1903），舉行萬壽恩科，子修任雲南副考官，與正考官張星吉同使雲南。五月十三日，自京啓程，經直隸保定府、正定府、欒城縣、趙州、柏鄉縣、内丘縣、順德府、沙河縣、永年縣、邯鄲縣、磁州。五月十九日，渡漳河，至河南境，經彰德府、湯陰縣、淇縣、衛輝府、新鄉縣、獲嘉縣、滎澤縣、鄭州、新鄭縣、長葛縣、襄城縣、葉縣、裕州、南陽府、新野縣。六月初六，入湖北境，經襄陽府、宜城縣、鍾祥縣、荆門州、荆州府、公安縣。六月十七日，入湖南境，經澧州、常德府、桃源縣、辰州府、辰溪縣、沅州府、晃州廳。七月初三，入貴州境，經玉屏縣、清溪縣、鎮遠府、施秉縣、黄平州、平越州、貴定縣、龍里縣、貴陽府、清鎮縣、安平縣、安順府、鎮寧州、永寧州、安南縣、普安縣、普安廳。七月二十四日，入雲南境，經平彝縣、沾益州、曲靖府、馬龍州、嵩明州。八月初二抵昆明，歷兩月二十日。《使滇紀程》體例與《入蜀紀程》大抵相同，主要記山川形勢、名勝古迹、人物史事等。

此本爲稿本，有不少修改内容。使滇途中，子修所作詩作皆録入此《紀程》中，詩凡二十一首。五月十六日，子修與樊增祥相遇於河北順德府，互爲唱和。此書文中附録有樊氏詩二首，詩文也有修改，第一首塗黑一字，改爲『貴』；第二首塗黑二字，分别改爲『如』字、『莫』字，另補所脱『龍』字。此修改增祥詩中文字，不知是抄寫有誤而改，還是後據增祥修改而改。樊氏第二首詩原有注文，字大小同於正文，稿本於天頭間書『「世傳」至「五色」改作小字注』，又書『「神龍」至「閣體」改作小字注』。是本天頭間有不少文字，提示修改格式。

子修使滇，自京城至正定府乘汽車，自荆州府至常德府又曾走水路。光緒二十七年，匈牙利人李恩思將汽車帶入上海，一般認爲此乃汽車傳入中國最早歷史。而子修此書首葉記載：『光緒二十有九年癸卯舉行萬壽恩科。……先二年，雲貴兩省考官由行在簡放電傳京師，貴州正考官吕佩芬、副考官華學瀾皆留京未隨扈。五月，由京乘坐汽車至保定府，再行馳驛。次年壬寅，順天鄉試考官等由京師赴河南省城，亦坐汽車。今年會試，總裁同考官亦如之。』此所記，對研究汽車傳入中國歷史很有價值。稿本初作時將『汽車』皆書爲『火車』，後又都改爲『汽車』，可見當時人對『汽車』『火車』區别有一認識過程。

現藏浙江圖書館。（魏俊傑）

辛亥殉難記□卷首一卷　（清）吴慶坻撰　稿本　存二卷（卷首，卷一）

一册。每半葉十行，行二十四字，緑格，白口，單魚尾。『補松廬手録』專用稿紙。

吴慶坻生平見前《奏稿録要》。

《辛亥殉難記》是爲辛亥革命期間清朝殉難官吏所作傳記，意在『表彰忠烈』。是書通行本爲金梁增訂本，此本爲《清末民初史料叢刊》《近代中國史料叢刊續編》《清代傳記叢刊》收録。金氏增訂本凡六卷首一卷，前有金梁《跋》、《附録雲騎尉世職文榮公事略》、王先謙《序》、《目録》、虎林舊史氏《序》。虎林爲武林舊稱。『虎林舊史』爲子修所用筆名。金氏增訂本卷首爲上諭，卷一、卷二爲《文職傳》，卷三《武職傳》，卷四《駐防傳》，卷五《列女傳》，卷四、卷五又有附表等，卷六爲金梁『重印增補』。某些人物傳後有『舊史氏曰』，爲子修對人物之評論。《辛亥殉難記》對研究晚清史、辛亥革命史富有價值，其部分内容爲《清史稿・忠義傳》重要史源。

此本《辛亥殉難記》爲民國稿本，封題『辛亥殉難記，虎林舊史，稿本』。《清故湖南提學使吴府君墓志銘》載，『居滬，以殉國諸賢忠義不可没，訪尋事實，芟訂再三，爲《辛亥殉難記》八卷』。故是書爲民國間子修居上海所作。《墓志銘》載爲八卷，然金梁增訂本中子修所撰僅五卷，或《墓志銘》所載卷數有誤，或金梁據所殘五卷本增訂。此稿本卷前有王先謙《序》，卷首録有二十道上諭；正文僅存卷一《文職傳一》，記上至總督下至知府殉難者凡十九人，附八人。

此本作爲稿本，有不少修改之處，金氏增訂本即據改訂後内容編訂。如金氏增訂本《松總督傳》載：『舊史氏曰：辛亥之變，各行省大吏或走或叛，其死封疆者，唯公與晋撫陸公二人而已。公居官無赫赫名，而律己廉，臨下寬，危難中從容就義，使天下尚知有廉耻之存，功不尤偉歟！』稿本於『辛亥之變』後塗黑四字，增補『各行』二字；『省』字下塗黑二字，增補『大吏』二字；『律己廉，臨下寬』處，塗黑『律己』和『廉』之間、『臨下』和『寬』之間兩個字；『危難』原作『臨難』，後塗黑『臨』字，改爲『危』字，危難後又增補『中』字。由此段評論可見，子修仍持傳統觀念，視死於辛亥革命清朝官吏爲忠義。吴氏作爲清朝遺老，其守舊觀念在該書傳文和論贊中皆有鮮明體現。

現藏浙江博物館。（魏俊傑）

補松廬雜文不分卷 （清）吴慶坻撰 稿本

三册。抄寫用五種格紙。其一，『補松廬』專用藍格紙，每半葉七行，行二十字，白口，無魚尾，四周單邊；其二，『補松廬手鈔』專用藍格紙，每半葉十行，行二十二字，白口，無魚尾，四周單邊；其三，緑格稿紙，共五葉，每半葉九行，行二十二字，白口，單魚尾，左右雙邊；其四，偶用『天惠廬』藍格紙，每半葉十二行，行二十八字，白口，單魚尾，四周單邊；其五，偶用『宗文中學校』專用紅格紙，每半葉十行，行二十五字，白口，單魚尾，四周單邊。

吴慶坻生平見前《奏稿録要》。

此本凡三册，各册封面題『補松廬雜文』，下分别書『甲』『乙』『丙』。甲册封面又書『跋』『識語』，是册收録跋十三篇、識語六篇、題辭一篇，共二十篇。乙册封面又書『記』『傳』『事略』，是册收録記六篇、傳八篇、行狀一篇、事略一篇，共十六篇。丙册封面又書『碑銘』『墓志銘』『墓碑』『墓表』『祭文』，是册收録碑銘一篇、墓志銘七篇、墓碑一篇、墓表一篇、祭文三篇，共十三篇。本書最晚日期爲《王葵園先生墓志銘》所載『丁巳年十一月二十六日』，故是書當成於民國六年（1917）後。

此本爲稿本，不少篇章内容有修改。如首篇《荀慈從父手書先世墓記跋》，開篇言：『此先從伯父荀慈府君避亂山陰，病中記先世墓地，手書以授從兄子籛者也，時爲同治壬戌二月。明年二月，以憂憤勞瘁卒。』文中『伯』

『府』『手』三字皆爲後補，『時爲同治』原作『此紙書於』，『明年』原作『迨癸亥』，『以憂』前原有『從父』。文中個别葉貼有紙條，如《胡孝博同年藏天台仙境圖册跋》原寫作：『康熙間，提刑四川，無冤民。今孝博爲令長。』後於『四川』下補一『蜀』字。附校簽曰：『「四川」下似應補一「川」字，葆注。』此稱『葆』者之書法，與《補松廬詩録》稱『葆』者之書法同。據下文所考，此人爲楊葆光。子修由葆光所言意識到脱字，未用『川』字，補以『蜀』字。又如《黄世貴家傳》附校簽曰：『益吾師曰：「此文醇美有法度。」』此『益吾師』，即王先謙，爲子修師。除此，『益吾師』評語另有三條。《補松廬雜文》三册，主要涉及圖書題跋和人物事迹，對於考訂古籍和晚清史事頗有助益。如《蔣孟蘋寫書圖跋》，爲吴興蔣汝藻手自影寫宋本《魏鶴山先生全集》所作題跋。吴興南潯蔣氏傳書堂藏書甚豐，後其善本全歸涵芬樓，王國維爲蔣氏撰有《傳書堂藏書志》，其中著録影宋抄本《重校鶴山先生大全文集》，即是孟蘋所手書。子修所作此題跋，可與王國維《藏書志》相關内容及《四部叢刊初編》所收此集相參照。又如《補抄〈東潛文稿〉識語》，可供考索趙一清之作版本流傳。再如上文引首篇首句所言『避亂山陰』，此乃避太平天國之亂。子修族人居杭州，因亂而暫移於山陰；由此可知當時戰亂之影響。至如《吴武壯公祠堂碑銘》記載清軍與太平軍交戰一些細節，《王葵園先生墓志銘》可供研究王先謙生平事迹。《黄世貴家傳》《朱孝子傳》《貞孝女唐大姑傳》等所記雖非顯赫世家或名人，但可反映晚清普通民衆生活和社會觀念。

現藏杭州圖書館。（魏俊傑）

吴子修諸子唱和詩集一卷　（清）吴慶坻等撰　稿本

一册。各色箋紙行數、行字各不相同。

吴慶坻生平見前《奏稿録要》。

清光緒二十五年（1899）立秋日，吴慶坻偕同夏毓秀、王之春、劉心源、蔣兆奎、潘乃光等同游成都北城北昭覺寺，并用子修曾祖父吴昇《自歡喜庵至昭覺寺》詩韵相唱和。子修時爲四川學政，學政又稱督學使者，故同游者稱其爲學使。吴昇字瀛日，號秋漁，又號壺山，乾隆四十八年（1783）舉人，官四川夔州府知府，著有《小羅浮山館詩抄》。吴昇《詩抄》卷十三有《自歡喜庵至昭覺寺》：『無米於今也折腰，偷閑聊復訪僧寮。四圍墻塹田三面，萬箇篔簹路一條。寂寂修廊停浴鼓，蕭蕭大竈冷茶飄。石房松砌都尋遍，纔避人間半日囂。』子修祖父吴振棫任四川總督，重游昭覺寺，曾次其父原韵賦詩。此集所有唱和詩用韵皆押『腰』『寮』『條』『飄』『囂』五字。

此詩集無題名，然就所録諸詩題名而言，用『游昭覺寺』四字最多，如當時四川總督奎俊詩題爲《次游昭覺寺原韵二首呈子修學使仁兄大人教》，銅梁縣教諭杜焕章詩題爲《恭和憲臺大人立秋日游招覺寺敬步曾大父集中昭覺寺詩原韵之作》。多數詩篇作者言立秋日同游昭覺寺，潘乃光詩題記爲七月三日，可見此年立秋日即陰曆七月三日。而候補知縣黄樹勛詩題爲《八月念七日謁伍崧生山長得讀王中丞蔣觀察兩憲和大人游昭覺寺詩雖未讀原唱而悉聞盛事嚮慕殊深不揣譾陋謹步二律伏乞鈞誨》乃補和。

此集録子修詩八首，前兩首爲游昭覺寺詩，後六首爲贈答江瀚、王之春、劉心源、李子榮詩作。稿本《補松廬詩録》册三亦收録子修游昭覺寺及與同僚、友人酬唱之作，較之此集多出贈答夏毓秀詩二首。此集子修詩之後，收録當時四川總督奎俊、四川布政使王之春、四川提督夏毓秀等二十三人詩作，凡七十四首，除二人僅有一首外，其餘每人至少兩首，李子榮則有八首。是集所收詩篇，有助於瞭解晚清文人、同僚間的交游、贈答，對於研究酬唱詩富有價值。

現藏杭州圖書館。（魏俊傑）

補松廬詩録六卷 （清）吴慶坻撰 稿本

五册。每半葉十行，行二十二字。『補松廬手鈔』專用藍格稿紙。

吴慶坻生平見前《奏稿録要》。

是書後有印本，爲清宣統三年（1911）湖南公務所鉛印本，凡六卷。刻本前有子修《叙》，言：『少小學爲詩，先大父詔之曰：「詩毋苟作，非讀書多，積理足，莫能爲也。」自是不敢言詩。里居善病，偶有所作，陶寫而已。四十後官京師，五十後入蜀入滇，再入湘，友朋酬答，所作漸夥。才力既薄，老至而學不進，卒不敢言詩也。甲辰夏，嘗寫舊作數卷，以呈長沙王祭酒師，承師訓，汰十之二三。乙巳、丙午間，婁縣楊丈葆光、膠州柯同年劭忞復爲點勘，間有過而存之者，藏之篋衍，用志師友懃懃誨益之意。今年將去長沙，公所僚友索余詩，將付排印，重違其意，乃丐諸君，重加芟薙，編爲六卷。余猶病其濫也，生平踪迹聊藉省記，他日覆瓿，固其宜耳。至今日，文詞之美，幾不足道，矧并文詞之美而未能者耶！因記其緣起，且志吾愧。』是序作於宣統三年四月。稿本無此序，故兹録之。

此本爲稿本，分五册，前四册封題『補松廬詩一』至『補松廬詩四』，册五封題『補松廬詩五六』。册一首行書『補松廬詩録』，下有小字注『同治戊辰始，戊辰以前皆删不存』，并將此段小字括去，刻本無此十三字。册一第一首詩『寄懷大兄京師』，下又有小字注『戊辰』，然刻本無『戊辰』二字。由此稿本首葉小注可知，《補松廬詩録》所收詩始於清同治七年（1868）。首册次行署『錢塘吴慶坻毅孫』，又將『毅孫』二字圈去，刻本僅署『錢塘吴慶坻』。稿本册二首有光緒三十年（1904）王先謙識語，言其讀後所作符號，『最上者○，次▷，又次、，字句間偶有所見亦▷』。稿本中這些符號爲王先謙所加。

册四末有楊葆光詩《奉題子修學使姻大人補松廬詩稿》，末署『光緒乙巳秋九，雲間七十六弟楊葆光率草』。又册一《無知妄作云》後有『乙巳新秋，葆光校讀一過』，册二《江工部德宣岱麓訪碑圖》後有『乙巳中秋，葆光讀一過』。上引刻本自序言楊葆光、柯劭忞『復爲點勘』。此稿本校簽多書『葆注』『葆校』『葆識』『葆』等，這些紙條所寫内容應出於楊葆光之手。此稿本有不少『劭忞案』『忞案』，這些按語顯然爲柯劭忞之言。楊、柯之語多爲修改建議和評析。如册一《逐梟鳥》詩，楊氏云：『擬於「啼聲」下添「一何」二字。此詩饒有雄杰之氣。葆。』子修後增補『一何』二字。柯氏於詩文下用小字書曰：『劭忞按：擬删「啼聲一何惡」二句似較健。』可見，諸子修改建議不同，刻本取葆光之言。

現藏浙江圖書館。（魏俊傑）

補松老人詞稿一卷　（清）吴慶坻撰　清末民國間抄本

一册。每半葉六行，行二十字。『宗文中學文課』專用藍格稿紙。

吴慶坻生平見前《奏稿録要》。

集前附簽有題記：『補松老人承其祖花宜館及伯祖硯壽堂家學，少工倚聲。中年多疾，以填詞鏤肝怵腎，存稿不多，身後戒勿編詞稿。僅得數闋，皆六十以前之作也。』『花宜館』爲子修祖吴振棫館號，振棫有《花宜館詩抄》。『硯壽堂』爲子修伯祖吴存楷堂號，存楷有《硯壽堂詩抄》。首葉書有：『吴慶坻，字子修，號敬彊，晚號補松老人，振棫孫。』

此書收録子修詞十二首，詞牌依次爲《貂裘换酒》《玲瓏四犯》《臺城路》《浪淘沙》《摸魚兒》《金縷曲》，其中《摸魚兒》四首，《浪淘沙》三首，《金縷曲》二首，餘各一首。《貂裘换酒》詞題爲《讀黄仲則兩當軒詩》，黄仲則即黄景仁，江蘇武進人，著有《兩當軒集》。《玲瓏四犯》詞題爲《用白石道人體題高茶庵空江吊影圖》，高茶庵即高望曾，浙江仁和人，著有《茶夢庵詩稿》。《臺城路》詞題爲《題王半塘侍御秋窗憶遠圖》，王半塘即王鵬運，廣西臨桂人，著有《半塘定稿》。《浪淘沙》詞題爲《王弢甫員外齋中夜飲歸雪月同白清輝可人忽憶故鄉西溪舊游》，王弢甫即王彦威，浙江黄巖人，著有《清季外交史料》等。《金縷曲》第二首詞題爲《長安客舍重五和樊山前輩韵》，樊山即樊增祥，湖北恩施人，著有《樊山全集》。《摸魚兒》第二首《摸魚子》詞題爲《耒陽舟中簡汪一庵》，汪一庵即汪怡，浙江杭州人，著有《新著國語發音學》等。《摸魚兒》第三首《摸魚子》詞題爲《將至衡山風雨乍至舟中遣興》。第四首《買陂塘》詞題爲《辛酉三月三日崔止園方伯招集鄧氏湖莊出新詞示坐客懷舊感今詞旨婉約因賡此解以寫孤懷》，崔止園即崔永安，廣州駐防漢軍正白旗人，曾任直隸總督。

末葉鈐『健盦』『鄭道乾』印，知爲西泠印社早期社員鄭道乾舊藏，此本是否道乾所抄，尚不可知。

現藏浙江圖書館。（魏俊傑）

賦選一卷　（清）吴慶坻輯　抄本

一册。每半葉十行，行字不等，無版框、界行。

吴慶坻生平見前《奏稿録要》。

此書封題『賦選』，末有子修孫吴秉澂跋，曰：『右賦十篇，爲先大父子修公所手録，距今已六十年矣。回憶當年四海昇平，海内乂安，文人暇日競以辭章相尚，以今日相比，豈但隔世而已哉！偶檢殘叢，得此册於敝篋之中，手澤如新，捧讀一過，不禁令人唏嘘。特志數語於册末，以視後之子孫。民國庚寅仲春孫秉澂謹志。』吴秉澂此序作於一九五〇年，以距當時六十年計，子修手録《賦選》約在光緒十六年（1890）。

是書收録吴錫麒賦一篇，顧元熙賦十一篇。錫麒、元熙賦作，後人評價頗高。《夢華廬賦海》卷首蓬萊逸史序言：『專集則錢塘吴穀人《有正味齋》、長洲顧耕石《蘭修館賦》，合之陳沆、鮑桂星，號爲四家。』錫麒，字聖徵，號穀人，浙江錢塘人，清乾隆四十年（1775）進士，改翰林院庶吉士，散館，授編修，官至國子監祭酒，著有《有正味齋集》。元熙，字麗丙，號耕石，江蘇長洲人，嘉慶十四年（1809）進士，二十二年授編修，遷侍講，後督學廣東，卒於羊城書院。有《蘭修館賦稿》。清咸豐十年（1860），黄蟾桂將吴錫麒、顧元熙賦合刻，并爲其作注，有《吴顧賦稿合刻詳注》。

是書收錫麒《鐙花賦》一篇，末有子修評曰：『鏤冰畫脂，體物工妙。』又有注：『此篇因《有正味齋律賦》

本中未選，故補抄於此。』此篇於『何太喜之不禁』上方天頭處有『杜詩：「燈花何太喜。」』此書所收顧元熙賦爲《劍池賦》《李廣射石賦》《觀棋爛柯賦》《蘭亭修禊賦》《撫琴山響賦》《金帶園賦》《澄海樓賦》《樵斧賦》《闌干賦》《弄猴賦》《花鈴賦》，除《花鈴賦》外，其餘各賦後皆有子修評語，如《弄猴賦》後評曰：『形容絶倒，似爲傀儡登場者痛下針砭。』清嘉慶十三年刻本《有正味齋全集》之《有正味齋駢體文》卷二有《燈花賦》。清咸豐三年刻本《蘭修館賦稿》收録顧元熙賦三十五篇，以上十一篇賦皆在其内。今將子修所抄各篇與清刻本相校，罕見有异文。

現藏浙江圖書館。（魏俊傑）

吴氏一家詩六卷 （清）吴慶坻輯 稿本

六册。每半葉九行，行二十一字。緑格，白口，單魚尾，左右雙邊。

吴慶坻生平見前《奏稿録要》。

此書首册封面題『家傳彙抄一册，吴氏一家詩，已繕清本六册，又初稿二册，又遺墨一册』。此爲詩集繕清本，卷前有子修序，作於民國元年（1912）。據序文可知，自唐宋以來，吴氏一族世代工於詩。吴氏遠祖吴儆，南宋人，有《竹洲集》，《四庫全書》收録其書。清嘉慶間，吴鉿孫編輯《竹洲秀衍集》《秀衍續集》，録吴儆以下二十餘世族人詩作。此後至子修世，族人之詩或傳或佚，或燬於兵燹，子修不忍其放失，因編此集，録自吴夢鼎以下族人詩作。

此集今存六卷，卷一依次録吴夢鼎、吴曜詩各一首，吴維烈五首，吴維嵩、吴均各一首，吴鑣二首，吴顥五十首，附録蔡太夫人詩三首，吴淦十三首，吴發第一首，共七十八首；吴顥有詩集刊行，其餘諸詩皆録自《杭郡詩輯》。卷二依次録吴昇一百三首，吴聞世二十九首，吴經世七首，吴晟三十六首，吴晨九首，共一百八十四首；吴晨詩爲子修訪求所得，其餘四人各有詩集。卷三録吴存楷詩七十九首，存楷有《硯壽堂詩抄》刊行。卷四録吴振棫詩二百十五首，振棫有《花宜館詩抄》刊行。卷五録吴聲槐詩十六首，吴爲楫三十九首，吴洽林九首，吴宗模二首，吴春熹五首，吴春烺十首，吴春傑三首，吴春煊八首。卷六録吴文堮詩八十三首，吴敬基四首，吴恩埰六首，吴寶堅七首，吴士鍾一首。

是集所録各吴氏族人詩前，有作者小傳，記作者字號、科第、仕宦、著述等。有些小傳後有子修按語，無詩集者，記此集所録其詩來源；有詩集者，記其詩集結集、刊行或散佚等。其所録詩集刊刻情況，有一定文獻價值，如吴振棫小傳後按語，記振棫詩集四次刊刻情況。

此本雖爲繕清稿本，仍有修改，所改内容多爲作者小傳及按語。所録諸詩文字，主要改正抄録錯誤，略增小注。如卷一貼糊吴維烈《丁卯除夕》詩一首，并注『添抄《送姊婿段依階》一首之後』；卷二吴聞世詩，末補《登春江樓》一首，注『此詩從何雲畡曰愈《退庵詩話》得之』；卷二又有吴晟《贈别仲雲二侄入都》一首，補於邊欄外。至於句删之篇，尤多，此不刊舉。子修所輯此集，對於研究家族文學頗有價值。

現藏浙江圖書館。（魏俊傑）

似玉盦手稿不分卷 （清）徐琪撰 稿本

六册。每半葉十三行，行二十五字，小字雙行同，緑絲欄，單魚尾，四周單邊。紙心印『似玉盦手稿』。卷端題：『仁和徐琪花農著。』無序跋。徐琪齋名玉可庵，又名似玉盦。是集與《漢書天文志考》一卷、《漢書溝洫志考》二卷、《漢書五行志考》一卷合裝爲八册。《漢書》志考三種，各卷端皆題『仁和徐琪著』。然志考三種，皆非徐琪撰，乃全抄録沈欽韓《漢書疏證》卷二十《天文志》、卷二十一《五行志》、卷二十二《地理志·溝洫志考一》、卷二十三《溝洫志考二》。館目以其寫録用『似玉盦手稿』箋紙，卷端又題『仁和徐琪著』，遂誤以爲徐琪撰，著録作『《似玉盦手稿》不分卷、《漢書天文志考》一卷、《溝洫志考》二卷、《五行志考》一卷』。

徐琪（1849—1918），字花農，號玉可，浙江仁和人。清光緒六年（1880）進士，選庶吉士，授翰林編修，歷廣東學政、左春坊左庶子，擢内閣學士，兼禮部侍郎，光緒二十七年，緣事黜革。能詩，善繪事。著有《日邊酬唱集》一卷、《琴音三叠集》二卷、《鸞綸紀寵詩》一卷、《冬日百咏》一卷、《采風偶咏》九卷、《粵軺集》四卷、《北游潭影集》一卷、《草堂話舊詩》一卷、《花磚日影集》十卷、《花磚重影集》二卷、《玉可盦詞存》二卷、《廣小圃咏》一卷、《瑞芝軒楹聯》三卷、《集蘇一百八喜箋序目》一卷、《嶺南實事記》二十卷、《粵東葺勝記》八卷等書，大都刊行。編刊《名山福壽編》一卷、《留雲集》一卷、《誦芬咏烈編》一百五卷。

是集收《擬陶淵明謝王刺史送酒書》《擬城東皋園改建忠義祠記》《吊銀瓶井文》《無腸公子傳》《雲臺功臣

二十八人頌》《水痕初落餐鳌肥賦》《黄妃塔興廢考》《擬真德秀進大學衍義表》《新建前刑部右侍郎浙江學政張文貞公祠記》《麒麟閣功臣頌》《擬班孟堅燕然山銘》《孔孟言性同异論》《陶侃温嶠論》《王導謝安論》《後漢杜密劉勝論》《寇準論》《擬王子淵聖主得賢臣頌》《擬袁彦伯三國名臣序贊》《重修海塘記》《擬王刺史餽五柳先生酒書》《海運賦》《漢案户賦》《賀季真乞鏡湖賦》《李長吉錦囊尋詩賦》《黄菊飄零滿地金賦》等賦記論贊之文，其間多有一篇重録、再録之稿。細察之，大都爲課稿，非專爲古文或駢文之集也。

先是嘉慶間，阮元督學兩浙，創爲詁經精舍，後廢。道光中，修復故事。咸豐間，洪楊之變，杭州陷，講學中止。同治五年（1866），布政使蔣益澧捐資重修。俞樾來主講席，前後三十餘年，講學復興。徐琪爲俞樾高弟子，嘗鳩集諸同門爲築樓於孤山西麓是爲俞樓。又爲俞樾繪《曲園圖》。俞樾《唐刑部尚書中書侍郎同平章事劉公祠記》云：『學使字花農，浙江仁和人，從余游最久。』（《春在堂雜文五編》卷一，清光緒二十五年刻《春在堂全書》本）《詁經精舍諸君子爲余築樓孤山之麓是曰俞樓其時新居太夫人憂未有詩以落之也兹補作四章寄精舍諸子》其二云：『就中徐邈擅清才（謂花農也），自説曾從夢裏來。書籍嫏嬛煩鶴守，洞門屈戌待人開（皆花農夢中所見也。鶴頸懸牌曰：「不遇其人，不開此門。」）。名山竊據雖非分，古佛無言或許陪（其東爲孤山寺，有古佛一尊）。手署碧霞西舍額，浮生本幻不須猜（余擬署額曰碧霞西舍，以花農夢中所見左有碧霞門也。事詳《俞樓經始》）。』（《春在堂詩編》之《己辛編》）《病中聞花農捷南宫，寄詩賀之》：『本來吾黨無雙士，合占仙曹第一籌。病叟曲園憔悴甚，爲君黄色上眉頭。』（《春在堂詩編》之《己辛編》）又有詩云：『文字論交誰最深，門墻徐穉最關心。一詩焚向亡妻告，爲報花農入翰林。』（《清詩彙》卷一百七十二，民國十八年退耕堂刻本）此稿之作，當大都是從學俞樾時所作課稿，不唯見其文辭之優，亦可見有識有學也。

現藏上海圖書館。（李聖華）

纂頡齋金石雜録不分卷　（清）傅栻撰　稿本

一册。每半葉九行，行字不等，小字雙行同，朱絲欄，白口，單魚尾，四周單邊。『青山白雲盧雜纂』專用箋紙。是書封面隸書題曰『纂頡齋金石雜録』，署款『己卯清明節，戍牧自署』。

考『戍牧』其人，實爲傅以禮子栻。傅栻（1850—1903），字子式，號戍牧，又號薖廬、特健藥人，室名纂頡齋，浙江山陰人，寄籍直隸大興。子式天性穎异，喜金石，好集印，著《薖廬題跋》，輯《有萬憙齋集印》《二金蝶金印譜》《西泠六家印存》等印譜。歸安凌霞《有萬憙齋集印跋》曰：『傅君子式，英年媚學，癖嗜金石，尤好集印。所拓邊款絶精，可謂獨出冠時。其搜羅名家印文，自前明何雪漁，迨近時趙次閑諸先生，綜計三十餘家，曰《有萬憙齋集印》，辱以目録見視，屬記厓略……子式以名父之子超然崛起，益喜同志之有人焉。』《丁丑劫餘印存》卷十九收傅栻自用印數枚，其中有鄞縣邱東霖篆『傅栻字子式號戍牧』、閩縣郭慎行篆『生于庚戌字曰戍牧』、秀水沈鎮篆『特健藥人書記』。知其生於道光三十年（1850）庚戌。《丁丑劫餘印存》并見山陰何壽章篆印章兩枚，一曰『纂頡齋』，乃傅栻齋號印；一曰『鄞縣邱東霖、秀水沈鎮、大興傅栻、山陰何壽章同時審定之印』，爲金石審定印，亦可窺此數人耽嗜金石之同聲相應，同氣相求。

是書開篇即『有萬憙齋名人集印目次』，存前後兩稿，前稿列何雪漁以下凡二十一人名號籍貫，後稿在原基礎上擴大至六十九人，多見塗乙改易，想爲傅栻纂輯《有萬憙齋集印》前草擬備選之名録。

其後爲『二金蝶金印譜目次』，按年排序，類分數段，各爲繫年，依次爲：『弟二十不才子』等六印，『以上壬子癸丑所作』，係咸豐二年（1852）至三年；『趙印之謙』等十八印，『以上甲寅乙卯所作』，係咸豐四年至五年；『以〇印信』等十八印，『以上丙辰丁巳所作』，係咸豐六年至七年；『北平陶燮咸印信』等二十五印，『以上戊午己未所作』，係咸豐八年至九年；『趙之謙寫金石文字記』等三印，『以上庚申所作』，係咸豐十年；『丁印文蔚』等三印，『以上辛酉所作』，係咸豐十一年；『悲盦』等三十二印，『以上壬戌所作（計卌二石全，時寓閩都）』，係同治元年（1862）；『生逢堯舜君不忍便永訣』等三十三印，『以上亦壬戌年作（計卌三石全，時寓東甌）』，亦係同治元年；『胡澍之印』等六十一印，『以上癸亥年作（計六十一石，時客都下）』，係同治二年；『胡』等十四印，『以上癸甲之間所作』，係同治二年至三年；『曾歸錫曾』等三印，『以上甲子年作』，係同治三年；『傅』等二十印，『以上丙寅年作』，係同治五年；『方鼎鋭』等三印，『以上乙丑年作』，係同治四年；『各見十種一切寶香衆妙華樓閣雲』等二印，『以上丁卯年作』，係同治六年；『會稽趙之謙印信長壽』等十四印，『以上戊辰、己巳、庚午年間所作』，係同治七年至九年。合計二百四十五印。此爲傅栻編集趙之謙《二金蝶堂印譜》之選印目次，其各印之繫年，對研究趙之謙篆刻藝術有重要參考價值。傅栻此譜之編集在光緒三年，譜序中有『因訪借同人所儲，并自藏各石，集成印譜，以廣其傳』之句，所謂『自藏各石』，即趙之謙爲傅以禮兄弟所刻印也，查印譜目次，多達三十一枚。其中凡印文涉『以禮』『以豫』『以綏』名諱者，抄録時後一字皆以〇代，『以禮』『以豫』爲傅栻父名，『以綏』爲傅栻伯父名，蓋避親諱也。

是書最後部分爲雜抄金石史料，有抄録魏錫曾《吴讓之印譜跋》、傅以禮《明北津渡巡檢司印》，及散見於各典籍之清代印人傳略，尤以摘録《墨林今話》之浙派印人爲多。書末謄録《泰山都尉孔宙碑》《韓敕造孔廟禮器碑》之形制和碑文。

現藏浙江圖書館。（方俞明）

樂静詞一卷 （清）俞陛雲撰 稿本

一册。每半葉六行，行十四字。朱絲欄稿紙。

俞陛雲，字階青，號斐盦、樂静、樂静居士，晚號樂静老人、存影老人、娱堪老人，室名樂静堂、絢華室，浙江德清人。清光緒二十四年（1898）進士，以探花及第，授編修職。光緒二十八年，出爲四川副主考。民國元年（1912），任浙江圖書館監督（館長）。民國三年，任清史館協修。民國二十六年，日本占據北平後，陛雲不與日僞政權合作，保持民族氣節。著有《小竹里館吟草》《樂静詞》《唐五代兩宋詞選釋》《蜀輶詩記》《絢華室詩憶》《詩境淺説》等。陛雲爲清末經學大師俞樾之孫，現代文學家俞平伯之父。事迹見俞潤民、陳煦《德清俞氏：俞樾、俞陛雲、俞平伯》，俞潤民、陳煦爲俞平伯子、媳。

是書封題『樂静詞，戊寅冬日自題』，鈐『階青』印。卷端題『樂静詞，德清俞陛雲』。集前有《樂静居填詞圖》，署『戊寅冬命蔣慧繪於北京』。蔣慧乃陛雲女弟子，圖繪於民國二十七年。卷前又有江蘇江陰詞人夏孫桐題詞《鷓鴣天》，由首句『鼓鼙聲裹賦閑居』來看，此集結於日軍侵華期間。卷後有一九六四年江西萬載龍元亮榆生跋語，言：『予廿年前，始獲交先生子平伯，曾過北京老君堂寓宅一謁先生，相與談詞甚契，并留共飯，因舉此册相貽。』又言：『翁年八十餘，撰述不輟。今下世亦逾十載矣，特以此册歸之浙江圖書館，俾來者知平伯詞學淵源之所自云。』可見，此册乃經龍榆生轉藏於浙江圖書館。《樂静詞》今存刊本有民國間刻本《樂静詞二編》、《樂静詞》一卷、《小竹里館吟草》附《樂静詞》，另有近年國家圖書館出版社影印《民國名家詞集選刊》本，以上諸本皆有收録。此本所收諸詞，不同於上述諸刊本。

此集録詞三十三首，依次爲《浣溪紗》七首，《滿江紅・青島》《鷓鴣天・清溪道中》《南歌子・示章式之詞盟》《臨江仙》《南樓令・和夏閏庵前輩》《南樓令》《浣溪紗》《虞美人・送陳仲恕南歸》《清平樂》《浣溪紗》《清平樂》各一首，《風入松》二首，《夜行船》《齊天樂・雪後登樓》《南歌子》《摸魚兒・故宫》《清平樂・霽後飛雪》《清平樂》《齊天樂・簾》《南歌子》《南浦・聞笛》《浣溪紗》各一首，《蝶戀花》三首，龍榆生《跋》云：『所録詞三十三首，皆陛青先生晚年定稿也。』

陛雲祖父俞樾亦善填詞，著有《春在堂詞録》。陛雲自幼受教於祖父，其作詞亦受家庭熏陶，故夏敬觀在《忍古樓詞話》稱『其詞清空，頗有家法』（唐圭璋《詞話叢編》）。對陛雲詞作，陳聲聰《論近代詞絶句》評曰：『早歲榮歸自玉堂，東華坐閲海生桑。翦紅刻翠身難老，陶鞴風花作道場。』又曰：『柔曼婉貼，吉祥止止，無一毫輕薄怨苦語，故福人也。』（《填詞要略及詞評四篇》）錢仲聯在《近百年詞壇點將録》言：『樂静詞安雅俊爽，猶有朱、厲遺軌。』（《夢苕庵詩詞點將録合集》）

現藏浙江圖書館。（魏俊傑）

寶鄭齋雜録一卷 （清）李延适撰 稿本

一册。每半葉九行，行二十四字。『清雪懷岷精舍寫本』專用緑絲欄稿紙。

李延适，字怡安，浙江烏程人，生平事迹不詳。

王欣夫《蛾術軒篋存善本書録·辛壬稿》卷三著録『《寶鄭齋雜録》一卷一册，清烏程李延适撰。手稿本。』其提要曰：『不題作者姓名。扉葉有「李去疾」三字印，驗之卷中，知去疾名延适，字怡安。烏程人。爲李宗蓮號少青之子。故板格中縫有「清雪懷岷精舍寫本」八字，用其父抄書紙也。其書雜録故書，略資談助。如吳梅村《木棉吟》七言長古并序，不載集中，録自《鎮洋縣志》。末附其父《行述》《府志》擬傳、朱文穎撰《李子受先生傳》三篇。知宗蓮字子受，號少青。諸生……陸存齋藏書之富冠浙中，延之校勘古籍。存齋《皕宋樓藏書志》《儀顧堂題跋》悉出其手……余讀存齋所著書，欽其熟於兩宋史事，考證詳密，突過前人，乃不知出自少青手。少青畢世辛勤，爲人作嫁，其名氏默默無聞。及上虞羅氏刊其《金石跋》，而世始稍知其人。幸有延适此録，得詳其生平。其事與楊禮榮《春緑山房稿》之著其父芸士行述絶相類，皆不可謂非賢子孫矣。今日閲日人所著《静嘉堂文庫略史》：「陸氏之管書人李氏延适，亦嘗登樓而嘆曰：『追思往事，真有武康山中白晝鬼哭之思！』意極愴然。」是曾繼父之業，飽讀皕宋樓秘笈者。』

此書封面題『去疾』『雜録』，卷端題『寶鄭齋雜録』。『寶鄭齋』當是延适齋名。是書收延适讀書摘録及筆記，凡六十三篇，内容主要涉及詩詞、書畫、金石、圖書、農時節令、人物傳記等。是書收録詩詞最多，如蔡文姬《胡笳十八拍》、毛伯温《南岸咏萍》、吴偉業《木棉吟》、厲鶚《開平王孫種菜歌》以及《園竹詩》《水仙詩》《沁園春詞》《題〈紅樓夢〉詞》等皆是。文中《板橋筆榜》《畫水》《八分書説》《指畫説》等皆涉書畫，《鐘鼎彝器之厄》《玉造像題跋》《周魯正叔銅琴記》等皆有關金石，《預知閏月立春節氣歌》《伏臘》《田家雜占》等皆記農時節令，《中國古籍亡入日本》《陸氏皕宋樓藏書》可瞭解中國古籍之入日本情況。是書收録不少人物傳記，除最後三篇延适父傳外，尚有《揚州八怪》《杭州八逸》《畫中九友》人物類傳及陳鼎《八大山人傳》、毛奇齡《陳老蓮別傳》等。是書成於近代，故其所記可見近代社會變化，如《吴漁山入耶穌會》可見基督教影響。書中不少内容爲延适摘録自他書原文，如《元微之崔鶯鶯商調蝶戀花詞》録自趙德麟《侯鯖録》卷五，自《田家雜占》至《心相諺》六篇録自厲鶚《宋詩紀事》卷一百。書中有些考證類筆記，如《黄河本源》《鉛筆不始於西人》《儒釋道三教之起源》《圖畫之派別源流考略》，雖非確論，但可知當時國人之識見。

現藏復旦大學圖書館。（魏俊傑）

重泮紀聞增輯不分卷　孫峻輯　稿本

一册。每半葉九行，行約二十四字。『壽松堂』專用緑絲欄稿紙。

孫峻，字極於，號康侯，浙江仁和人。杭州藏書家『壽松堂』孫氏後裔，清末貢生。清光緒十八年（1892）任文瀾閣董事，後與孫樹禮共編《文瀾閣志》。編撰有《重泮紀聞增輯》《重編名山記目》《武林文獻内外編》《仁和縣志》《蓮居巷志》《六和塔志》《天竺續志備稿》《中天竺法净寺志》《孫氏家集》《陳宗肅公墓録》《醯略補》等。又曾助丁丙編撰《善本書室藏書志》《武林坊巷志》《武林掌故叢編》，手校《謝氏後漢書補遺》等。事迹見張崟《紀念杭州耆舊孫康侯先生》（載《圖書展望》一九三六年第五期），又見王松泉《民國杭州藏書家》（《杭垣舊事》）。

此書封面題『重宴鹿鳴姓氏録』，無序跋。鹿鳴宴源自先秦鄉飲之禮，意在禮敬鄉賢耆德，因在宴飲中歌《鹿鳴》詩，故稱鹿鳴宴。自唐代科舉取士，鹿鳴宴漸變爲地方官員禮遇新科舉人的宴會。清代，鄉試中舉者，歷六十年，可與新科舉人共赴鹿鳴宴，稱『重赴鹿鳴宴』，又稱『重宴鹿鳴』『重游泮水』等。

是書自首條『王廣泰』條至『李梅生先生燮鼎』當爲第一輯，自『蕭山毛太史奇齡』條至『揚州狄太史俊生』條當爲第二輯，自『吴志學』條至末條『梁同書』條當爲第三輯。第一輯、第三輯内容很少。第一輯第二葉載：『俞光曾字香屏，烏程人，道光丙申入泮，今年例得重游。』據此條，第一輯當成於光緒二十二年（1896）後。第一輯記載内容極爲簡練，所記内容多如『俞光』條。第一輯中吴嗣富、管庭芬、吴兆麟等，又見於第二輯。

第二輯所記大都有人物姓名、字號、籍貫、中舉時間、所歷職官、重赴鹿鳴宴時間或年齡等；此外，部分人物所記内容録自《辭典》《杭郡詩輯》《杭郡詩續輯》。如毛奇齡條，先記毛氏科舉、重游泮宫等内容，下又依次録《辭典》《杭郡詩續輯》所載毛奇齡生平履歷。《辭典》《杭郡詩輯》《杭郡詩續輯》皆不載相關人物重赴鹿鳴宴情况。第二輯所録《辭典》中内容與臧勵和等編《中國人名大辭典》相關内容完全相同，而《中國人名大辭典》於民國十年（1921）出版。故第二輯當成於民國十年後。

『吴志學』條天頭處寫有『三輯，新補』，知此下九人爲第三輯。又吴志學條載，吴志學爲咸豐十一年（1861）歲貢，越八秩，重游泮水。據此條，是本當抄於民國十年以後。吴志學以下九人内容當是民國十年後增補。第三輯中，除吴志學、孫衣言外，其他七人皆録自《中國人名大辭典》，此九人皆見於第一輯，其中姚鼐、趙翼、周春、梁同書又見於第二輯。

是書所輯重赴鹿鳴宴人物，以浙江籍人物最多，其次爲江蘇籍人物。該書即不按時間，也不按籍貫編次，缺乏編修體例，且三輯内容人物互有重複。所録《辭典》《杭郡詩輯》《杭郡詩續輯》内容，頗感累贅。記載重赴鹿鳴宴之文獻，如《欽定科場條例》卷四十五記乾隆三十九年（1774）至道光二十九年（1849）間有八十三人，重在記録重赴鹿鳴宴之『上諭』。康侯此輯雖草成，實爲重宴鹿鳴難得之資料。

現藏浙江圖書館。（魏俊傑）

武林文獻内外編不分卷　孫峻編　稿本

存五册。册一、三、四、五，每半葉十二行，行二十四字。藍格稿紙。册二，每半葉十行，行字不等，緑絲欄，白口，單魚尾，四周雙邊，『軍用紙』專用稿紙。

孫峻生平見前《重泮紀聞增輯》。

此書僅存五册。册一封題『武林文獻内外編總目，翰林司後里民編緝』。册二封面無字，册中欄外或題『武林文獻内編』，或題『武林文獻外編』，或『武林文獻』和『編』字間空一字格。其餘三册題『武林文獻外編』。《内外編總目》之《外編總目》中，明董其昌撰《黄公墓志銘》下注『此文已抄入明代第四册内』，然今存五册無明代諸册，故孫氏所抄武林文獻原本當不止此五册。武林爲舊時杭州别稱。是書收録杭州府相關詩文，分内外編，内編收録杭州籍文人詩文，外編收録外籍文人記杭州之詩文。

《總目》内外編目録所編皆爲文，内編分六朝、唐、五代、宋、元、明、清七部分，外編分六朝、唐、宋、元、明、清六部分。目録内編六朝文篇目凡十九人一百十五篇，唐文凡十五人一百四十九篇（含後周一人一篇），五代文篇目凡五人三十二篇，宋文篇目凡三十四人一百四篇（不包括篇目下注『又』或『又又』，下同），元文篇目凡十八人四十四篇，明人篇目凡一百八十六人六百六十二篇，清人篇目凡一百四十人四百三十三篇，共四百十七人一千五百三十九篇。外編六朝文篇目凡四人四篇，唐文凡二十一人三十四篇，宋文凡六十三人一百二十三篇，元文凡五十四人三百二十七篇，明文凡一百四十一人三百三十篇，清文凡八十人一百九十八篇，共三百六十三人一千十六篇。這些篇目，大多未注明來源。由其中注明者來看，不少篇目來自地方志、正史、別集以及總集《全上古三代秦漢三國六朝文》《文苑英華》《宋文鑑》等。

正文内題名有『武林文獻内編』『外編』一册，内容較雜。此册前六篇篇前題有《武林文獻内編》，皆注明『録王元勛《明人尺牘選》』。此下爲陳子龍、應撝謙、尤侗、馮昶世尺牘各一篇，除應撝謙文屬『内編』外，其餘三篇前皆題《武林文獻外編》。此下四篇仍爲尺牘，作者爲錢塘張右民，當入《内編》，然欄外題『武林文獻□編』，『編』上空一字格。其下葉爲雜抄，與本書不涉。

此書五册，除上述兩册，其餘三册封面皆題『武林文獻外編』。其中一册收録諸體文一百二十餘篇，文後雜録陳道復詩十一首、黎民瑞詩一首；此册雖封面題名『外編』，但如仁和卓明卿、卓發之之文當屬《内編》；所録文以宋代爲多，且多爲記文，其中不少内容録自《〔咸淳〕臨安志》。又一册，先録唐代墓志銘三篇，再録五代文四篇，再録宋真宗、仁宗、神宗、高宗、孝宗、寧宗、理宗皇帝文十三篇，再録佛像贊兩篇，再録《〔咸淳〕臨安志》文八篇；再録明人虞淳熙記文一篇，再録詩兩首，一文兩詩皆記華津洞，三位作者皆爲錢塘人，當入《内編》；再爲文一百二篇，除陸游《張循王府家廟碑》、蘇軾《送錢塘僧思聰歸孤山叙》外，皆録自《〔咸淳〕臨安志》；末篇宋人維恩《天竺靈隱二寺游記》，録自石刻。再一册，封面還題有『元人詩』，背面書『此册已編入《坊巷志》』。此册收詩五百四十首，首葉載六十位詩人姓名，然正文無第一位趙孟頫和最後鄭元祐以下七人詩作。

本書無序跋，僅從目録和録文，難以窺測孫氏所選詩文標準。就選文篇目來看，文體有制、啓、書、序、跋、記、論、贊、碑記、神道碑、墓志銘、行狀、傳等，還收録賦。《總目》所録篇目文章，却不見其餘四册收録。就已有編次而言，除《元人詩》一册外，其餘各册無明確體例，編次較爲雜亂，蓋未成書也。

現藏浙江圖書館。（魏俊傑）

孫氏家乘不分卷　孫峻編　稿本

存二册。每半葉九行，行字不等。緑絲欄稿紙。

孫峻生平見前《重泮紀聞增輯》。

《孫氏家乘》爲餘姚遷居杭州一支孫氏家譜。孫氏族譜今存有清嘉慶間和道光六年（1826）先後纂修之《姚江孫氏遷杭族譜》，另有民國九年（1920）纂修《孫氏列代世襲表》。據《姚江孫氏遷杭族譜》，孫氏遷杭始遷祖孫隆，字安山，明末由餘姚蘭風鄉遷居杭州貢院後吉莊橋，孫隆與妻盛氏生有紹賢、紹良、紹文、紹武四子。《孫氏家乘》中『安山公』，即孫隆。

今存此本《孫氏家乘》爲殘本，僅兩册，封面書『孫氏家乘』，且一册封面書『義部』，一册書爲『禮部』。『義部』記二世祖紹良、紹文及其後裔，『禮部』記二世祖紹武及後裔。由此推測，此《家乘》當有仁、義、禮、智、信等册，『仁部』一册當記始遷祖孫隆和二世祖紹賢及其後裔。此譜上書口書『孫氏家乘』，中縫書有孫氏房支和葉數。如『義部』册載有『遷杭次支之長支』『次支長房之長支』『次支長房之三支』『遷杭次支之次支』『次支次房之長支』等。『禮部』僅記『遷杭四支』『遷杭四支之長支』『四支長房之長支』『四支長房之次支』。『遷杭四支之長支』爲孫光祚，光祚有之潤、鵬程、尌、昶四子。之潤及其後裔爲四支長房之長支，鵬程爲四支長房之次支。孫尌、孫昶及其後裔當在《家乘》『智部』『信部』中，今已佚。清代藏書家孫宗濂、孫仰曾爲孫昶子孫，故不見此殘譜記載。今存此譜所記世數，最晚爲『十三世』，其中孫懷德生於民國二十一年十一月初八日。此譜所記最晚日期爲『次支次房之長支』十二世孫繼高，『殁民國二十三年一月十九日』，而康侯卒年在民國二十五年，故該譜當成於民國二十三年至二十五年間。

現存此殘譜，所記孫氏族人，一般都記有遷杭後世次、名字、生卒、享年、葬地、妻配、子女等。如記孫紹良，『二世祖紹良，字居安，安山公次子。以子元吉官安徽池州知府，誥封朝議大夫。生萬曆十二年十二月十九日巳時，殁順治十五年八月十八日巳時，年七十五歲，葬艮山門外白田畈全夏廟孫家濱。配周氏太君，誥封恭人，生萬曆十四年十二月二十三日亥時，殁順治十五年十月二十七日寅時，年七十三歲，葬孫家濱。子三，元吉、元貞、元昌』。此譜『禮部』於『二世祖紹武』之末載，因修建滬杭甬鐵路杭州站，孫氏祖上墓地被圈占，遂遷葬小拱宸橋。譜夾有紙四葉，事涉孫氏祖墳遷葬至拱宸橋後，墳地被無端盜賣，由此發生訴訟及傳訊等。譜中記有些族人『殁咸豐十一年十一月二十八日，殉粤匪難』，由此可見當時太平天國運動影響。

現藏浙江圖書館。（魏俊傑）

重編名山記目一卷　孫峻編　稿本

一册。每半葉九行，行字不等。『壽松堂』專用緑絲欄稿紙。

孫峻生平見前《重泮紀聞增輯》。

本書爲《名山勝概記》重新編目。明嘉靖間，何鏜編輯《古今游名山記》十七卷，記明代各省山川及古今游人序記。明末，在何鏜之書基礎上，增輯有《名山勝概記》四十七卷，另有圖一卷，附録一卷。《四庫》館臣謂《名山勝概記》『出自坊賈之手』，又以其『采摭頗富而龐雜特甚』，『闌入者不可殫述』，故入『存目』中。《名山勝概記》今存明崇禎六年（1633）墨繪齋刻本，《四庫全書存目叢書》收録此書。

康侯所見《名山勝概記》爲殘本。《名山勝概記》原書卷數爲北直隸二、南直隸十、浙江十、江西四、湖廣四、河南三、山東二、山西一、陝西三、福建二、廣東二、廣西一、四川二、雲貴一。孫氏所見殘本，以南直隸、浙江、陝西保存内容相對較多，南直隸僅缺廣德州，浙江僅缺嘉興府，陝西僅缺漢中府和各衛；北直隸、福建、江西、湖廣、廣東、廣西、四川、雲南諸省各僅存目幾篇，河南、山東、山西、貴州、圖、附録則全佚。《重編名山記目》首有康侯序文，序文先全録《四庫全書總目》中《名山勝概記》之提要，後述其編次此目緣由。康侯所見《名山勝概記》不僅殘缺甚多，且『爲書賈改竄，陵獵失序』。然孫氏視之爲珍秘，『蓋武林往哲無遺集可尋者，編中哀集甚多』，遂按《明一統志》所定行省次序，爲之編次，并寫定書目，冠於各省。《名山勝概記》目録中縫書爲『名山記目録』，故康侯是編名曰《重編名山記目》。

是本爲民國稿本，序文末署『壬戌端陽前三日大東門長孫峻記』，故當成於民國十一年（1922）。是本修改手迹顯然，各篇名原爲《直隸名山記目》《南京名山記目》《浙江布政司目》《江西布政司目》《湖北名山記目》等，後統一改爲《重編名山記目》。其他修改，如江蘇蘇州府吴縣原書爲王世貞《洞游庭西山記》，『洞』『游』二字顛倒，後改爲《游洞庭西山記》。浙江金華府脱義烏縣、永康縣記文四篇，孫氏將其補入蘭溪縣和浦江縣天頭處。康侯此目，眉次清晰，便於檢閲。

現藏浙江圖書館。（魏俊傑）

天竺續志備稿一卷　孫峻編　稿本

一册。每半葉九行，行約十七字。『壽松堂』專用緑絲欄稿紙。

孫峻生平見前《重泮紀聞增輯》。

此『天竺』爲杭州天竺山上天竺寺。南宋周密《武林舊事》卷五載，『三天竺，自靈鷲至上竺郎當嶺止』。此『靈鷲』即杭州飛來峰。天竺山爲靈隱至郎當嶺一帶群山。天竺山有三寺，即上天竺寺、中天竺寺、下天竺寺。《武林舊事》又載，『上天竺靈感觀音院，天福中建，名天竺看經院，咸平初賜今名，淳祐中賜廣大靈感觀音教寺』。康侯此志是續明末釋廣賓《杭州上天竺講寺志》十五卷。廣賓此書又稱《上天竺山志》，今上海圖書館藏有清順治間刻康熙間增修本，《四庫全書存目叢書》據其影印。

此志無序跋，封面書『天竺續志備稿，南宋行在亭長仁和孫峻初稿。丙寅十二月下旬緝，越七年癸酉，中風兩發後，左手漫記』。此丙寅爲民國十五年（1926），癸酉爲民國二十二年。該書與《六和塔志》同，編次無條貫，按各書記有上天竺寺内容先後羅列。首録嚴中望《自西湖入靈竺》詩，次録《西湖游覽志餘》相關内容七條。此下至末條前皆録自清傅玉露等纂《西湖志》中有關天竺山、上天竺寺之傳記、物産、詩文等，末條録李春暢《天竺道中》詩。《西湖志》有些内容引自《上天竺山志》，孫氏此書仍録《西湖志》所載，不合續《上天竺山志》之意。是志天頭間有批注，多記所録之文在原書卷帙情況，如首引《西湖游覽志餘》注有『《板蕩淒涼》

卷六』，即《西湖游覽志餘》卷六《板蕩凄凉》；又如首引《西湖志》注有『《方外二》卷二十三』，即《西湖志》卷二十三《方外志二》。較之原書所載，孫氏録文罕有錯誤。《上天竺山志》修纂於明末，孫氏據《西湖游覽志餘》《西湖志》等書作增補，進一步豐富有關天竺山、上天竺寺的文獻資料。

現藏浙江圖書館。（魏俊傑）

六和塔志不分卷　孫峻編　稿本

一册。每半葉十二行，行二十四字。緑格稿紙。

孫峻生平見前《重泮紀聞增輯》。

六和塔又稱六合塔，爲杭州錢塘江畔月輪山上佛塔。南宋施元之注蘇軾《送張職方吉甫赴閩漕六和寺中作》引《杭州圖經》：『六和寺，開寶三年建，太平興國五年改開化寺。』《〔咸淳〕臨安志》卷八十二載：『六和塔，在龍山月輪峰，即舊壽寧院。開寶三年，智覺禪師延壽始於錢氏南果園開山建塔，因即其地造寺，以鎮江潮。塔高九級，長五十餘丈，内藏佛舍利。』據此，六和塔始建於北宋開寶三年（970），爲六和寺塔，六和寺後改稱開化寺。受戰亂等影響，六和塔多次毁壞，幾度重修。今六和塔塔身爲南宋遺物，木檐爲光緒二十六年（1900）重修。

此志無序跋，編次無條理，當是將所見資料逐條録入，缺乏整理。就其收録内容而言，大體可分三類：一爲清康熙間和乾隆間所修兩部《杭州府志》所載内容，以乾隆《府志》爲多，然有些内容與六和塔關係不太密切；二爲詩篇，多與六和塔相關，但如劉仁本《舟發錢塘江》、王穉登《渡錢塘江》等詩看不出與六和塔或開化寺有何關聯；三爲散見於諸書記六和塔之筆記或節録。除《杭州府志》和詩作外，孫氏主要録入田汝成《西湖游覽志》《西湖游覽志餘》、查人渶《西湖游記》、徐逢吉《清波小志》、吴之鯨《武林梵志》、陳確《乾初先生文集》、《［咸淳］臨安志》、《古今圖書集成》等書中相關内容。

康侯所編是志，尚處於文獻收集階段，并未最終成志，故此本存在問題甚多。是本不僅收録一些不太相關内容，還存在編次混亂、内容重複、收録有遺漏等缺陷。如清高鳳臺《重修江干六和塔告竣登眺得五古一首戲用九泰全韵》一詩，前後各條題目名皆爲『《［康熙］杭州府志》』，其中插入嘉慶、道光間高氏所作此詩。清乾隆帝在六和塔留下詩文、題字，是本所收『高宗純皇帝御製』或『高宗純皇帝御題』詩文，分見兩處。蘇軾《六和寺送張吉甫赴閩漕》詩前後兩見，且後見者誤『漕』爲『曹』。明人田汝成作有《西湖游覽志》《西湖游覽志餘》，清人姚靖對田氏之作有增删。此書前兩條文字，田書皆有記載，然康侯注前一條出自田汝成《西湖志餘》，後一條引自姚靖《西湖志餘》，不知爲何後一條不采田氏之書。此志第二條所載内容引姚靖《西湖志餘》，後文又引《［康熙］杭州府志》載此，其末注『《西湖游覽志餘》同』，則是前後重複。孫氏所收有關六和塔、開化寺的詩篇雖然很多，但也有遺漏。清人翟均廉《海塘録》所收陸游、樓鑰、孔平仲、朱繼芳、陳孚、王逢等人詩，未見此志收録。是志雖録有《［咸淳］臨安志》兩條文字，然未收《［咸淳］臨安志》卷八十二所載曹勛《六和塔記》。此志尚未撰成，粗具大觀，雖存有諸多問題，但可爲編修《六和塔志》提供諸多文獻資料。

現藏浙江圖書館。（魏俊傑）

醯略補四卷　孫峻撰　稿本

一册。每半葉八行，行二十一字，小字雙行同，無版框、界行。

孫峻生平見前《重泮紀聞增輯》。

《醯略》爲浙江仁和趙信之作，輯録一百餘種醋文化書籍。《醯略》成於清乾隆十二年（1747），今南京圖書館藏有清道光二十四年（1844）賜錦堂刻本，浙江圖書館藏有抄本。南圖藏本鈐印又題記，知其爲清末藏書家丁丙藏。康侯曾助丁丙編撰《善本書室藏書志》，當得見《醯略》清刻本。康侯《醯略補》，即對趙信之書作增補。

是書卷一前題『醯略補』，署『同里後學孫峻康侯著』。趙信、孫峻同爲仁和人，故稱『同里後學』。該書首爲東安洪客塵《作醯略補題辭》，次爲康侯《自序》。據《自序》末署『壬申九月害喪序』，《醯略補》當成於民國二十一年（1932）。是本初成後，孫氏又於天頭或行間增補部分内容，筆迹與舊寫不同。書中還另附紙增補，或書『迴酒酢法一條，補在燒餅後，又又方下』等，或記『醋』法語、英語、意大利語等語言不同寫法或讀法，或記涉及醋之化學名詞，或補《酉陽雜俎》《本草綱目》等書相關記載。

《醯略補》共四卷，篇目和體例與《醯略》同，主要輯録徵書有關醋之記載，這些内容爲趙信所未輯。卷一《經典》録『經部』相關文字，即輯經文，又録注疏文，輯自《禮記》《周禮》《儀禮》《論語》，凡二十七條；《史事》輯自《史記》《漢書》《後漢書》《三國志》《晋書》《南齊書》《梁書》《隋書》《南史》《宋史》《元史》《明史》，凡二十四條。卷二《治造》輯自《齊民要術》二十條，《農商衣食撮要》四條，《本草綱目》六條，《七修類稿》《證治準繩》各一條；《名義》主要釋醯、醋、酢、酸等字義，輯自《説文》《玉篇》《方言》《廣韵》《字彙補》《正字通》《六書統》《急就篇》《博雅》《詞林韵釋》《廣雅》《埤雅》《博物志》《續博物志》《弟子職注》及趙湘《南陽集》、孫志祖《讀書脞録》，凡二十六條。卷三《詩文》，輯録《晏子》《管子》《列子》《荀子》《韓非子》《淮南子》《戰國策》等書中文章和嵇康、阮籍等人詩作，凡一百七十七條。卷四《雜記》，輯録自《史記》《漢書》《白虎通》《山海經》《北堂書鈔》等書，凡七十八條；其中輯録《化學名詞》中相關内容，記載了醋酸、醋酸鈣等分子式。

孫書自歷代典籍中輯録醯、醋等相關内容，豐富了有關醋文化的文獻資料。

現藏浙江圖書館。（魏俊傑）

説文引經録不分卷　汪厚昌撰　稿本

四册。每半葉七行，行字不等，小字雙行同。烏絲欄，『兩漢瓦當硯齋筆記』專用稿紙。册三、四間用無欄稿紙。

汪厚昌，字吉門，號了翁，浙江仁和人。諸生。精小學，工篆籀。著有《説文引經録》《再續國朝先正事略》《後飛鴻堂印存》《中華民國史料稿》。事迹見秦康祥編著《西泠印社志稿》。

是書封題『説文引經録』，部分篇目前署『仁和汪厚昌吉門録』，書無序跋。康祥《西泠印社志稿》所載厚昌《説文引經彙考》，當即此書。該本爲稿本，四册。册一録引《易經》《尚書》，册二録引《詩經》，册三録引《周禮》《儀禮》《禮記》，册四録引《左傳》《公羊傳》《國語》《孝經》《論語》《孟子》《爾雅》。所謂『十三經』有《春秋穀梁傳》無《國語》，《説文》未引《穀梁傳》，汪氏此以《國語》爲經。

對《説文》所引經文，是書分條編次，各條按照所在經書内容中先後次序編排。每條先録《説文》所引經文，下注所在經書中篇目，後録《説文》中相關内容。如《説文》引《詩經》首條：『在河之洲。（《周南·關雎》）。十一下，川部，𡿧，水中可居曰州，周繞其旁，從重川。昔堯遭洪水，居民水中高土，或曰九州。《詩》曰：「在河之州。」一曰：州，疇也。各疇其土而生之。徐鉉等曰：「今别作洲，非是。」』此『十一下』是指《説文》卷十一下。是書文中或天頭間時有汪氏注文，如在《説文》引《詩經》『燕婉之求，得此戚施』條，汪氏於天頭處補注曰：『段氏曰：「詹諸，俗作蟾蠩，又作蟾蜍。」』文後又注曰：『段氏以爲，即《新臺》之「得此戚施」。』據汪氏注文『段氏曰』『段本』等言來看，段玉裁《説文解字注》爲該書重要參考。汪氏所輯《説文》引經，初偶有遺漏，汪氏在天頭間補其所遺，正文前另附紙補遺三條。是書輯文存在重複輯録問題，如《説文》引《孟子》『及其爲天子也，被袗衣，鼓琴，二女果』條前後兩次重出，且正文前附紙補遺又見此内容。

《説文》所引經文有些内容不見於今傳本經書。如《説文》卷一上引《逸論語》兩條，其一爲『玉粲之璱兮，其瑮猛也』，其二爲『如玉之瑩』，這兩條則爲《論語》佚文。汪氏將《説文》所引經文有條理地録出，對於經學异文考證頗有助益。《説文》引經同類之作，清末還有張澍《説文引經考證》、吴玉搢《説文引經考》、柳榮宗《説文引經考异》、陳瑑《説文引經考證》、雷浚《説文引經例辨》等，可相參訂。

現藏浙江圖書館。（魏俊傑）

倬盦詞稿一卷　邵章撰　稿本

一册。每半葉八行，行十六至十八字不等，綠絲欄，四周單邊。上海九華堂寶記製箋，紙心上印『翰墨緣』，下印『九華堂寶記』。卷端題曰：『邵章撰。』無序跋。封題『邵倬盦詞』。内封記曰『杭縣邵伯絅先生手稿』。鈐『忍寒龍七』『榆生長壽』『小五柳堂讀書記』諸印。知曾爲龍榆生舊藏。

邵章（1872—1953），字伯絅，號倬盦，浙江仁和人。邵懿辰之孫，世其家學，精校勘鑒藏，工書，能詩詞。清光緒二十八年（1902）進士，授編修，官至奉天提學使。著有《倬盦詩稿》十卷（國家圖書館藏抄本）、《倬盦詩稿》一卷、《雲淙琴趣文稿》一卷（後二種有一九五三年油印本）、《倬盦詞稿》一卷。

此爲邵章手書《倬盦詞稿》一卷，收《引駕行·鴻飛遥渚》《銅人捧露盤引·拍香檀》《破陣樂·次公以屯田破陣樂調屬和適徐君森玉自東陵歸談次有感遂成是解》《東風第一枝·早春》《塞孤·白海棠》《淡黄柳·晨窗短燭》《祭天神·黄牡丹》《瑞鶴仙·團城古松》《湘江静·和閏庵紀夢》《六州歌頭·戊辰元旦書懷東山體》《解連環·己巳除夕和美成》《玉燭新·庚午元旦和美成》等詞，凡十二詞牌各一首。詞學宋人，重寄托，風格典雅清奇。如《引駕行》云：『鴻飛遥渚，螢歸廢苑炎光去。訝商聲，被簫管，深閨斷腸私語。如數（上聲）。任敗葉辭柯，凉花墮粉亂情緒。悄妝影、高樓散盡，騁游驄、覓歧路。屢阻。　傷心魯殿，縱目蕪城休賦。待再造金甌，重迴玉輦，廣寒何處。遲暮。嘆空深月落，佳人顔色定非故。莫悵望、殘山賸水，把藍橋渡。』《瑞鶴仙·團城古松》

云：『倚紅墻似昨。枝幹繞，一例宫花寂寞。濤聲和簷鐸。感興亡，誰賦觚稜金爵。侯封未削，賸冷雲、留駐翠幄。只玄都夢醒，回首舊恩，荏苒難覺。　不見仙官曉仗，漢苑吹笙，忍招黄鶴。蟠根地薄。龍蛇怒，雨風惡。莫蒼顔暗老，春歸無恙，登臨聊共素酌。又重城暮色，驚起哽空畫角。』清季民國詞，邵章亦可稱一家。

現藏浙江圖書館。（李聖華）

清杭郡詞輯二十卷　鄭道乾輯　稿本

二十册。每半葉十二行，行二十三字，小字雙行同，緑絲欄，單魚尾，四周雙邊。『書帶艸堂』專用稿紙。書口上印『國朝杭郡詞輯』。

鄭道乾，號健庵，浙江仁和人。喜藏書、填詞，爲西泠印社成員。編著有《武林宅第續考》《疑年别録初稿》《兩浙詞人小傳續編》《國朝杭郡詞輯》等。道乾履歷及其所著《國朝杭郡詞輯》，可參見胡小林《稿本〈國朝杭郡詞輯〉考論》（載《詞學》第三十三輯）。

首册封題『清杭郡詞輯，西泠鄭道乾健庵輯』。然正文書口題『國朝杭郡詞輯』，用『國朝』表明道乾於清末已輯此集。封面所書『清』字，當是封面書字時已在民國，此以《清杭郡詞輯》爲題。此本無序跋，無目録，正文未有卷帙之別，僅各册封面書有『第一卷』至『第二十卷』。是書專收清代杭州詞作，凡二十卷，卷一至十四爲杭州籍詞人詞作，卷十五至十七爲閨秀，卷十八爲方外，卷十九爲流寓，卷二十爲宦游。杭州籍、閨秀、方外、流寓、宦游各類詞人中分别以詞人生卒年先後編次，以人繫詞，各有小傳。人物小傳一般記述詞人姓名、字號、籍貫、科第出身、著述等。若《杭州府志》等方志有載則在小注中徵引，小注也有對人物考證和評析。此本作爲稿本，修改痕迹清晰可見。

道乾此作録詞人六百五十家，詞作一千二百四十二首。收録詞作十首以上者，按詞作多少依次如下：倪稻孫三十九首，丁澎三十四首，王彦起三十三首，厲鶚三十一首，江炳炎二十九首，王晫、鄭澐各二十六首，程瑜二十五首，龔翔麟、李堂、龔自珍各二十二首，吴錫麒二十一首，錢廷烺二十首，陳章、陳文述、戴熙各十九首，袁通、沈星煒、趙承光各十八首，沈謙、許田、沈豐垣、屠倬、項鴻祚、許增、孫雲鳳、許英各十六首，袁嘉、沈允慎、吴山各十五首，趙吉士、陸丁宏、高士奇、陸次雲、汪初、薛時雨各十四首，吴承勛十三首，許謹身、蔣坦、徐燦各十二首，張星耀、吴焯、楊尚觀、郭麐各十一首，毛先舒、陳炕、吴衡照、魏謙昇、吴慶坻、楊琇、顧之瓊、嚴曾杼各十首。

杭州清代地方詩總集，清嘉慶年間吴顥輯有《國朝杭郡詩輯》，顥孫振棫輯有《國朝杭郡詩續輯》，清末丁申、丁丙兄弟輯有《國朝杭郡詩三輯》。杭州詞選之作，有清康熙十二年（1673）陸進、俞士彪所編《西陵詞選》，康熙十七年陸進、佟世南編《東白堂詞選初集》，康熙以後則無杭州詞輯或詞選之作，道乾遂作此集。道乾編輯此集徵引文獻十分廣泛，凡《西陵詞選》《國朝杭郡詩輯》《兩浙輶軒録》《蓮子居詞話》《雲蠖齋詩話》之類詞選、詩選、詞話、詩話以及杭州地方志、文人别集中有關杭郡詞者，竭力收録。胡小林評曰：『《國朝杭郡詞輯》成書於二十世紀初葉，適逢中國傳統詞學向現代詞學轉型的時期，反映出了清末民初詞家的重塑詞史、融通詞派的詞學新觀念，孕育着現代詞學思想的萌芽。』（見《稿本〈國朝杭郡詞輯〉考論》胡小林《詞學》第三十三輯）該書不僅保存有清一代杭州詞，對研究中國詞學由傳統向現代之轉變也富有價值。

現藏浙江圖書館。（魏俊傑）

西泠印社志八卷　丁仁　葉銘　王壽祺輯　稿本

二册。每半葉十行，行二十字。無版框、界行。

丁仁，原名仁友，字輔之，一字子修，號鶴廬，又號箽叟，浙江錢塘人。編有《丁氏八家印選》《丁氏秦漢印緒》《丁氏劫餘印存》等，著有《觀山游水集》《鶴廬詩詞稿》《鶴廬題畫集》等。葉銘，又名爲銘，字盤新，又字品三，號葉舟，原籍徽州，世居杭州，善篆隸，能鎸碑，工治印，宗法秦漢，融會浙派，精金石、考據之學，著有《廣印人傳》《金石家傳略》《葉氏印譜存目》等。王壽祺，後更名褆，字維季，號福庵，以號行，別署羅剎江民等，七十歲後自號持默老人，浙江仁和人，精刻印，得浙派精髓，著有《説文部屬檢异》《麋研齋作篆通假》《福庵藏印》《麋研齋印存》。是書前有汪承啓《序》。承啓，字佑卿，號梧盦，浙江錢塘人，收藏名家刻印甚豐。該書中夾有秦康祥跋，此跋作於一九六三年。康祥，字彦冲，浙江鄞縣人，精書法金石篆刻，熱衷古印收藏，編有《西泠印社志稿》。丁、葉、王、汪四人事迹，見秦康祥編著《西泠印社志稿》。

光緒三十年（1904），吴隱、葉銘、丁仁、王褆以『保存金石，研究印學』爲宗旨，創建西泠印社，入社者精篆刻、書畫、鑒藏、考古、文史等。民國二年（1913），吴昌碩任社長。今存民國稿本《西泠印社志》，爲該社創建初期之記載。書中所記時間，最晚者爲卷三記吴昌碩卒於民國十六年，是書當成於此年後。此書凡八卷，目録載卷首有孤山全圖、西泠印社圖、仰賢亭圖、山川雨露圖書室圖、石交亭圖、印泉圖、寶印山房圖、剔蘚亭圖、福連精舍藏書圖、四照閣圖，然書中無以上十圖。卷一建置志，記西泠印社在西湖孤山闢地創建及政府的批文、印社申請等。卷二掌故志，記與西湖孤山有關人士如蘇軾、岳飛等人印之流傳、收藏等。卷三人物志，記當時已作古西泠印社印人和收藏家，有童晏、金鑒、胡钁、吴俊卿（即吴昌碩）、吴隱、鍾以敬六人。卷四、卷五爲藝文志，卷四收詩，卷五録文和楹聯等，皆與印社相關。卷六規則志，記社約、徵書啓及章程。卷七藏弆志，記社所藏古石刻、石刻嵌壁和藏書目。卷八志餘，爲『故贊助諸公題名』『故社友題名』『社外名勝』等。

是本作爲稿本，有不少修改痕迹。如序文末署名『佑卿』下補入『汪承啓』。又如卷二掌故志第二條天頭書有『此條不合掌故之義，擬删』。集中又有校簽，如卷五《三老碑募捐啓》寫在印有『中合公司講義清册』紙上，楹聯附簽則寫有楹聯。是書記録西泠印社早期建置等，不僅是研究該社的珍貴資料，也對考察清末民初印學、結社等極富參考價值。

現藏浙江圖書館。（魏俊傑）

紹興風俗志不分卷補遺不分卷　胡維銓撰　稿本

十册。每半葉九行，行二十三字。是書謄寫用原爲暗格十六行三截賬册紙，正文在抄録前多以鉛筆重畫界欄。館藏單位普查著録作『清光緒稿本，清金明全撰，綫裝十册』，所依即卷首《序》：『吾越爲揚州古城，勾踐舊都。千巖競秀，萬壑争流。禹穴攬古，蘭亭修禊。物華富盛，文彩昭彰。民俗遺風，雅興勃發。豈可無志，以資備覽乎？於是或謁耆宿，清談娓娓。或考典籍，深夜矻矻。歷時數載，積稿十卷。』末署『時在光緒廿三年，山陰金明全序於石帆山莊』。然遍索文獻，罕見金明全生平載記，遂與俞志慧詳作考證，乃知『山陰金明全』係託名，真實作者爲晚近紹興文士胡維銓，其書編撰蓋始於上世紀四十年代末，定稿謄抄於五十年代。全書謄寫工整，略有校改處，可定爲謄清稿本。其依據如下：一者，序言署時光緒二十三年（1897），然正文記録光緒三十年、宣統元年乃至民國以後事。二者，謄抄所用紙張及用鉛筆重畫界欄之年代特徵，皆屬民國中期以後。三者，全書累計十六處鈐蓋『胡維銓印』朱文方印，部分印蜕爲近書脊處訂縫所局部遮蓋，胡維銓顯非書稿一般遞藏者。四者，是書與胡維銓僱請抄工錢伯華之手稿《紹興史迹風土叢談》筆迹、用字習慣高度一致，而書中有數處勘誤、批校硃墨雙色筆迹，與謄抄者出兩手，經與胡維銓存世手迹比對，兩者高度相似。五者，是書一改傳統典籍卷端題署作者里籍姓名慣例，僅留部分『胡維銓印』鈐印，結合謄抄所值特殊年代，蓋避時忌，卷端不署真名，而自序更臆造光緒年號以避嫌，并將名中『銓』字，以離合形式拆分爲『金』與『全』，中間嵌一『明』字，或爲提示後來讀者。六者，是書廣采博覽，卷首列『紹興風俗志參考文獻目録』二百八十二種，其中不乏稀見稿本。胡維銓之惟謙廬藏書甚富，享譽越中，所藏尤多越地民俗文獻，胡氏彙輯有《越郡風俗詞》，亦可見之。

胡維銓（1902—1980），一名維謙，號宅梵居士，室名惟謙廬，余姚縣雙河鄉（今慈溪橋頭鎮）人。少好詩文，筆名謫凡。二十八歲持自作詩稿，謁弘一法師，得譽賞，更筆名謫凡爲宅梵。後皈依弘一門下，法名勝月。胡家世業中藥材，家境殷實，係紹興知名中藥業商號震元堂股東。上世紀四十年代末，遷居紹興，住紹興城内火珠巷。維銓晚年曾任紹興佛教協會會長。著有《勝月吟草》《越郡風俗詞》《地藏菩薩本願經白話解釋》等書。

是書封題『紹興風俗志』，按十二月記載紹興風俗，未分卷次。序言『積稿十卷』，當是以卷代册之意。自序又言感於《荆楚歲時記》《東京夢華録》《吴門清嘉録》《杭俗遺風》等書『記歲時風俗，賅備綦詳』，頗有取法。書中分月分條記紹興風俗，書前有總目，各卷前又有分月目次。總目和分月目次條目略有不同，分目條數與正文條數大抵一致。如正月風俗，總目三十六條，正月分目前目次三十八條，正文則三十八條，總目無鬧市、春餅兩條。又如二月風俗，總目十一條，二月分目十四條，正文爲十二條加補遺兩條；又總目和分目中『南鎮游春』和『南鎮祀神』，正文題爲『禹廟游春』『南鎮會』。三月風俗，總目十八條，分目和正文爲十七條，無總目中『撒螺螄殻』一條。就十二卷正文條目統計，記正月風俗三十八條，二月風俗十四條，三月、四月風俗各十七條，五月風俗二十八條，六月風俗十八條，七月風俗十三條，八月風俗十七條，九月、十月風俗各十條，十一月風俗十三條，十二月四十九條，共二百四十四條。十二月後又有補遺上下兩册，上册補正月風俗四條、五月風俗六條、六月風俗三條、九月風俗一條；下册補四月風俗一條，又録蔭喬老人《民間禁忌之生活習慣》全文。

是書所記紹興風俗，頗有可觀。所記以歲時節慶、廟會祭祀爲主，節慶雖大都屬各地共有，言紹興則多其地方特徵，如禹廟游春、柯巖避暑、山陰城隍誕辰、南鎮殿祈夢等皆是。部分條目在記述後，以按語徵引他書記載，追溯風俗淵源。由稿本所記，又可見當時越地豐富多様之飲食文化、日常生活。

現藏杭州圖書館。（方俞明）

第四輯　書志

復莊今樂府選（清）姚燮編　稿本

《復莊今樂府選》是清代姚燮編輯的大型戲曲選輯。關於姚燮，《浙學未刊稿叢編》第二輯《姚燮專輯》中有姚燮小傳，茲不贅。《復莊今樂府選》彙集了從元到清的大量戲曲作品，分爲衢歌、絃索、元雜劇、明雜劇、國朝雜劇、元院本、明院本、國朝院本、元散曲、明散曲、國朝散曲、耍詞幾大類别，其中有多部現已失傳的傳奇作品（詳見徐永明《姚燮與〈復莊今樂府選〉》一文末附『《復莊今樂府選》中孤本子目表』，《文學遺産》二〇〇一年第六期），所以該書一經發現，就被嘆爲『彙集元明清三朝之戲曲，以視臧氏《元曲選》、毛氏《六十種曲》，卷帙之富，奚止倍蓰』（錢南揚《姚復莊先生著述考——四明訪書記之二》，《國立北平圖書館館刊》第六卷第六號，一九三二年十二月），『歷來曲叢之最盛者』（杜穎陶《姚梅伯今樂考證》，《劇學月刊》第四卷第十期，一九三五年十月）。

《復莊今樂府選》稿本全一九二册，現已不全，所存部分分藏浙江圖書館（下簡稱『浙圖本』）、寧波市天一閣博物院（下簡稱『天一閣本』）、國家圖書館（下簡稱『國圖本』）。早有錢南揚、鄭振鐸等先生較詳介紹；後有周妙中《江南訪曲録要》，吴敢、徐永明對浙圖本進行詳細介紹，周妙中《江南訪曲録要（二）》，洪克夷、魏明揚、駱兆平對天一閣本進行詳細介紹；最新的研究是二〇一六年羅旭舟的《〈復莊今樂府選〉存本新考》。

從各學者的研究來看，有效占有原稿與否，決定着研究的準確度和深入度。現將分藏三地的《復莊今樂府選》稿本合璧影印出版，減各研究者奔波訪求之苦，將各子目和稿中姚燮校跋、張宗祥校跋等披露出來，爲《復莊今樂府選》、姚燮、中國戲劇藝術及張宗祥的戲劇思想研究等提供最大便利。

存本概況

茲將各本情況介紹如下：

浙圖本一百十册，爲原稿的第一—九、二五—四〇、六二、六四、六六—七四、七八—七九、八一—八八、九三—九四、九七—一一三、一二六—一二八、一三二、一三八、一四〇—一四四、一四七—一四八、一五〇—一六八、一七七—一八三、一八六—一九二册。存二百五十五種子目四百九卷（細目見《浙學未刊稿叢編》第四輯目録）。入選第五批《國家珍貴古籍名録》，編號12085。《名録》所録存卷有誤字、誤卷的問題，誤字者如『雙圓舫』應爲『雙緣舫』、『玉盒記』應爲『玉合記』、『肅霜裘』應爲『鷫鸘裘』、『桂林雙』應爲『桂林霜』、『黍香集』應爲『忝香集』，誤卷者如『春蕪記一卷』應爲『春蕪記二卷』、『蘭桂仙一卷』應爲『蘭桂仙三卷』，又總存卷數『四百六卷』應爲『四百九卷』。

天一閣本五十六册（其中一册『含諧臏一卷』『春雪新聲一卷』，不見於姚燮所編總目），爲原稿的第一一—二四、四一—四七、四九—五〇、五二—五七、五九—六一、六三、九五—九六、一一四—一二五、一六九—一七六册，其中第六三册僅半册。存一百三十八種二百二十一卷（細目見《浙學未刊稿叢編》第四輯目録）。入選第五批《國家珍貴古籍名録》，編號12086。《名録》所録有問題者如下：『燕青捕魚』应爲『燕青博魚』、『風流棒』應爲『風流捧』、『牡丹亭一卷』應爲『牡丹亭卷二』、『金蓮記四卷』應爲『金蓮記卷一至二』，又多録『忍字記一卷、後庭花一卷、楚昭公一卷、看錢奴一卷』，漏録『金鈿盒一卷』。

國圖本二册，爲原稿的第一八四—一八五册。存四種五卷（細目見《浙學未刊稿叢編》第四輯目録）。入選第五批《國家珍貴古籍名録》，編號12087。

一個子目分屬兩地者有曇花記（卷一至四在天一閣，卷五至六在浙江圖書館）、雙冠誥（卷上在天一閣，卷下在浙江圖書館）、玉尺樓（卷一至二在浙江圖書館，卷三至五在天一閣）。是以三館合計共三百九十四種六百三十五卷。《中國古籍善本書目》（以下簡稱『書目』）三館相加得存三百九十五種六百三十二卷，（《中國古籍總目》所録徑題『六百三十二卷』），種數出入在天一閣多録的『忍字記一卷、後庭花一卷、楚昭公一卷、看錢奴一卷』、漏録的『金鈿盒一卷』及未見諸原總目上的『諧賸一卷、春雪新聲一卷』；卷數出入在曇花記六卷《書目》題『存二卷（卷五至六）』、金蓮記卷一至二《書目》題『四卷』、玉尺樓五卷《書目》題『四卷』、旗亭記一卷《書目》題『二卷』、念八翻三卷《書目》題『二卷』。又『雙冠誥』《書目》題『雙官誥』，『忝香集』《書目》題『黍香集』。

綜合三館所藏，還缺原稿的第一〇、四八、五一、五八、六五、七五—七七、八〇、八九—九二、一二九—一三一、一三三—一三七、一三九、一四五—一四六、一四九册計二十五册，另第六三册缺後半册。

存藏源流

浙圖本、天一閣本、國圖本上均鈐編者姚燮『復莊』『復莊校讀』『大梅山房珍藏』印，并有姚燮批校，各子目卷端有其辛亥（1851）、壬子（1852）、癸丑（1853）三年間的墨筆校記。其中《江東白苧》卷上卷端有其子小復（姚景夔）辛未（1871）校記。《[光緒]諸暨縣志・經籍志・丁部下》載『《今樂府選》五百卷……欲付刊而艱於力。今原稿歸鎮海小江李廉水部郎灤家』，天一閣本清光緒三十年（1904）馮辰元的序中有『今春，余寄寓港口李如山比部家，課讀女弟子……今是選歸李氏家藏，古色古香，殊堪寶貴』語，可知全稿從姚家後流於李家。

浙圖本，據館人毛春翔編《浙江圖書館乙種善本登記簿》記載，是從一個名叫『俞子良』的人處購得。購書的時間在一九五四年夏，當時的館長張宗祥在其所編《復莊今樂府選詳目》末云：『一九五四年夏，購得姚梅伯選抄樂府一百一十本，苦無細目，因爲録此。原書凡百九十二册，今逸八十二册，不知是否尚在人間，真使人悵悵。海寧張宗祥記，時年七十三。』總目末葉及每册末葉鈐有『林集虚印』。第七十册卷前護葉鈐『李友甫印』。卷前有《詳目》一册，爲張宗祥所編，其稿紙版心下印『浙江省立圖書館』。各子目卷末有張宗祥甲午（1954）四月、五月、六月朱筆校記。

天一閣本，卷前有清光緒三十年馮辰元抄配《總目》，抄在定海蒙學堂月功課表公文紙上。鈐『蕭山朱鼎煦收藏書籍』『別宥齋』『朱別宥收藏記』印，可知其爲蕭山別宥齋主朱鼎煦舊藏。別宥齋藏書在一九七九年由朱鼎煦後人捐贈給天一閣，天一閣辟專櫃珍藏。所附要詞《諧臏》末有無我相居士評曰：『壬申十月初四日，又遭炊臼之悲，整頓家藏書籍，不意於故紙堆中得此，校讀一過，驚心動魄，句句寫我目前行樂，不禁破涕爲笑，恐隔夜數亦無此切貼也。』其後有自行文山農識曰：『今歲辛卯，棘闈已踏十次，未悉能倖獲否。如再落孫山，斷不復萌故態作此無益之據矣！』

國圖本，冊末鈐有『林集虛印』。

是以，浙圖本、天一閣本、國圖本本藏於一處，後分散各地。天一閣本無『林集虛印』，是以在此書到甬上藏書名家林集虛前，天一閣本已經被拆分開。今散藏三地的稿本彙集在《浙學未刊稿叢編》第四輯中合璧，分合之理實妙不可言。

編纂體例

一、子目順序

本書編排次序不按館藏地，而以原稿的子目順序。這樣能將分屬兩地的同一子目（如卷一至四在天一閣、卷五至六在浙圖的《曇花記》，卷上在天一閣、卷下在浙圖的《雙冠誥》，卷一至二在浙圖、卷三至五在天一閣的《玉尺樓》）編排在一處，能更忠實反映原稿的面貌。

二、目録編製

本書卷前置總目録，各册前置分册目録，總目録及分册目録上的劇種、題名及著者信息用規範及考證後的標準繁體字表述。而爲了更清晰展現原稿所録及現編所改，在本書編輯過程中對相關著録信息作了一些必要的調整（詳見附表）。（一）劇種、著者原著録有誤者，經編者考證後改正。如『浙江迎鑾詞二卷』，著者原書卷端題『梁廷楠』，《書目》題作『王文治』。梁廷楠《曲話》卷三：『乾隆中，高宗純皇帝第五次南巡，族父森時服官浙中，奉檄恭辦梨園雅樂。先期命下，即以重幣聘王夢樓編修文治填造新劇九折。』據《王文治年譜》（《中華戲曲》第三十九輯），此事發生在乾隆四十四年（1779）王文治五十歲時，著者遂徑改爲『王文治』。（二）題名有補者，將補字直接著録爲題名，方便讀者查檢。如『西園記二卷』，原書無『記』字，現補。『情郵記一卷』，原書無『記』字，現補。（三）原書卷端署字、號、别號者，可考者直接注其姓名，不可考者徑録，其前遵浙江省古籍普查例不加『題』字。如『忠孝福二卷』，原書卷端題『石牧』，後考黄之雋（1668—1748），初名兆森，字若木、石牧，號吾堂，晚號石翁、老牧。《書目》題『黄兆森』，據之改爲『黄兆森』。（四）原書著録『無名氏』者，可考者直接注其姓名，不可考者徑録。如『綵樓記一卷』，《書目》題作『王錂』，《中國文學通典・戲曲通典》等書言王錂將南戲《破窰記》改編爲《綵樓記》。（五）原書著録作者經考證非實際作者，徑改。如『玉尺樓五卷』，原書卷端題『盧見曾』，《書目》題作『朱夼』。朱夼於乾隆二十六年入揚州至盧見曾署齋作此劇，盧見曾爲其校訂并付諸梨棗，《曲考》《曲録》等誤作盧見曾撰。然，在本書目録編製過程中，雖充分參考了《書目》和相關研究成果，但不少問題亦未能深究，其中難免有不妥之處，祈請各位方家批評指正。

附表：

（注：表中補入内容用『〈〉』表示；改正内容用『［］』表示；字號改姓名用『（）』表示。）

序號	原書冊號	劇目	著者
〇〇一	冊一	浙江迎鑾詞二卷	（清）梁廷楠［王文治］撰
〇〇二	冊二	太平樂事一卷	（清）柳山居士（曹寅）撰
〇〇三	冊二	西廂四卷	（金）董解元撰
〇〇四	冊七	墻頭馬上一卷	（元）白仁甫（白樸）撰
〇〇五	冊七	梧桐雨一卷	（元）白仁甫（白樸）撰
〇〇六	冊七	兩世姻緣一卷	（元）喬夢符（喬吉）撰
〇〇七	冊七	金錢記一卷	（元）喬夢符（喬吉）撰
〇〇八	冊七	揚州夢一卷	（元）喬夢符（喬吉）撰
〇〇九	冊九	麗春堂一卷	（元）王實甫（王德信）撰
〇一〇	冊九	倩女離魂一卷	（元）鄭德輝（鄭光祖）撰
〇一一	冊九	王粲登樓一卷	（元）鄭德輝（鄭光祖）撰
〇一二	冊九	㑳梅香一卷	（元）鄭德輝（鄭光祖）撰
〇一三	冊一一	范張雞黍一卷	（元）宮大用（宮天挺）撰
〇一四	冊一一	留鞋記一卷	（元）曾瑞卿（曾瑞）撰
〇一五	冊一二	羅李郎一卷	（元）張國寶［張國賓］撰
〇一六	冊一二	薛仁貴一卷	（元）張國寶［張國賓］撰
〇一七	冊一二	合汗衫一卷	（元）張國寶［張國賓］撰
〇一八	冊一四	竹葉舟一卷	（元）范子安（范康）撰
〇一九	冊一六	灰闌記一卷	（元）李行道（李潛夫）撰
〇二〇	冊一八	來生債一卷	（元）無名氏［劉君錫］撰
〇二一	冊二〇	百花亭一卷	（元）無名氏［陸進之］撰
〇二二	冊二一	誶范叔一卷	（元）無名氏［高文秀］撰
〇二三	冊二一	硃砂檐［擔］一卷	
〇二四	冊二三	碧桃花一卷	（明）無名氏［賈仲名］撰
〇二五	冊二二	梧桐葉一卷	（元）無名氏［李唐賓］撰
〇二六	冊二四	牡丹仙一卷	（明）周憲王（朱有燉）撰
〇二七	冊二七	魚兒佛一卷	（明）湛然禪師［釋湛然］撰（明）寓山居士（祁彪佳）重編
〇二八	冊二七	不伏老一卷	（明）馮海浮（馮惟敏）撰
〇二九	冊二八	僧尼共犯一卷	（明）馮海浮（馮惟敏）撰
〇三〇	冊二八	漁陽弄一卷	（明）徐文長（徐渭）撰
〇三一	冊二八	翠鄉夢一卷	（明）徐文長（徐渭）撰
〇三二	冊二八	雌木蘭一卷	（明）徐文長（徐渭）撰
〇三三	冊二九	簪花髻一卷	（明）沈君庸（沈自徵）撰
〇三四	冊二九	通天臺一卷	（清）灌隱主人（吳偉業）撰

序號	原書册號	劇目	著者
〇三五	册二九	臨春閣一卷	（清）灌隱主人（吴偉業）撰
〇三七	册三〇	吊琵琶一卷	（清）尤悔庵（尤侗）撰
〇三九	册三〇	桃花源一卷	（清）尤悔庵（尤侗）撰
〇四一	册三一	鬱輪袍一卷	（清）石牧（黄兆森）撰
〇四三	册三一	飲中仙一卷	（清）石牧（黄兆森）撰
〇四五	册三一	擬連厢詞一卷	（清）毛西河（毛奇齡）撰
〇四七	册三二	大轉輪一卷	（清）徐又陵（徐石麒）撰
〇四九	册三二	浮西施一卷	（清）徐又陵（徐石麒）撰
〇五一	册三三	第二碑一卷	（清）蔣清容（蔣士銓）撰
〇五三	册三四	昆明池一卷	（清）廢莪子（裘璉）撰
〇五五	册三四	鑑湖隱一卷	（清）廢莪子（裘璉）撰
〇五七	册三四	蘆花絮一卷	（清）蝸寄居士（唐英）撰
〇五九	册三五	江梅夢一卷	（清）藤花〈亭〉主人（梁廷柟）撰
〇六一	册三六	青溪笑二卷	（清）蓉鷗漫叟撰
〇六三	册三六	吟風閣四卷	（清）楊笠湖（楊潮觀）撰
〇六五	册三八	列子御風一卷	（清）小弇山人（畢華珍）撰
〇六七	册三九	四時春一卷	（清）單湘漁（單瑶田）撰
〇六九	册三九	盂蘭夢一卷	（清）嚴伯常（嚴保庸）撰
〇七一	册三九	園林午夢一卷	（明）〈李開先〉撰

序號	原書册號	劇目	著者
〇三六	册二九	清平調一卷	（清）尤悔庵（尤侗）撰
〇三八	册三〇	讀離騷一卷	（清）尤悔庵（尤侗）撰
〇四〇	册三〇	黑白衛一卷	（清）尤悔庵（尤侗）撰
〇四二	册三一	夢揚州一卷	（清）石牧（黄兆森）撰
〇四四	册三一	藍橋驛一卷	（清）石牧（黄兆森）撰
〇四六	册三二	買花錢一卷	（清）徐又陵（徐石麒）撰
〇四八	册三二	拈花笑一卷	（清）坦庵（徐石麒）撰
〇五〇	册三三	一片石一卷	（清）蔣清容（蔣士銓）撰
〇五二	册三三	四絃秋一卷	（清）蔣清容（蔣士銓）撰
〇五四	册三四	集翠裘一卷	（清）廢莪子（裘璉）撰
〇五六	册三四	旗亭館一卷	（清）廢莪子（裘璉）撰
〇五八	册三五	圓香夢一卷	（清）藤花〈亭〉主人（梁廷柟）撰
〇六〇	册三六	花間九奏一卷	（清）花韵主人（石韞玉）撰
〇六二	册三六	牡蠣園一卷	（清）雪樵（江雪樵）撰
〇六四	册三八	修簫譜一卷	（清）舒鐵雲（舒位）撰
〇六六	册三八	艷禪一卷	（清）王彦卿（王復）撰
〇六八	册三九	凌波影一卷	（清）黄韵珊（黄燮清）撰
〇七〇	册三九	飲酒讀騷一卷	（清）吴蘋香（吴藻）撰
〇七二	册三九	西廂記四卷	（元）王實甫（王德信）撰

序號	原書冊號	劇目	著者
○七三	冊四一	西游記四卷	（元）王昌齡［吴昌齡］撰
○七五	冊四三	荆釵記三卷	（元）柯丹邱撰
○七七	冊四四	精忠記一卷	（明）姚静山（姚茂良）撰
○七九	冊四四	千金記一卷	（明）沈練川（沈采）撰
○八一	冊四五	邯鄲記四卷	（明）湯玉茗（湯顯祖）撰
○八三	冊四七	牡丹亭□卷（存卷一）	（明）湯玉茗（湯顯祖）撰
○八五	冊五○	紫簫記□卷（存卷一至三）	（明）湯玉茗（湯顯祖）撰
○八七	冊五三	明珠記三卷	（明）陸天奇（陸采）撰
○八九	冊五四	紅拂記一卷	（明）張伯起（張鳳翼）撰
○九一	冊五九	雙珠記二卷	（明）沈鯨撰
○九三	冊六○	綵毫記二卷	（明）屠赤水（屠隆）撰
○九五	冊六二	水滸記一卷	（明）屠赤水［許自昌］撰
○九七	冊六四	節孝記一卷	（明）程文修［高濂］撰
○九九	冊六六	雙烈記二卷	（明）張午山（張四維）撰
一○一	冊六七	八義記一卷	（明）徐叔回（徐元）撰
一○三	冊六八	雙緣舫一卷	（明）史叔考（史槃）撰
一○五	冊七○	龍膏記三卷	（明）楊第白（楊珽）撰
一○七	冊七二	撮盒圓二卷	（明）磊道人撰
一○九	冊七三	醉鄉記一卷	（明）孫仁孺（孫鍾齡）撰

序號	原書冊號	劇目	著者
○七四	冊四二	琵琶記五卷	（元）高東嘉（高明）撰
○七六	冊四四	幽閨記三卷	（元）施君美（施惠）撰
○七八	冊四四	三元記一卷	（明）沈壽卿（沈受先）撰
○八○	冊四五	香囊記二卷	（明）邵給諫（邵璨）撰
○八二	冊四六	南柯記四卷	（明）湯玉茗（湯顯祖）撰
○八四	冊四九	紫釵記五卷	（明）湯玉茗（湯顯祖）撰
○八六	冊五二	蕉帕記三卷	（明）單槎仙（單本）撰
○八八	冊五四	懷香記一卷	（明）陸天奇（陸采）撰
○九○	冊五五	浣紗記二卷	（明）梁伯龍（梁辰魚）撰
○九二	冊五九	鮫綃記二卷	（明）沈鯨撰
○九四	冊六一	曇花記六卷	（明）屠赤水（屠隆）撰
○九六	冊六三	金蓮記四卷（存卷一至二）	（明）陳汝元撰
○九八	冊六四	玉簪記二卷	（明）程文修［高濂］撰
一○○	冊六六	鳴鳳記四卷	（明）王弇州（王世貞）撰
一○二	冊六八	夢磊記二卷	（明）史叔考（史槃）撰
一○四	冊六八	春蕪記二卷	（明）汪錂［王錂］撰
一○六	冊七○	紅梨記三卷	（明）陽初子（徐復祚）撰
一○八	冊七三	想當然一卷	（明）盧次楩（盧楠）撰
一一○	冊七三	燕子箋三卷	（明）阮圓海（阮大鋮）撰

序號	原書冊號	劇目	著者
一一一	冊七八	綵樓記一卷	（明）無名氏［王錂］撰
一一三	冊七九	錦箋記二卷	（明）無名氏［濮煬］撰
一一五	冊七九	玉合記二卷（存卷上）	（明）無名氏［梅鼎祚］撰
一一七	冊八一	秣陵春五卷	（清）吴梅村（吴偉業）撰
一一九	冊八三	桃花扇二卷	（清）孔云亭（孔尚任）撰
一二一	冊八五	鴛鴦棒三卷	（明）范香令（范文若）撰
一二三	冊八六	西樓記二卷	（清）袁白賓（袁于令）撰
一二五	冊八七	鷫鸘裘二卷	（清）袁令昭（袁于令）撰
一二七	冊八八	永團圓二卷	（清）李元玉（李玉）撰
一二九	冊九三	牡丹圖二卷	（清）朱良卿（朱佐朝）撰
一三一	冊九四	艷雲亭一卷	（清）朱良卿（朱佐朝）撰
一三三	冊九五	十五貫二卷	（清）朱素臣（朱䧼）撰
一三五	冊九六	雙冠誥二卷	（清）陳二白撰
一三七	冊九九	息宰河三卷	（明）孚中道人（沈嵊）撰
一三九	冊一〇〇	忠孝福二卷	（清）石牧（黄兆森）撰
一四一	冊一〇一	詞苑春秋一卷	（清）王介人（王翃）撰
一四三	冊一〇四	新灌園二卷	（明）張伯起（張鳳翼）撰
一四五	冊一〇五	廣寒香四卷	（清）蒼山子（汪光被）撰
一四七	冊一〇七	紅梅記一卷	（明）周夷玉（周朝俊）撰
一四九	冊一〇八	酒家傭二卷	（明）陸無從（陸弼、欽虹江）撰
一五一	冊一〇九	雙鴛祠一卷	（清）木石老人（仲振履）撰

序號	原書冊號	劇目	著者
一一二	冊七八	運甓記二卷	（明）無名氏［吾邱瑞］撰
一一四	冊七九	投梭記一卷	（明）無名氏［徐復祚］撰
一一六	冊八一	節俠記二卷	（明）無名氏［許三階］撰
一一八	冊八三	鈞天樂二卷	（清）尤西堂（尤侗）撰
一二〇	冊八四	花筵賺四卷	（明）范香令（范文若）撰
一二二	冊八六	夢花酣一卷	（明）范香令（范文若）撰
一二四	冊八七	珍珠衫一卷	（清）袁白賓（袁于令）撰
一二六	冊八七	醉月緣一卷	（清）薛既揚（薛旦）撰
一二八	冊八八	一捧雪二卷	（清）李元玉（李玉）撰
一三〇	冊九四	漁家樂二卷	（清）朱良卿（朱佐朝）撰
一三二	冊九五	黨人碑一卷	（清）邱嶼雪（邱園）撰
一三四	冊九六	聚寶盆一卷	（清）朱素臣（朱䧼）撰
一三六	冊九八	綰春園一卷	（明）沈孚中（沈嵊）撰
一三八	冊九九	人天樂一卷	（明）黄九煙（黄周星）撰
一四〇	冊一〇〇	紅情言三卷	（清）王介人（王翃）撰
一四二	冊一〇一	醉菩提一卷	（清）張心其（張大復）撰
一四四	冊一〇四	長命縷二卷	（明）勝樂道人（梅鼎祚）撰
一四六	冊一〇六	陰陽判二卷	（清）他山老人（查慎行）撰
一四八	冊一〇八	香鞋記一卷	（清）石恂齋（石琰）撰
一五〇	冊一〇九	青雀舫一卷	（明）徐元暉（徐陽輝）撰
一五二	冊一一〇	桂花塔一卷	（清）古塘樵子（左潢）撰

序號	原書冊號	劇目	著者
一五三	册一一〇	珊瑚玦二卷	（清）可笑人（周稚廉）撰
一五五	册一一二	雙忠廟三卷（存卷中至下）	（清）可笑人（周稚廉）撰
一五七	册一一三	揚州夢二卷	（清）抱犢山農（嵇永仁）撰
一五九	册一一五	旗亭記一卷	（清）蘭臯生（金兆燕）撰
一六一	册一一六	拜針樓二卷	（清）王北墅（王墅）撰
一六三	册一一七	晋春秋四卷	（清）看雲主人（蔡廷弼）撰
一六五	册一一九	議大禮一卷	（清）劉夢華（劉暈）撰
一六七	册一二〇	念八翻三卷	（清）萬紅友（萬樹）撰
一六九	册一二三	緑牡丹二卷	（明）粲花主人（吴炳）撰
一七一	册一二三	西園〈記〉二卷	（明）粲花主人（吴炳）撰
一七三	册一二四	六如亭五卷	（清）張紫峴（張九鉞）撰
一七五	册一二六	無瑕璧一卷	（清）夏惺齋（夏綸）撰
一七七	册一二六	廣寒梯二卷	（清）夏惺齋（夏綸）撰
一七九	册一二七	南陽樂三卷	（清）夏惺齋（夏綸）撰
一八一	册一三一	玉搔頭三卷（存卷中至下）	（清）李笠翁（李漁）撰
一八三	册一三八	香祖樓四卷	（清）蔣清容（蔣士銓）撰

序號	原書冊號	劇目	著者
一五四	册一一一	元寶媒三卷	（清）可笑人（周稚廉）撰
一五六	册一一二	芙蓉峽一卷	（清）錢石臣（錢肇修）撰
一五八	册一一三	玉尺樓五卷	（清）（盧見曾）［朱夰］撰
一六〇	册一一五	一斛珠三卷	（清）蒼梧寄客（程枚）撰
一六二	册一一六	錦香亭一卷	（清）石恂齋（石琰）撰
一六四	册一一八	量江記三卷	（明）余聿文［佘翹］撰
一六六	册一二〇	風流捧［棒］二卷	（清）萬紅友（萬樹）撰
一六八	册一二一	空青石二卷	（清）萬紅友（萬樹）撰
一七〇	册一二三	畫中人二卷	（明）粲花主人（吴炳）撰
一七二	册一二三	乞食圖二卷	（清）錢竹初（錢維喬）撰
一七四	册一二五	花萼吟二卷	（清）夏惺齋（夏綸）撰
一七六	册一二六	瑞筠圖一卷	（清）夏惺齋（夏綸）撰
一七八	册一二七	杏花村一卷	（清）夏惺齋（夏綸）撰
一八〇	册一二八	奈何天四卷（存卷一至三）	（清）李笠翁（李漁）撰
一八二	册一三一	風箏誤二卷（存卷上）	（清）李笠翁（李漁）撰
一八四	册一四〇	臨川夢二卷（存卷下）	（清）蔣清容（蔣士銓）撰

序號	原書冊號	劇目	著者
一八五	册一四〇	冬青樹二卷	(清)蔣清容(蔣士銓)撰
一八七	册一四一	桂林霜二卷	(清)蔣清容(蔣士銓)撰
一八九	册一四二	懷沙記二卷	(清)張漱石(張堅)撰
一九一	册一四三	梅花簪三卷	(清)張漱石(張堅)撰
一九三	册一四七	報恩緣三卷(存卷中至下)	(清)沈蕢漁(沈起鳳)撰
一九五	册一五〇	地行仙五卷(存卷三至五)	(清)玉句詞容(吳震生)撰
一九七	册一五二	東海記一卷	(清)王季旭(王曦)撰
一九九	册一五三	琵琶俠四卷	(清)董定園(董達章)撰
二〇一	册一五六	芝龕記六卷	(清)繁露樓居士(董榕)撰
二〇三	册一五九	棲雲石三卷	(清)蕉牕居士(黄圖珌)撰
二〇五	册一六一	石榴記四卷	(清)黄瘦石(黄振)撰
二〇七	册一六二	芙蓉樓四卷	(清)張情齋(張衢)撰
二〇九	册一六四	千金壽一卷	(清)沈松橋(沈筠)撰
二一一	册一六五	十二金錢二卷	(清)謝佩禾(謝堃)撰
二一三	册一六六	黄河遠一卷	(清)謝佩禾(謝堃)撰
二一五	册一六七	仲氏紅樓四卷	(清)紅豆邨樵(仲振奎)撰

序號	原書冊號	劇目	著者
一八六	册一四〇	雪中人一卷	(清)蔣清容(蔣士銓)撰
一八八	册一四一	夢中緣三卷	(清)張漱石(張堅)撰
一九〇	册一四三	玉獅墜二卷	(清)張漱石(張堅)撰
一九二	册一四四	雙報應二卷(存卷上)	(清)(稽)[嵇]留山(嵇永仁)撰
一九四	册一四七	伏虎韜四卷	(清)沈蕢漁(沈起鳳)撰
一九六	册一五一	寒香亭五卷	(清)李圖南(李凱)撰
一九八	册一五二	八寶箱一卷	(清)夏谷香(夏秉衡)撰
二〇〇	册一五四	魚水緣三卷	(清)周澹廬(周書)撰
二〇二	册一五八	載花舲四卷	(清)若耶野老(徐沁)撰
二〇四	册一六〇	雙仙記三卷	(清)研露樓主人(崔應階)撰
二〇六	册一六二	鶴歸來一卷	(清)瞿菊亭(瞿頡)撰
二〇八	册一六三	玉節記四卷	(清)張情齋(張衢)撰
二一〇	册一六五	繡帕〈記〉二卷	(清)謝佩禾(謝堃)撰
二一二	册一六五	血梅記一卷	(清)謝佩禾(謝堃)撰
二一四	册一六六	蘭桂仙三卷	(清)左巽轂(左潢)撰
二一六	册一六八	紅樓散套二卷	(清)荊石山民(吳鎬)撰

序號	原書冊號	劇目	著者
二一七	冊一六九	陳氏紅樓五卷	（清）厚甫（陳鍾麟）撰
二一九	冊一七一	續牡丹亭一卷	（清）静庵（陳軾）撰
二二一	冊一七二	富貴神仙一卷	（清）影園灌者（鄭含成）撰
二二三	冊一七四	茂陵絃三卷	（清）黄韵珊（黄燮清）撰
二二五	冊一七五	桃溪雪二卷	（清）黄韵珊（黄燮清）撰
二二七	冊一七九	南樓夢一卷	（清）無名氏（馮延年）撰
二二九	冊一七九	桐葉〈記〉一卷	
二三一	冊一八一	昇平寶筏一卷	（清）無名氏（張照）撰
二三三	冊一八五	喬氏小令一卷	（元）喬夢符（喬吉）撰
二三五	冊一八六	擊節餘音一卷	（明）馮海浮（馮惟敏）撰
二三七	冊一八七	歸田小令二卷	（明）馮海浮（馮惟敏）撰
二三九	冊一八八	江東白苧二卷	（明）梁仇池（梁辰魚）撰
二四一	冊一八九	樂府詞餘一卷	（明）楊夫人（黄峨）撰
二四三	冊一八九	葉兒樂府一卷	（清）朱竹垞（朱彝尊）撰
二四五	冊一八九	道情十首一卷	（清）鄭板橋（鄭燮）撰
二四七	冊一九〇	漁鼓曲一卷	（清）顔孝嘉撰
二四九	冊一九一	有正味齋曲二卷	（清）吴穀人（吴錫麒）撰
二五一	冊一九二	掛枝兒二卷	（明）墨憨齋主人（馮夢龍）撰
二一八	冊一七〇	海烈婦二卷	（清）餘不鄉後人（沈受宏）撰
二二〇	冊一七二	雷峰塔一卷	（清）岫雲詞逸（方成培）撰
二二二	冊一七四	鴛鴦鏡二卷	（清）黄韵珊（黄燮清）撰
二二四	冊一七五	帝女花二卷	（清）黄韵珊（黄燮清）撰
二二六	冊一七七	宵光劍一卷	
二二八	冊一七九	情郵〈記〉一卷	
二三〇	冊一八〇	翡翠園一卷	（清）無名氏（朱皠）撰
二三二	冊一八二	千忠戮二卷	（清）無名氏（李玉）撰
二三四	冊一八六	六如曲一卷	（明）唐子畏（唐寅）撰
二三六	冊一八六	山堂雜曲一卷	（明）馮海浮（馮惟敏）撰
二三八	冊一八八	山堂附録一卷	（明）馮海浮（馮惟敏）撰
二四〇	冊一八八	續江東白苧二卷	（明）梁仇池（梁辰魚）撰
二四二	冊一八九	西堂樂府一卷	（清）尤悔庵（尤侗）撰
二四四	冊一八九	北樂府小令一卷	（清）厲樊榭（厲鶚）撰
二四六	冊一九〇	忝香集一卷	（清）徐坦庵（徐石麒）撰
二四八	冊一九〇	棣蕚香詞二卷	（清）梯月評本（宋徵璧等）撰
二五〇	冊一九二	夾竹桃一卷	（明）浮白主人（馮夢龍）撰

備注：

○○一　著者原書卷端題「梁廷楠」，《書目》題作「王文治」。梁廷楠《曲話》卷三：「乾隆中，高宗純皇帝第五次南巡，族父森時服官浙中，奉檄恭辦梨園雅樂。先期命下，即以重幣聘王夢樓編修文治填造新劇九折。」據《王文治年譜》（中華戲曲第三十九輯），此事發生在乾隆四十四年（1779）王文治五十歲時。

○○三　《書目》未題著者。

○一五　原書卷端題「張國寶」，浙江圖書館藏明萬曆刻《元曲選・羅李郎大鬧相國寺雜劇》卷端亦題作「張國寶」，《書目》題作「張國賓」。

○一六　同上。

○一七　同上。

○二○　著者原書卷端題「無名氏」，《書目》題作「劉君錫」。浙江圖書館藏明萬曆刻《元曲選・龐居士誤放來生債雜劇》卷端題「元　撰」，著者處空白，《全元戲曲》據《録鬼簿續編》題作「劉君錫」。

○二一　著者原書卷端題「無名氏」，《書目》題作「陸進之」。浙江圖書館藏明萬曆刻《元曲選・逞風流王焕百花亭雜劇》卷端題「元　撰」，著者處空白，《録鬼簿續編》題作「陸進之」。

○二二　著者原書卷端題「無名氏」，《書目》題作「高文秀」。浙江圖書館藏明萬曆刻《元曲選・須賈大夫誶范叔雜劇》卷端題「元　撰」，著者處空白，《録鬼簿》題作「高文秀」。

○二三　原總目中題「硃砂檐」，天一閣本目録中題「砂砂檐」。

○二四　著者原書卷端題「無名氏」，《書目》題作「賈仲名」。浙江圖書館藏明萬曆刻《元曲選・薩真人夜斷碧桃花雜劇》

卷端題『元　撰』，著者處空白，《録鬼簿續編》題作『賈仲名』。

○二五　著者原書卷端題『無名氏』，《書目》題作『李唐賓』。浙江圖書館藏明萬曆刻《元曲選·李雲英風送梧桐葉雜劇》卷端題『元　撰』，著者處空白，《録鬼簿續編》題作『李唐賓』。

○二七　原書卷端題『湛然禪師』，浙江圖書館藏明崇禎刻《盛明雜劇二集·魚兒佛》卷端題『古越湛然禪師原本』『古越寓山居士重編』，《書目》題『明釋湛然撰　寓山居士重編』。

○三一　原總目及天一閣本目録中題『翠香夢』，誤。

○四一　黄之雋(1668—1748)，初名兆森，字若木、石牧，號吾堂，晚號石翁、老牧。原書卷端題『石牧』，《書目》題『黄兆森』。

○四二　同上。

○四三　同上。

○四四　同上。

○六一　齊森華《中國曲學大辭典》『蓉鷗漫叟』條稱『趙懷玉《秋籟吟》有《百字令·題張蠡秋〈青溪三笑〉傳奇》，《今樂考證》據趙詞著録「張蠡秋一種，《青溪三笑》」。當爲《青溪笑》再續之劇。據此知蓉鷗漫叟爲張蠡秋之別署。《孫淵如先生全集·濟上停雲集》中有《題張蠡秋曾虔真》七絶二首。從詩題知張蠡秋名曾虔』，《中國文學通典·戲曲通典》稱這一推斷還需旁證。

○六二　齊森華《中國曲學大辭典》及盧盛江、盧燕新《中國古典詩詞曲選粹·元明清散曲卷》等書均録『江雪樵，名、字不詳，雪樵爲其號，亦署雪樵居士，作有《牡蠣園》雜劇一種』。

○六五　著者原書卷端題『小弁山人』，《書目》題作『舒位』。按：『小弁山人』是畢沅姪孫畢華珍的別號，畢沅號『弁山』，故畢華珍自號『小弁山人』。姚燮《今樂考證》緊接『舒鐵雲《瓶笙館修簫譜》』著録『少弁山人一種：《列子御風》』。或云：亦鐵雲作，未刻』，題作『舒位』者，應是因此致誤。

○七一　原書卷端未題著者，《書目》題『李開先』。鄭振鐸《姚梅伯的今樂府選》言『《園林午夢》爲明嘉靖間人李開先作，梅伯也列之於「國朝雜劇」中，大誤』。

○七三　原書卷端題『王昌齡』，《書目》題『吴昌齡』，浙江圖書館藏日本昭和三年（1928）斯文會鉛印鹽谷温校點《楊東來先生批評西游記》卷端題『吴昌齡』，孫楷第發表《吴昌齡與雜劇西游記》一文，據鹽谷温的校點排印本，對現存文獻中的《西游記》雜劇予以通盤考察，得出『現在所見的楊東萊評本西游記雜劇不是吴昌齡作的』的結論，他認爲可能是楊景賢（楊訥）作，但因證據鏈上的缺陷遭學者的質疑，認爲該劇可能是拼凑包括吴氏、楊氏等前人作品的産物，屬於集體智慧。暫録爲『吴昌齡』，説此原委待考。

○七四　傅璇琮《高明的卒年》（《文史》第一輯，一九六二年）一文根據余堯臣的題跋確定高明卒於元至正十九年（1359）。高明的主要生活、仕宦經歷都在元時，其《琵琶記》亦被公認爲創作於元末，故將劇種改爲『元院本』。

○七五　著者原書卷端題『柯丹邱』，《書目》題作『朱權』。劉大杰《中國文學發展史》中言：『明吕天成《曲品》、清黄文暘《曲海總目》、焦循《劇説》，都題《荆釵記》的作者是柯丹邱。王國維則在《曲録》中説：「蓋舊本當題丹邱先生，郁藍生（按：指吕天成）不知丹邱先生爲寧獻王道號，故遂以爲柯敬仲耳。」因此遂定爲寧獻王作。寧獻王即明太祖子朱權。但王氏實未見過所謂「丹邱先生」的舊本，所以他也衹是一種臆斷。經近人考證，此劇實爲元人柯丹邱作。再據清初張大復《寒山堂曲譜》引《王十朋荆釵記》，注作「《雍熙樂府》（按：非郭勛所輯的那部）六種之第二種，吴門學究敬仙書會柯丹邱著」，即爲有力之一證。』

○九一　《書目》著者題作『沈璟』，應誤。沈璟，字伯英，號寧庵，又號詞隱，江蘇吴江人，萬曆甲戌進士。沈鯨，號涅川，浙江平湖人。

〇九二　同上。

〇九五　著者原書卷端題『屠赤水』，《書目》題作『許自昌』。姚燮《今樂考證》將之收於無名氏作，云『按此本或假屠赤水名者非』，王國維《曲録》卷四『傳奇部上』著録爲許自昌撰，傅惜華《傅惜華戲曲論叢》考證後定爲許自昌撰。

〇九六　《書目》未著録殘缺。

〇九七　著者原書卷端題『程文修』，《書目》未著録著者，鄭振鐸《姚梅伯的〈今樂府選〉》言『高濂的《節孝記》（梅伯并《玉簪記》皆以爲程文修作，不知何據）』，《中國文學通典·戲曲通典》等書均言高濂有戲曲作品《節孝記》《玉簪記》。

〇九八　同上。

一〇四　著者原書卷端題『汪錂』，《書目》題作『王錂』。明虞山毛氏汲古閣刻六十種曲本卷端未題著者，《中國戲曲志》等書亦題『王錂』。

一〇七　《古本戲曲劇目提要》《稀見明代戲曲叢刊》等書著録『磊道人，姓夏名基，字樂只，徽州人』，録以待考。

一一一　著者原書卷端題『無名氏』，《書目》題作『王錂』。《中國文學通典·戲曲通典》等書言王錂將南戲《破窯記》改編爲《綵樓記》。

一一二　著者原書卷端題『無名氏』，《書目》題作『吾邱瑞』。明虞山毛氏汲古閣刻六十種曲本卷端未題著者，《中國戲曲志·浙江卷》等書題『吾邱瑞』。

一一三　著者原書卷端題『無名氏』，《書目》題作『周履靖』。明虞山毛氏汲古閣刻六十種曲本卷端未題著者，《中國文學通典·戲曲通典》等書題『周履靖』。《文化遺産》二〇一八年第三期鄧富華《明傳奇〈錦箋記〉作者新考》一文，通過對吕天成《曲品》乾隆抄本的重新解讀以及對《濮川志略》等地方文獻的檢閱，證實《錦箋記》的作者非周履靖，而是濮煬。

一一四　著者原書卷端題『無名氏』，《書目》題作『徐復祚』。明虞山毛氏汲古閣刻六十種曲本卷端未題著者，《中國文學通典・戲曲通典》等書題『徐復祚』。

一一五　著者原書卷端題『無名氏』，《書目》題作『梅鼎祚』。明虞山毛氏汲古閣刻六十種曲本卷端未題著者，《中國書名釋義大辭典》等書題『梅鼎祚』。

一一六　著者原書卷端題『無名氏』，《書目》題作『許三階』。明虞山毛氏汲古閣刻六十種曲本卷端未題著者，《中國文學通典・戲曲通典》等書題『許三階』。

一二一　原總目『鴦』題『央』，誤。

一二七　原總目『圓』題『員』，誤。

一三五　《書目》『冠』題『官』，誤。

一三八　黄周星卒於清康熙十九年（1680），朝代入清，但其在明亡後隱居不仕，以教經爲生，後拒絶應博學鴻儒試，投水自盡。是以劇本歸清，人歸明，《書目》正題作『明』。

一三九　黄之雋（1668—1748），初名兆森，字若木、石牧，號吾堂，晚號石翁、老牧。原書卷端題『石牧』，《書目》題『黄兆森』。

一四三　原總目『園』題『國』，誤。

一五六　著者原書卷端題『錢石臣』，《書目》題作『林以寧』。焦循《曲考》《劇説》等是歸之林以寧。林以寧爲錢石臣妻室。陸萼庭《清代戲曲家叢考》對此有詳細考證，認爲是錢石臣作，其他一條證據是林以寧寫的散曲《南仙吕八声甘州・題芙蓉峽傳奇》。

一五八　《書目》著録爲『四卷』，誤；著者原書卷端題『盧見曾』，《書目》題作『朱夰』，朱夰乾隆二十六年入揚州至盧見曾署齋作此劇，盧見曾爲其校訂并付諸梨棗，《曲考》《曲録》等誤作盧見曾撰，此已是學界共識。

一五九　著者原書卷端題『蘭皋生』，姚燮《總目》、張宗祥《詳目》題作『盧見曾』，《書目》題作『金兆燕』。『蘭皋生』爲金兆燕的別號，他於一七五八年入盧見曾幕府，同年《旗亭記》成稿，盧見曾在爲該劇做的序文中詳細記述了創作緣起及經過，盧見曾對此劇進行改定，支持其搬演，并出資刊刻。將此劇題作『盧見曾』者，是清代比較認可的將幕賓的作品歸在幕主名下的做法。

一六四　『余』『佘』，形近而誤。《龍墨憨齋新曲十種·墨憨齋重定量江記》卷端題『聿雲氏原編　馮子猶詳訂』，佘翹（1567—1612），字聿雲，一字聿文，號燕南。

一六六　原書卷端題『風流捧』，《書目》題作『風流棒』，浙江圖書館藏清康熙陽羨萬氏粲花別墅刻擁雙艷三種本正作『風流棒』，合劇末讓侍女用棒錘之意。

一六七　《書目》著録爲二卷，誤。

一八〇　此種不全，據浙圖總目及《書目》知此書四卷。

一八二　此種不全，據浙圖總目及《書目》知此書二卷。

一八四　此種不全，據浙圖總目及《書目》知此書二卷。

一九二　此種不全，據浙圖總目及《書目》知此書二卷。

二〇二　原總目及天一閣本目録題『戴花舫』，誤。

二二六　原總目『宵』題『霄』，誤。

二二七　著者原書卷端題『無名氏』，《書目》題作『馮延年』。祁彪佳《遠山堂曲品》等書題『馮延年』。

二三〇　著者原書卷端題『無名氏』，《書目》題作『朱皠』。王國維《曲録》等書題『朱素臣（朱皠）』。

二三一　著者原書卷端題『無名氏』，《書目》題作『張照』。《中國文學通典·戲曲通典》等書題『張照』。

二三二　著者原書卷端題『無名氏』，《書目》題作『李玉』。《中國戲曲志·上海卷》等書題『李玉』。

二四六　《書目》題作『黍香集』，《中國叢書綜録》題作『忝香集』，浙江圖書館藏清初南湖亭書堂刻坦庵詞曲六種本作『忝香集』。（曹海花）